全国高等院校资产评估专业统编教材

资产评估学原理

主　编　周友梅　胡晓明
副主编　张彩英　唐振达　梁美健

中国财政经济出版社

图书在版编目（CIP）数据

资产评估学原理/周友梅，胡晓明主编．—北京：中国财政经济出版社，2010.9

全国高等院校资产评估专业统编教材

ISBN 978-7-5095-2329-2

Ⅰ.①资… Ⅱ.①周… ②胡… Ⅲ.①资产评估-高等学校-教材 Ⅳ.①F20

中国版本图书馆 CIP 数据核字(2010)第124282号

责任编辑：童映华　　责任校对：杨瑞琦

封面设计：华乐宫　　版式设计：文　通

中国财政经济出版社出版

URL：http：//www. cfeph. cn

E-mail：cfeph@cfeph. cn

社址：北京市海淀区阜成路甲28号　邮政编码：100142

发行处电话：88190406　财经书店电话：64033436

北京富生印刷厂印刷　各地新华书店经销

787×1092毫米　16开　26印张　500 000字

2010年9月第1版　2010年9月北京第1次印刷

定价：50.00元

ISBN 978-7-5095-2329-2/F·1872

（图书出现印装问题，本社负责调换）

本社质量投诉电话：010-88190744

前 言

我国市场经济体制已初步建立，经济改革已步入新的时期，改革的重心由创建市场经济体制转向健全和完善市场体系。评估服务是市场经济健康运行的重要工具，市场经济越发展，资产评估越重要。高等教育应顺应时代潮流，把准市场脉搏，为社会输送有用的人才。为此，我们本着科学发展观的理念、与时俱进的精神，满足我国资产评估本科专业学生学习专业理论知识的现实需要，依据新颁布的评估准则，编写了《资产评估学原理》教材。本教材主要作为普通高校资产评估专业（方向）学生专业基础课程用书，同时作为学习资产评估专业知识的先导性教材，对于普通高校财经类、经管类专业的学生、从事资产评估理论与实务工作者以及其他相关人员深入了解和把握资产评估基本理论与方法非常有益。我们在编写中力图使本教材体现出如下特点：

1. 尽可能吸收近年来资产评估理论与实务的研究与发展成果，突出教材内容的时代特征；

2. 深刻阐述了资产评估的基本理论、基本方法和基本要素，为学生学习后续课程服务，强调教材定位的基础性；

3. 全面论述资产评估的目的、假设和价值类型，资产评估的市场法、成本法和收益法，资产评估的主体和客体、准则、程序，资产评估报告，体现教材结构的系统性；

4. 增加了资产评估案例一章，诠释资产评估基本理论与方法，提高了教材理论与实际的相融性。

本教材第一章由南京财经大学周友梅教授编写，第二章由南京财经大学胡晓明教授编写，第三章由内蒙古财经学院张彩英副教授编写，第四章由山东工商学院梁美健教授、吴慧香讲师编写，第五章由山东工商学院梁美健教授、赵兴莉老师编写，第六章由山东经济学院张志红副教授编写，第七章由内蒙古财经学院张彩英副教授编写，第八章由内蒙古财经学院乔永峰讲师编写，第九章由广西财经学院唐珍达副教授编写，第十章由南京财经大学胡晓明教授编写。全书由周友梅、胡晓明两位教授担任主编。

本教材在编写过程中，曾参阅了大量的文献、资料，在此，对所有致力于资产评估基础理论研究的学者、同仁，致以诚挚的谢意；感谢江苏省资产评估协会领导的支持以及培训部沈伯扬主任对本教材大纲形成提出的宝贵建议；同时，特别感谢由中国资产评估协会聘请的教材主审专家、学者，他们在教材大纲及内容方面提出了中肯、富有建设性、启发性的意见。当然，由于编者经验不足、专业水平有限，教材中难免有错误和疏漏之处，恳请广大读者不吝赐教。

作　者

2010 年 6 月

目 录

第一章 绪 论

本章学习目的

1. 了解资产与资产评估的定义及资产评估的产生与发展。
2. 理解资产评估的功能、任务和作用。
3. 熟悉资产评估的理论基础。
4. 掌握资产评估的基本要素与特征。
5. 界定资产评估与相关专业的关系。

第一节 概 述

一、资产与资产评估的定义

现代资产评估自20世纪80年代中期被引入我国后，取得了突飞猛进的发展，对我国市场经济建设作出了巨大贡献。那么，什么是资产评估呢？顾名思义，资产评估这个概念涉及到两个关键词："资产"和"评估"，下面让我们逐个加以分析。

（一）资产的定义

要正确理解和掌握资产评估，就很有必要从资产评估的客体出发，明确什么是资产。资产评估行业涉及的评估对象非常广泛，包括不动产、动产、企业价值、无形资产、珠宝、机电设备等各类资产，正确理解资产概念及资产分类有利于准确把握资产评估的定义。

1. 资产的定义与特征。资产是资产评估的客体，正确理解资产定义及资产分类显得尤其重要。所谓资产，是指经济主体拥有或控制的，能以货币计量的，能够给经济主体带来经济利益的资源。因此，资产一般被理解为经济资产，是指资产的所有权已经界定，其所有者由于在一定时期内对它们的有效使用、持有或者处置，可以从中获得经济利益的那部分资源。在资产评估工作中，大多从会计学的角度来理解资产，认为"资产是指企业过去的交易或者事项形成的、由企业拥有或者控制的、预期会给企业带来经济利益的资源。"

这一定义强调资产的三个特征：

（1）资产是一项由过去的交易或者事项形成的资源，而不是由未来交易或者事项形成的资源。换言之，资产必须是现实的资产，而不是预期的资产。

（2）资产应当为企业拥有或者控制。企业拥有或者控制，是指企业享有某项资源的所有权，或者虽然不享有某项资源的所有权，但该资源能被企业所控制。

（3）预期会给企业带来经济利益。预期会给企业带来经济利益，是指直接或者间接导致现金和现金等价物流入企业的潜力。

在国际评估准则委员会制定的《国际评估准则》中资产概念沿袭了会计术语表述方式。它认为："在会计术语中，资产是指投资者所拥有和控制的、可以从中合理预计未来获取经济利益的资源。"《美国行业评估标准》中未作表述，但在美国评估者协会制定的《美国评估工作准则与职业道德准则》的《导言》中规定："就价值评估或预计未来收益能力而言，'资产'一词指由于排他地拥有或占有某物而取得的对未来收益享有的权利。此处所谓'拥有'既可能是有形资产，也可能是无形资产，或二者兼而有之。"国际评估界强调资产是一种能带来经济利益的权利。全国注册资产评估师考试教材《资产评估》一书中认为，"资产或作为资产评估对象的资产，其内涵更接近经济学中的资产，即特定权利主体拥有或控制的，能给主体带来未来经济利益的经济资源"，"包括具有内在经济价值以及市场交换价值的所有实物和无形权利"。它认为资产的主要特征是，法律特征，即必须是主体拥有或者控制的；经济特征，即该资产预期会给主体带来未来经济利益；财务特征，即必须能以货币计量。若不能以货币计量，则不能被确认为资产评估中的资产。

2. 资产的分类。作为资产评估客体的资产，存在形式是多种多样的，为了科学地进行资产评估，就必须进一步掌握资产的分类。

（1）按资产流动性质分类。按资产流动性质分类，可以分为流动资产、长期资产、固定资产、无形资产和其他资产。流动资产是指可以在一年或超过一年的一个营业周期内变现或耗用的资产，包括各种现金、银行存款、短期投资、应收及预付款项、存货、待摊费用等；固定资产是指企业使用期限超过1年的房屋、建筑物、机器、机械、运输工具以及其他与生产、经营有关的设备、器具、工具等；长期投资是指短期投资以外的投资，包括持有时间超过1年的各种股权性质的投资、不能变现或不准备变现的债券、其他债权投资和其他长期投资；无形资产是指企业为生产商品或者提供劳务、出租给他人、或为管理目的而持有的、没有实物形态的非货币性长期资产；其他资产是指除流动资产、长期投资、固定资产、无形资产以外的其他资产，如长期待摊费用。

（2）按资产存在形态分类。按资产存在形态分类，可以分为有形资产和无形资产。有形资产是指那些具有实体形态的资产，包括机器设备、房屋建筑物、流动资产等；无形资产是指那些长期使用但没有实体形态的资产，又可分为可辨认无形资产和不可辨认无形资产。可辨认无形资产包括专利权、非专利技术、商标权、著作权、土地使用权、特许权等；不可辨认无形资产是指商誉。

(3) 按资产是否具有综合获利能力分类。按资产是否具有综合获利能力分类，可以分为单项资产和整体资产。单项资产是指单台、单件的资产；整体资产是指由一组单项资产组成的具有整体获利能力的资产综合体。

（二）资产评估的定义

资产评估中“资产”的含义是：国家、企事业或其他单位等拥有或控制的、能以货币计量的并能带来经济利益的资源；而“评估”的含义：是指对特定被评估资产的某一时点的价格进行评定和估算。这种评定要求依据公允原则和标准，一定的程序和方法，并且具有充分的客观依据和真实性；估算也不是主观随意进行，而是根据资产的特点、性能、新旧程度、未来获利能力、市场供需情况以及技术经济发展等，采用专门的科学方法进行分析、估算，以求得资产价值。评估实际上是对影响资产价值的因素及其变化规律进行的专业分析。这种分析一是要尽可能搜集与评估相关的各种信息，做到持之有据；二是要求评估人员秉持实事求是的精神，具有去粗取精、去伪存真的分析能力，做到言之有理；三是评估人员和评估机构应对其作出的专业判断承担相应的责任。由于人们认识问题的出发点和水准不尽相同，其对“资产评估”也存在不同的理解。

我们认为，资产评估是专门机构和专门人员，按照国家法律法规和评估准则，根据特定目的，遵循评估原则，依照规定的程序和标准，运用科学的方法和统一的价值尺度，对资产进行评定估算的行为。资产评估，简单地说，就是对资产价值进行评定和估价，即资产价值形态的评估，重新确定资产价值。这种对资产重新估价的过程，是一种动态性、市场化活动，具有不确定性的特点，其评定过程要经历若干评估步骤，同时也会涉及资产评估的目的、价值类型、假设、方法、主体、客体、准则、程序、结论等九个基本要素。

二、资产评估的产生与发展

（一）资产及其业务的特点

企业或个人在发生资产业务时，往往需要聘请专业人员对其所拥有资产的价值进行评估以便为确定资产价格做准备。这些资产及业务一般具有如下特点。

1. 资产的专用性强。有些资产具有较强的专用性（如专用设备），其他资产很难代替。资产的专用性越强，资产的替代物越少，不同资产之间的交易价格往往缺少可比性，交易价格的确定就越困难。对于这样的资产，交易双方都希望在发生资产交易之前对资产价格的市场行情有一个了解，这就需要专业资产评估机构和评估人员对资产的市场价值提供有关咨询服务，资产评估成为一种客观需要。

2. 交易频率低。企业拥有资产的目的通常情况下是为创造更大的价值服务的，特别是房地产、机器设备等固定资产及无形资产等资产项目，主要是作为生产手段参与生产过程的，与一般商品的交易相比，交易频率较低，只有在企业发生产权变动时，才涉及到这些资产。由于交易频率低，一次交易与上一次交易之间的时间间隔较长，市场因素往往发生变化，上次交易的成交价格难以作为本次交易的参考价格。由于相同或类似资产的交易价格可比性降低，所以每次发生资产交易时，都要重新进行评估，以确定资产在交易时点的市场价值。

3. 信息不完全。资产交易双方充分占有市场信息是资产能够顺利成交的基础。但由于受客观条件的限制，交易双方往往对取得资产的历史价格比较了解，而对资产现行价格的信息掌握较少；另一方面，资产的专用性和交易的低频率等特点又使其他资产以往的交易事实难以作为待交易资产价格确定的依据，因此，需要一个掌握较多市场交易信息、并能站在客观立场上具有一定的权威性的中介机构，用双方可以接收的程序和方法估算一个值，为交易双方确定成交价格提供参考。这种需求的不断增多，是资产评估业产生的客观前提。

4. 大宗交易的发生。资产交易的数额一般都比较大，对双方利益的影响也较大，双方都希望在理性的基础上进行交易，由此产生了对评估信息的需求。此外，交易额的增大使评估费用相对于资产价值的比率降低，委托方支付的评估费用远远低于在缺少评估信息情况下交易所带来的预期损失，资产评估成为一种能够支付得起的客观需求。

资产评估一般被理解为资产评估工作，而资产评估学一般被理解为资产评估学科。资产评估是商品经济发展到一定阶段的必然产物。随着人类社会商品交易的产生和发展，生产商品的资产交易也随之产生并得到发展，这就产生了资产评估的需要。资产评估与人类社会资产交易行为同时产生。没有资产评估，人类社会就不可能顺利进行资产交易；没有资产交易，资产评估也同样没有必要。资产评估是人类社会资产交易的需要和前提，而资产交易又是资产评估的目的和进一步发展的基础。随着人类社会中交易的产生和发展，由商品交易必然过渡到生产商品的资产的交易，资产评估也随之产生并得到发展。

（二）资产评估产生与发展的阶段

在不同的社会，由于资产交易规模的不同，资产评估的广度、深度和形式也自然不同。资产评估作为一种自发的专业服务活动，自从有了资产交易活动，它就必然在一定意义上存在了。关于资产评估起源于何时，目前学术界尚有不同说法。一种观点认为，资产评估起源于原始社会后期。这种观点认为，资产评估与人类社会资产交易行为同时产生。从原始社会后期剩余产品的出现和商品交换的开始，资产的交易行为就产生了。为了进行商品或资产的等价交换，具有直观性、偶然性、简单性、无偿性和非专业性特点的原始资产评估随之产生，并将资产评估划分为原始评估、经验评估和科学评估三个阶段。但是，大多数人认为，真正意义上的资产评估是从经验评估开始的，并且经历了从经验评估到科学评估的发展历程。总体来看，资产评估大体经历了四个发展阶段，即简单评估阶段、经验评估阶段、规范评估阶段和科学评估阶段。

1. 简单评估阶段。简单评估是偶然地、直观地对财产的评价。从历史上看，商品交换的出现，客观上就需要资产评估。起初，评估只是发生在个人之间。在集市牲畜交易，在个人决策购买资产，特别是在购买房地产时，购买者对所要购买的对象总要进行一番审核，这时，充当评估工作的往往是当事人的熟人或中介人，与双方协商价格。这是一种简单评估，是资产评估的最早形式。它产生于原始社会向奴隶社会过渡时期。因为房屋、土地、牲畜等财产是最早与人类生存攸关的重要财富。社会生产力发展到一定阶段上出现商品生产和商品交换以后，把房屋、土地、牲畜等财产也作为商品进行买卖。在交易这些财产过程中，买卖双方都期望有个第三者出面来对财产的价值进行评判从而达成一个公平价格，使买卖成交。简单评估阶段的资产评估具有以下几个鲜明的特点：（1）直观性。评估仅仅依靠评估人员的直观感觉和主观偏好进行，没有借助于其他测评设备。（2）非专业性。评估人员并不具备专业评估手段和技能，或没有受过专门训练，评估时往往是由资产交易双方或一方指定的人员来进行评估，甚至由那些并不懂多少评估知识但却在一定范围内德高望重的人员来进行评估。（3）无偿性。资产交易双方无须支付评估人员报酬，评估人员也无须对评估结果负法律责任。

2. 经验评估阶段。随着生产商品的资产交易规模的扩大和资产交易频率的提高，资产评估业务也逐步向专业化和经常化方向发展，从而也就产生了一批具有一定评估经验的评估人员。这些评估人员由于积累了较丰富的评估经验，因而专业水平更高，接受的委托评估业务也较频繁，他们实行有偿服务，逐步向职业化方向发展。与原始评估阶段相比，经验评估阶段的评估结果更为可靠，但还未能实现评估工作的规范化。从时间上看，前资本主义阶段的资产评估基本上处于经验评估阶段。经验评估的基本特点是：（1）评估人员具有一定的评估经验和专业水平，评估业务也比较频繁；（2）评估人员对资产评估业务进行有偿服务；（3）评估结果的准确性主要取决于评估人员积累的评估经验。

3. 规范评估阶段。规范评估是在经验评估基础上发展而来的。在专业的评估机构和评估人员出现的同时，资产交易双方都期望评估人员依据一定的准则来评估，使评估结果更具权威，资产评估工作也开始规范化。资产评估管理机构或行业自律协会开始制定统一的评估准则，对评估师的职业道德规范和评估工作程序作出明确、具体的规定。由于准则明确具体，使评估有章可循，所以一般的项目即使由几家不同公司评估，各自得出的评估值一般也不会有太大的差异。

4. 科学评估阶段。资产评估发展的最后阶段是科学评估阶段。科学评估是指把现代科学技术和管理方式引用到资产评估中来，采用科学的方法和手段对被评估资产进行评估的过程。这种评估的特点是把现代科学技术引入到资产评估工作中来，由专业评估机构的专业评估人员用比较科学的方法对资产进行评估。

（三）国外资产评估的发展状况

资产评估作为一种自发的专业服务活动，可以追溯到100年以前。而作为一种有组织、有理论指导的专业服务活动则始于19世纪中后期。20世纪40年代以后在世界各国得到较大发展。20世纪70年代以后，世界各国的资产评估活动开始趋于规范化和国际化。资产评估是市场经济条件下资产交易和其他业务发展的产物，市场经济越是发达，资产评估业务的规模越大，评估的成熟程度和发达程度也越高。说到底，资产评估的功能在于为参与资产交易和其他资产业务的双方提供交易上的方便，节省资产业务中的交易成本。

美国是目前商品经济最发达的国家之一，同时也是资产交易最活跃的地方。因此，美国资产评估业务开始较早，已有100多年的历史了。最初的评估目的主要是财产保险、维护产权交易双方利益、资产抵押贷款、家庭财产分割等。随着资产评估行业的不断发展，评估者自发地成立了若干个有较大影响的综合及专业性的民间自律性评估组织。其中规模较大的有16个评估协会。这些组织均有自己的规章制度和评估标准。美国的资产评估经过百年的自行发展，于1989年联邦政府制定了第一部资产评估法律，首版专业评估统一准则是1987年由美国资产评估促进会（AF）的特别委员会制定的USPAP，为全美资产评估执业的统一准则，1989年评估准则委员会（ASB）成立时，颁布为第一个准则。

美国的资产评估行业主要实行行业自律管理，全美资产评估行业自律性管理组织主要有：美国注册评估协会（AACA）、美国评估者协会（ASA）、美国评估学会（AI）以及一些专业性协会，如机器设备、不动产、公路、铁路评估师协会等。这些协会成立很早，大都在20世纪二三十年代就成立了，它们都有自己的章程和执业标准，并制发会员证书。随着行业的发展，各协会认识到需要统一资产评估执业标准。在美国评估者协会（ASA）的倡议下，各协会于1987年成立了美国资产评估促进委员会（AF），1995年时已有16个评估协会（学会）加入该组织。AF下设评估资格审查部和评估标准部。前者负责对申请加入该协会的会员进行资历审查，按规定的课程进行考试及后续培训；评估标准部负责制定、修改全行业的评估标准USPAP。

美国政府是在经历了20世纪80年代的金融危机以后才开始介入评估管理的。20世纪80年代末期，美国银行贷款呆坏账严重，大批金融机构倒闭，损失了上千亿美元的联邦储备基金。一些金融分析家认为，这种状况与资产评估机构低评银行贷款抵押品价值有关。联邦政府于1989年颁布了《不动产评估改革》，这是美国联邦政府有关资产评估最具代表性的法律文件，各州均依据该文件制定了相应的州政府文件。该法令对从事不动产评估人员的资格标准和职业道德规范作了规定。

（四）我国资产评估的发展状况

1. 我国资产评估的探索阶段。在我国，由于商品经济发展迟缓，资产交易不发达，资产评估业务发展比较缓慢。新中国成立后不久，国家为了确实掌握接管以及恢复、建设的国有资产状况，实现由供给制、半供给制向经济核算制的转变，于1951～1952年对工业、交通、邮电、贸易、银行和农林等行业的国有资产实行了全面的清理、登记和估价，核实1952年国有资产总值为238.60亿元，获得了第一份比较完整、真实的国有资产资料。随后，国家又分别在1962年、1971～1972年、1979～1980年组织了三次大规模的全国性清产核资，主要是为了解决历次运动的遗留问题，为完善经济核算制服务。这几次清产核资，注意力只是集中在加强企业经济核算上，始终没能把它自觉地同优化国有资产管理工作联系起来，而且虽然在每次清产核资中都对部分国有资产进行了评估，但多半都出于核定资金的需要，并没有自觉地同资产的合理流动联系起来。总之，我国以往的资产评估工作还很不完善、很不规范，也缺乏科学的估价方法。严格地说，它只是清产核资（清查资产、核实资金）。

2. 我国资产评估的确立阶段。真正科学意义上的资产评估行为和资产评估行业在我国产生于20世纪80年代末期。1988年，国家体制改革委员会委托中国企业培训中心在北京举办了企业资产评估研讨班，聘请美国评值联合公司的副总裁罗纳德·格尔根和该公司高级评估师罗博特·劳博达讲授资产评估的理论与实务。我国改革开放对资产评估行业的急切需要以及资产评估理论和方法的引进，启发了参加研讨班的原国家国有资产管理局的领导。1989 年，国家体改委、国家计委、财政部、原国家国有资产管理局共同发布了《关于出售国有小型企业产权的暂行办法》和《关于企业兼并的暂行办法》，明确规定："被出售企业的资产（包括无形资产）要认真进行清查评估。""对兼并方的有形资产和无形资产，一定要进行评估作价，并对全部债务予以核实。如果兼并方企业在兼并过程中转换为股份制企业，也要进行资产评估。同年，原国家国有资产管理局发布了《关于在国有资产产权变化时必须进行资产评估的若干暂行规定》。1990 年 7 月原国家国有资产管理局成立了资产评估中心，负责资产评估项目和资产评估行业的管理工作。为了更好地对资产评估业务实施管理，保护产权变动各有关方面的经济利益，1991 年 11 月 16 日，国务院总理签署国务院第 91 号令，发布了《国有资产评估管理办法》。该办法对资产评估的范围、组织管理、评估程序、评估方法以及法律责任等做了全面系统的规定。1993 年 12 月 10 日，中国资产评估协会宣告成立。1995 年注册资产评估师制度的施行，标志着中国资产评估业的管理由过去的重视机构管理、项目管理向注重资产评估人员管理的转变。同年，经外交部批准，中国资产评估协会代表中国资产评估行业加入了国际评估准则委员会。1996 年 5 月，《资产评估操作规范意见（试行）》颁布实施，使中国资产评估业从此走上科学化、规范化操作的新阶段。《资产评估操作规范意见（试行）》的制定，有利于提高评估业务水平，规范业务操作，同时也为以后制定行业统一评估准则奠定了基础。从 1998 年起，财政部开始起草《中华人民共和国资产评估法》；1999 年下半年，国务院开始对资产评估行业进行清理整顿，将中国资产评估协会并入中国注册会计师协会。2001 年 12 月 31 日，国务院办公厅转发了财政部《关于改革国有资产评估行政管理方式加强资产评估监督管理工作意见的通知》（国办发［2001］102 号），对国有资产评估管理方式进行重大改革，取消财政部门对国有资产评估项目的立项确认审批制度，实行财政部门的核准制或财政部门、集团公司及有关部门的备案制。之后财政部相继制定了《国有资产评估管理若干问题的规定》、《国有资产评估违法行为处罚办法》等配套改革文件。通过这些改革措施，评估项目的立项确认制度改为备案、核准制，加大了资产评估机构和注册资产评估师在资产评估行为中的责任。与此相适应，财政部将资产评估机构管理、资产评估准则制定等原先划归政府部门的行业管理职能移交给行业协会。这次重大改革不仅是国有资产评估管理的重大变化，同时也标志着我国资产评估行业的发展进入到一个强化行业自律管理的新阶段。2003 年，国务院设立国有资产监督管理委员会。根据《国务院国有资产监督管理委员会主要职责内设机构和人员编制规定》，财政部有关国有资产管理的部分职能划归国资委。国资委作为国务院特设机构，以出资人的身份管理国有资产，包括负责监管所属企业资产评估项目的核准和备案。财政部则作为政府管理部门负责资产评估行业管理工作。这次改革实现了国有资产评估管理与资产评估行业管理的完全分离，表明日益壮大的我国资产评估行业在形式和实质上都真正成为一个独立的中介行业。2004 年 2 月，财政部决定中国资产评估协会继续单独设立，并以财政部名义发布了《资产评估准则——基本准则》、《资产评估职业道德准则——基本准则》。根据 101 号文件的要求，财政部组织在全国范围内对资产评估行业进行全面检查，进一步推动了我国资产评估行业的健康发展。2003 年 12 月 31 日，国务院国有资产监督管理委员会和财政部联合发布《企业国有产权转让管理暂行办法》，对企业国有产权转让行为进行规范，其中明确规定在企业国有产权转让时，应当委托具有相关资质的资产评估机构依照国家有关规定进行资产评估。2005 年 8 月 25 日，国务院国有资产监督管理委员会发布了《企业国有资产评估管理暂行办法》，对企业国有资产评估行为进行了进一步地规范。2005 年 5 月 11 日，财政部发布《资产评估机构审批管理办法》（财政部令第 22 号），这是新时期政府部门制定的资产评估行业的重要部门规章，对资产评估机构及其分支机构的设立、变更和终止等行为进行了规范。

3. 我国资产评估的快速发展阶段。中国加入 WTO，外资评估公司和综合性资产服务公司大举进入中国，我国资产评估业将面临更大的挑战和压力。面对挑战，中国资产评估行业进入了一个快速发展阶段。随着市场经济的发展和完善，我国对资产评估的需求在不断增加，评估范围正在从传统的生产经营型企业资产评估，扩展到金融资产、资源性资产、公共资产、文化资产等领域。2006 年昆明国际评估论坛确立了我国评估行业已从为国企改革服务向为市场经济服务转型的基本模式。2007 年 11 月 28 日，财政部颁布了 15 项资产评估准则，标志着中国资产评估准则体系已初步建立，其中，8 项为新评估准则，7 项为原有的评估准则。新准则反映了市场治理结构中交易契约的变化对评估准则制定的内在机制要求；7 项原有的评估准则则明显表现出既定的评估准则对市场治理结构变动的约束力或反作用力。2008 年 11 月 28 日，中国资产评估协会发布了《资产评估准则——无形资产》、《企业国有资产评估报告指南》和《专利资产评估指导意见》3 项新评估准则，评估准则体系建设再上新台阶。在机构人员管理方面，按照新的审批管理办法，中国财政部提高了资产评估机构的准入条件，要求资产评估机构独立开展经营活动，由兼营转向专营。经过重新审核登记，截至 2008 年 12 底，符合设立条件的资产评估机构有 3000 家左右，注册资产评估师 34000 多名，资产评估从业人员 6 万多人，由证监会和财政部联合批准的从事证券期货相关业务资格的资产评估机构有 70 家；截至 2008 年底，注册资产评估师执业资格考试累计报名人数 47 万多人。20 年的时间，中国评估行业从无到有，从小到大，走过了国外评估行业上百年的发展历程，初步形成了具有较宽业务领域、较高管理水平、较大社会影响力的专业服务行业，组建了一支在规模上与市场经济发展基本相适应的职业道德和综合素质良好的专业注册资产评估师队伍。

目前，中评协与美国、英国等30多个国家的行业组织建立了联系，并与美国、俄罗斯等5个行业组织签署了合作备忘录。

（五）资产评估业的未来发展趋势预测

1. 社会各界对资产评估行业的认知程度进一步提高。随着资产评估行业的发展壮大，监管职能的日趋清晰，资产评估机构和注册资产评估师的独立性不断增强，政府有关部门和社会各界对资产评估行业作用的认识进一步提高。资产评估已经深入到社会经济生活的各个领域，越来越多的政府部门关注资产评估行业，更多的企业也认识到资产评估与自身的设立、持续经营以及今后的发展有着密不可分的紧密关系。资产评估行业正在逐步得到更广泛的重视和支持。在新的经济领域以及评估相关立法活动中，资产评估行业的参与度越来越高。

2. 资产评估业将在许多新领域发挥更大的作用，如在政府经济调控、征税保险、公司治理、经营决策和投资决策、风险控制、物业管理等新领域提供较大帮助。前美国评估学会主席 Thomas A. Motta 指出，在新经济与社会环境下，资产评估应作为资产市场的诊断工具和合规性实务工具。评估职业应有前瞻性。它提供的市场分析与解决办法，应促进发达市场无震动的持续增长，使新兴市场不陷入经济危机。未来成功的评估师决不是一个信息收集者，而应是信息的权威专家。未来的客户将对市场分析、精确的价值预测及风险定价更感兴趣，所以，评估师应能成为今日市场与未来市场的中间人。

3. 公允市场价值（FMV）将作为资产评估价值标准。从本质上分析资产评估本身具有预期判断资产价值的特点，评估基本目标又有公允判定资产价值的要求，资产评估价值本质上是公允市场价值（FMV）。为了在更深层次上把握资产评估的职能和本质、掌握资产评估的理论基础，更好地把握评估过程以及在评估报告中更清晰地披露和表达评估结果，评估人员应采用 FMV 标准。目前，国际评估标准（IVS）采用的资产评估价值标准概念是实证意义上的市场价值概念，主要强调资产的现时价值与局部市场的公允性，而没有突出资产实现最优配置时的最佳使用以及社会性的公允性。即使在资产评估实务的报告中注明评估结果是 FMV 受主客观因素影响也很少会达到真正意义上的公允。会计虽然强调社会公允性，但从目前其采用的计量属性、假设前提等方面来看，其含义和外延是狭义的。鉴于此，FMV 概念被作为资产评估标准（AVS），将使资产评估结果不仅具有社会意义的公允性、资产价值的现时性，还可同时兼顾企业价值评估业务对市场价值与特定个体价值的判定要求。

4. 随着知识经济的发展和高新技术的开发，资产评估方法和手段更加先进，计算机、网络、适时数据的频繁使用，有条件做到评估的“动态把握——静态分析和归纳——对未来进行动态预测——将评估结果再进行动态检测——指导企业的运营”，其提供动态信息和连续性信息功能将更强。

中国资产评估行业发展的实践证明，评估行业离不开改革开发和市场经济，市场经济越发展，评估行业越重要。当前，改革开放正向纵深推进，这给评估行业的发展带来了新的机遇，我国资产评估行业的未来必将是一个全新发展的局面。

三、资产评估的功能、任务和作用

资产评估作为一种专业化中介服务行业，服务于诸多重要经济领域和经济活动，在规范交易行为、降低交易成本、维护经济秩序、保障市场安全、促进经济发展等方面发挥着十分重要的作用。下面主要论述资产评估的功能、任务和作用。

（一）资产评估的功能

资产评估的功能是资产评估工作的客观要求和内在功效及能力，是资产评估所固有的，是资产评估工作的抽象化。资产评估最基本的功能是通过对资产的现时价值进行平定和估算，为资产业务提供公正的价值尺度。在市场经济条件下，在生产要素、产权等生产条件由市场配置的情况下，资产评估可以为各项资产业务提供与之相适应的价值尺度，从而保证资产业务的顺利执行。资产评估是市场经济条件下资产业务的重要内容之一，市场经济的核心内容是交易，而现实经济生活中的交易无非由商品交易、劳务交易、金融工具交易和相关的资产交易构成。在这四方面的交易中，资产交易具有特别重要的意义。因为资产是生产商品和劳务的工具，它在一定程度上决定着商品和劳务的市场价格，决定着商品和劳务的质量，因此对商品和劳务的市场交易具有重要的影响。

（二）资产评估的任务

资产评估任务是根据资产评估功能、资产评估对象和各不同类型资产评估的客观要求，而决定的资产评估应担负的责任，是资产评估应该做些什么的问题。资产评估的重要任务在于科学合理地估算资产的现时价格，即为资产提供人为的市场定价。资产评估的基本任务主要包括四个方面：

1. 全面核实资产的数量和质量，这是进行资产评估的基本前提；
2. 准确评定估算被评估资产的现时价格，这是资产评估的中心任务；
3. 科学合理地评价资产的运营状况，为资产所有者、经营者的经营决策提供依据；

4. 在必要情况下进行产权界定，即明确资产的归属。产权界定的重要功能是合理确定在资产交易中哪方受损，哪方受益。

这些方面的任务对于资产评估作用的发挥具有重要的意义。

（三）资产评估的作用

资产评估的作用是指资产评估功能在运用中产生的客观效果。它是评估人员履行了资产评估功能，完成了资产评估任务的结果，是资产评估工作的外在表现或显示，是资产评估工作的具体化。那么，资产评估在市场经济条件下发挥什么样的作用呢？我们知道，资产评估的重要任务在于科学合理地估算资产的现时价格，即为资产提供人为的市场定价。显然，资产的市场价格是资产参与市场交易的基本前提，因此，资产评估是唯一服务于资产的市场交易。换句话说，资产交易是资产评估的目的，资产评估是资产交易的前提和保证，没有资产评估，就不可能产生资产的市场交易。当然，资产评估主要发挥以下三个方面的作用：

1. 咨询的作用。从某种意义上说，资产评估属于一种专业技术咨询活动，具有咨询的作用。咨询的作用是指资产评估结论是为资产业务提供专业化估价意见，该意见本身虽然没有强制执行的效力，但可以作为当事人要价和出价的参考。

2. 管理的作用。国家通过建立资产评估制度，规范评估程序，就使资产评估具有管理作用。这主要表现在三个方面：一是可以规范资产评估工作；二是可以维护产权主体的合法权益；三是可以促进优化资源配置。

3. 鉴证的作用。鉴证由鉴别和举证两个部分组成。鉴别是专家依据专业原则对经济活动及其结果做出的独立判断；而举证则是为该判断提供理论和事实支撑，使之做到言之有理，持之有据。

第二节　资产评估的理论基础

一、资产价值构成理论

（一）生产费用价值论

1. 什么是生产费用。所谓的生产费用是指在企业产品生产的过程中，发生的能用货币计量的生产耗费。它是企业在一定时期内产品生产过程中消耗的生产资料的价值和支付的劳动报酬之和。生产费用按照经济性质（内容）划分，可分为劳动对象消耗的费用、劳动手段消耗的费用和活劳动中必要劳动消耗（或构成成本的活劳动费用）的费用。这在会计上称为生产费用要素，是由下列项目组成：外购材料、外购燃料、外购动力、工资、提取的职工福利费、折旧费、利息支出、税金、其他支出。

2. 费用要素与成本项目的联系和区别。生产费用的对象化就构成产品成本，也就是说生产费用是构成产品成本的基础。虽然某些要素费用与成本项目费用名称有些相似，但两者反映的具体内容是不同的。生产费用要素只能用来反映企业在生产中发生了哪些费用，而成本项目是用来反映生产中发生的这些费用到底用在哪里。

3. 生产费用价值论对资产评估的指导。生产费用价值论认为资产的价值决定于生产费用，换句话说，资产的价值是由其生产成本决定的。因此，生产费用价值论是从成本的角度（采用重置成本法）评估资产的理论基础。

（二）效用价值论

1. 什么是效用价值论。效用价值论（utility theory of value）是以物品满足人的欲望的能力或人对物品效用的主观心理评价解释价值及其形成过程的经济理论。在19世纪60年代前主要表现为一般效用论，自19世纪70年代后主要表现为边际效用论。效用价值论把商品交换的基础归结为物品效用。效用价值论认为资产的价值是由其效用决定的，而效用是来自于消费者对商品的主观评价。若消费者认为商品对自己的效用大，则商品的价值就大；反之则小。

2. 效用价值论对资产评估的指导。资产的效用是影响资产评估的一个重要因素，而资产的效用则是指资产为其占有者带来的收益。因为拥有资产的目的就是为了获取收益。一项资产的未来收益越高，其价值就越大；反之，则越小。效用价值论是从效用的角度（采用收益法）评估资产价值的理论基础。

（三）均衡价值论

1. 什么是均衡价值论。均衡价值论是经济学原理的核心。马歇尔以英国古典经济学中生产费用论为基础，吸收边际分析和心理概念，论述价格的供给一方；又以边际效用学派中的边际效用递减规律为基础，对其进行修改，论述价格的需求一方，认为商品的市场价格决定于供需双方的力量均衡，犹如剪刀之两刃，是同时起作用的，从而建立起均衡价。均衡价格是指一种商品的需求价格和供给价格相一致时的价格，也就是这种商品的市场需求曲线与市场供给曲线相交时的价格。均衡价格被认为是经过市场供求的自发调节而形成的。需求价格是买者对一定数量的商品所愿付的价格，是由该商品的边际效用决定的；供给价格是卖者为提供一定数量商品所愿接受的价格，是由生产商品的边际成本决定的。

2. 均衡价值论对资产评估的指导。均衡价值论认为在其他条件不变的情况下，商品价值是由商品的供求状况决定的。均衡价值论融合了供求论、边际效用论、生产成本论，用价格的概念替换了价值，以市场价格来决定价值，以对市场价格的分析来取代价值决定和价值实体等问题。供求决定价值论是从公开市场的角度（采用市场法）评估资产价值的理论基础。

二、价值工程理论

（一）价值工程理论的基本思想

价值工程是以提高实用价值为目的，以功能分析为核心，以开发集体智力资源为基础，以科学分析方法为工具，用最少的成本支出达到最合适的产品功能的产品开发的科学方法。价值工程（Value Engineering 简称 VE）最早于 20 世纪 40 年代由美国通用电气公司的工程师麦尔斯提出的。

1. 价值工程中的“工程”的含义是指为实现提高价值的目标所进行的一系列分析研究活动。因此可定义为：以最低的寿命周期费用，可靠地实现产品的必要的功能，对产品的功能、成本所进行的有组织地分析研究活动。

2. 价值工程公式。价值工程的主要思想是通过对选定研究对象的功能及费用分析提高对象的价值。这里的价值，指的是反映费用支出与获得之间的比例，用数学比例式表达如下：价值（Value）= 功能（Function）/成本（Cost），通常写为：$V = F/C$。

（二）价值工程理论对资产评估的指导

1. 价值工程中的价值的含义有别于政治经济学中所说的价值是“凝结在商品中的一般的、无差别的人类劳动”；也有别于统计学中的用货币表示的价值。它更接近人们日常生活常用的“合算不合算”、“值得不值得”的意思，是指事物的有益程度。它正确反映了功能和成本的关系，为分析评估资产的价值提供了一个科学的标准。

2. 价值工程理论的功能，可解释为功用、作用、效能、用途、目的等等。对于一件产品来说，功能就是产品的用途、产品所担负的职能或所起的作用。没有用的东西就没有什么价值，就谈不到价值分析了。

3. 进行一项价值分析，选定分析对象后需要收集对象的相关情报，包括用户需求、销售市场、科技进步状况、经济分析以及本企业的实际能力等等。资产价值的准确程度与信息收集的准确程度、及时程度、全面程度紧密相关。

三、货币时间价值理论

（一）货币时间价值理论的基本思想

货币时间价值，是指一定量货币在不同时点上的价值量的差额，即货币经过一段时间的投资和再投资后，所增加的价值。简单的理解就是同等单位的货币但价值并不相等，即现在的一块钱不等于将来的一块钱，原因可能是通胀因素、利率因素、机会成本等。比如说在贴现率为20%，一年后的1.2元钱的现值就是1元，也就是说，现在的1元与一年后的1.2元的价值相等。在实践中，贴现率常用内部收益率代替。

1. 货币增值的原因。货币能够增值，首要的原因在于它是资本的一种形式，可以作为资本投放到企业的生产经营当中，经过一段时间的资本循环后，会产生利润。这种利润就是货币的增值。然而，并非所有的货币都需要直接投入企业的生产经营过程中才能实现增值。比如，存款人将一笔款项存入银行，经过一段时间后会自发地收到利息，其货币也实现了增值。

2. 货币时间价值的形式。货币的时间价值可用绝对数形式，也可用相对数形式。在绝对数形式下，货币时间价值表示货币在经过一段时间后的增值额，它可能表现为存款的利息，债券的利息，或股票的股利等。在相对数形式下，货币时间价值表示不同时间段货币的增值幅度，它可能表现为存款利率、证券的投资报酬率、企业的某个项目投资回报率等等。

（二）货币时间价值理论在资产评估中的应用

货币具有时间价值的依据是货币投入市场后其数额会随着时间的延续而发生变化。这是一种普遍的客观经济现象，这要求我们在进行资产评估时要考虑货币的时间价值因素。

货币时间价值在资产评估中的运用，首要体现是现值概念。由于现在的1元货币与将来的1元货币经济价值不同，不同时间的货币价值不能直接加减运算，需要进行折算。通常，要把不同时间的货币价值折算到“现在”时点，然后进行运算或比较。把不同时点的货币折算为“现在”时点的过程，称为“折现”，折现使用的百分率称为“折现率”，折现后的价值称为“现值”。资产评估中，广泛使用现值计量资产的价值。

第三节 资产评估的基本要素与特征

一、资产评估的分类

为了更准确地把握资产评估的概念，有必要研究资产评估的分类，以掌握资产评估的外延。根据不同的目的和要求，按照不同的标准，对资产评估进行类别划分，有助于加深学习者对资产评估的认识。

（一）按照资产评估活动的性质划分

按性质划分，目前国际上的资产评估主要分为三类，即评估、评估复核和评估咨询。

1. 评估。这种分类方法中的评估类似于我国目前广泛进行的为产权变动和交易服务的资产评估。它一般服务于产权变动主体，对评估对象的价值进行评估。评估人员及其机构要对其评估结果的真实性和合理性负责。

2. 评估复核。评估复核是指评估机构对其他评估机构出具的评估报告进行的评判分析和再评估。它服务于特定的当事人，对某个评估报告的真实性和合理性作出判断和评价，并对自己所提供的意见负责。

3. 评估咨询。评估咨询是一个较为宽泛的术语。它既可以是评估人员对特定资产的价值提出咨询意见，也可以是评估人员对评估标的物的利用价值、利用方式、利用效果的分析和研究以及与此相关的市场分析、可行性研究等。

（二）按照资产评估的目的划分

按照资产评估的目的，资产评估可以被划分为评价性评估、评值性评估和公证性评估。评价性评估的目的是评价资产的实际状况，包括技术状况、新旧状况和经营效果；评值性评估的目的是评定估算被评估资产的实际价值；公证性评估的目的是为资产业务进行公证，这是资产交易的法律保障。

（三）按照资产评估的客体划分

从被评估资产的属性来看，资产评估又可以被划分为固定资产评估、流动资产评估、无形资产评估、房地产评估等。这些类别的资产评估通常采用不同的评估方法、评估程序和评估标准，后面几章将重点进行分析。

（四）按照资产评估的对象划分

根据评估方法，资产评估可以被划分为单项评估和整体评估。

1. 单项评估。单项评估是指对某项可以确指的资产进行评估。用单项评估的方法对某个企业的所有资产进行评估，是把企业所有的有形资产和无形资产的评估值进行加总的评估过程。

2. 整体评估。整体评估是指把企业看作一个获利的整体，将未来年份的收益流折现成现值从而确定企业价值的评估过程。适用的资产业务主要是企业兼并。

对一个企业来说，既可以采用单项评估，也可以采用整体评估，两者的差即整体评估值减去单项评估值就是企业的商誉。企业的商誉既可以是正值，也可以是负值。

二、资产评估的要素

我们在探讨资产评估定义时已经指出，一项资产评估工作应该具备九个基本要素，即资产评估的目的、价值类型、假设、方法、主体、客体、准则、程序、结论。

（一）资产评估的目的

资产评估的目的，即需要进行资产评估的原因。简言之，就是为什么进行资产评估。资产评估的目的不同，评估的方法、原则以及应该遵循的价格标准甚至评估的程序都可能有所差别。评估目的有两种，即一般目的和特定目的。一般目的是评估资产在评估时点的公允价值；特定目的指资产业务对评估结果用途的具体要求，包括资产转让、企业兼并、企业出售等等。一般目的是评估目的的内涵，特定目的是评估目的的外延。本书第二章中对此将做专门介绍。

（二）资产评估的价值类型

资产评估中的价值类型是指资产评估结果的价值属性及其表现形式。它是对资产评估的一个质的规定。资产评估的价值类型一般被概括为四种，即重置成本、现行市价、收益现值和清算价格。不同的价值类型从不同的角度反映资产评估价值的属性和特征。不同属性的价值类型所代表的资产评估价值不仅在性质上是不同的，而且在数量上往往也存在较大差异。

（三）资产评估的假设

资产评估假设，是对资产评估领域未知的事物，根据客观的存在状况和发展趋势所做出的合乎逻辑的认定。资产评估假设的理论意义，在于它是建立资产评估理论结构的基石和资产评估工作的基本前提；资产评估假设的实践意义，突出地表现在它对资产评估实践的指导以及对资产评估责任的判断作用上。没有资产评估假设，评估人员的责任界限就没有立足点。资产评估的特点之一是其市场性。资产评估是在资产交易发生之前通过模拟市场对准备交易的资产在某一时点的价格所进行的估算。但事实上人们是无法完全把握市场机制的，评估人员模拟市场进行资产评估往往必须借助于若干种假设，以对资产的未来用途和经营环境做出合理的判断。因此，资产评估与其他学科一样，其理论和方法体系的确立也是建立在一系列假设基础上的。在资产评估中有三个最基本的假设：交易假设、继续使用假设、公开市场假设和清算（清偿）假设。

（四）资产评估的方法

资产评估的方法，即评估运用的符合国家规定的各种专门的方法。资产评估是一项对资产的现时价格进行评定估算的工作，技术性较强，因此必须采用科学的方法进行合理准确地评估。目前，资产评估的主要方法是重置成本法、收益现值法、现行市价法和清算价格法。这些方法分别适用于不同的资产类型或不同的评估目的。通常，重置评估法主要适用于固定资产、房地产的评估和资产补偿评估；收益现值法主要适用于无形资产的评估和资产使用权、所有权转让等方面的评估；现行市价法主要适用于流动资产的评估和资产的转让、处置等方面的评估；清算价格法主要适用于企业各类资产的破产清算方面的评估。当然，这样的划分并不绝对，许多情况下，资产评估的方法可以根据具体情况在比较灵活的情况下进行，还可以把两种甚至多种评估方法结合起来对一项资产进行评估。特别是，对一个企业进行资产评估时，多种评估方法可能根据企业资产的实际情况同时被采用。

（五）资产评估的主体

资产评估的主体就是指由谁来进行资产评估。简言之，资产评估的主体，即从事资产评估的专门机构和人员。他们是资产评估的执行者，是具有资产评估资格的中介机构和注册资产评估师。在实践中，对资产进行评估的主体除了专门的资产评估机构和人员之外，还有分布在证券公司、财务公司、咨询公司、资产管理公司以及各大企事业单位的资产管理部，甚至包括所有与资产价值有关或对其感兴趣的人员。因此，资产评估中的评估主体是狭义的评估主体，这个评估主体是获得政府部门所颁发的专业评估资质证书的那些对资产进行评估的主体。

（六）资产评估的客体

资产评估的客体，即被评估的对象，是指被评估的资产。会计学所称的资产是指企业过去的交易或者事项形成的、由企业拥有或者控制的、预期会给企业带来经济利益的资源。作为资产评估对象的资产比会计学上所称的资产具有更广泛的含义，它不仅包括具有独立实体形态的有形资产，也包括不具有独立实体形态的无形资产；既包括各种单项资产，也包括一组具有获利能力的资产综合体，即整体资产。

（七）资产评估的准则

资产评估准则是指导评估师执行资产评估业务的技术规范和职业道德规范的总称。它是资产评估业务发展过程中的客观要求，是资产评估行业发展到一定阶段的产物，也是一国资产评估理论和实践经验的高度浓缩，并随着资产评估行业的发展而不断完善。其目的在于保证和提高评估业务质量并规范评估执业行为。

（八）资产评估的程序

资产评估的程序，即资产评估具体进行的环节、步骤，体现评估机构按照相应的要求，评估工作所必须遵循的评估顺序。资产评估的程序对保证资产评估的科学合理和公正性具有重要意义，因为资产评估的过程有时影响甚至决定资产评估的结果，这也是减少或避免评估工作随意性的重要要求。不同的被评估资产和不同的评估目的决定着资产评估所采用的评估方法，而评估方法又决定着资产评估的程序。

（九）资产评估的结论

资产评估的结论反应在评估报告中。资产评估现场工作完成后评估人员就要向资产委托方出具评估报告。评估报告不仅是资产评估结果的重要表现形式，也是资产评估过程的总结文件。它是体现资产评估工作及代表资产评估结果效力的法律要件。资产评估报告不仅是一个报告，更是一个工作规则，其在整个资产评估工作中十分重要性。评估报告的基本要素主要包括评估报告主体、评估报告客体和评估报告内容三大部分。

资产评估要素与本教材体系见表 1－1。

表 1－1　　　　资产评估要素与本教材体系

<table>
<tr><th>资产评估要素</th><th>本书章、节安排</th></tr>
<tr><td>资产评估的目的</td><td rowspan="3">第二章　资产评估的目的、假设和价值类型</td></tr>
<tr><td>资产评估的价值类型</td></tr>
<tr><td>资产评估的假设</td></tr>
<tr><td rowspan="3">资产评估的方法</td><td>第三章　资产评估的市场法</td></tr>
<tr><td>第四章　资产评估的收益法</td></tr>
<tr><td>第五章　资产评估的成本法</td></tr>
<tr><td>资产评估的主体</td><td rowspan="2">第六章　资产评估的主体和客体</td></tr>
<tr><td>资产评估的客体</td></tr>
<tr><td>资产评估的准则</td><td>第七章　资产评估准则</td></tr>
<tr><td>资产评估的程序</td><td>第八章　资产评估的程序</td></tr>
<tr><td>资产评估的结论</td><td>第九章　资产评估报告</td></tr>
</table>

三、资产评估的特征

从本质的意义上讲，资产评估是一种对资产价值的估计和判断的社会中介活动。与其他资产计价业务和社会中介活动相比，资产评估具有以下几个明显的特征

（一）资产评估的现实性

现实性是指进行资产评估时以评估基准期为时间参照，按这一时点的资产实际状况对资产进行评价。所谓资产评估基准期是指确认资产、评估价格的基准时间。可见，企业资产评估只能是评估某一时点的资产，而不能完全反映评估基准期以外时期的资产状况。资产评估的现实性表现在以下三个方面：

1. 资产评估直接以现实存在作为资产确认、估价和报告的依据，没有与过去业务及其记录进行衔接、均衡、达成一致等约束，只需要说明当前资产的状况，而不需要说明为什么形成这个状况以及如何由过去的那种状况变为当前状况。

2. 以现实状态为基础反映未来。资产评估涉及到对未来的预测，必须考虑未来的新变化、新因素、新发展。但是，资产评估中的预测更强调现实的意义，它把未来状况抽象为现实状况在时间维度下的逻辑延伸。

3. 现实性强调客观存在。形式上存在而实际上已消失者，形式上不存在而事实上存在者都要以实质上的客观存在为依据进行校正。

（二）资产评估的市场性

市场性是资产评估区别于其他会计活动的显著特征。财务会计既反映外部交易（市场交易），又反映内部交易即企业内部的资源变换。企业内部资源变换在时空上是与市场相分离的。资产评估则是在模拟市场条件下，对资产进行确认、估价和报告，并且通常受市场直接检验。资产评估市场性的表现在两个方面：其一，资产评估需要模拟市场来作为资产估价的依据，因为资产评估的实质就是以资产要素市场和本金市场作为参照系对资产的价格属性进行描述，它不能离开资产市场得出结论。其二，评估结果的有效性要受市场检验，这是衡量一个评估机构社会信誉的重要标志。

（三）资产评估的预测性

资产评估的预测性是指用资产的未来时空的潜能说明现实。一项资产是否有价值，关键取决于其未来是否有用，即能否给资产的所有者带来未来收益。未来没有潜能和效益的资产，现实评估价值是不存在的。因此，在资产评估操作中，通常用未来预期收益来折算反映某项资产的现实价值，用预期使用年限和功能评估某类资产的净值等。

（四）资产评估的公正性

资产评估的公正性是指资产评估行为对于评估当事人具有独立性，资产评估过程及其结果只服从于资产评估对象及评估时的各种主客观条件，而不倾向于各当事人的任何一方。资产评估是为产权变动、资产交易及其他涉及到资产产权主体利益的经济活动服务的社会中介活动。资产评估的性质要求其必须保证公正性。公正性是资产评估存在和立足的根本。要保证资产评估的公正性，一方面要强调资产评估机构和评估人员保持超然独立的地位，与资产交易各当事人没有利益或利害关系，这是公正性的组织基础；另一方面，资产评估必须按公允、法定的准则和规程执业，具有公允的行为规范和业务规范，这是公正性的技术基础。

（五）资产评估的专业性

资产评估是一种专业人员的活动，要求尽量由专业评估机构来承担。专业评估机构主要指专门的资产评估机构，主要包括专门的资产评估公司、会计师事务所和财务咨询公司等。从事资产评估业务的机构应由一定数量和不同类型的专家及专业人士组成。这些专业评估机构的业务水平相对较高，评估的结果相对科学合理，容易为资产业务的有关方面接受。这种专业特性主要反映在两个方面：一是这些资产评估机构形成业务的专门化，提供的是专业化服务；二是评估机构及其评估人员对资产价值的估计判断也都建立在专业技术知识和经验的基础之上。

（六）资产评估的咨询性

咨询性是指资产评估结论是为资产业务提供的专业化估价意见。这个意见本身并无强制执行的效力，评估者只对结论本身合乎职业规范要求负责，而不对资产业务定价决策负责。资产评估与资产交易中的资产交易价格决策和决定是分属于两个不同的过程，是由不同主体做出的。资产评估为资产交易提供的估价只是作为当事人要价和出价的参考，最终的成交价则还取决于当事人谈判的技巧。此外，还应该指出的是，资产评估属于一种专业技术咨询活动，需要由具有资产评估及其相关知识的专业人士或专家以及由这些专业人士及专家组成的机构完成。资产评估结论应该是这些专家的专业判断和专家意见，具有令人信服的权威性。

第四节　资产评估与相关专业的关系

资产评估为市场经济中的权益主体提交资产价值的参考意见，提供的是一种专业性的鉴证服务。但是，从诞生的那一天开始，资产评估就不可避免地和传统的会计计价混淆在一起，以至于在当前的市场经济环境下，有些人认为资产评估和传统的会计计价、审计服务等中介服务的界限是模糊的。其实资产评估与会计和审计应该说是既有联系又有区别的专业服务活动。

一、资产评估与会计的关系

在我国，由于经济发展的特殊性，评估与会计有着不可分割的渊源。以前，中国的资产评估并非一门独立的行业，而是会计中的一个分支。原因是市场价格在过去就是折旧成本，资产评估的目的大多是会计人员作为账务处理的依据。随着市场经济的蓬勃发展，评估逐渐脱离会计而成为了一门独立的行业。然而，在当今独立的资产评估行业服务中，会计知识仍然是很重要的。

（一）资产评估与会计的联系

资产评估与会计的联系主要表现在特定条件下资产会计计价和财务报告利用资产评估结论以及资产评估需要参考会计数据资料。因此，资产评估与会计的关系主要体现在两个方面：一是资产评估对会计资料的运用，二是资产评估结果与“以财务报告为目的的评估”有着紧密的关系。

（二）资产评估与会计的区别

从理论上讲，资产评估是一种专业性很强的中介服务，既不是对会计计价的否定，也不属于会计计价的范畴，虽然与传统的会计领域有着一定的联系，但是在发生的前提条件、目的和执行操作等方面与会计计价存在着本质区别。

1. 二者的性质和职能不同。会计是一项以记账、算账和报账为基本手段，连续地、系统地反映监督企业生产经营、财务收支及其成果的一种社会活动。反映和监督是会计的基本职能，而资产评估则是一种价值判断活动，评估和咨询是资产评估的基本职能。

2. 二者的执行操作者不同。资产计价是由企业的财会人员来完成的，只要涉及与资产有关的经济业务均需要计价，是一项经常的、大量的工作。资产评估则是由独立于企业以外的具有资产评估资格的社会中介机构完成的。而且，资产评估工作除需要有资产评估学、会计学、财务管理学的知识以外，还需要工程技术、经济法律、市场营销等多方面的知识才能完成，其工作难度和复杂程度远超过会计计价。

3. 二者的依据和方法不同。会计记账和算账中的资产确认和计价主要以可靠计量的历史成本为依据。资产评估中的资产确认和评价主要是以其具有效用和市场价值为依据。会计中的资产计价方法主要采有核算方法。资产评估中的资产价值评估除了可以利用核算方法外，还广泛应用预期收益折现、市场售价类比等多种技术方法。

4. 二者的总体目标不同。会计工作的总体目标是为企业管理服务，资产评估的总体目标是为资产交易服务。会计学中资产计价的目的是为投资者、债券人和经营管理者提供有效的会计信息，资产评估价值则是为资产的交易和投资提供公平的价值尺度。

二、资产评估与审计

关于资产评估与审计的关系，主要体现在三个方面：一是资产评估与审计中相关的配合，二是资产评估对审计资料的利用和复核，三是资产评估与审计协同所形成的服务功能。审计是由审计人员或注册会计师运用审计标准和方法，通过实施审计程序，按照合法性、公允性的原则，对被审计企业会计报表发表定性的审计意见。而资产评估是评估专业人员运用资产评估准则和方法，实施特定的评估程序，对委托评估资产在基准日的客观价值予以定量评定估算。从服务的目的上看，审计主要着眼于过去，是对被审计单位在过去一个会计年度一系列会计报表发表审计意见；而评估主要着眼于未来，为将要发生的产权变动业务提供一个公允的交易底价。二者虽然有一定的联系，但也有较大的差别。

（一）资产评估与审计的联系

1. 资产评估中资产清查阶段，就其工作方法而言，包括对委托方申报的评估对象进行核实和界定，有相当部分工作采用了审计的方法，具有"事实判断"的性质。

2. 根据我国现行资产评估法规要求，流动资产及企业负债也被纳入企业价值评估范围之内，而流动和负债的评估有相当部分可借鉴审计的方法进行。

3. 在企业价值评估中，经审计后的财务报表及相关数据可以作为企业评估的基础数据。

（二）资产评估与审计的区别

1. 审计是在现代企业两权分离背景下产生的旨在对财务报表所反映的企业财务状况和经营成果的合法性和公允性做出事实判断，具有明显的公证性特征。资产评估是市场经济充分发展，适应资产交易、产权变动以及其他目的的需要，旨在为委托人与相关当事人的被评估资产做出价值判断，具有明显的咨询性特征。

2. 审计人员在执业过程中，要自始至终地贯彻公证、防护和建设三大专业原则，而资产评估人员在执业过程中则必须遵循供求、替代、贡献、预期等基本经济原则。

3. 审计工作是以会计学、税法及其他经济法规等知识为专业知识基础，而资产评估的专业知识基础，除了由经济学、法律、会计学等知识组成外，工程技术方面的知识，也是其重要的组成部分。

4. 审计主要是对会计报告的审计，审计对业务的处理标准与会计是同一的，而与资产评估却是大相径庭，例如市场价值与历史成本等。

三、资产评估与清产核资的关系

清产核资是指通过采取一定方法、遵循法定程序清查企业资产，从而核实企业资金（资本）的全过程。我国先后进行过多次全国性清产核资，清产核资的目的是要达到"家底"清楚，所有权界定明晰，账实、账账相符的目的，核实企业法人财产占用量、核实国家资本金，推动国有资产的合理流动和资产的优化配置。

现实经济生活中，许多人对资产评估和清产核资两个术语混为一谈，其实两者是有所不同的。

（一）资产评估与清产核资的联系

资产评估与清产核资的联系表现在：两者一般都需要进行资产清查并重新确定资产账面价值，使之账实相符，都会对资产管理产生积极作用。而且，在对企业资产进行评估时，清产核资还是资产评估必不可少的基础工作。

（二）资产评估与清产核资的区别

1. 工作主体及效用不同。资产评估必须是由执业资格的评估机构和评估师来进行并遵循法定程序和执行公认准则，其评估结果具有客观公正性；清产核资的工作主体没有严格的限定，一般是在所有者的监督指导下由企业管理人员来进行的，其结果的客观公正性比资产评估要弱许多。

2. 内容范围及目标不同。资产评估的内容范围，不仅包括有形资产而且包括无形资产。其目标是对资产的现时价值进行评估，为资产业务提供公正的价值尺度，以满足资产合理流动和产权交易的需要。清产核资的内容范围一般只限于有形资产，工作目标主要是为了摸清家底，做到账账、账实相符，提高资产使用效益。

3. 评定依据及时机不同。资产评估是以市场化、动态化的会计计量理论为基础，并从多层面考虑资产价值。而清产核资以相对静止的资产计价理论为基础，考虑的是资产本身的价值，多以历史成本为计价依据。另外，资产评估只发生在产权转移或资产流动时，而清产核资是企业财产管理的一个重要方面，企业认为需要就可以进行。

随着经济全球化的加速发展，国际上资产评估已呈现综合发展趋势。企业价值评估、无形资产评估、机器设备评估、珠宝评估等都得到了长足发展。国际大型评估公司已发展成为融评估、咨询、服务于一体的综合性机构。其资产评估人员的知识结构明显趋于综合性。这些新的变化也将更有力地带动和影响我国资产评估行业的变化和发展。同时我国资本市场改革不断深化，资产评估业务范围、种类、数量日益扩大，资产评估管理水平日益提高，资产评估业已经成为社会主义市场经济中一个重要的中介服务行业。我国会计、审计准则的国际化趋同决定了以财务报告为目的的企业价值评估孕育而生。我国的资产评估业务已不仅仅是强调单一传统的以产权变动为主体的法定评估项目，也将涉及到金融资产、保险资产及税务资产的评估，积极参与企业、政府走向国际市场和资本市场的运作谋划。担任企业投资顾问已成为推动资产评估行业发展的强大动力。

思　考　题

1. 什么是资产评估？如何认识资产评估的功能和作用？
2. 资产评估与会计及审计有何联系与区别？
3. 结合我国市场经济状况，分析我国资产评估行业的发展前景？

第二章 资产评估的目的、假设和价值类型

本章学习目的

1. 了解国内外评估准则关于价值类型的表述。
2. 理解资产评估的目的、假设和价值类型在评估实务中的作用。
3. 熟悉资产评估特定目的与价值类型的分类。
4. 掌握资产评估的假设与资产定价原则。
5. 界定公允价值、市场价值、非市场价值以及价值类型等相关概念的关系。

第一节 资产评估的目的

无论从一般意义还是具体用途上看，委托人委托资产评估都是有目的的。那么，资产评估的目的是什么呢？它是资产业务引发的经济行为，一般是为了给资产的买卖、租赁、抵押、保险理赔、课税、征用补偿、拍卖底价、分割或合并、损害赔偿等行为提供可参考的价值基础。所谓资产业务，是指引起资产评估的经济行为。资产评估的原因是引起资产评估的根源和前提条件，而资产评估的目的是组织资产业务期望达到的结果。个人之间是否必须进行资产评估，应根据资产业务当事人的意愿和具体情况而定。

由于资产业务不同，对评估结果的要求就不同，评估中考虑的影响变量也不同。也就是说，不同资产在不同特定目的下其评估值是不同的。例如，同样一台设备，如果是以购买为目的，要求评估的是为该设备少付多少钱，服务于此目的，评估时考虑的变量主要与设备的买价、运费、安装费等因素相关；如果以出售为目的，需要评估的则是出售设备能收到多少钱，服务于此特定目的，评估中考虑的变量主要是与设备的售价、宣传广告费以及其他变现因素。

资产评估的目的有资产评估一般目的和特定目的之分。一般目的是为了获取资产在一定时间和一定条件下的公允价值。公允价值是没有损害各方及他人权益的相对合理的价值。特定目的是资产业务对评估结果用途的具体要求。资产评估一般目的包含着特定目的，而资产评估特定目的则是一般目的的具体化。同一资产可能会有不同的价值，但相对其各自的条件而言又都是合理和公

允的。因此，资产评估目的界定了评估对象和范围，决定了其存续条件，反映了资产评估结果的具体用途（期望用途）。资产评估特定目的不同，直接决定和制约资产评估价值类型和方法的选择。

一、资产评估的一般目的

（一）资产评估一般目的的内涵

资产评估的一般目的，也可以理解为资产评估的基本目标。从现象上看，资产评估的一般目的就是要对资产的价值进行判断或评定估算。资产评估的一般目的是由资产评估的性质及其基本功能决定的，需要从以下几个方面来思考：第一，资产评估评的是什么；第二，资产评估所要评估的是一种什么样的价值；第三，衡量资产评估是否实现其基本目标的标准或尺度是什么。

资产评估是一种专业人士对特定时点及特定条件约束下资产价值的估计和判断的社会中介活动。资产评估的产生与存在都是以资产评估向委托人及社会提供公允评估结果为条件的，只有当资产评估结果为当事人所共同接受，资产评估才有存在的必要。从资产评估委托人的角度，委托人委托资产评估并没有放弃自己的定价权，委托人的目的是想通过资产评估得到资产的客观价值，以作为自己讨价还价及定价的基础和底价。从资产评估服务于资产业务上讲，资产评估的一般目的是要对各种条件下“交易”中的资产的公允价值做出判断并给出这些资产在各种条件下的公允价值。概括地讲，评定估算出资产在各种条件下评估时点的公允价值就是资产评估的一般目的。

公允价值是指根据相关当事人地位、被评估资产自身条件及其面临的市场条件，对被评估资产客观交换价值的合理估计值。

（二）不同领域对公允价值的定义及理解

公允价值也是一个很宽泛的概念，不同领域对公允价值的定义及理解有所不同，它广泛应用于会计、资产评估及其他领域。例如《国际财务报告准则》中对公允价值的定义是：一项资产在正常交易中，能使熟悉情况的买卖双方自愿进行交换的金额。会计界则认为公允价值是一种事实，即市场成交价格。尽管如此，会计界对公允价值概念的认识和理解却反映出了公允价值的一种本质，即公允价值是公平交易市场上交易各方在理智、信息对称和充分协商基础上所达成的共识。这个共识可以是现实的，即客观事实；也可以是一种愿望，即某种条件下资产或商品交换价值的一种抽象。资产评估作为资产进入市场之前进行的一种资产价值判断活动，它的结果显然不会是一种客观事实。资产评估在理解公允价值时，首先可以从资产评估的基本特征出发进行一些思考。资产评估的本质就是以一种模拟市场来判断资产价值的行为。资产评估师是面对不断变化的市场以及不断变化着的影响资产价值的种种因素，将市场条件及影响资产价值的各种因素“凝固”在某一时点价值判断中。这种价值判断基于法律、法规和评估准则，基于特定目的、评估程序、价值类型、评估方法和评估基准日等要素，具有公正性、客观性和科学性，并强调市场性、时点性以及分析性。因此，资产评估的基本特征与公允价值计量的基本特征是高度一致的。公正性是资产评估的一般目的、基本目标与执业理念，也是资产评估存在的基本条件和要求。公正性要求注册资产评估师不论在什么样的条件下进行资产评估时，必须保证资产评估结果公允、公正、合理。从这个意义上讲，公允价值完全可以作为资产评估中的一种价值类型。资产评估要求评估人员要根据所评估资产自身的条件及其面临的市场条件，合理地分析和判断，而在这种分析和判断中所应反映的公平交易、时点性以及客观性等也正是会计中公允价值需要反映的内涵。资产评估的性质也决定了资产评估结论不能取代资产交易当事人的交易决策，资产评估结果仅仅是评估人员对资产客观价值的一种估计。因此，从资产评估的角度讲，公允价值是一种相对合理的评估价值。它是一种相对于当事人各方的地位、资产的状况及资产面临的市场条件的合理的评估价值，是评估人员根据被评估资产自身的条件及其所面临的市场条件，对被评估资产客观交换价值的合理估计值。公允价值的一个显著特点是，它与相关当事人的地位、资产的状况及资产所面临的市场条件相吻合，且没有损害各当事人的合法权益，亦没有损害他人的利益。应该说，会计中的公允价值与资产评估中的公允价值是有一定区别的。会计中的公允价值是一种资产计价标准，是建立在企业持续经营假设的基础之上。作为一种计价标准，它的作用是客观反映经营中的企业资产的真实价值。资产评估中的公允价值既是一种行为目标，也是一种价值目标。它的作用在于明确资产评估的行为方向和工作目标。由于资产评估是在公开市场、持续使用和清算等各种假设前提下进行的中介活动，从大的方面讲，资产评估的各种结果应该与评估的各种假设前提相匹配，而不仅仅是与资产持续使用或持续经营相适应。从这个意义上说，资产评估中的公允价值的内涵和外延要比会计资产计价中的公允价值的内涵和外延宽泛得多。对于资产评估而言，只要评估结果与被评估资产自身的条件、评估时的市场条件相吻合，且没有损害交易各方的正当权益，亦没有损害其他人的利益，这个评估结果就可以被认为是公允价值。因此，资产评估中的公允价值既包括了公开市场条件下的公允价值，也包括了持续使用条件下的公允价值和清算等条件下的公允价值。长期以来，资产评估界甚至国际评估准则委员会不赞同使用公允价值这个概念，原因就是会计界广泛使用公允价值概念，担心评估人员将会计中的公允价值作为资产评估的工作目标，而使资产评估失去工作方向。其实只要我们明确了资产评估中的公允价值，并明确资产评估中的公允价值与会计中的公允价值的区别，在资产评估中使用公允价值概念是不会造成混乱的。

（三）公允价值自身的特性

公允价值之所以能够成为资产评估的一般目的，这与公允价值自身的特性是紧密相关的，即与公允价值表现形式具有集合性、相对性和时间性特点紧密相关。

1. 集合性。公允价值的集合性质主要表现在它可以是各种资产在与之相匹配的市场及交易条件下合理交易结果的估计值的集合和概括。资产评估要面对各种各样的资产和各种各样的市场条件，不但要评估正常使用状态中的资产，也要评估处于非正常使用状态中的资产。不论评估什么样的资产和什么市场环境中的资产，给出与资产自身条件和市场条件相吻合的合理价值是资产评估的第一要任。公允价值作为各种条件下资产合理价值的估计值的抽象和概括的性质和特点，使得公允价值可以成为资产评估的一般目的和基本目标。

2. 相对性。公允价值的相对性质主要是指对于具体资产而言，它不是一个确定不变的值，而是一个相对值。当该资产处于正常使用及正常市场条件下时，有一个与此条件相对应的合理价值。而当该资产处于非正常使用及非正常市场条件下时，也有一个与之相对应的合理价值。当然，这样的排列组合会很多，相应的合理价值也会很多。尽管对这个具体资产而言，不同条件下的合理价值各不相同，但是它们有一个共同的特点，即相对于它所处的各种条件组合而言又都是合理和公允的。公允价值与评估条件的相关性决定了公允价值的相对性质；公允价值的相对性质又决定了公允价值具有抽象性质和高度概括性质。资产评估的一般目的和目标正是对资产评估具体目的和目标的高度概括。当然，在资产评估实践过程中还必须将资产评估的一般目的和目标具体化。

3. 时间性。公允价值的时间性质是指它随时间的变化而变化的特性。公允价值是个相对的概念，资产的条件和市场条件都会随时间的变动而变化，因而公允价值就具有了时间和动态的特点。资产评估及其结果合理性中的时间性与资产评估一般目的——公允价值的动态性质是一致的。

二、资产评估的特定目的

对公允价值所具有的集合性、相对性及时间性的高度概括不仅使我们能够很好地认识和把握各种条件下不同资产的评估目标和评估一般目的，也为我们进一步认识和把握资产评估的特定目的创造了条件。资产评估特定目的作为资产评估一般目的的具体化，或具体的资产评估目的，我们不能仅仅把它看作是引起资产评估的经济行为或资产评估结果的具体用途。这种粗浅的认识无助于评估人员充分地理解资产评估特定目的，更难给评估人员以评估目标的指引。资产评估特定目的的实质是特定条件下或具体条件下资产的公允价值。换句话说，资产评估的特定目的是评定估算特定资产在给定条件下的公允价值。现在的问题是，在资产评估实践中如何把握特定资产在给定条件下的公允价值。不无夸张地讲，资产的多样性和评估条件的多样性使得资产在特定条件下的公允价值很难把握。正是由于资产评估特定目的及其特定条件下资产公允价值的多样性、复杂性和难以把握性的存在，设计、选择并利用科学合理的资产评估价值类型为评估人员把握资产评估特定目的及其特定条件下的公允价值就显得十分重要。

资产评估的特定目的一般是指资产业务对评估结果用途的具体要求。资产评估的动因很多，在一个成熟的市场经济中，资产业务主要有：资产转让、企业出售与租赁，企业兼并，企业联营与中外合资、合作，股份制经营，抵押与担保，企业清算，企业租赁，债务重组等。

1. 资产转让、企业出售与租赁。资产转让是指资产拥有单位有偿转让其拥有的资产，通常是指转让非整体性资产的经济行为，包括单台机器设备的转让、房地产转让以及专利技术、商标等可确指无形资产的转让。产生资产转让的原因，既是为了优化资产存量配置，又是未来满足投资需要。比如在房地产买卖中，有房屋所有权的转让和土地使用权的转让，为合理确定转让价格，就需要对转让对象进行评估；又如我国《国有资产评估管理办法》规定，国有资产占有单位有偿转让超过百万元或占全部固定资产原值20%以上的非整体性资产的经济行为需要进行资产评估。企业出售是指独立核算的企业或企业内部的分厂、车间及其他整体资产的产权出售行为。企业出售时，要求对企业资产、负债和所有者权益进行评估，以便合理确定转让价格。企业租赁是指资产占有单位在一定期限内，以收取租金的形式，将企业全部或部分资产的经营使用权转让给其他经营使用者的行为。企业租赁从某种意义上讲是分期交易企业产权的方式，为了合理确定租金，有时需要对租赁企业的资产进行评估。

2. 企业兼并。企业兼并是指一个企业以承担债务、购买、股份化和控股等形式有偿接收其他企业的产权，使被兼并方丧失法人资格或改变法人实体的经济行为。无论采用何种形式（货币购买、调换股票、承担债务等）进行兼并，都需要对被兼并企业进行资产评估。在企业兼并中，企业价值和兼并交易条件是买卖双方最关心和最敏感的问题。兼并中资产评估的作用在于估算目标企业的内在价值，从而确定兼并价款；赢得兼并双方的信任，使交易顺利进行，节约交易的时间和交易费用。

3. 企业联营与中外合资、合作。企业联营是指国内企业、单位之间以固定资产、流动资产、无形资产及其他资产投入组成各种形式的联合经营实体的行为；中外合资、合作是指我国的企业和其他经济组织与外国企业和其他经济组织或个人在我国境内举办合资或合作经营企业的行为。在企业联营与中外合资、合作过程中，有关各方的权益，无论是按投资比例确定，还是在投资的基础上通过协商签订，只要投资各方投入非现金资产，如房地产、设备、技术、商标等，就需要通过资产评估来确定投入资产的价值。

4. 股份经营。股份经营是指资产占有单位实行股份制经营方式的行为，包括法人持股、内部职工持股、向社会发行股票（不上市）和股票上市交易。股份经营的实质是将企业资产的所有权采取分割式的交易方式进行出售，因此股票的发行价格与企业的净资产数额直接评估的目的是科学确定投资者的出资比例，保证股份制企业从建立伊始其产权就十分明晰且公正合理。

5. 抵押与担保。抵押是指资产占有单位，以本单位的资产作为物质保证进行抵押而获得贷款的经济行为。一般而言，一个企业如果需要得到金融机构贷款，若没有足够的信用，就需要以企业的部分或全部资产作为抵押品，向金融机构申请抵押贷款。在这种情况下，金融机构就需要知道抵押品的价值是多少，是否与贷款的数额相符合，以决定是否给与贷款。这时，对抵押品进行评估就是必要的。担保是指资产占有单位，以本企业的资产为其他单位的经济行为提供担保，并承担连带责任的行为。这里的担保是指狭义上的担保行为。当一个企业为另一个企业从金融机构贷款提供担保，同样需要对担保企业的全部或部分资产进行评估，以确保担保企业是否具有担保资格。

6. 企业清算。企业清算包括破产清算、终止清算和结业清算。当企业进行破产清算、终止清算和结业清算时，有关权益人有权要求以货币形式得到补偿，从而需要对资产进行变现或拍卖。这时就要求资产评估机构评估企业资产的变现能力，以此作为资产变现的依据。以破产清算来说，破产前必须评估企业全部资产，评估结果作为企业清偿债务或确定公开拍卖底价的依据。

7. 债务重组。债务重组是指债权人按照其与债务人达成的协议或法院的裁决同意债务人修改债务条件的事项。债务重组事项中涉及到债务评估问题。

随着市场经济的发展，资产业务的种类日益增多，资产评估的目的也呈现出多样性的变化。引起资产评估的其他经济行为还有很多，例如司法鉴定、税基确定、财务报告目的、投融资决策目的、购买价格分配、商誉减值测试、资本结构重整、商务筹划、股票期权计划等。在司法鉴定方面，当事人涉及资产诉讼案件时，往往需要委托资产评估机构对案件涉及的资产进行评估，例如企业侵权，特别是无形资产产权纠纷。在这种情况下，专业评估师的评估意见既有助于当事人把握事实真相，又是法院判决的依据。在税基确定方面，目前我国开征的与资产评估有关的税种有房产税、土地使用税和土地增值税，即将开征的遗产税也与资产评估有关。税收征纳之前的税基评估不仅可以确定税基，而且也可以减少征纳双方的征纳税过程的纠纷。在财务报告目的方面，会计准则中公允价值计量的广泛应用对以财务报告为目的的资产评估产生了重大影响。在采用公允价值进行会计计量的公司中，评估师对公司资产进行评估，公司会计师根据评估结果进行账务处理，注册会计师根据评估报告和企业会计师的处理发表审计意见，不仅保证了会计准则的有效执行和财务报告的真实性，也界定了各自的专业责任和法律风险。在投融资决策目的方面，作为资金拥有者的债权方为了减少风险，在某些情况下就要求资产评估机构对债务人的资产或抵押物进行评估，以判断其偿债的能力。这类评估大多发生在银行发放抵押贷款和企业发行抵押债权的情况下。

三、特定目的在资产评估中的地位及作用

特定目的在资产评估中的地位及作用主要表现在以下几方面。

1. 资产评估特定目的是由引起资产评估的特定经济行为（资产业务）所决定的，它对评估结果的性质、价值类型都有重要的影响。资产评估特定目的不仅是某项具体资产评估活动的起点，而且还是资产评估活动所要达到的目标。它是评估时必须首先明确的基本事项。

2. 资产评估特定目的是界定评估对象的基础。任何一项资产业务，无论产权是否发生变动，它所涉及的资产范围必须接受资产业务本身的制约。资产评估委托方正是根据资产业务的需要确定资产评估的范围。评估人员不仅要对资产评估范围内的资产权属予以说明，而且要对其作出判断。

3. 资产评估特定目的对于资产评估的价值类型选择具有约束作用。资产评估结果的价值类型要与资产评估的特定目的相适应，但是评估的时间、地点、评估时的市场条件、资产业务各当事人的状况以及资产的自身状态等，都可能对资产评估结果的价值类型产生影响。保证资产评估趋于科学、合理的基本前提是按照资产业务的特征与评估结果的价值属性一致性原则进行评估。

值得注意的是，在不同时期、地点及市场条件下，同一资产业务对资产评估结果的价值类型的要求也会有差别。也就是说，引起资产评估的资产业务对评估结果的价值类型要求不是抽象的和绝对的。资产业务本身的属性因时间、地点及市场环境的变化而确定。例如：一般来说有什么样的资产业务就应该选择什么样的价值类型。但由于各种条件的限制如时间、地点各种因素的制约、各种变量的限制，不一定能够选择相应的价值类型。由于这种价值类型需要某些资料，而这些资料有时是无法得到的，所以应该选择其他相关的价值类型。

第二节 资产评估的价值类型

一、资产评估的价值类型概念及作用

（一）对资产价值的理解

资产评估的价值类型指的是资产评估价值质的规定性，即价值内涵。而谈到价值，我们往往想起价格。在资产评估中，价格一般是指在特定的交易行为中，特定的买方（或）卖方对商品或服务的交换价值的认可以及提供或支付的货币数额。价格是一个历史数据或事实，是特定的交易行为中特定买方和卖方对商品或服务实际支付或收到的货币数额。资产评估中的价值是一个交换价值范畴，它反映了可供交易的商品、服务与其买方、卖方之间的货币数量关系。资产评估中的价值不是一个历史数据或事实，只是专业人士根据特定的价值定义在特定时间内对商品、服务价值的估计。评估价值是一个交换价值范畴，反映了可供交易的商品、服务与买方、卖方之间的货币数量关系。所以，这里所说的“价值”是指在一定时期内，按照特定的价值（如市场价值），对由于获得商品或接受服务所能增加的利益的估计和判断。可见，在资产评估中，要避免没有限定条件的价值类型，因为，特定的资产评估使用特定的价值类型。

价值与价格是两个既有联系又有区别的概念，价值是价格的基础，商品的价值通过价格得以实现。通常我们认为价格是价值的货币表现形式，价格反映买卖双方对商品价值的认可程度。

（二）资产评估的价值类型概念

资产评估的价值类型是指资产评估价值的类别，是资产评估价值的质的规定性，即评估价值内涵，是每一项评估价值的具体价值尺度。资产评估人员据此可以对评估结论价值属性进行定义和归类，资产评估的价值类型也是资产评估价值形式的具体化。不同的价值类型从不同的角度反映资产评估价值的属性和特征。不同属性的价值类型所代表的资产评估价值不仅在性质上是不同的，而且在数量上往往也存在较大差异。

业界经过这些年的研究和争论，对于价值类型的认识取得一定的发展，至少在以下方面达成共识：

1. 价值类型可以说明评估价值的涵义，是评估值“质”的规定。

2. 价值类型是必须的，资产评估过程开始就应确定价值类型。价值类型指导资产评估过程始终。

3. 评估目的，即资产发生的经济行为是决定价值类型的重要依据，是判断和确定资产评估价值的基础，但不是唯一依据。

4. 每一种价值类型必须予以明确的定义。

简单地说，价值类型就是指同一资产相对于不同所有（持有）人、不同目的和不同市场条件而言，可能具有不同的价值，每一种价值都有不同的内涵。评估师的职责就是在评估执业过程中，选择与评估目的相适应的具体价值类型，并对其进行明确定义。定义的目的是为了说明所评估具体价值类型的内涵，同时也就说明了该评估结论的使用范围，只有在此基础上，才能使评估报告阅读者和使用者正确理解评估结论并合理使用评估结论。如果不引入价值类型概念，或者笼统地将评估结论称为资产的价值，就不能提示其内涵和使用范围。这不仅增大了评估师的风险，如同一资产可能评出不同的价值（其实是不同的价值类型）引起客户和公众的质疑和不满，而且也不利于引导评估客户正确理解和使用评估结论，从而实现不了资产评估服务的最终目的。因此，价值类型不仅是评估师执业层面上的概念，同时也是报告使用者在使用评估结论层面上的重要概念。

（三）资产评估价值类型的作用

价值类型理论是资产评估基本理论的重要组成部分。国际评估准则和各国的评估准则对评估师执业的基本要求之一，就是评估师必须根据评估目的选择适当的价值类型，并在评估报告中对所选择的价值类型予以明确说明并给出定义。长期以来由于我国资产评估行业发展的特殊性，价值类型理论没有被系统地引入资产评估理论和实践，这一瓶颈已经影响了我国评估行业的健康发展。价值类型理论十分抽象，因此许多人认为价值类型是个纯理论性的概念，实际上价值类型理论对评估实践有着很强的指导作用。这主要表现在：

1. 价值类型是影响和决定资产评估价值的重要因素。资产评估价值是某项资产在特定条件下的价值表现，其价值涵义不同，结果也不一样。《国际评估准则》指出："专业评估师应避免使用未限定的'价值'概念，而应对所涉及的特定价值类型进行详细描述。""在运用和理解评估时，明确披露价值类型和定义尤为重要。价值类型和定义需要与特定的资产评估业务相适应，价值定义的改变会使各种资产所具有的价值产生实质性的影响。"因此，每一个资产评估价值都是有条件的特定价值，而非资产本身的客观价值和内在价值。价值类型指的是评估价值的类别，是每一项评估价值的具体价值尺度。

2. 价值类型制约资产评估方法的选择。价值类型实际上是评估价值的一个具体标准，为了获得某种标准的评估价值，需要通过评估方法获得。国际上通行的评估方法主要有三种：市场法、成本法和收益法。评估方法无所谓先进和落后之分，只要能够获得满足价值类型结果的方法都是可行和有效的。因此，在价值类型确定的情况下，评估方法的选择具有随机性和多样性，《国际评估准则》指出："评估市场价值的最常见的方法包括市场（比较）法、收益资本化或现金流折现法（收益法）以及成本法。"

3. 明确评估价值类型，可以更清楚地表达评估结果，可以避免报告使用者误用评估结果。任何评估结果都是有条件的，不同的评估目的、市场条件决定其价值涵义是不同的，评估价值也不相同。评估师在评估报告中提出评估价值，并明确其价值类型，可以使委托方更清楚地使用评估价值，避免滥用评估价值。这样也可以规避评估师的责任。

二、资产评估的价值类型的主要分类

不同的资产评估业务的评估目的不同，评估的具体条件也不同，被评估资产的类型也不同，所以，不同的资产业务在评估中应该选择不同的价格标准和评估方法。

（一）按照资产评估的"估价标准"划分

资产评估的价值类型按照资产评估的"估价标准"可分为重置成本、收益现值、现行市价和清算价格等类型。

1. 重置成本。重置成本是指现行条件下（市场条件与技术条件下）按资产原有功能重置资产，并以该资产处于在用状态所耗费的成本，即按照被评估资产的现时完全重置成本减去应扣损耗和贬值来确定资产的评估值。成本经常被定义为历史成本、重建成本或重置成本。历史成本被认为是形成资产发生的实际成本，重建成本被认为是采用同样或相似材料但采用现实价格重新建造一个绝对一样的资产的成本，重置成本被认为是获得一个具有功能可比较的替代资产的成本。对于公允价值评估，重置全价是最有意义的价值基础。重置成本的构成与历史成本一样，也是反映资产购建、运输、安装、调试等建设过程中全部费用的价格，只不过它是按现有技术条件下的价格水平计算的。该标准的计量条件是，资产已经完成购建过程，而且能够继续使用。重置成本适用的前提是资产处于在用状态。决定重置成本的两个基本因素是重置完全成本及其损耗（或称贬值）。重置成本作为资产的价值标准，克服了历史成本标准忽视技术进步、通货膨胀所造成的价值失真的情况，能较为客观公正地反映资产的真实价格。

2. 收益现值。收益现值是指根据资产未来预期获利能力的大小，按照"将本求利"的逆向思维"以利索本"，把未来一系列的预期收益流全部折现成现值，加总求得评估值，即根据资产未来的预期获利能力以适当的折现率或本金化率将未来的收益折成现值。在预期收益比较稳定的情况下：资产现值=收益现值=预期收益/适用资产收益率。可见，收益现值是指为获得资产以取得预期收益的权利所支付的货币总额。收益现值适用的前提条件是资产投入使用，同时，投资者投资的直接目的是为了获得预期收益。这种标准更能反映资产评估的本来意义，但它的前提是资产具有可预测的剩余寿命和收益能力，并且能产生可计量的收益现金流。预期收入必须准确。

3. 现行市价。现行市价是指资产在公开市场上的销售（可以是“实际”的也可以是“虚拟”的）价格，即以全新的与被评估资产完全一样的资产的现行市价作为依据，确定被评估资产的评估值。现行市价源生于公平市场，具有如下规定性：有充分的市场竞争、买卖双方没有垄断和强制、双方都有足够的时间和能力了解实情，具有独立的判断和理智的选择。运用该标准的条件是，必须有一个成熟、完备的资产市场，而且市场资料信息完备、公平。决定现行市价的基本因素有：

（1）基础价格，即生产成本的高低，资产现实功能状况，质量因素、技术参数及损耗状况。

（2）供求关系，即市场供需情况，一般供大于求时，价格下降；求大于供时价格上升。

（3）质量因素。

一般而言，特定资产的价值（基于会计准则）如现金、应收账款以及存货（相对而言，程度较轻）市场价值大约与账面价值相同；其他一些资产，如房地产、厂房和设备市场价值很少有机会等于账面价值；除非作为外购的无形资产，无形资产通常没有账面价值。

4. 清算价格。清算价格是指企业破产或清算时，在规定的时间内以变卖企业资产的方式来清偿债务、分配剩余权益状态下的非正常成本价格，一般低于资产的重置成本，更低于市价。清算价格标准是对即将破产或清算的企业，以清算价格作依据评估其资产的价值，包括有序清算价格、强制清算价格和续用清算价格。这是由市场供求状况决定的。清算价格适用于企业结业、终止破产清算以及因抵押、典当不能按期偿债而导致的资产变现清偿等。由于急于将资产转让或拍卖，这种交易活动主要取决于买方，占有主动权的买方必定会极力压低成交价格，以从中获取利益。该标准的计量条件是企业破产或清算，对资产的评价是强制性、非协商性的。现行市价是公平市场价格；清算价格是非正常市场上的拍卖价格，受到期限和买主限制，一般大大低于现价。清算价格一般取决于下列几个因素，资产的通用性、清算时间的限制。

（二）按照资产评估进行的条件和资产评估结果的适用范围划分

资产评估的价值类型按照资产评估进行的条件和资产评估结果的适用范围

可分为市场价值和市场价值以外的价值（非市场价值）。明确资产评估中的市场价值与市场价值以外价值有利于评估人员对其评估结果性质的认识；便于评估人员划定其评估结果的适用范围和使用范围。

1. 市场价值。资产评估中，以《国际评估准则》为代表的价值类型中，所称市场价值是狭义的。《国际评估准则》中，市场价值被定义为，“自愿买方与自愿卖方在评估基准日进行正常的市场营销之后所达成的公平交易中某项资产应当进行交易的价值估计数额，当事人双方应各自精明、谨慎行事，不受任何强迫压制”。美国财政部定义市场价值为“资产在自愿交易的买方和卖方之间交易，买卖双方均没有受到外力迫胁做出买、卖决定并且双方均对相关事项有合理的知识背景”。我国《资产评估价值类型指导意见》将市场价值定义为，“市场价值是指自愿买方和自愿卖方在各自理性行事且未受任何强迫的情况下，评估对象在评估基准日进行正常公平交易的价值估计数额。”因此，市场价值的特征表现在：

（1）市场价值是一种经过严格定义的价值，只有同时满足该定义中的全部条件才能构成市场价值。

（2）市场价值是一种理想状态下的价值。

（3）市场价值是交易假设条件下与资产最佳用途相对应的价值。

（4）市场价值不是个性化的价值。

由此可见，市场价值形成的条件是，买卖双方地位平等，自愿成交；有充分的时间收集信息；具有独立的判断和理智的选择，是正常交易的当事人。在符合会计准则计量属性规定的条件时，会计准则下的公允价值一般等同于资产评估准则下的市场价值。

2. 市场价值以外的价值。市场价值以外的价值也称非市场价值、其他价值。评估准则并没有直接定义非市场价值，而是指出凡不符合市场价值定义条件的资产价值类型都属于市场价值以外的价值。这里所说的“不符合市场价值定义条件”资产价值类型，即不同时具备或满足资产评估市场价值基础条件的其他条件组合，都构成资产评估市场价值以外的价值基础，在此基础上评估出的结果都是资产的非市场价值。需要强调，资产的非市场价值绝对不是资产的黑市价值、非法交易价值，或其他什么价值的估计值，它也是资产交易中的一种相对公平合理的价值的估计值。市场价值以外的价值不是一种具体的资产评估价值存在形式，而是一系列不符合资产市场价值定义条件的价值形式的总称或组合。我国《资产评估价值类型指导意见》认为，市场价值以外的价值类型包括投资价值、在用价值、清算价值、残余价值等。

（1）投资价值。投资价值是指评估对象对于具有明确投资目标的特定投资者或者某一类投资者所具有的价值估计数额，亦称特定投资者价值。国际企业价值评估词汇（国际词汇）定义投资价值为“对于具有个别投资需求和期望的特别投资者的价值”。这一概念将特定的资产与具有明确投资目标的特定投资者或某一类投资者结合起来。需要注意的是，投资价值不是指被投资资产的价值，因为资产价值强调最佳、最有效使用，这对不同投资者而言是不同的。资产的投资价值主要取决于其获利能力，而一项资产的获利能力不仅取决于该资产本身的状况，而且与投资者的操作行为即价值创造直接有关。

（2）在用价值。在用价值是指将评估对象作为企业组成部分或者要素资产按其正在使用方式和程度及其对所属企业的贡献的价值估计数额。在用价值是指特定资产在特定用途下对特定使用者的价值。该价值类型重点反映了作为企业组成部分的特定资产对其所属企业能够带来的价值，而并不考虑该资产的最佳用途或资产变现所能实现的价值量。

（3）清算价值。清算价值是指在评估对象处于被迫出售、快速变现等非正常市场条件下的价值估计数额。国际评估准则定义清算价值为“如果一个经营企业停止经营并将其资产拆整卖零所能实现的价值净值。变现可以是有序变现和强制变现”。国际评估准则定义有序清算价值为“资产或者资产组合在一个合理的时期变卖以体现变现收益最大化的价值”。国际评估准则定义强制清算价值为“资产或资产组合需要在一个尽可能短的时间内变卖，如拍卖所实现的价值”。清算价值一般低于现行市场价格，这是由市场供求状况决定的。其一，因经营失利而导致破产的企业，必然会急于将资产转让或拍卖；其二，这种交易活动只要取决于买方，占有主动权的买方必定极力压低成交价格，以从中获取利益。

（4）残余价值。残余价值是指机器设备、房屋建筑物或者其他有形资产等的拆零变现价值估计数额。

根据《国际评估准则》、《专业评估执业统一准则》（美国）以及国外有关资产评估论著，非市场价值还包括持续经营价值、保险价值、课税价值等。持续经营价值是指在持续经营条件下公司的价值。持续经营价值假设现有资产将被用于产生未来现金流并且不会被出卖。投资者考虑持续经营价值，并将它与生产终止时的资产价值对比。如果持续经营价值超过生产终止时的生产价值，那么进行经营是有意义的。保险价值是指可能因危险造成损失的实体项目的重置和（或）重建成本。保险价值是保险单条款中记载或认同的某项资产损失或资产群价值的一部分损失。课税价值是指根据税法中规定的与征纳税收相关的价值定义所确定的价值。

（三）按照资产评估的前提假设划分

资产评估的价值类型按照资产评估的前提假设可分为公开市场价值、持续使用价值和清算价值。这种分类方法给评估者指明了评估的前提条件，也为评估报告使用者说明了评估结果的性质。

1. 公开市场价值是指被估资产在公开、公允的，例如自愿买方与自愿卖方的基础下，它的市场价值。

2. 持续使用价值是指被估对象还能够继续使用，按照现有形态或转换形态的价值。

3. 清算价值是指不是很公开、公正的，如强制拍卖的价值。

（四）按照引起资产评估的经济行为或经济活动来划分

资产评估的价值类型按照引起资产评估的经济行为或经济活动可分为抵押价值、保险价值、投资价值、兼并价值、转让价值、课税价值等。它是以引起资产评估的资产业务的性质及分类作为划分资产评估价值类型的标准，即有一种资产评估业务就相应有一种资产评估的价值类型。这种分类方法明确指出了评估原因和评估结果之间的一致性。

（五）按照资产评估在会计中的运用划分

《以财务报告为目的的评估指南（试行）》指出，会计准则涉及的重置成本或净重置成本、可变现净值或公允价值减去处置费用的净额、现值或预计资产未来现金流量的现值等计量属性，可以理解为相对应的评估价值类型。例如评估师协助企业进行资产减值测试，应当关注评估对象在减值测试日的可回收价值、预计资产未来现金流量的现值以及公允价值减去处置费用的净额之间的联系和区别。可回收价值等于预计资产未来现金流量的现值或公允价值减去处置费用的净额孰高者。在已确信预计资产未来现金流量的现值或公允价值减去处置费用的净额其中任何一项数值已超过所对应的账面价值，并通过减值测试的前提下，可以不必计算另一项数值。预计资产未来现金流量的现值时，应当知晓对预计资产未来现金流量的预测是基于特定实体现有管理模式下可能实现的收益。预测一般只考虑单项资产或资产组内主要资产项目在简单维护下的剩余经济年限，即不考虑单项资产或资产组内主要资产项目的改良或重置；资产组内资产项目于预测期末的变现净值应当纳入预计资产未来现金流量的现值的计算。会计准则允许直接以公平交易中销售协议价格，或与评估对象相同或相类似资产在其活跃市场上反映的价格，作为计算公允价值的依据。当不存在相关活跃市场或缺乏相关市场信息时，可以根据企业以市场参与者的身份，对单项资产或资产组的运营作出合理性决策，并适当地考虑相关资产或资产组内资产的有效配置、改良或重置的前提下提交的预测资料，参照企业价值评估的基本思路和方法，分析和计算单项资产或资产组的公允价值。在计算公允价值减去处置费用的净额时，应当根据会计准则的具体要求合理估算相关处置费用。净重置成本是指现在购买相同或相类似资产所需支付现金或现金等价物的预计金额减去体现相关贬值因素的预计金额，贬值因素主要包括实体性贬值、功能性贬值以及经济性贬值。

上述五种分类各有其自身的特点，其差别仅仅是由于人们所站的角度不同而已。按照资产评估的“估价标准”的划分方法基本上承袭了现代会计理论中关于资产计价标准的划分方法和标准，将资产评估与会计的资产计价紧密地联系在一起。按照资产评估进行的条件和资产评估结果的适用范围的划分方法不仅注重了资产评估结果适用范围与评估所依据的市场条件及资产使用状态的匹配，其中资产的市场价值概念的提出，树立了一个资产公允价值的坐标。资产的市场价值是资产公允价值的基本表现形式，非市场价值则是资产公允价值的特殊表现形式。按照资产评估的前提假设的划分方法有利于人们了解资产评估结果的假设前提条件，同时也强化了评估人员对评估假设前提条件的运用。按照引起资产评估的经济行为或经济活动来划分的方法则强调了资产业务的重要性，认为有什么样的资产业务就应有什么样的资产价值类型。

对资产价值的合理分类主要有两个层面的目的，第一，为评估人员科学合理地进行资产评估提供指引；第二，使资产评估报告使用者能正确理解和恰当使用资产评估结果。从这个意义上讲，将资产评估价值划分为市场价值和非市场价值更有利于实现划分资产评估价值类型的目的。明确资产评估中的市场价值与市场价值以外价值的意义和作用在于：

1. 这种分类方法和概念界定有利于评估人员注意资产评估价值基础，任何评估结果及其价值类型都是在一定的条件和基础之上进行的，资产评估价值类型是资产评估条件不同排列组合的结果。

2. 这种分类方法和概念界定有利于评估人员对其评估结果性质的认识，便于评估人员在撰写评估报告时更清楚明了地说明其评估结果的确切涵义。

3. 这种分类方法及概念界定便于评估人员划定其评估结果的适用范围和使用范围。

三、价值类型的相关关系及其选择

明确了资产评估价值类型内涵与分类以及定价原则后，我们还必须认识和把握价值类型与资产评估目的等相关条件的关系，正确选择价值类型。

（一）资产评估的公允价值、市场价值及非市场价值的关系

市场价值和非市场价值的分类以及该价值类型分类所包含的具体价值表现形式，不仅仅是根据资产评估目的等相关条件的被动选择，它们对于实现评估目的，特别是把握资产评估中的公允价值具有极其重要的作用。这种作用突出表现在资产评估的市场价值及其设立条件上。由于市场价值与非市场价值之间的特殊关系，市场价值及其成立条件是这种价值类型分类的基准。确立了市场

价值及其成立的条件，就等于明确了非市场价值及其成立条件。明确了市场价值在资产评估中的作用，也就很容易把握非市场价值及其具体价值形式在资产评估中的作用。因此，不论从资产评估价值类型符合资产评估目的等相关条件要求的角度，还是从资产评估价值类型有助于实现评估目的，满足相关条件约束的方面，或是从价值类型对资产评估人员在资产评估操作和评估报告披露方面指引作用的角度，市场价值和非市场价值都需要由资产评估人员在执行资产评估业务过程中选择明确的价值类型。资产评估的公允价值、市场价值及非市场价值的关系主要概括为如下几点：

1. 资产评估中的公允价值与市场价值是不同层次中的两个概念。资产评估中的公允价值是一般层次中的概念，是各种条件下资产合理价值的估计值的抽象和概括，是资产评估的一般目的和基本目标。它包括了正常市场条件和非正常市场条件以及正常使用状态和非正常使用状态情况下的合理评估结果；而资产评估中的市场价值只是正常市场条件下资产处在最佳使用状态下的合理评估结果。相对于公允价值和市场价值而言，市场价值更为具体，条件更为明确，在实践中评估人员更宜把握。

2. 市场价值是资产公允价值的坐标。既然公允价值是资产评估的基本目标，那么市场价值在资产评估中还起什么作用呢？相对于公允价值而言，市场价值更为具体，条件更为明确，在实践中评估人员更宜把握。由于市场价值概念的明晰性和可把握性，资产评估中的市场价值能够成为资产评估公允价值的坐标和基本衡量尺度。而市场价值由于其自身优越的条件也确实能够起到这种作用。市场价值是正常市场条件下的公允价值，正常市场条件容易理解、容易把握；市场价值是资产最佳使用状态下的价值，最佳使用状态也容易理解和把握；市场价值是资产评估中最为典型的公允价值，市场价值的准确定位是准确把握非市场价值的基础，也是准确把握公允价值的基础。换一个角度来看，也正是定义了资产评估中的市场价值，才使得较为抽象的资产评估中的公允价值得以被把握和衡量，公允价值才能够成为可操作的资产评估的基本目标。

3. 明确了市场价值也就容易把握非市场价值。资产评估结果只有两种价值类型，市场价值和非市场价值。从理论研究的角度，人们可以根据不同的标准将资产评估结果划分为若干种价值类型；但从有助与评估人员理解和把握资产评估基本目标、端正资产评估理念和认识的角度，将资产评估结果划分为市场价值和非市场价值是最有实际意义的。市场价值和非市场价值的分类，不仅对指引资产评估人员在操作过程中如何把握公允价值以及如何把握评估条件与评估结果之间的逻辑关系和因果关系方面具有十分重要的作用，而且对资产评估人员在披露资产评估结论过程中如何指引评估报告使用人正确理解与使用评估报告和评估结论方面也具有十分重要的作用。在我国的资产评估基本准则以及《资产评估价值类型指导意见》中选择市场价值和非市场价值作为资产评估的基本价值类型正是对资产评估运作规律的一种抽象和概括。通过明确市场价值，并根据评估对象自身的状况及使用方式和状态偏离资产正常市场条件、最佳使用状态的程度，非市场价值的量及其具体价值形式也就容易把握了。即凡是不满足市场价值成立条件的其他合理评估结果都是另外一种价值类型——非市场价值类型。

虽然，在满足各自定义及相应使用条件的前提下，市场价值和非市场价值类型的评估结论都是合理的。但是，市场价值作为资产评估结果在对其评估所依据的市场范围内所有的（交易）当事人都具有相对合理和公允性。这种特性因市场价值成立的条件而得到保证。而非市场价值由于它不满足市场价值成立的条件，即使在其评估所依据的市场范围内，它的相对合理公允性也要受某些条件的严格限制，即非市场价值是一种具有有限性、合理性和公允性的价值类型。市场价值和非市场价值的这种适用范围特性，就为评估人员披露评估结果，表达评估结果的使用范围和适用范围提供了明确的指引。

资产评估中的市场价值和非市场价值虽然是两个对等的价值类型。但是，它们还是有一定区别的。资产评估中的市场价值既是一种价值类型，同时又是一种价值表现形式。资产评估人员在执行资产评估业务时可直接选择和定义市场价值，这样做通常不会产生误解或歧义。但是，如果资产评估人员在执行资产评估业务过程中需要选择和使用非市场价值时，由于非市场价值是一系列非市场价值表现形式的集合，资产评估人员必须明确在本次评估项目中选择和使用的是非市场价值中的哪一种具体的价值形式，并给出该种价值形式的定义。例如在用价值、保险价值等。

公允价值与市场价值的关系见图2－1。

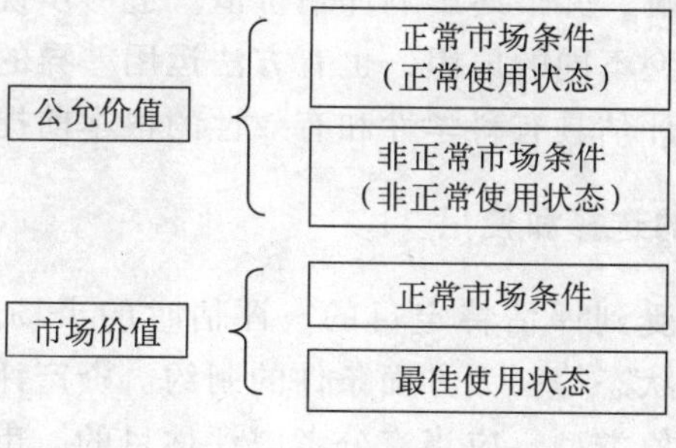

图2－1　公允价值与市场价值的关系

（二）资产评估的特定目的与价值类型的关系

资产评估的特定目的是由引起资产评估的特定资产业务所决定的，对评估结果的性质、价值类型等有着重要的影响，特别是对资产评估价值类型的选择具有约束作用。评估人员要根据具体的资产业务的特征选择与之相匹配的评估价值类型，即价值类型需要与资产行为的发生相匹配。这主要是由于资产在价值形态上的计量可以有多种类型的涵义，分别从不同角度反映资产的价值特征。这些不同涵义的价值不仅在质上是不同的，在量上也存在较大差异，而作为资产业务所要求的具体价值类型却是唯一的，否则，就失去了正确反映和提供价值尺度的功能。因此，评估人员必须根据资产业务的行为，即评估的特定目的，弄清楚其所要求的价值尺度的内涵，从而确定资产业务所适用的价值类型。即在具体评估操作过程中，评估结果价值类型要与已经确定了的时间、地点、市场条件下的资产业务相匹配、相适应。

（三）资产评估的价值类型与评估方法的关系

资产评估的价值类型按照引起资产评估的经济行为或经济活动被划分概括为四种，即重置成本、现行市价、收益现值和清算价格。与此相对应，资产评估的主要方法也有重置成本法、收益现值法、现行市价法和清算价格法。资产评估的价值类型与评估方法是两个既相互联系又有区别的概念。资产评估价值类型说明的是资产评估价值的内涵，具有质的规定性；而评估方法则是评估价值的量化过程。前者对后者的运用具有约束性，在价值类型确定的前提下，尽管各种方法之间具有替代性，但不能以方法的可替代性模糊价值类型的唯一性，更不能以评估方法代替价值类型。此外，还应注意的是，价值类型与作为评估结果的评估价值不是相同的概念。评估价值是价值类型与评估方法即评估价值质的规定和量化过程共同作用的结果。影响评估价值的因素很多，诸如特定目的、市场条件及指标参数等，但决定价值类型的则是特定目的。在价值类型相同的情况下，在价值类型约束下的评估方法的应用中，市场条件和指标参数等均会对其产生影响，并最终影响评估价值。进一步说，引起评估价值差异的因素，既有价值类型不同的原因，也有方法运用差异的原因。科学选择资产评估价值类型是资产评估具有科学性和有效性的根本前提。

（四）价值类型的选择和使用

价值类型的选择受到评估特定目的，评估时的市场条件资产以及自身功能、利用方式和使用状态等三大方面条件的制约。资产评估人员执行资产评估业务，选择和使用价值类型，应当充分考虑评估目的、市场条件、评估对象自身条件等因素。

价值类型的选择 = f（评估目的，市场条件，评估对象自身条件）

1. 价值类型选择和使用的基本原则。

（1）对于资产评估价值类型的选择，必须考虑资产的经济行为。不同的经济行为，所要求资产评估价值的内涵是不一样的。如果不区别资产经济行为确定评估价值类型，或者笼统地确定资产评估值，就会失去评估价值的科学性。在实际工作中，资产评估的经济行为是多种多样的，要求评估机构和评估人员充分理解资产评估价值。

（2）选择价值类型，应当考虑价值类型与评估假设的相关性。

（3）评估方法是估计和判断市场价值和非市场价值类型评估结论的技术手段，某一种价值类型下的评估结论可以通过一种或者多种评估方法实现。

（4）当执行的资产评估业务对市场条件和评估对象的使用等并无特别限制和要求时，通常应当选择市场价值作为评估结论的价值类型。在确定市场价值时，应当知晓同一资产在不同市场的价值可能存在差异。

2. 价值类型选择和使用的具体规定。按照我国《资产评估价值类型指导意见》，价值类型选择和使用的具体要求如下：

（1）资产评估人员执行资产评估业务，当评估业务针对的是特定投资者或者某一类投资者，并在评估业务执行过程中充分考虑并使用了仅适用于特定投资者或者某一类投资者的特定评估资料和经济技术参数时，资产评估人员通常应当选择投资价值作为评估结论的价值类型。

（2）资产评估人员执行资产评估业务，评估对象是企业或者整体资产中的要素资产，并在评估业务执行过程中只考虑了该要素资产正在使用的方式和贡献程度，没有考虑该资产作为独立资产所具有的效用及在公开市场上交易等对评估结论的影响，资产评估人员通常应当选择在用价值作为评估结论的价值类型。

（3）资产评估人员执行资产评估业务，当评估对象面临被迫出售、快速变现或者评估对象具有潜在被迫出售、快速变现等情况时，资产评估人员通常应当选择清算价值作为评估结论的价值类型。

（4）资产评估人员执行资产评估业务，当评估对象无法或者不宜整体使用时，资产评估人员通常应当考虑评估对象的拆零变现，并选择残余价值作为评估结论的价值类型。

（5）资产评估人员执行以抵（质）押为目的的资产评估业务，应当根据担保法等相关法律、法规及金融监管机关的规定选择评估结论的价值类型；相关法律、法规及金融监管机关没有规定的，可以根据实际情况选择市场价值或者非市场价值类型作为抵（质）押物评估结论的价值类型。

（6）资产评估人员执行以税收为目的的资产评估业务，应当根据税法等相关法律、法规的规定选择评估结论的价值类型；相关法律、法规没有规定的，可以根据实际情况选择市场价值或者非市场价值类型作为课税对象评估结论的价值类型。

（7）资产评估人员执行以保险为目的的资产评估业务，应当根据保险法等相关法律、法规和契约的规定选择评估结论的价值类型；相关法律、法规或者契约没有规定的，可以根据实际情况选择市场价值或者非市场价值类型作为保险标的物评估结论的价值类型。

第三节　资产评估的假设

假设是哲学和逻辑学中的一个概念，是指若干理论理所当然的原始命题，是进行演绎推理的先决条件。由于认识客体无限变化和认识主体有限能力的矛盾，人们不得不依据已掌握的数据资料对某一种事物的某些特征或全部事实做出合乎逻辑的推断。这种依据有限事实，通过一系列推理，对于所研究的事物做出的合乎逻辑的假定说明就叫假设。假设是哲学和逻辑学中的一个概念，必须依据充分的事实，运用已有的科学知识，通过推理（包括演绎、归纳和类比）而形成。当然，无论如何严密的假设都带有推测，甚至是主观猜想的成分。但是，只要假设是合乎逻辑、合乎情理的，它对科学研究都是有重大意义的。特定的资产业务是以某种假设为前期提的，因此资产评估假设与评估标准也有密切联系。资产评估假设，是对资产评估领域未知的事物，根据客观的存在状况和发展趋势所做出的合乎逻辑的认定。

一、资产评估假设研究的意义

（一）资产评估假设的性质和地位

假设是建立任何一门学科的基石，理论的建立和完善离不开科学的假设。评估假设在理论中的作用主要表现在：

1. 评估假设是客观存在的，不是凭空捏造的并受制于评估环境。资产评估活动始终处于经济、政治及文化等社会环境中，必然要受到这些环境因素的制约。而这些环境因素是不断变化的，为保持理论结构的稳定性和相对独立性，评估人员必须明确理论系统的边界，即在工作之前设定一些前提，这些前提一经形成，就成为评估工作赖以存在的基本前提，也是设计选择方法的重要依据。评估假设来源于评估产生和发展的客观环境，其实质是对评估环境制约评估活动的规律的认识。

2. 评估假设是在评估环境约束下，决定评估活动和发展的基本前提和约束条件。评估假设是对资产未来可能情况的合乎逻辑的设想。人们就评估活动中一些尚未确知的因素所做出的一些科学推断或设定的基本前提，是人们通过评估实践所赖以存在的客观环境所做出的，对资产评估实务中所产生的一些尚不能确指的事物进行约束的一种合乎逻辑发展的设想。

3. 评估假设是对客观环境下评估活动本质特征的反映，本质上具有普遍性。评估假设包含的内容是公认有效的，但尚待进一步检验和认证。评估假设是根据有限的事实和观察为基础而推断出来的，随着环境的变化而变化。每一项假设都是独立的，但又具有内在的一致性，因而密不可分，相互配合，却也不会相互交叉、冲突。

（二）研究资产评估假设的意义

资产评估假设的理论意义，在于它是建立资产评估理论结构的基石以及资产评估工作的基本前提；资产评估假设的实践意义，突出地表现在它对资产评估实践的指导以及对资产评估责任的判断作用上。资产评估假设从本质上讲就是评估条件的某种抽象，是评估结论与评估条件之间相互关系的推测性判断或设想，是对问题的尝试性解答。没有这些推断或设想我们将无法得出评估结论。所有的评估结论都是有条件约束的。因此，没有资产评估假设，评估人员的责任界限就没有立足点。资产评估的特点之一是其市场性，资产评估是在资产交易发生之前通过模拟市场对准备交易的资产在某一时点的价格所进行的估算。但事实上人们是无法完全把握市场机制的，评估人员模拟市场进行资产评估往往必须借助于若干种假设，以对资产的未来用途和经营环境做出合理的判断。因此，资产评估与其他学科一样，其理论和方法体系的确立也是建立在一系列假设基础上的。

二、关于资产评估假设的研究

（一）关于假设的各种说法

资产评估在我国发展比较晚，时间比较短，目前业界对于资产评估各方面的认识都还不统一，众多的学者专家对于资产评估假设提出了自己的看法。前国家国有资产管理管理局发布的《资产评估操作规范》规定，评估假设包括持续经营、产权利益主体变动、公开市场假设；杨佩礼、施洋认为评估假设一般包括继续使用，公开市场和资产清偿假设；王淑珍、王建中、刘静认为应是持续经营、产权主体利益变动和有效市场假设；姜楠认为应该为四假设，即公开市场、持续使用假设、清算假设和产权交易假设；宋明三认为假设应包括公开市场、持续使用假设、清算假设和理性行为人假设。

关于评估假设的研究和观点，既有相似性，也具有差异性，不再一一列举。

（二）对于以上各种假设的分类

综合国内外关于评估假设的研究，可将假设分为以下 4 类：

1. 关于市场条件的假定，如清算（清偿）市场、公开市场、有效市场；
2. 关于资产用途的假设，如继续使用、持续经营、持续使用；
3. 关于评估行为的假设，如产权主体利益变动、产权交易；
4. 关于行为人的假设，如理性行为人。

（三）对评估假设各种观点的评价

1. 关于市场条件的假设分析。清偿假设是对资产拟进入的市场条件的一种假定说明或限定，具体来说，是对资产在非公开市场条件下被迫出售或快速变现条件的假定说明。公开市场是资产拟进入的市场条件以及资产在这样的市场条件下的状态的一种假定说明或限制。根据对假设概念的研究，对于可能的市场条件只能做出一种假设，不能存在两种相对立的假设，这样的矛盾在理论体系中是不应该出现的。清算假设和公开市场假设都是市场类型中的一种特殊状态。公开市场是理想的完全竞争市场的模型，即公开市场上的竞争是公平的，价格是合理的，多数评估委托人希望得到的是公平市场价值，所以对于市场条件的假设二者只能取其一，理想的选择应该是公开市场假设。有效市场也是对市场条件的假定。有效市场是指资产评估选取作价的依据和评估结论有一个有效的市场存在，包括公开市场和模拟市场。模拟市场是资产在非公开市场双方完成的经济活动行为条件。这种说法认为，评估价值分为市场价值和非市场价值两种类型。公开市场假设只满足市场价值的假设条件，而对于非市场价值的假设条件没有做出假定，两种类型价值很明显地在市场条件上得到了区分，对应着两种市场假设。再者，公开市场是有着严格定义的，要求完全的信息，充足的买者和卖者，买卖双方谨慎、精明、理智、自愿进行交易，所有这些条件都满足，才可称为公开市场。而只要是不满足上述任何一个条件就是非公开市场，因此取模拟市场作为非公开市场的总称，二者统一在有效市场假设中。

2. 关于资产用途的假设分析。持续经营是指在进行资产评估时，被评估资产按目前的用途和使用方式、规模、环境等情况继续使用，或在用途改变的基础上使用。持续使用也是对资产拟进入市场的条件以及在这样的市场条件下的资产状态的一种假定性描述或说明。持续使用假设首先是基于这样一个事实，即被评估资产正处于使用状态，包括正在使用中的资产和备用的资产，其次根据数据推断，资产还将继续使用下去。持续经营与会计假设中的持续经营假设容易混淆，理解为企业的持续经营。资产评估的资产范围与会计资产范围是不一样的，评估中还包括个人财产、资源性资产、无形资产等。会计中的资产范围相对较窄，因此，为防止误解，应采用持续使用假设。持续使用假设又可以细分为三种情况：一是在用续用；二是转用续用；三是移地续用。而继续使用假设则范围较窄，因此，本书认为持续使用假设比较合理。

3. 关于行为的假设分析。产权利益变动假设是指资产评估以被评估利益主体变动为前提。也就是说，进行资产评估的前提是被评估单位的资产产权或资产经营主体发生变化。资产交易假设是指评估人员要假定把被评资产置于评估时点的交易中。本书认为这两种假设的分歧产生在对资产的理解不同上，越来越多的研究分析认为资产评估中资产的概念与会计中的资产不同，评估中的资产范围更广，更加强调资产的权利。产权经济学派对资产评估用产权理论解释，认为资产意味着权利，交易、交换的实质是权利的交换。如果在这种资产观的基础上理解，这两种假设并没有实质上的差别。

4. 关于行为人的假设分析。理性行为人假设认为资产评估的当事人都是理性的。资产评估是对资产价值的判断，是对未来某一时点模拟市场上的模拟价格的估算，未来的模拟市场是有效市场，市场主体都被假定为理性行为人，至于评估的当事人是否需要假定，与资产评估价值无关。

三、资产评估假设

资产评估的假设研究作为理论研究的一部分，同样服从于资产评估本质，受资产评估本质的制约，为资产评估本质服务。资产评估是对资产价值的评估，事实上人们是无法完全把握市场机制的，评估人员模拟市场进行资产评估往往要借助于若干种假设，利用科学合理的假设将被评估资产置于某种适宜进行评估的状态。因此，我们认为，资产评估的基本假设应包括以下四者。

（一）交易假设

交易假设是资产评估得以进行的一个最基本的前提假设。交易假设是假定所有待评资产已经处在交易过程中，评估师根据待评估资产的交易条件等模拟市场进行估价。众所周知，资产评估其实是在资产实施交易之前进行的一项专业服务活动，而资产评估的最终结果又属于资产的交换价值范畴。为了发挥资产评估在资产实际交易之前为委托人提供资产交易底价的专家判断的作用，同时又能够使资产评估得以进行，利用交易假设将被评估资产置于“交易”当中，模拟市场进行评估就是十分必要的。

交易假设一方面为资产评估得以进行“创造”了条件；另一方面它“人为”限定了资产评估外部环境，即资产是被置于市场交易之中，资产评估不能脱离市场条件而孤立地进行。

（二）公开市场假设

公开市场假设（Open Market Hypothesis）是对资产拟进入的市场的条件以及资产在这样的市场条件下接受何种影响的一种假定说明或限定。公开市场假设是假定资产拟进入的市场是一个公开市场。所谓公开市场，是指一个有众多买者和卖者的充分竞争性市场。在这个市场上，买者和卖者的地位是平等的，彼此都有获取足够市场信息的机会和时间，买卖双方一的交易行为都是在自愿的、理智的，而非强制或不受限制的条件下进行的。公开市场假设就是假定资产可以在公开市场上交易，交易双方地位平等，且都有获得足够市场信息的机会和时间。公开市场假设的关键在于认识和把握公开市场的实质和内涵。事实上，现实中的市场条件未必真能达到上述公开市场的完善程度。公开市场假设就是假定那种较为完善的公开市场存在，被评估资产将要在这样一种公开市场中进行交易。当然公开市场假设也是基于市场客观存在的现实，即资产在市场上可以公开买卖这样一种客观事实为基础的。

公开市场假设旨在说明一种充分竞争的市场条件。在这种条件下，资产的交换价值受市场机制的制约并由市场行情决定，而不是由个别交易决定。公开市场假设是资产评估中的一个重要假设，其他假设都是以公开市场假设为基本参照。公开市场假设也是资产评估中使用频率较高的一种假设，它假定资产用途可以随便选择。凡是能在公开市场上交易、用途较为广泛或通用性较强的资产，都可以考虑按公开市场假设前提进行评估，从而发挥其最大、最佳效用，即资产可以被用于法律和政策允许的最佳用途，从而为其持有人带来最大收益。当然，这种选择仅限于该项资产的可选择用途范围内。这种资产的最大、最佳效用可以是现时的，也可以是潜在的，在评估资产时，按照公开市场假设处理或作适当地调整，才有可能使资产效用最大。

由于公开市场假设假定市场是一个充分竞争的市场，资产在公开市场上实现的交换价值隐含着市场对该资产在当时条件下有效使用的社会认同。当然，在资产评估中，市场是有范围的，它可以是地区性市场，也可以是国内市场，还可以是国际市场。关于资产在公开市场上实现的交换价值所隐含的对资产效用有效发挥的社会认同也是有范围的，它可以是区域性的、全国性的或国际性的。

在实际评估工作中（特别是在企业价值评估中），评估师除了确定前提假设外，还应结合相关政治、法律、财政、经济等宏观情况、与评估对象经营活动相关的税收及企业规章、利率、汇率变化等设定假设，并假设上述基本情况不变。同时设定一些具体假设，如对评估对象的物理、法律、经济状况的假设；对评估对象外部状况的假设；对评估分析中运用数据的完整性的假设；评估对象未来管理和业务运作方向；企业未来财务预测中涉及的收入、成本、现金流；关联交易是否以公平交易为基础等。

（三）持续使用假设

持续使用假设（Continuous Use Hypothesis）是假定被评估资产将按现行用途继续使用或转换用途继续使用，从而可以考察它在未来时间能为其持有人带来的经济收益。这一假设强调资产对未来的有效性。在确认继续使用的资产时，必须充分考虑的前提条件是，资产具有收益能力；资产具有显著的剩余使用寿命，能满足所有者经营上期望的收益；资产产权明确，并且保持完好；充分考虑资产的使用功能；资产从经济、法律上允许转作它用。

持续使用假设也是对资产拟进入的市场条件以及在这样的市场条件下的资产状态的一种假定性描述或说明。该假设首先设定被评估资产正处于使用状态，包括正在使用中的资产和备用的资产；其次根据有关数据和信息，推断这些处于使用状态的资产还将继续使用下去。持续使用假设既说明了被评估资产面临的市场条件或市场环境，同时着重说明了资产的存续状态。依通行的说法，持续使用假设按照资产的存续状态可细分为在用续用、转用续用、移地续用三种具体情况：

1. 在用续用。在用续用指的是处于使用中的被评估资产在产权发生变动或资产业务发生后，将按其现行正在使用的用途及方式继续使用下去。

2. 转用续用。转用续用则是指被评估资产将在产权发生变动后或资产业务发生后，改变资产现时的使用用途，调换新的用途继续使用下去。

3. 移地续用。移地续用则是说被评估资产将在产权变动发生后或资产业务发生后，改变资产现在的空间位置，转移到其他空间位置上继续使用。

持续使用假设是在一定市场条件下对被评估资产使用状态的一种假定说明。在持续使用假设前提下的资产评估及其结果的适用范围常常是有限制的。在许多场合下评估结果并没有充分考虑资产用途替换，它只对特定的买者和卖者是公平合理的。

（四）清算假设

清算（清偿）假设（Liquidation Hypothesis）主要针对清算资产，是指资产在非公开市场条件下被迫出售或快速变现条件的假定说明。它假定资产的所有者在特定条件下被迫将其资产整体或拆零在公开市场上出售，而且这种出售往往有一定的时间限制。这种情况下的资产评估具有一定的特殊性，交易双方地位不平等，卖方是非自愿地被强迫出售；交易时间短，资产评估价值低于持续使用或公开市场条件下的评估值。资产评估及其结果的适用范围是非常有限的，适应强制出售中市场均衡被打破的实际情况。

清算假设是对资产拟进入的市场条件的一种假定说明或限止，具体地说，是对资产在非公开市场条件下被迫出售或快速变现条件的假定说明。清算假设首先是基于被评估资产面临清算或具有潜在的被清算的事实或可能性，再根据相应数据资料推定被估资产处于被迫出售或快速变现的状态。由于清算假设假定被估资产处于被迫出售或快速变现条件之下，被评估资产的评估值通常要低于在公开市场假设前提下或持续使用假设前提下同样资产的评估值。因此，在清算假设前提下的资产评估结果的适用范围是非常有限的。当然，清算假设本身的使用也是较为特殊的。

在资产评估中，由于资产未来效用有别而形成了四种假设，在不同假设条件下，评估结果各不相同。资产评估人员在评估业务活动中要充分分析了解判断认定被评估资产最可能的效用，以便得出有效结论。评估人员在评估前必须全面了解和把握资产业务变动的背景以及委托方准备怎样使用评估报告，在资产评估假设确定后，才能选择评估方法。

但是，由于资产评估假设是按资产评估的市场条件和评估对象自身的条件分别设立的，按其划分的价值类型所反映出的评估价值内涵是不完整和不全面的。虽然这种价值类型的分类会在一定程度上有助于评估人员理解评估结果与评估假设之间的逻辑关系，但由于这种价值内涵不完整、不全面，难以给评估人员以全面正确的操作指引和披露指引。

思 考 题

1. 资产评估的目的是什么？如何理解公允价值？

2. 什么是资产评估价值类型？如何与资产评估特定目的匹配？

3. 如何针对不同的资产评估目的，选择适当的资产评估价值类型。

4. 市场价值与公允价值的内涵是否相同？为什么说市场价值是资产公允价值的坐标？

5. 为什么说明确了市场价值也就容易把握非市场价值？

6. 资产评估中的市场价值和非市场价值既是一种价值类型，同时又是一种价值表现形式。这种说法对吗？

7. 资产的定价原则有哪些？如何理解替代原则？

8. 什么是资产评估假设？资产评估包括哪些假设？

案 例 题

一个刚获得的新的评估委托业务。阅读以下背景资料，制订一个对该公司的评估计划。

资料：C公司于1954年成立。公司为电气设施企业等提供电力生产和配送等产品和服务，公司的客户主要涉及工业与商业领域，国内住宅市场价格的下降对公司营业额没有影响。公司在国外也有业务并雇用当地的管理人员。公司拥有两项专利和多项专利许可。专利提成费每年大约为45000元。公司还拥有一个研究和开发的下属机构。

问题

1. 决定是否适合使用成本法、市场法或收益法。
2. 决定进行评估分析所需要的必要信息资料。

第三章 资产评估的市场法

本章学习目的

1. 了解影响资产现行价值的基本因素。

2. 理解熟悉市场法的基本原理、前提条件、基本程序。

3. 掌握选择和运用市场法的基本要求和需要考虑的各种条件及参数。

4. 熟练掌握市场法在机器设备评估、不动产评估、资源资产评估、金融资产评估、流动资产评估中的应用。

5. 能够客观评价市场法，扬长避短。

第一节 市场法概述

以下我们所讲的市场是无差异的市场。

一、市场法的概念及前提条件

市场法（Market Approach）也称现行市价法、市场价格比较法，是指利用市场上同样或类似资产的近期交易价格，经过直接比较或类比分析以估测资产价值的各种评估技术方法的总称。

市场法是资产评估中若干评估思路中的一种，也是实现该评估技术思路的若干评估技术方法的集合。供求决定价值论是市场法的理论基础。市场法是根据替代原则，采用比较和类比的思路及其方法判断资产价值的评估技术规程。在运用市场法时，如果不能直接取得资产的现行市价，就应在市场上选择相同或相似资产用来与被评估资产进行比较，以这个相同或相似资产的市价作为基础，再进行必要的调整，以此确定被评估资产的价格。

任何一个理智的投资者在购置某项资产时，他所愿意支付的价格不会高于市场上具有相同用途的替代品的现行市价。市场法是资产评估中最为直接，最具说服力的评估方法之一。当然，通过市场法进行资产评估尚需满足两个最基本的前提条件：

其一，要有一个活跃的公开市场。这个活跃的公开市场不能是个别交易，而是众多交易的客观结果。公开市场是一个充分的市场，市场上有自愿的买者和卖者，他们之间进行平等交易。这就排除了个别交易的偶然性，市场成交价格基本上可以反映市场行情。按市场行情估测被评估资产价值，评估结果会更贴近市场，更容易被资产交易各方接受。

其二，公开市场上要有可比的资产及其交易活动。运用市场法必须有可比的资产及交易的案例。资产及其交易的可比性是指选择的可比资产及其交易活动在近期公开市场上已经发生过，且与被评估资产及资产业务相同或相似。这些已经完成交易的资产就可以作为被评估资产的参照物，其交易数据是进行比较分析的主要依据。资产及其交易的可比性具体体现在以下几个方面：

1. 参照物与评估对象在功能上具有可比性，包括用途、性能上的相同或相似；

2. 参照物与被评估对象面临的市场条件具有可比性，包括市场供求关系、竞争状况和交易条件等；

3. 参照物成交时间与评估基准日间隔时间不能过长，应在一个适度时间范围内，同时，时间对资产价值的影响是可以调整的。

参照物与评估对象的可比性是运用市场法评估资产价值的重要前提。把握住参照物与评估对象功能上的一致性，可以避免张冠李戴；把握住参照物与评估对象所面临的市场条件，可以明确评估结果的价值类型；选择近期交易的参照物可以减少调整时间因素对资产价值的影响。

市场法具有一定的应用范围。首先它要与评估目的相适应，对参股、投资用资产的评估及承包、联营、兼并、转让、保险等评估业务都可采用市场法进行；中外合资、合作经营也可以市场价格为基础，并参照国际市场价格作必要调整。其次要与资产类型相适应，市场法适用于房地产、通用设备、存货资产、证券资产等资产的评估，不适宜评估具有特定性质、特定用途或是限于特定使用者使用的资产，因为这类资产的市场不活跃，参照物难以获取，比如专用设备就属于此类；另外市场法也不适用于对无形资产的评估，因为这类资产具有多样性、保密性等特点，真实、完整的交易信息也不易得到。

二、市场法的基本程序

（一）选择参照物

选择参照物是市场法的基础，是整个评估过程的关键。不同的资产业务对参照物的具体要求有所不同，但也存在着共性的要求。不论评估对象是单项资产还是整体资产，运用市场法评估时都需经历选择参照物这样一个程序。对参照物的要求关键是一个可比性问题，包括功能、市场条件及成交时间等。

1. 参照物的基本数量要求。市场法是通过同类资产的市场行情来确定被

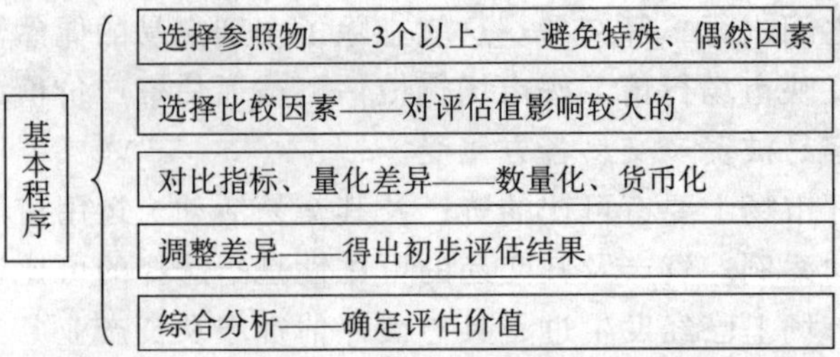

图 3－1　市场法的基本程序

评估资产的价值，如果只能找到一两个交易案例，是不能反映市场行情的。不论参照物与评估对象如何相似，通常参照物应选择 3 个以上[①]。因为运用市场法评估资产价值，被评估资产的评估值高低在很大程度上取决于参照物成交价格水平，而参照物成交价又不仅仅是参照物功能自身的市场体现，它还受买卖双方交易地位、交易动机、交易时限等因素的影响。为了避免某个参照物个别交易中的特殊因素和偶然因素对成交价及评估值的影响，运用市场法评估资产时应尽可能选择多个参照物。

2. 参照物成交价必须真实。参照物的成交价必须是实际成交价。报价、拍卖底价等均不能视为成交价，它们不是实际成交的结果。

3. 参照物成交价应是正常交易的结果。关联交易、特别交易不能被选作参照物，因为它们不能反映市场行情。但如果能将非正常交易修为正常交易，如能够获得关联交易的成交价高于或低于市价多少的信息，则可选用。此外，还要求参照物的成交时间应尽可能接近评估基准日，以提高参照物成交价的可参照程度。

4. 参照物与被评估资产之间大体可替代。参照物与被评估资产要尽可能类似。例如，在房地产评估中要求参照物与被评估房地产应在同一供需圈内、处于同一区域或相邻地区等；在机器设备评估中要求参照物与被评估机器设备功能相似，最好是规格型号相同、出产日期相近等。在企业整体资产评估中，要求参照物与被评估企业在行业生产规模、收益水平、市场定位、增长速度、企业组织形式、资信程度等方面相类似。这也说明在产权交易不十分活跃的市场中，由于难于找寻到合适的参照物，评估人员往往无法运用市场法对企业整体价值进行评估。

（二）在评估对象与参照物之间选择比较因素

从大的方面讲，影响资产价值的基本因素大致相同，如资产性质、市场条件等，但具体到每一种资产时，影响资产价值的因素又各有侧重。如影响房地

① 国外在正常情况下要求至少搜集 4～5 个交易案例，才能有效运用市场法。

产价值的主要是地理位置因素，在机器设备评估中起主导作用的是技术水平因素。所以，应根据不同种类资产价值形成的特点，选择对资产价值形成影响较大的因素作为对比指标，在参照物与评估对象之间进行比较。

一般来说，评估对象与参照物之间的比较因素主要有：

1. 时间因素。时间因素是指参照物或交易时间与被评估资产在评估基准时间不同所致的资产价格差异。虽然在参照物的选取时，要求参照物交易时间不能与评估基准日相差太久，但它们之间肯定有一段时间差，并且这个时间差如果对资产的价值产生了影响，那么就需要对这一因素做出调整。同一项资产过去能以某个价格买到，但在评估基准日未必买得到，这其中要考虑资金时间价值因素、通货膨胀因素、风险因素等。

（1）资金时间价值因素。在商品经济中，即使没有风险和通货膨胀，今天1元钱的价值也大于一年以后1元钱的价值。这是因为股东投资1元钱，就牺牲了当时使用或消费这1元钱的机会或权利，按牺牲时间计算的这种代价或报酬，就叫做时间价值。资金的时间价值取决于没有风险和没有通货膨胀条件下的社会平均资金利润率，这是时间价值的量的规定性。市场经济条件下，各行业投资项目的资金利润率有高有低，由于竞争的存在，各部门的投资利润率必将趋于平均化。如果一个投资项目的投资利润率高于社会平均资金利润率，则社会闲置资金和其他行业资金就会流向该项目，导致其利润率下降直至下落到社会平均利润率水平。

（2）通货膨胀因素。通货膨胀是物价水平普遍而持续的上涨。评估基准日和参照物交易时间，两个不同时点上的通货膨胀程度不相同，也造成了资产价值的差异。

（3）风险因素。风险因素是指事件的不确定性，风险分为系统风险和非系统风险。系统风险是那些影响所有企业的风险，如自然灾害、经济衰退等；而非系统风险是由于企业自身原因而产生的那类风险。人们愿意冒风险就是因为能得到额外的收益，否则就不值得去冒险。投资者由于冒风险进行投资而获得超过资金时间价值的额外收益，就是投资的风险报酬率。对于不同的企业或资产，由于风险因素的存在使得其时间价值具有个别性。

资金时间价值、通货膨胀、风险因素三者相互结合体现了影响资产价值的时间因素。

2. 区域因素。区域因素是指资产所在地区、地段条件对价格影响的差异。此因素的影响在本章第二节详述。

3. 交易因素。交易因素是指交易动机、背景对资产价格的影响。交易因素主要包括交易批量、交易动机、交易时间等。每一笔资产在交易中所面临的市场条件总是不同的，影响到交易价格的形成也具有个别性。而被评估资产是假设在规范交易下的评估，因此在应用市场法时，应剔除掉参照物价格中的特殊交易影响因素，使其成为正常交易价格。交易因素的具体形式主要有以下几种：

(1) 资产所处的市场状况：资产在参照物交易时间和评估基准日时间是卖方市场还是买方市场、产品的供求状况等。根据市场供求平衡理论，当市场上商品供小于求，即资产处于卖方市场时，商品价格就会高于其正常交易价格；反之，在买方市场上，商品的价格就会低于其正常交易价格。

(2) 交易时双方各自的处境、交易动机。在市场中寻找参照物时由于与被评估资产相似的参照物较少，就不得不选择一些特殊情况下的交易案例，这样就必须对其进行调整。这种特殊的情况可能就是由于交易双方的处境和交易动机引起的。第一，特殊利害关系人之间的交易，比如亲友之间的交易、债权人与债务人之间的交易、有共同利益的交易双方之间的交易等，通常他们均以非正常的交易价格成交。第二，交易的一方或双方交易时有特殊原因，这样的成交价格也会是非正常交易价格。例如，当卖者急于脱手某项资产时，他就会以低于正常交易的价格出售该资产；当买者急于购买时，他也会愿意出个高价钱。

(3) 买卖双方对市场的了解状况。在公平的市场上，买卖双方都应是理性的，其地位是平等的，他们的交易是在对市场、资产充分了解掌握足够信息的基础上进行的，不受任何条件的制约。在市场经济发达的国家，市场信息是及时、透明的，使得资产价值体现了均衡价格的特点，而在市场化程度不高的国家，不仅缺乏市场资料，并且资料存在滞后、失真的状况，假如交易一方没有掌握真实的信息或信息不完全，则其价格必将出现偏差。

(4) 交易批量。交易批量不同，交易对象的价格很可能就不同。一般而言，交易数量越大，其单件资产交易的价格就会越低。卖主之所以愿意这样做，主要是考虑了资金的时间价值。因为如果一次交易在单价上不让步，成交的数量必然要少，卖主就不得不把其余的部分留待以后出售，把留待以后出售的那部分商品的收益折现到评估基准日就能计算出成批量交易在单价上让步的余地。但是，销售数量对价格的影响并不是绝对的，还要结合市场对该资产的供需状况及变化趋势来做分析。有些供应量较少，预计价格将要明显上涨的资产，买方一次购入大数量的，卖方非但不会让步，反而要适当提高价格。

4. 功能因素。功能因素是指资产功能过剩和不足对资产价格的影响。如一台多功能机器效能很高，用途广泛，但购买者不需这样高的效能和广泛用途，形成剩余功能，不能被买者承认，因而，只能按低于其功能价值的价格来交易。

5. 成新率因素。成新率因素是指参照物与被评估资产有形损耗差异对被评估资产价值的影响。除了土地资产外，一般有形资产都会存在有形损耗问题。有形损耗率越高，成新率越低，资产价值就越低。因此，如果参照物的成新率比被评估资产低，就需要将参照物的成交价向上调，即调整系数大于1；反之，则需将参照物的成交价向下调，即调整系数小于1。

（三）对比指标、量化差异

运用市场法的一个重要环节就是将参照物与评估对象在对比指标之间的上述差异数量化和货币化。根据前面所选定的对比指标，在参照物及评估对象之间进行比较，并将两者的差异进行量化。例如，资产功能指标，尽管参照物与评估对象功能相同或相似，但在生产能力、产品质量以及在资产运营过程中的能耗、料耗和工耗等方面都可能有不同程度的差异。具体可以采用绝对数计算，如设备产出能力相差一个单位，价格相差多少；也可以采用相对数计算，如设备产出能力每相差1%对价格的影响程度。

（四）在各参照物成交价格的基础上调整已经量化的对比指标差异

市场法是以参照物的成交价格作为评定估算评估对象价值的基础。在这个基础上将已经量化的参照物与评估对象对比指标差异进行调增或调减，就可以得到以每个参照物为基础的评估对象的初步评估结果。初步评估结果与所选择的参照物个数密切相关。

（五）综合分析确定评估结果

按照一般要求，运用市场法的评估通常应选择3个以上参照物，所以，在一般情况下，运用市场法评估的初步结果也在3个以上。根据资产评估的一般惯例要求，正式的评估结果只能是一个，这就需要评估人员对若干评估初步结果进行综合分析，以确定最终的评估值。在这个环节上没有什么硬性规定，主要是取决于评估人员对参照物的把握和对评估对象的认识。当然，如果参照物与评估对象可比性都很好，评估过程中没有明显的遗漏或疏忽，采用算术平均法或加权平均法等方法将初步结果转换成最终评估结果也是可行的。

第二节　影响现行市价的基本因素

资产评估要解决的一个最基本问题就是估算资产的价值，不同理论对资产价值内涵的诠释不同。在市场经济条件下，生产商品的资产本身也是一种商品。只不过这种商品是能够生产其他商品的一种特殊商品而已，因此资产与商品的价值构成在本质上应该是一致的。

一、资产价值构成理论对影响资产价值的解释

劳动价值论认为，价值是由劳动创造的，即商品的价值由生产该项商品的社会必要劳动时间所决定。劳动是形成资产价值的决定因素。资产价值会随着社会技术水平和劳动者技能的提高而下降。劳动价值论告诉我们，进行资产评估时必须把被评估资产置于市场条件变化的动态中考虑。在人类科技飞速发展的知识经济时代，评估资产不仅需要站在动态的角度考虑科技进步引起的功能性贬值，还要考虑科技进步带来的人们生活方式的改变对被评估资产所生产的商品需求的变化趋势，这样才能保证资产评估结果公正、合理。劳动价值论是从资产的供给角度来度量资产实际价值的。

效用价值论认为，商品价值是人对商品效用的主观心里评价。对商品拥有者来说，有效用才有收益。收益决定着商品的价值，效用越大，收益越高，资产的价值越大。效用价值论是一种从需求方的角度对资产的价值进行分析，并对资产的现时价格进行评估的思想。

以马歇尔为代表的新古典经济学派把边际效用学派的价值理论和以劳动价值理论学派为主的生产价值理论有机结合起来，以亚当·斯密的自由放任经济理论为基础，从供给和需求两个方面考察资产的价格：资产的价值来源于生产和消费两个方面。生产方面主要指生产资产所付出的成本，成本越高，价值越大。消费方面主要指消费者对资产的主观心理感觉，即消费者得到的效用水平，效用水平越高，价值也越大。把这一思想转换到资产的价格和市场数量的关系上，就是经济学中的需求规律和供给规律。在市场经济条件下，商品或资产的价格由供给和需求双方共同决定。当市场供给等于市场需求时，市场达到了均衡，此时的价格就是均衡价格，这一价格就是商品或资产的价值。

在一个竞争的市场上，任何商品或资产的市场价格都会随市场的波动而变化，不同的经济条件和市场供求状况都会影响资产的市场价格。影响市场波动的因素非常多，有经济本身的因素，也有非经济的因素，各种因素相互作用，造成市场供求变化，从而影响市场价格。但是，一般来说，资产的市场价格都是以资产的价值为基础上下波动的。换言之，价格的偏离始终以价值为基础，即围绕价值这个中心上下波动。因此，在采用市场法进行评估时，必须充分考虑市场波动因素对资产价格的影响，同时又不能因为市场价格的波动而掩盖了资产的实际价格。

资产价值是一个动态的概念，研究资产价值的构成不能脱离特定的经济形态。经济形态的变化说到底是由于各种生产要素在社会价值生产中做出的“贡献”在不断发生着变化，这种变化在很大程度上决定着资产价值来源的变化。不同的经济形态的构成和来源具有不同的特点，各类资产的重要性也不

同，甚至差异悬殊。在同样一个经济形态中，各种企业的资产状况和获利来源也是不同的。在资产评估中，评估人员必须针对不同的行业特点、不同的资产属性、不同的获利来源给予区别对待。

二、影响资产价格的一般因素

一般因素是指影响一定区域范围内所有资产价格的一般、普通的、共同的外部因素。其中主要包括面临的政治、经济、社会文化、政策法律、自然环境和科学技术因素等等。这些因素和它们之间的相互关系构成了实现资产价值的整体背景。

（一）经济因素

外部环境是资产价值创造的起点，也是资产价值实现的终点。影响资产价值的经济因素有国民经济发展状况、居民收入和消费水平、经济增长水平、经济周期、产业结构、汇率、通货膨胀、财政收支与金融状况、供求关系等。

资产的价格与需求呈正向变动的关系，与供给呈反向变动关系。例如现在的艺术品市场投资需求大，艺术品的价格也随之节节高升。随着国民经济的增长、国民生产总值的提高、居民收入水平和消费水平的提高，资产的价值也会随之快速增值。而不景气的经济环境将会降低人们对投资收益的预期，资产的价值也会随之降低。通货膨胀会对企业会计利润产生影响，对股票价格产生影响。

房地产价格随经济增长的周期性变化而呈现规律性波动，当经济高速增长时，投资者增多，对房地产需求旺盛，而房地产供给有限，必然升值；当经济处于萧条或衰退时期，投资者减少，房地产需求减弱，使得价格下跌。

国家财政税收政策会影响资产的价格，如增值税转型政策在全国的实行会使企业增加对固定资产的投资，从而使机器设备的价格提升。国际金融市场的变化，会影响到资源资产价格，国家对股票市场的宏观调控影响到金融资产的价格，国际油价的上涨及燃油税的开征均会影响到汽车的价格等。国家产业结构的比例变化会影响房地产价格，如第三产业的比重越大，房地产价格会上升越快。

企业价值增长快慢在很大程度上受一国经济状况的影响。国民经济强有力的增长势头会给企业带来持续的增长机会；而不景气的经济环境不但降低人们对投资收益的预期，而且也缩小了现有企业价值的增长空间。财政政策的松动与紧缩对经济总量有很大的影响，进而影响企业价值。财政政策还可对经济结构产生影响，进一步影响不同行业的公司股价。如政府投资、差别税率、减免税范围的划定，政府对个别行业、公司实施的专项财政补贴以及财政贴息等手段，都会抑制或鼓励某些行业的发展。凡受到鼓励的行业和公司，其股价必然上涨。反之，受到抑制的行业及公司，股价必然下跌。汇率的变动对企业的经营，特别是外向型企业的经营必将产生很大的影响，主要表现在汇率变动会对企业的出口贸易产生影响。

（二）社会因素

社会文化环境是指我们所处的社会结构、社会风俗习惯、信仰、价值观念、行为规范、生活方式和文化传统等。社会文化不仅对人们生活有很大影响，而且对企业的经营理念、生产方式选择、员工的激励与控制以及产品的设计、产品的需求风格等方面都有着潜移默化的作用。

影响资产价值的社会因素有社会文化、人口因素、家庭规模因素、教育水平、治安因素、社会福利因素等。随着人们收入水平、教育水平、欣赏水平的提高，人们对古玩、玉石、字画等文化资源资产越来越有研究，从而使这一市场的资产价格异常火爆。随着人们消费观念的改变，超前消费观念被广大民众接受，这样房子、车子的消费需求空前增加，进而提高了房地产和汽车价格。

就人口因素而言，人是房地产需求的主体。人口数量、素质和结构的变动，将对房地产价格产生长远而深刻的影响。由于人口的增加，其对房地产消费的需求也必然增大，因而长期来看房地产价格趋于上涨。人口密度高的地区，一般房地产的供给相对缺乏，供不应求，该地区的房地产价格水平趋高。同时，人口密度高，有可能刺激商业、服务业等产业的发展，因而会提高土地的价格。但是另一方面，在人口密度过高的地区，生活环境的舒适程度受到影响，则土地价格相应会降低。

社会文明、人口平均文化程度、居民的修养也能间接影响房地产的价格。居民素质高的地区，居住环境也力求宽敞舒适，房地产价格水平一般趋高；居民素质较低的地区，人员构成复杂，秩序欠佳，房地产价格则会低落。一个地区的教育水准高，则意味着受教育的方便程度提高，科学技术转化为生产力的可能性增大，因而房地产价格水平也会上升。一个地区若经常发生偷盗、抢劫等犯罪案件，则意味着该地区居民的生命财产缺乏保障，地价将会低落。社会福利的状态，会影响社会文化生活水平，从而间接地影响地价水平。

（三）行政因素

与资产评估相关的经济政策可分为宏观经济政策和微观经济政策。宏观经济政策主要包括财政政策、货币政策、国民收入分配政策、投资政策、产业政策、资产评估准则等，微观政策主要有价格政策、资产评估政策、股利政策、行政管理措施等。国家经济政策的变化会直接影响资产评估的变化，如，采用收益法评估时，被评估资产的价值取决于其未来的预期收益。由于货币的价值取决于货币政策，那么货币政策的变化自然也会影响到那些具有名义货币收入的被评估资产的评估值。政府职能部门是制度和政策的制定者，它不仅运用财政、税收、利率等经济杠杆对宏观经济形势进行调控，同时还要制定相应的法律法规，为企业建立公平有序的竞争环境。企业的市场行为不可避免地要受到各级政府以及相关部门的监督。科技进步改变了企业的生产方式，影响了人们对未来生活的预期，孕育了新兴行业的诞生，加快了产品的更新换代，它们对企业的作用是显而易见的。科学技术正日益成为人们保持竞争优势、增长企业价值的源泉。

对于房地产来说，影响其价格的行政因素包括有关房地产、土地利用的制度、政策与行政管理措施，主要有以下几方面：

1. 城市规划、土地利用规划、城市发展战略。政府通过城市规划控制经济发展的速度、产业结构、投资等，决定土地供给数量和结构，对土地价格影响特别大；通过土地利用规划影响土地利用的收益和土地区位，从而影响土地价格。

2. 对房地产价格的调控措施。政府为防止房地产价格异常波动和抑制投机行为，对房地产价格实行一定的管制措施，使之有利于整个经济的健康发展。这些措施包括公布基准地价、标定地价等，开征土地、房产的税收，政府实行对土地的拍卖转让，等等。

3. 国家政策。国家制定的投资倾斜、优惠政策等措施影响房地产价格。我国的经济特区和沿江沿海开放城市由于在一定时间内享有国家优惠政策，这些地区投资环境较其他地区更为优越，从而吸引了大量的国内外投资，致使房地产需求扩大，价格远远高于其他地区。国家规定的土地使用制度与住房制度、地价政策等，也会对房地产价格产生影响。另外，交通管制使被管制地区道路的通达性及便捷度受到影响，从而会降低房价，但在住宅区内禁止货车通行，则可以减少噪声，保持清静和行人安全，则会提高房地产价格。

4. 政治局势。政治局势稳定是经济发展的必要条件，也是房地产价格上升的原因之一。政局稳定，投资者信心增强，对房地产需求增大，引起房地产价格上升。

三、影响资产价格的区域因素

区域因素涉及经济区域和地理区域两方面含义。经济区域指不同的市场状况不仅存在于同一区域的不同的时点上，而且在同一时点不同的区域间也是存在的，这就是经济区域的差别。由于地区经济状况、产业结构等问题存在，资产所处的市场状况也不相同，在不同地区市场上的资产即使在同一交易时间，其价值也可能不同。这些受到当地经济的诸多因素影响，诸如资产在该地区的需求程度、适用状况以及该地区经济发展程度等。例如，某项无形资产在一地区由于其技术先进、可能带来较大的生产能力而具有较大价值，但转移到另一经济发展相对较快地区后，该项技术正处于普及阶段不具有新颖性，因此其评估值就会较原地区有所降低。

地理区域因素是指资产所在的地区或地段条件对资产价格的影响，特别对房地产价值影响尤为突出。基础设施、公用设施条件、交通条件也直接影响到资产的价值。

区域因素主要影响房地产价格和资源资产价格。由于不同地区市场供求条件等因素的不同，设备的交易价格也受到影响。对于房地产来说，区域因素是指某一特定的区域内的自然条件与社会、经济、行政、技术等因素相结合所产生的区域特性，对该区域内的各块土地的价格产生影响。这类因素主要有商业繁华因素、交通便捷因素、道路通达因素、城市设施状况因素、环境状况因素等。城市设施可分为：（1）基础设施，主要包括供水、排水、供电、供气、供热和通讯等设施。（2）生活设施，主要包括学校、医院、农贸市场、银行、储蓄所、邮电局等设施。（3）文体娱乐设施，主要包括电影院、图书馆、博物馆、俱乐部、文化宫等设施。

房地产利用方式不同，起作用的区域因素也各不相同。

1. 商业用房地产应重视的区域因素包括：区域业态类别及竞争状况、经营者的经济实力与经营才能、商业繁华程度、顾客质量、交通状况等。

2. 工业用房地产应重视的区域因素包括：与产品及原料集散中心的距离，产业集聚度，交通运输状况，劳动力市场供求状况，对水质、空气产生污染的程度，与关联产业群的距离，行政干预及管理程度等。

3. 住宅用房地产应重视的区域因素包括：日照、温度、湿度等气候条件，离市中心的距离，交通状况，当地居民职业、文化程度，学校、公园、医院配置状况，商店、购物中心布局，噪音、空气污染状况，政府对土地利用程度的管理等。

四、影响资产价格的个别因素

影响资产价格的基本因素大致相同，如资产性质、市场条件等。但具体到每一种资产时，影响资产价格的因素又各有侧重。如影响房地产价格的主要是地理位置因素，在机器设备评估中起主导作用的是技术水平，如果评估对象是企业，可比指标就是企业的生产能力和获利能力。所以，影响资产价格的因素应区分不同的资产。

对于机器设备，影响其价格的个别因素有：反映设备在结构、形状、尺寸、性能、生产能力、安装、质量、经济性等方面差异的因素。描述机器设备的指标一般包括：名称、型号规格、生产能力、制造厂家、技术指标、附件、设备的出厂日期、役龄、安装方式、实体状态等。

对于无形资产，影响其价值的个别因素有：（1）无形资产取得的成本。无形资产外购较易确定成本，自创无形资产的成本计量较为困难，一般来说，这些成本项目包括创造发明成本、法律保护成本、发行推广成本等。（2）机会成本。将无形资产用于某一确定用途后所导致的将无形资产用于其他用途所获收益的最大损失。（3）效益因素。一项无形资产，在环境、制度允许的条件下，获利能力越强，其评估值越高，例如商誉。有一些无形资产，尽管创造成本很高，但收益能力较低，其评估值就很低。（4）使用期限。无形资产的使用期限主要是考虑其具有实际超额收益的期限。例如某项发明专利保护期为20年，但由于无形损耗大，拥有该项专利实际能获超额收益期限为10年，则这10年为评估时所应考虑的期限。（5）技术成熟程度。无形资产的成熟程度如何，直接影响到评估值的高低。其开发程度越高，技术越成熟，运用技术成果的风险性越小，评估值就会越高。（6）转让内容因素。同一无形资产的完全产权转让的评估值高于部分产权转让的评估值。在技术贸易中，同是使用权转让，由于许可程度和范围不同，评估值也应不同。（7）国内外该种无形资产的发展趋势、更新换代情况和速度。无形资产的更新换代越快，损耗越大，评估值越低。而且无形资产损耗，不取决于自身的使用损耗，取决于本身以外同类或替代无形资产变化的情况。（8）市场供需状况。一是指无形资产的市场需求状况；二是指无形资产的适用程度。对于可出售、转让的无形资产，市场需求越大，价值越高，并且适用范围越广，适用程度越高。（9）同行业同类无形资产的价格水平。无形资产评估值的高低，还取决于无形资产的交易、转让的价款支付方式、各种支付方式的提成基数、提成比例等。

资源性资产由于具有独特的自然、经济、法律属性，因而与其他资产相比，资源资产的评估具有一定的特点：（1）资源性资产的价格是自然资源的使用权价格。我国矿产资源属于国家所有，大部分森林资源属于国家所有，并实行所有权和使用权相分离的制度，因此评估的是资源资产的使用权。（2）资源性资产价格一般受资源的区位影响较大。（3）资源性资产评估必须遵循自然资源形成和变化的客观规律。在资源性资产评估中评估人员要充分了解资源性资产实体和资产使用权的专业特点，以合理评估资源性资产的价值。

影响股票价格的因素中，来自企业层面的因素有：（1）公司的经营状况。税后利润既是股息和红利的唯一来源，又是上市公司分红派息的最高限额。（2）公司的财务状况。体现在各种财务指标和财务比率上。（3）公司的收益分配政策。（4）公司的人事结构，主要指公司领导层的经营管理水平和公司员工的整体素质。（5）公司的未来发展前景，包括公司内部因素和外部因素。

来自产业层面的因素有：(1) 产业性质。(2) 产业生命周期。(3) 产业政策。(4) 相关产业的发展。来自宏观经济层面的因素有：(1) 经济周期的变动。(2) 政府的宏观经济政策。(3) 汇率和国际收支状况。来自其他层面的因素有：政治、市场以及心理因素。

影响房地产价格的个别因素具体要划分土地和建筑物。土地个别因素也就是宗地个别因素，是宗地自身的自然条件和特征对该地块价格的影响。影响土地价格的个别因素有：

(1) 区位因素。区位是影响地价的一个非常重要的因素。区位也叫宗地位置，有自然地理区位与社会经济区位之分。土地的自然地理区位是固定不变的，但其社会经济区位却会随着交通建设和市政设施的变化而变化。当区位由劣变优时，地价会上升。

(2) 面积与形状。一般来说，宗地面积必须适宜，规模过大或过小都会影响土地效用的充分发挥。不同土地利用方式对土地面积和形状要求不同，而土地利用方式是决定土地价格的重要因素，这样，土地面积和形状就间接影响着土地价格。如在商业区，面积大的土地由于规模效益产生高额收益，其地价必然高，而面积狭小的地块由于土地利用受到诸多限制，地价不会很高。土地形状有长方形、正方形、三角形、菱形、梯形等，形状规则的土地比形状不规则土地的利用效率高，从而价格较高。而且同一形状的地块由于宽度和深度不同地价也有差异。

(3) 地形与地势。地形是指地面的起伏形状，地形高低不平会加大开发成本，地价较低。地势是指被评估土地与相邻地的高低关系，地势低洼会造成背阳、潮湿等问题，因而地势高的土地价格必然高于地势低的土地。

(4) 地力与地质。两者分别对农用地与城市土地价格产生影响。对农用地而言，地力越好即土地越肥沃，其地价当然越高。对城市土地而言，地质条件决定着土地承载力的大小，限制建筑物的高度，从而影响土地使用效益，也就影响了土地价格。人类向空间发展的趋势不可阻挡，高层大楼、摩天大厦的建设是必然的选择，而土地的地基承载力直接限制了这一发展。土地承载力越好，越有利于建筑高层大厦，地价也越高。

(5) 容积率。容积率是指建筑面积与建筑物占地总面积的比值，它是反映土地利用程度的重要指标，也是影响土地价格的主要因素之一。容积率不同意味着土地的集约利用强度不同。一般来说，容积率越大，其单位土地面积的经济收益也越多，地价越高。但随着容积率的进一步提高，超过最佳容积率后，由于建筑物过高而带来的采光、通风不便等因素又会使地价下降。容积率与地价一般不呈线性关系。

(6) 土地用途。土地用途对地价影响较大。同一地块，规划为不同用途，则地价不同。一般来说，对于同一宗土地，规划为商业用地、住宅用地、工业用地的地价是递减的。

（7）土地使用年期。土地剩余使用年期越长，地价越高。

建筑物个别因素是指影响建筑物价格的房屋建筑物个别特性和相关条件。影响建筑物价格的个别因素有：

（1）面积、结构、材料等。房屋建筑物的面积（包括建筑面积、套内面积、使用面积）、高度、结构类型、建筑材料等不同，则建筑物的重置成本也不相同，从而影响其价格。

（2）设计、设备等。建筑物形状、设计风格、装饰装潢、外观、着色、平面干置、设备是否与其功能相匹配及优劣，对建筑物价格有很大影响。

（3）施工质量。建筑物施工质量不仅影响建筑物投入成本，更重要的会间接影响到其耐用年限和使用的安全性、方便性和舒适性。因此，施工质量是否良好，会对建筑物价格有很大影响。

（4）产权状况、已使用年限、物业管理情况等。有产权的房屋建筑物价格大于无产权的房屋；已使用年限短，且维护保养好的房屋建筑物价格一般高于建立年限长的房屋；物业管理情况良好的房屋价格亦会稍高。

（5）建筑物是否与周围环境协调。建筑物应当与周围环境相协调，才会有最佳使用状态。当建筑物不能充分发挥其使用效用时，其价格自然会降低。

表 3－1　　各类资产评估中涉及的个体因素

资产类型	评估中涉及的个体因素
机器设备	名称，外观，型号规格，生产能力，制造厂家，技术指标，附件，设备的出厂日期，役龄，安装方式，实体状态，生产能力大小，能源材料消耗水平，自动化程度。
无形资产	市场供需状况，机会成本，效益因素，使用期限，技术成熟程度，转让内容因素，国内外该种无形资产的发展趋势，更新换代情况和速度，无形资产取得成本，同行业同类无形资产的价格水平。
资源资产	自然资源使用权价格，自然资源形成和变化规律，资源区位。
股票	公司的经营状况，公司的财务状况，公司的收益分配政策，公司的人事结构，政治及心理因素，产业性质，产业政策，相关产业的发展，经济周期的变动，政府的宏观经济政策，汇率和国际收支状况，公司的未来发展前景。
土地	区位因素，面积与形状，地形与地势，地力与地质，容积率，土地用途，土地使用年期。
建筑物	面积、结构、材料等，建筑物是否与周围环境协调，施工质量，产权状况、已使用年限、物业管理情况以及设计、设备等。
企业价值	企业规模，产品种类，市场条件，管理水平，信息处理系统，技术利用水平，承受的风险，投资的流动性，预计的经营期限，潜在的预期收益，增长趋势等。

第三节　市场法中的主要评估方法

市场法实际上是指在一种评估思路下的若干具体评估方法的集合。它们可以被分为两大类：其一是直接比较法，其二是类比调整法，如图 3－2 所示。

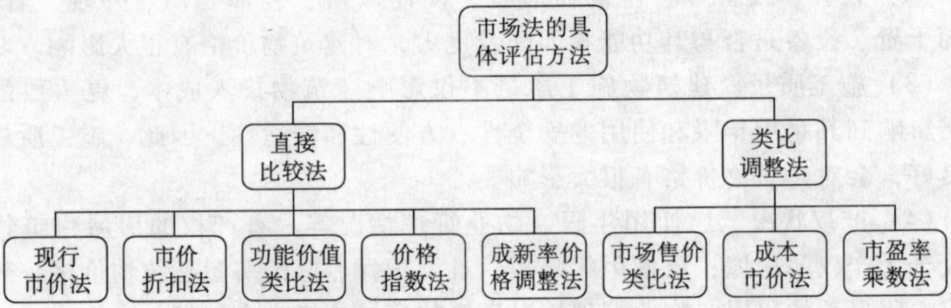

图 3－2　市场法中的具体评估方法

一、直接比较法

直接比较法是指利用参照物的交易价格及参照物的某一基本特征直接与评估对象的同一基本特征进行比较而判断评估对象价值的一类方法。其基本计算公式为：

评估对象价值＝参照物合理成交价格

或：评估对象价值＝参照物成交价格×（评估对象特征÷参照物特征）

直接比较法直观简捷，便于操作，但通常对参照物与评估对象之间的可比性要求较高。参照物与评估对象要达到相同或基本相同的程度，或参照物与评估对象的差异主要体现在某一明显的因素上，例如新旧程度或交易时间先后等。

直接比较法主要包括现行市价法、市价折扣法、功能价值类比法、价格指数法和成新率价格调整法等，但不限于以上方法。

1. 现行市价法。当评估对象本身具有现行市场价格或与评估对象基本相同的参照物具有现行市场价格的时候，可以直接利用评估对象或参照物在评估基准日的现行市场价格作为评估对象的评估价值。例如，可上市流通的股票和债券可按其在评估基准日的收盘价作为评估价值。批量生产的设备、汽车等可按同品牌、同型号、同规格、同厂家、同批量的设备、汽车等的现行市场价格作为评估价值。现行市价法的数学表达式为：

资产评估价值＝评估基准日的现行市价

2. 市价折扣法。市价折扣法是以参照物成交价格为基础，考虑到评估对象在销售条件、销售时限等方面的不利因素，凭评估人员的经验或有关部门的规定，设定一个价格折扣率来估算评估对象价值的方法。其数学表达式为：

资产评估价值 = 参照物成交价格 ×（1 - 价格折扣率）

市价折扣法一般只适用于评估对象与参照物之间仅存在交易条件（快速变现）方面差异的情况。

【例 3 - 1】 某企业因严重的资不抵债而进行破产清算，其中有一套机器设备需拍卖。评估人员从市场上搜集到正常交易情况下的一个交易案例，该交易资产与待评估设备型号、性能、新旧程度基本相同，成交时间为 2005 年 6 月，成交价格为 365.2 万元。评估基准日为 2005 年 8 月。经分析待评估资产快速脱手的价格将低于正常价格的 30%。

分析：(1) 市场上有交易案例，可选择市场法评估；(2) 交易资产与待评估设备可比性达到相同程度，采用直接比较法；(3) 待评估资产与参照资产的差异仅仅在市场交易条件这一指标上，可采用市价折扣法，通过调整交易条件来估算该套待评估设备的市场价值。

解：待评估资产评估值 = 365.2 ×（1 - 30%）= 255.64（万元）

3. 功能价值类比法，亦称类比估价法，是以参照物的成交价格为基础，考虑参照物与评估对象之间仅存在功能差异，通过调整两者功能差异来估算评估对象价值的方法。根据资产的功能与其价值之间的关系，可分为线性关系和指数关系两种情况：

(1) 资产价值与其功能呈线性关系的情况，通常被称作生产能力比例法，其数学表达式为：

资产评估价值 = 参照物成交价格 ×（评估对象生产能力 ÷ 参照物生产能力）

当然，功能价值类比法不仅仅表现在资产的生产能力这一项指标上。它还可以通过对参照物与评估对象的其他功能指标的对比，利用参照物成交价格推算出评估对象价值。

【例 3 - 2】 某待评估资产为一机器设备，年生产能力为 150 吨。评估基准日为 2006 年 2 月 1 日。评估人员收集的信息：(1) 从市场上收集到一个该类设备近期交易的案例，该设备的年生产能力为 210 吨，市场成交价格为 160 万元。(2) 将待评估设备与收集的参照设备进行对比并寻找差异。(3) 发现两者除生产能力指标存在差异外，从参照设备成交到评估基准日之间，该类设备的市场价格比较平稳，其他条件也基本相同。

分析：(1) 由于待评估资产的市场交易案例易于选取，可采用市场法进行评估；(2) 交易资产与待评估设备可比性达到相同程度，采用直接比较法；(3) 待评估资产与参照资产的差异主要体现在生产能力这一指标上，可采用功能价值类比法来估算该资产的价值。

解：待评估资产评估值 = 160 ×（150 ÷ 210）= 114.29（万元）

（2）资产价值与其功能呈指数关系的情况，通常被称作规模经济效益指数法。其数学表达式为：

资产评估价值 = 参照物成交价格 ×（评估对象生产能力 ÷ 参照物生产能力）^{x}

【例3－3】 被评估资产年生产能力为90吨，参照资产的年生产能力为120吨，评估基准日参照资产的市场价格为10万元，该类资产的功能价值指数为0.7。

解：待评估资产评估价值 = 10 ×（90 ÷ 120）$^{0.7}$ = 8.18（万元）

4. 价格指数法，亦称物价指数法，是以参照物成交价格为基础，考虑参照物的成交时间与评估对象的评估基准日之间的时间间隔对资产价值的影响，利用价格指数调整估算评估对象价值的方法。其计算公式为：

资产评估价值 = 参照物成交价格 ×（1 + 物价变动指数）

或：资产评估价值 = 参照物成交价格 × 价格指数

物价指数法一般只运用于评估对象与参照物之间仅有时间因素差异的情况，且时间差异不能过长。当然，此方法稍做调整可作为市场售价类比法中估测时间差异系数或时间差异值的方法。

【例3－4】 某待评估资产为两室一厅居住用房，面积为58平方米，建筑时间为2002年，位置在某市闹市区，评估基准日为2006年5月11日。在待评估房屋附近，于2004年12月曾发生过房屋交易活动，交易价格为58000元。经调查和分析，评估人员认为该居住用房所处位置、面积、建造时间、交易的市场条件等方面与待评估资产基本相同。经调查，2006年居住用房价格与2004年相比上升了9.3%。

分析：（1）由于可以找到待评估资产的市场交易案例，应采用市场法进行评估；（2）该居住用房所处位置、面积、建造时间、交易的市场条件等方面与待评估资产基本相同，故采用直接比较法评估；（3）待评估资产与参照资产的差异仅仅在交易时间这一指标上，所以采用价格指数法只对时间差异进行调整即可推算出被评估资产的市场价值。

解：待评估资产评估值 = 58000 ×（1 + 9.3%）= 63394（元）

5. 成新率价格调整法。成新率价格调整法是以参照物的成交价格为基础，考虑参照物与评估对象新旧程度上的差异，通过成新率调整估算出评估对象的价值。其数学表达式为：

资产评估价值 = 参照物成交价格 ×（评估对象成新率 ÷ 参照物成新率）

其中：资产的成新率 = 资产的尚可使用年限 ÷（资产的已使用年限 + 资产的尚可使用年限）

成新率价格调整法一般只运用于评估对象与参照物之间仅有新旧程度差异的情况。当然此方法略加改造也可以作为评估对象与参照物成新程度差异调整率和差异调整值的方法。

【例3-5】 待评估资产为某机器设备，其生产时间为1998年，评估基准日为2006年1月。搜集到一交易案例，该机器设备和待评估设备型号相同，属同一厂家生产，交易时间为2005年12月，交易价格为124000元，该机器设备的生产时间为2000年。经调查了解，待评估设备的尚可使用年限为13年。参照资产已使用年限为8年，尚可使用年限为15年。

分析：（1）资产的市场交易案例易于选取，应采用市场法进行评估；（2）参照物和待评估设备型号相同，属同一厂家生产，可比性达到相同，采用直接比较法；（3）待评估资产与参照资产的差异主要体现在新旧程度这一指标上，可采用成新率价格调整法通过对成新率指标的调整来估算待评估资产的市场价值。

解：待评估资产成新率 = 待评估资产尚可使用年限 ÷（待评估资产已使用年限 + 待评估资产尚可使用年限）= 13 ÷（7.5 + 13）= 63%

参照资产的成新率 = 15 ÷（8 + 15）= 65%

待评估设备的评估值 = 参照物成交价格 ×（评估对象成新率 ÷ 参照物成新率）

= 124000 ×（63% ÷ 65%）= 120184.62（元）

由于直接比较法对参照物与评估对象的可比性要求较高，在具体评估过程中寻找参照物可能会受到局限。因而，直接比较法的使用也相对受到一定制约。

二、类比调整法

类比调整法是在公开市场上无法找到与被评估资产完全相同的参照物时，可以选择若干个类似资产的交易案例作为参照物，通过对比分析调整参照物与评估对象之间的差异，在参照物成交价格的基础上调整估算评估对象价值的方法。

类比调整法是市场法中最基本的评估方法，该法并不要求参照物与评估对象必须一样或者基本一样，只要参照物与评估对象在大的方面基本相同或相似。类比调整法具有适用性强、应用广泛的特点，因为在资产评估过程中，完全相同的参照物几乎是不存在的，即使是一个工厂出来的相同规格、型号的设备，在不同企业中使用，由于维护保养条件、操作使用水平及利用率高低等多种因素的作用，其实体损耗也不可能是同步的。该法对信息资料的数量和质量要求较高，而且要求评估人员要有较丰富的评估经验、市场阅历和评估技巧，没有足够的数据资料以及对资产功能、市场行情的充分了解和把握，很难准确地评定估算出评估对象的价值。

在具体操作过程中，类比调整法[①]中使用频率较高的有以下技术方法：

1. 市场售价类比法。市场售价类比法是以参照物的成交价格为基础，考虑参照物与评估对象在功能、市场条件和销售时间等方面的差异，通过对比分析和量化差异，调整估算出评估对象价值的各种方法。其基本数学表达式为：

资产评估价值 = 参照物售价 + 功能差异值 + 时间差异值 + …… + 交易情况差异值

评估价值 = 参照物售价 × 功能差异修正系数 × 时间差异修正系数 × …… × 交易情况差异修正系数

【例 3－6】[②]（1）估价对象概况：待评估地块为城市规划上属于住宅区的一块空地，面积为 600 平方米，地形为长方形。（2）评估要求：评估该地块 2008 年 10 月 3 日的公平市场交易价格。

分析：该种类型土地有较多的交易实例，故采用市场法进行评估。

解：（1）搜集有关的评估资料——待评估土地资料（略）及交易实例资料。选择 4 个交易实例作为参照物，具体情况见表 3－2。

表 3－2　　交易实例情况表

		交易实例 A	交易实例 B	交易实例 C	交易实例 D	估价对象
坐落		略	略	略	略	略
所处地区		临近	类似	类似	类似	一般市区
用地性质		住宅	住宅	住宅	住宅	住宅
土地类型		空地	空地	空地	空地	空地
交易日期		2008 年 4 月 2 日	2008 年 3 月 3 日	2007 年 10 月 4 日	2007 年 12 月 5 日	2008 年 10 月 3 日
价格	总价	19.6 万元	31.2 万元	27.4 万元	37.8 万元	
	单价	870 元/平方米	820 元/平方米	855 元/平方米	840 元/平方米	
面积		225 平方米	380 平方米	320 平方米	450 平方米	600 平方米
形状		长方形	长方形	长方形	略正方形	长方形
地势		平坦	平坦	平坦	平坦	平坦
地质		普通	普通	普通	普通	普通
基础设施		较好	完备	较好	很好	很好
交通状况		很好	较好	较好	较好	很好
正面路宽		8 米	6 米	8 米	8 米	8 米
容积率		6	5	6	6	6
剩余使用年限		35 年	30 年	35 年	30 年	30 年

① 类比调整法在西方国家中应用广泛，特别是在技术进步快、产品更新换代周期短的情况下。我国的市场发育还不完善，类比调整法受到一定的限制。

② 该案例选自全国注册资产评估师考试用书编写组的：《资产评估》一书；本书由经济科学出版社 2008 年出版。

(2) 进行交易情况修正。经分析，交易实例 A、D 为正常买卖，无需进行交易情况修正；交易实例 B 较正常买卖价格偏低 2%；交易实例 C 较正常买卖价格偏低 3%。则各交易实例的交易情况修正率为：交易实例 A0%、交易实例 B2%、交易实例 C3%、交易实例 D0%。

(3) 进行交易日期修正。根据调查，2007 年 10 月 4 日以来土地价格平均每月上涨 1%，则各参照物交易实例的交易日期修正率为：

交易实例 A 修正率 = $(1+1\%)^6-1=6.15\%$

交易实例 B 修正率 = $(1+1\%)^7-1=7.21\%$

交易实例 C 修正率 = $(1+1\%)^{12}-1=12.68\%$

交易实例 D 修正率 = $(1+1\%)^{10}-1=10.46\%$

为计算方便，本例中对修正率取整，即交易实例 A6%、交易实例 B7%、交易实例 C13%、交易实例 D10%。

(4) 进行区域因素修正。交易实例 A 与待评估土地处于同一地区，无需作区域因素修正。交易实例 B、C、D 的区域因素修正情况可参照表 3－3 判断。

表 3－3 区域因素比较表

	B	C	D
自然条件	相同 10	相同 10	相同 10
社会环境	稍差 7	相同 10	相同 10
街道条件	相同 10	相同 10	相同 10
交通便捷度	稍差 8	稍好 12	相同 10
离交通车站点距离	较远 7	稍近 12	相同 10
离市中心距离	相同 10	稍近 12	相同 10
基础设施状况	稍差 8	相同 10	稍好 12
公共设施完备状况	相同 10	较好 12	相同 10
水、大气、噪音污染状况	相同 10	相同 10	相同 10
周围环境及景观	相同 8	相同 10	稍差 8
综合打分	88	108	100

本次评估设定待估地块的区域因素值为 100，则根据表 3－2 各种区域因素的对比分析，经综合判定打分，交易实例 B 所属地区为 88，交易实例 C 所属地区为 108，交易实例 D 所属地区为 100。

(5) 进行个别因素修正。

①经比较分析，待估土地的面积较大，有利于充分利用，另外环境条件也比较好，故判定比各交易实例土地价格高 2%。

②土地使用年限因素的修正。交易实例 B、D 与待估土地的剩余使用年限

相同无需修正。交易实例A、C均需作使用年限因素的调整，其调整系数测算如下（假定折现率为8%）：

$$年限修正系数=\left[1-\frac{1}{(1+8\%)^{30}}\right]\div\left[1-\frac{1}{(1+8\%)^{35}}\right]$$

$$=(1-0.0994)\div(1-0.0676)$$

$$=0.9006\div0.9324=0.9659$$

(6) 计算待估土地的初步价格：

$$交易实例A修正后的单价=870\times\frac{100}{100}\times\frac{106}{100}\times\frac{100}{100}\times\frac{102}{100}\times0.9659$$

$$=909（元/平方米）$$

$$交易实例B修正后的单价=820\times\frac{100}{98}\times\frac{107}{100}\times\frac{100}{88}\times\frac{102}{100}$$

$$=1038（元/平方米）$$

$$交易实例C修正后的单价=855\times\frac{100}{97}\times\frac{113}{100}\times\frac{100}{108}\times\frac{102}{100}\times0.9659$$

$$=901（元/平方米）$$

$$交易实例D修正后的单价=840\times\frac{100}{100}\times\frac{110}{100}\times\frac{100}{100}\times\frac{102}{100}$$

$$=942（元/平方米）$$

(7) 采用简单算术平均法求取评估结果为：

土地评估单价 =（909 + 1038 + 901 + 942）÷ 4 = 948（元/平方米）

土地评估总价 = 600 × 948 = 568800（元）

2. 成本市价法。成本市价法是以评估对象的现行合理成本为基础，利用参照物的成本市价比率来估算评估对象价值的方法。其数学表达式为：

资产评估价值 = 评估对象现行合理成本 ×（参照物成交价格 ÷ 参照物现行合理成本）

【例3-7】 评估基准日某市商品住宅的成本市价率为160%，已知被估全新住宅的现行合理成本为30万元。

解：某市商品住宅的评估价值 = 30 × 160% = 48（万元）

3. 市盈率乘（倍）数法。市盈率乘数法是以参照物的市盈率作为乘数（倍数），以此乘数与评估对象的收益额相乘估算评估对象价值的方法。其数学表达式为：

资产评估价值 = 评估对象年收益额 × 参照物市盈率

市盈率乘数法主要适用于企业价值评估。

【例3-8】 某被估企业的年净利润为1000万元，评估基准日资产市场上同类企业平均市盈率为20倍。

解：该企业的评估价值 = 1000 × 20 = 20000（万元）

在现代市场经济条件下，单项资产和整体资产都可以作为交易对象进入市场流通。单项资产和整体资产的交易实例都可以为运用市场法进行资产评估提供可资参照的评估依据和资料。当然，上述具体方法只是市场法中的一些经常使用的方法，其他具体方法还有许多。同时，以上具体方法还可能成为或可以成为成本法的具体方法。但是作为市场法中的具体方法，它的使用前提是必须满足两个最基本的条件，而成本法中的具体方法的使用前提则可能会与之有所区别。

第四节 市场法的具体应用

一、市场法的具体应用

（一）市场法在机器设备评估中的应用

市场法评估机器设备时，是通过分析最近市场上和被评估设备类似设备的成交价格，并对被评估对象和参照物之间的差异进行调整，由此确定被评估设备价值的方法。

1. 市场法评估机器设备的范围和前提条件。可参见图 3－3。

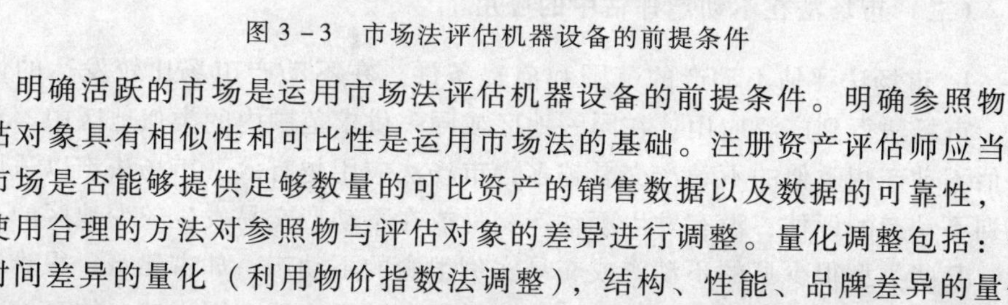

图 3－3 市场法评估机器设备的前提条件

明确活跃的市场是运用市场法评估机器设备的前提条件。明确参照物与评估对象具有相似性和可比性是运用市场法的基础。注册资产评估师应当考虑市场是否能够提供足够数量的可比资产的销售数据以及数据的可靠性，应当使用合理的方法对参照物与评估对象的差异进行调整。量化调整包括：销售时间差异的量化（利用物价指数法调整），结构、性能、品牌差异的量化（可用功能价值法予以调整），销售数量、结算方式的量化（采用不同时间付款折现求和的方法调整），新旧程度或成新率差异的量化（通过对比成新率调整)。

2. 市场法评估机器设备的基本步骤。可参见图3-4。

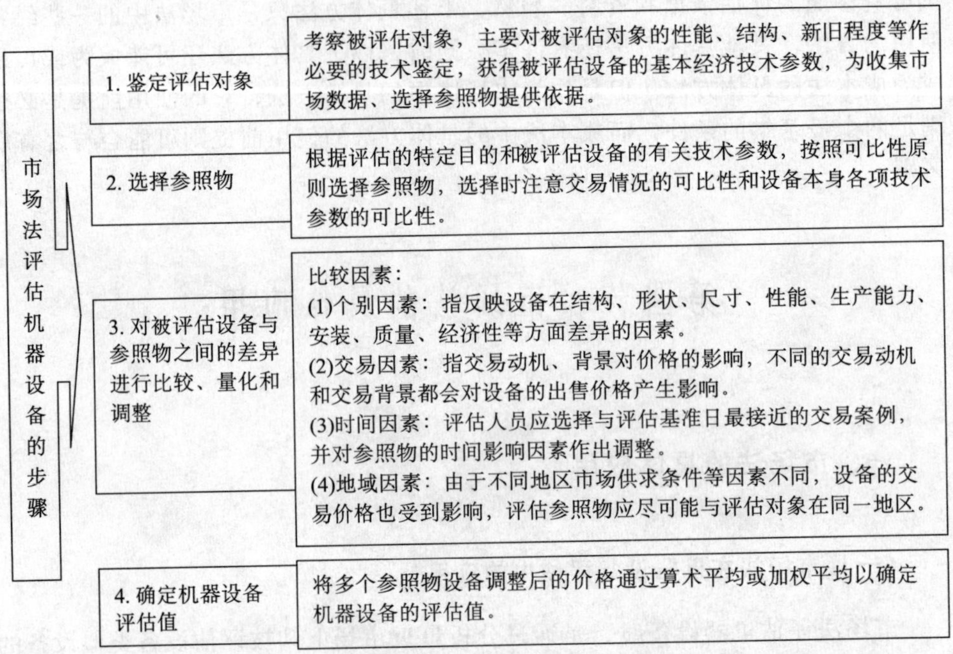

图3-4　市场法评估机器设备的步骤

3. 运用市场法评估机器设备的方法。

(1) 直接匹配法是指根据与评估对象基本相同的市场参照物，通过直接比较来确定评估对象价值的方法。

(2) 因素调整法是指通过比较分析相似的市场参照物与被评估设备的可比因素差异，对这些因素逐项调整，由此确定被评估设备的价值的方法。

(3) 成本比率调整法是指通过大量市场交易数据的统计分析，掌握相似市场参照物的成本售价比例，调整确定评估对象价值的方法。

(二) 市场法在不动产评估中的应用

1. 市场法评估不动产的范围和前提条件。在不动产市场比较发达的情况下，市场法得到广泛应用。在同一地区或同一供求范围内的类似地区中，与被评估不动产相类似的不动产交易越多，市场法应用越有效。市场法难以适用于下列不动产的评估：没有发生不动产交易或在不动产交易发生较少地区的不动产；某些类型很少见的不动产或交易实例很少的不动产，如古建筑；很难成为交易对象的不动产，如教堂、寺庙等；风景名胜区土地；图书馆、体育馆、学校用地等。

2. 市场法评估不动产的基本步骤。可参见图3－5。

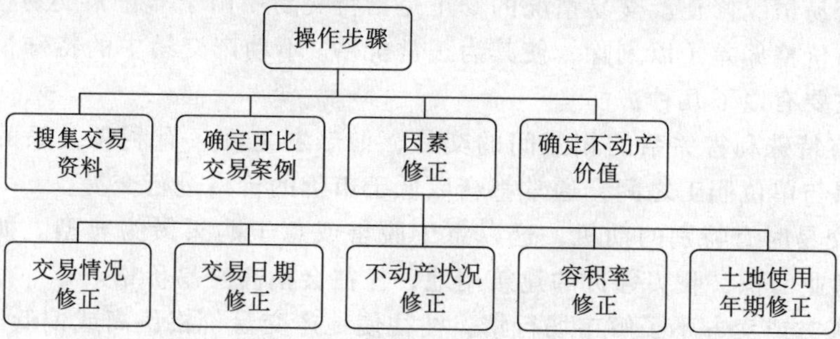

图3－5 市场法评估不动产的操作步骤

（1）搜集交易资料。运用市场法评估不动产价值，必须有充足的交易资料，这是市场法运用的基础和前提条件。这就要求评估人员平时就应尽可能随时收集有关房地产交易实例的资料。评估人员可以采取很多途径来收集交易的实例。收集资料的内容包括不动产的位置、用途、性质、结构、装修、使用情况等，此外，还包括不动产所处的环境、交通状况、权利状况等。评估人员收集的交易实例，应该是客观、近期、真实的交易实例。

《资产评估准则——不动产评估》第二十三条规定：注册资产评估师采用市场法评估不动产时，应当收集足够的交易实例。收集交易实例的信息一般包括：①交易实例的基本状况，主要有：名称、坐落、四至、面积、用途、产权状况、土地形状、土地使用期限、建筑物建成日期、建筑结构、周围环境等；②成交日期；③成交价格，包括总价、单价及计价方式；④付款方式；⑤交易情况，主要有交易目的、交易方式、交易税费负担方式、交易人之间的特殊利害关系、特殊交易动机等。

（2）确定可比交易案例。所选取的交易案例应符合以下条件：与被评估不动产的用途相同；与被评估不动产所处的地区相同；与被评估不动产的评估目的及其对应的价值类型相同；与被评估不动产的建筑结构相同或相似；交易实例必须是正常交易或可以修正为正常交易。

《资产评估准则——不动产评估》第二十四条规定：用作参照物的交易实例应当具备下列条件：①在区位、用途、规模、建筑结构、档次、权利性质等方面与评估对象类似；②成交日期与评估基准日接近；③交易类型与评估目的吻合；④成交价格为正常价格或者可修正为正常价格。

（3）因素修正。不动产市场是一个不完全竞争市场，不动产价格形成具有个别性，因此需要修正。需要修正的因素包括：交易情况修正、交易日期修正、区域因素修正、个别因素修正、容积率修正、土地使用年期修正等。

《资产评估准则——不动产评估》第二十五条：注册资产评估师运用市场法评估不动产时，应当进行交易情况修正、交易日期修正和不动产状况修正。

①交易情况修正。交易情况的修正是指将交易中由于非正常交易行为所产生的交易价格偏差予以剔除，使其为正常价格。不动产交易中的特殊情况较为复杂，主要有以下几种：

a. 有特殊利害关系的相互间的交易，如亲友之间、有利害关系的公司之间或公司与单位职工之间，通常都会以低于市价的价格进行交易。

b. 交易时有特别的动机，这以急于脱售或急于购买最为典型。如有人为了扩大营业面积，收买邻近的建筑用地，往往会抬高交易价格。

c. 买方或卖方不了解市场行情，往往使地产交易价格偏高或偏低。

d. 其他特殊交易的情形。如土地增值税本应由卖主负担，却转嫁给了买主。

e. 特殊的交易方式。

通过交易情况修正，即将可比实例价格修正为正常交易情况下的价格。交易情况修正的公式为：

正常价格 = 交易实例价格 × 交易情况修正系数

如果以指数来表示，正常情况对价格的影响程度为100，非正常情况对价格的影响程度可能大于100或小于100，则：

$$正常价格 = P' \times \frac{100}{(\quad)}$$

【例3-9】 为评估某宗地甲的地产价格，选取了乙、丙两个参照地块交易实例。已知乙地块的交易双方具有某种关联关系，其土地使用权交易价格为6800元/平方米，丙抵扣系拍卖转让的土地使用权，拍卖价格为9000元/平方米。经分析乙地块比正常情况低了10%，而丙地块拍卖价格则高出正常情况16%。试修正乙、丙两块地的价格。

解：$$乙地块交易情况修正后的价格 = 6800 \times \frac{100}{(100-10)}$$

$$= 7554.8\ （元/平方米）$$

$$丙地块交易情况修正后的价格 = 9000 \times \frac{100}{(100+16)} = 7758\ （元/平方米）$$

②交易日期修正。交易实例的交易日期与被评估不动产的评估基准日往往有一时间差。在这段时间内，不动产市场价格可能上涨或者下跌。因此根据不动产价格的变动率，将交易实例不动产价格修正为评估基准日的不动产价格就是交易日期修正。

不动产价格的变动率一般用不动产价格指数来表示。用公式表示为：

$$评估基准日交易实例价格 = 交易实例价格 \times \frac{评估基准日价格指数}{可比实例交易时价格指数}$$

③不动产状况修正。交易实例不动产与被评估不动产的状况是不相同的，

应将交易实例不动产状况与被评估不动产状况加以比较，找出由于不动产状况的差别而引起的交易实例不动产与被评估不动产价格的差异，对交易实例不动产价格进行修正。

④容积率修正。容积率与地价并非呈线性关系，需要根据具体区域的情况具体分析。

容积率修正的公式为：

$$经容积率修正后可比实例价格=可比实例价格\times\frac{待估宗地容积率修正系数}{可比实例容积率修正系数}$$

【例 3-10】 某城市土地容积率修正系数。

容积率	0.1	0.4	0.7	1.0	1.1	1.3	1.7	2.0	2.1	2.5
修正系数	0.5	0.6	0.8	1.0	1.1	1.2	1.6	1.8	1.9	2.1

如果确定比较案例宗地地价每平方米为 800 元，容积率为 2.1，待估宗地规划容积率为 1.7，试修正可比实例价格。

解：$经容积率修正后可比实例价格=800\times\frac{1.6}{1.9}=673.7$（元/米^2）

⑤土地使用年期修正。我国实行有限年期的土地使用权有偿使用制度，土地使用年期的长短，直接影响到土地收益的多少。土地的年收益确定以后，土地的使用期限越长，土地的总收益就越多，土地的利用效率也越高，土地的价格也会因此提高。

土地使用年期的公式为：

$$K=\frac{\left[1-\frac{1}{(1+r)^m}\right]}{\left[1-\frac{1}{(1+r)^n}\right]}$$

式中：

K——年限修正系数；

r——还原利率；

m——被评估对象的剩余使用年期；

n——可比实例的剩余使用年期。

（4）确定不动产价值。

上述因素被修正后，就可得到在评估基准日的被评估不动产的若干个价格，通过计算公式求取的若干个价格可能不完全一致，采取统计方法（简单算术平均、加权平均等）求取最终不动产价值。

市场法就是通过与近期交易的不动产进行比较，并对一系列因素进行修正，而得到被评估不动产在评估日期的市场状况下的价格水平。这些因素主要有交易情况因素、交易日期因素以及不动产状况因素三类。不动产状况修正可以分为区位状况修正、权益状况修正和实物状况修正。这些因素还可以细分为若干因素修正。容积率和土地使用年期这两个因素属于权益状况，由于这两个因素影响力较大，情况特殊，可以拿出来单独修正。

市场法的基本计算公式为：

待估不动产价格 = 可比交易实例价格 × 交易情况修正系数 × 交易日期修正系数 × 不动产状况修正系数

此公式经常表示为：P = P′ × A × B × C

式中：P——为被评估不动产价格；

P′——可比交易实例价格；

A——交易情况修正系数；

B——交易日期修正系数；

C——不动产状况修正系数。

在实际评估工作中，其计算公式为：

$$P = P' \times A \times B \times C = \frac{100}{(\quad)} \times \frac{(\quad)}{100} \times \frac{100}{(\quad)}$$

式中字符含义同前，具体内容为：

$$A = \frac{100}{(\quad)} = \frac{\text{正常交易情况指数}}{\text{可比实例交易情况指数}}$$

$$B = \frac{(\quad)}{100} = \frac{\text{评估基准日价格指数}}{\text{可比实例交易时指数}}$$

$$C = \frac{100}{(\quad)} = \frac{\text{评估对象不动产状况指数}}{\text{可比实例不动产状况指数}}$$

在上式中，交易情况修正系数 A 中的分子 100 表示，以正常交易情况下的价格为基准，而确定可比实例交易情况的价格修正系数；交易日期修正系数 B 中的分母 100 表示，以可比实例交易时的价格指数为基准，而确定评估基准日的价格指数；不动产状况修正系数 C 中的分子 100 表示以待估对象不动产为基准，而确定可比实例不动产状况修正系数。

如果土地容积率、土地使用年期单独修正，则计算公式为：

P = P′ × A × B × C × 容积率修正系数 × 土地使用年期修正系数

（三）市场法在无形资产评估中的应用

从理论上说，市场法是一种最简单、最有效的方法，应该是资产评估的首选方法。但是，由于无形资产的特征（特殊性、唯一性、非标准性等）和我国无形资产市场的情况，无形资产评估较多地采用收益法，也有选用市场法评估的，例如，土地使用权、矿业权、租赁权等。整体而言，从我国目前实际情况出发，运用市场法评估无形资产的情况并不多见。

如果具备使用市场法的条件，也可以采用市场法评估无形资产，其基本程序和方法与有形资产评估的市场法基本相同。除此之外，还应该注意以下几点：

1. 选择的参照物应当与被评估资产在功能、性质、用途等方面基本相同或相似。

2. 由于无形资产的特殊性和个别性，因此每项无形资产之间的差别较大，所以至少需要有三个以上的参照物进行比较。

3. 参照物的成交时间要非常接近于评估基准日，越近越好，否则，其价格应当通过因素的相应调整。

4. 参照物的计价标准要与评估对象的计价标准相同或接近，即同为重置价格或收益现值。

（四）市场法在金融资产评估中的应用

对上市债券一般用市场法进行评估，评估基准日的收盘价即为它的评估依据。采用市场法进行评估时，应该在评估报告书中说明所用评估方法和结论与评估基准日的关系，并申明该评估结果应随市场价格变化而调整。

如果在某些特殊情况下市场价格被严重扭曲，已不能反映债券的内在价值，就不能再用市场法进行评估，而应采用非上市交易债券的评估方法进行。

债券评估值的计算公式如下：

债券评估值 = 债券数量 × 评估基准日债券的收盘价

【例3-11】 评估公司对某企业的长期债权投资进行评估，该企业持有5年期的国库券1000张，每张面值100元，年利率为8%。该债券已上市交易，评估基准日的收盘价为120元/张。评估人员经分析调查认为该价格比较合理，则其评估值为：$1000 \times 120 = 120000$（元）。

在正常市场条件下对上市交易股票可以采用市场法进行评估。所谓正常市场条件是指股票市场发育正常，股票可以自由交易，不存在各种非法歪曲股票市场价格的情况。这时股票的市场价格可以代表评估时点被评估股票的价值，所以可以采用市场法对上市股票评估。被评估股票评估值等于评估基准日该股票的收盘价。计算公式为：

股票评估值 = 股票的数量 × 评估基准日股票的收盘价

【例3-12】 某企业拥有一上市公司股票30000股，票面利率为10%，对企业评估时，该股票在证券交易所当日收盘价为每股12元，求上市股票的评估值。

解：股票评估值 $= 30000 \times 12 = 360000$（元）

（五）市场法在资源资产评估中的应用

资源性资产由于具有独特的自然、经济和法律属性，因而与其他资产相比，其评估具有一定的特点。目前在资源性资产评估的理论研究中，对土地资源资产、矿产资源资产、森林资源资产和水资源资产的评估较为深入。《森林资源评估管理暂行规定》在林木资产、林地资产与森林景观资产评估中都将市场法排在评估方法的前列。

我们将主要介绍市场法在林木资产评估中的应用。林木资产评估要根据不同的林种，选择适用的评估方法和林分质量调整系数进行评定估算。

【例 3-13】[①] 待评估林木资产为黑龙江省伊春市乌马河林业局伊东经营所第 65 林班 314 小班的落叶松。评估基准日为 2007 年 6 月 14 日。

表 3-4　　林木资产清查明细表

面积	起源	树种	树龄	胸径	树高	蓄积量	权属	林种	立地质量	地利等级	
公顷			年	cm	m	m^3			级别	可及度	运距 km
5	人工	落叶松	18	15	8	145	民有林	用材林	Ⅱ	即可及	30

（1）比较案例选择。从我们掌握的资料中选择以下三个林分用途相同，作业区接近的案例作为比较案例。

表 3-5　　比较案例选择

项　　目	可比案例 1	可比案例 2	可比案例 3
作业区	伊东经营所	伊东经营所	伊东经营所
交易日期	2006 年 11 月	2006 年 10 月	2007 年 1 月
交易情况	正常	正常	正常
起源	人工林	人工林	人工林
权属	民有林	民有林	民有林
树种	落叶松	落叶松	落叶松
林种	用材林	用材林	用材林
小班成交价格（元）	52170	57596	37878
蓄积（m^3）	185	154	118
面积（公顷）	4.8	9.6	8

（2）比较因素选择。我们选择对林木资产价值影响大的交易情况、交易日期、林分生长状况、立地质量及地利等级共五个因素作为比较因素。

（3）编制比较因素表。

① 该案例来自：孙福清，“现行市价法在林木资产评估中的运用”，《中国资产评估》，2007 年第 11 期。

表 3-6　比较因素表

比较项目		评估对象	案例 1	案例 2	案例 3
交易情况		正常	正常	正常	正常
交易日期		2007 年 6 月	2006 年 11 月	2006 年 10 月	2007 年 1 月
立地质量		Ⅱ	Ⅱ	Ⅱ	Ⅱ
林分生长状况	林龄（年）	18	15	22	18
	胸径（cm）	15	12	17	16
	树高（m）	8	6	9	8.5
地利等级	可及度	即可及	即可及	即可及	即可及
	运距（km）	30	25	30	40

注：假设从 2006 年末落叶松圆木价格以月平均 1% 的比例增长。

（4）编制比较因素指数表。

表 3-7　比较因素指数表

比较项目		权重	评估对象	案例 1	案例 2	案例 3
交易情况		1.00	100	100	100	100
交易日期		1.00	100	107.2	108.2	105.1
立地质量		1.00	100	100	100	100
林分生长状况	林龄（年）	0.40	100	92.6	115.2	100
	胸径（cm）	0.30	100	80	120.3	106.7
	树高（m）	0.30	100	85	105.4	100.6
	加权合计	1.00	100	86.54	113.79	102.19
地利等级	可及度	0.50	100	100	100	100
	运距（km）	0.50	100	105	100	90
	加权合计	1.00	100	102.5	100	95

（5）评估结果。

表 3-8　评估结果

比较项目	案例 1	案例 2	案例 3
单位交易价（元/m^2）	282	374	321
交易情况修正	100/100	100/100	100/100
交易日期修正	100/107.2	100/108.2	100/105.1
立地质量修正	100/100	100/100	100/100
生长状况修正	100/86.54	100/113.79	100/102.19
地利等级修正	100/102.5	100/100	100/95

续表

比较项目	案例1	案例2	案例3
比准价格	296.56	303.77	314.61
评估单价（元/m^2）	(296.56 + 303.77 + 314.61)/3 = 304.98 取整为305		
小班评估市值（元）	145 × 305 = 44225		

在综合分析影响林木资源正常价格的各项因素的基础上，采用市场法确定的评估对象在2007年6月14日的评估结果为44225元人民币。

（六）市场法在企业价值评估中的应用

根据2005年中国资产评估协会发布的《企业价值评估指导意见（试行）》的定义，企业价值评估中的市场法是指将评估对象与参考企业、在市场上已有交易案例的企业、股东权益、证券等权益性资产进行比较以确定评估对象价值的评估方法。市场法将目标企业与可比企业进行对比时，要根据不同的企业特点，确定某项财务指标为主要变量，用可比企业价值来衡量企业价值。其计算公式为：

企业价值 = 可比企业基本财务比率 × 目标企业相关指标

在实际使用中经常采用的基本财务比率有市盈率、市净率、市价/销售额等。市场法运用的前提条件是必须具有健全的产权交易市场和较广泛的可供参考的企业价值与整体资产交易案例，否则这种方法无法灵活运用。市场法主要适用于两种情况：一是企业当前没有收益额；二是企业目前的获利能力无法反映其未来潜在的收益。

用市场法评估企业价值的关键：

一是可比企业的选择。对于可比企业的选择标准，首先要选择同行业的企业，同时还要求是生产同一产品的市场地位类似的企业。其次，要考虑企业的资产结构和财务指标。

二是可比指标的选择。可比指标应选择与企业价值直接相关并且可观测的变量。销售收入、现金净流量、利润、净资产是选择的对象。因此，相关性的大小对目标企业的最终评估价值有较大影响，相关性越强，所得出的目标企业的评估价值越可靠、合理。

在产权交易和证券市场相对规范的市场经济发达的国家，市场法是评估企业价值的重要方法。优点是可比企业确定后价值量较易量化确定，但在产权市场尚不发达、企业交易案例难以收集的情况下，存在着可比企业选择上的难度，即便选择了非常相似的企业，由于市场的多样性，其发展的背景、内在质量也存在着相当大的差别。这种方法缺少实质的理论基础作支撑，这就是运用市场法确定目标企业最终评估值的局限性所在，因此仅作为一种单纯的计算技术对其他两种方法起补充作用。

市场法按所选可比交易案例分为参考企业比较法和并购案例比较法。参考企业比较法指通过对资本市场上与被评估企业处于同一或类似行业的上市公司的经营和财务数据进行分析，计算适当的价值比率或经济指标，在与被评估企业比较分析的基础上，得出评估对象价值的方法。并购案例比较法指通过分析与被评估企业处于同一或类似行业的公司买卖、收购及合并案例，获取并分析这些交易案例的数据资料，计算适当的价值比率或经济指标，在与被评估企业比较分析的基础上，得出评估对象价值的方法。

市场法按采用的价值比率分为市净率乘数法（PB）（又称市价/净资产比率法）、市盈率乘数法（PE）和市值收入比率法（PS）等。市净率乘数法是以被评估企业净资产账面价值为基础，利用与被评估企业相类似的上市公司（或其他可比企业）的市净率作为倍数或乘数，并通过必要的调整来推算被评估企业价值的一种评估方法。该方法的基本公式为：

股权价值 = 被评估企业净资产 × 可比企业市净率

市净率 = 市价/净资产

企业的市净率反映了企业市场价值与其账面值的背离情况，代表着企业净资产的溢价或折价程度。

基于成本和便利的原因，目前评估人员运用市场法对企业价值进行评估时，主要应在证券市场上寻找与被评估企业可比的上市公司作为参照企业，即采用参考企业比较法。在运用参考企业比较法过程中通常使用市盈率乘数（P/E）法对企业价值进行评估。

市盈率乘数法的思路是将上市公司的股票年收益和被评估企业的利润作为可比指标，在此基础上评估企业价值的方法。其基本思路是：首先，从证券市场上搜寻与被评估企业相似的可比企业，按企业不同的收益口径，如利息、折旧和税前利润、息前净现金流量、净利润等，计算出与之相应的市盈率。其次，确定被评估企业不同口径的收益额。再次，以可比企业相应口径的市盈率乘以被评估企业相应口径的收益额，初步评定被估企业的价值。最后，对于按不同样本计算的企业价值分别给出权重，加权平均计算企业价值。在运用该方法时，还需对评估结果进行适当调整，以充分考虑被评估企业与上市公司的流动性、控制权等差异。

其计算公式为：

企业价值 = 参照的上市公司市盈率 × 被评估企业年税后收益

市盈率 = 上市公司每股股票价格/税后收益

或：市盈率 = 每股市价/每股净资产

【例 3－14】 某企业拟进行整体资产评估，评估基准日为 2007 年 12 月 31 日。评估人员在同行业的上市公司中选择了 9 家可比公司，分别计算了可比公司2007年的市盈率。被评估企业2007年的净收益为5000万元，要求采用市盈率乘数法评估企业整体资产价值。

解：9家可比公司2007年的市盈率如下所示：

可比公司	C1	C2	C3	C4	C5	C6	C7	C8	C9
市盈率	16.7	12.3	15.0	16.5	28.6	14.4	50.5	17.8	15.1

9家可比公司2007年平均的市盈率为20.77。但注意到可比公司C5和C7的市盈率明显高于其他可比公司，因此在计算平均市盈率时将它们删除。剔除可比公司C5和C7后的7家可比公司2007年平均的市盈率为15.40。因此确定市盈率乘数为15.40。

被评估企业价值 = 5000 × 15.40 = 77000（万元）

由于企业的个体差异始终存在，把某一个相似企业的某个关键参数作为比较的唯一的标准，往往会产生一定的误差。为了降低单一样本、单一参数所带来的误差和变异性，目前国际上比较通用的办法是采用多样本、多参数的综合方法。

【例3-15】评估W公司的价值。工作人员从市场上找到了3个（一般为3个以上的样本）相似的公司A、B、C，然后分别计算各公司的市场价值与销售额的比率、与账面价值的比率以及与净现金流量的比率。这里的比率即为可比价值倍数（V/X），得到结果如表3-9所示：

表3-9　　参照公司价值比率汇总表

	A公司	B公司	C公司	平均
市价/销售额	1.2	1.0	0.8	1.0
市价/账面价值	1.3	1.2	2.0	1.5
市价/净现金流量	20	15	25	20

解：把3个样本公司的各项可比价值倍数分别进行平均，就得到了应用于W公司评估的3个倍数。需要注意的是，计算出来的各个公司的比率或倍数在数值上相对接近是十分重要的。如果它们差别很大，就意味着平均数附近的离差是相对较大的，所选样本公司与目标公司在某项特征上就存在着较大的差异性，此时的可比性就会受到影响，需要重新筛选样本公司。

表3-9数值结果具有较强的可比性。此时假设W公司的年销售额为1亿元，账面价值为6000万元，净现金流量为500万元，然后我们使用从表中得到的3个倍数计算出W公司的指标价值，再将3个指标价值进行算术平均，如表3-10所示：

表3－10　W公司的评估价值　单位：万元

项　目	W公司实际数据	可比公司平均比率	W公司指标价值
销售额	10000	1.0	10000
账面价值	6000	1.5	9000
净现金流量	500	20	10000
W公司的平均价值			9700

表3－10中3个可比价值倍数分别是1.0、1.5、20，然后分别以W公司的3个指标10000万元、6000万元、500万元分别乘以3个可比价值倍数，得到W公司的3个指标价值10000万元、9000万元、10000万元，将3个指标价值进行平均得到W公司的评估价值，为9700万元。

市值收入比率法的基本原理与市净率乘数法相同，不同之处是将市净率乘数法中的市净率乘数指标用销售收入来代替，但替代的前提是企业的市场价值与这两个指标有很大的相关性。

市盈率乘数法与市值收入比率法一般适用于有一定盈利能力的企业价值评估。成本是影响价值的最基本因素，在供求基本平衡的情况下，企业购建成本便是企业市场价值的基础。在实务中，国有股权转让价格的确定一般是以每股净资产为参照，越来越多的证券投资分析，也将市净率作为一项重要的分析指标。

与成本法相比，市场法更加注重对被评估企业价值的分析与对比，可以说市场法的评估过程就是对企业价值影响因素的分析、评价、对比和调整的过程。分析企业价值影响因素，并对被评估企业和可比企业进行对比，从中找出差异，这正是市场法的基础。

（七）市场法在流动资产评估中的应用

以在产品为例，采用市场法是按同类在产品和半成品的市价，扣除销售过程中预计发生的费用后计算评估值。一般来说，被评估资产通用性好，能够作为产成品的部件，或用于维修等，其评估的价值就较高。其基本计算公式为：

某在产品评估值＝该在产品的实有数量×市场可接受的不含税单价－预计销售过程中发生的费用

对不能继续生产，又无法通过市场调剂出去的专用配件等只能按废料回收价格进行评估。其计算公式为：

报废在产品评估值＝可回收废料数量×单位回收价格

如果在调剂过程中有一定的变现风险，还要考虑设立一个风险调整系数，计算可变现评估值。

【例3－16】 A公司因产品技术落后而全面停产，现准备与B公司合并，有关在产品的资料如下：

在产品原账面记录的成本为175万元。按其状态及通用性分为三类：第一类为已从仓库中领出，但尚未进行加工的原料；第二类为已加工成部件，可通过市场销售且流动性较好的在产品；第三类为加工成的部件无法销售，又不能继续加工，只能报废处理的在产品。

要求：根据评估资料确定评估结果。

分析：第一类在产品可按实有数量、技术鉴定情况、现行市场价格计算评估值；第二类在产品可根据市场可接受的现行价格、调剂过程中的费用、调剂的风险确定评估值；第三类在产品只能按废料的回收价格计算评估值。

解：根据评估资料可以确定评估结果如表3-11、表3-12及表3-13所示。

表3-11 车间已领用尚未加工的原材料

材料名称	编号	计量单位	实有数量	现行单位市价（元/克）	按市价计算的资产价格（元）
黑色金属	B001	kg	150	1.6	240
有色金属	B002	Kg	3000	180	540000
有色金属	B003	kg	7000	12	84000
合　计					624240

表3-12 车间已加工成部件并可直接销售的在产品

部件名称	编号	计量单位	实有数量	现行单位市价（元/单位）	按市价计算的资产价格（元）
A	B001	件	1800	54	97200
B	B002	件	600	100	60000
C	B003	台	100	250	25000
D	B004	台	130	165	21450
合　计					203650

表3-13 报废在产品

在产品名称	计量单位	实有数量	单位在产品可回收废料	可回收废料数量	单件回收价格（元/单位）	评估值（元）
D001	件	5000	35	175000	0.4	70000
D002	件	6000	10	60000	0.4	24000
D003	件	4500	2	9000	6	54000
D004	件	3000	11	33000	5	165000
合　计						313000

产成品及库存产品也可以采用市场法进行评估。应用市场法评估产成品的价值，在选择市场价格时应注意考虑以下几项因素：

1. 产成品的使用价值。根据对产品本身的技术水平和内在质量的技术鉴定，确定产品是否具有使用价值以及产品的实际等级，以便选择合理的市场价格。

2. 分析市场供求关系和被评估产成品的前景。

3. 所选择的价格应是在公开市场上所形成的近期交易价格，非正常交易价格不能作为评估的依据。

4. 对于产品技术水平先进，但产成品外表存有不同程度残缺的情况，可根据其损坏程度，通过调整系数予以调整。

【例 3-17】 某厂生产的产品，评估基准日的账面价值为 398400.54 元，评估中根据厂方提供的年度会计报表及评估人员的清查得知，评估基准日该产品的库存数量为 50000 件，单位成本 50 元/件，出厂价 60 元/件（含增值税），该产品的销售费用率为 3%，销售税金及附加占销售收入的 2%，利润率为 15%，该企业的增值税税率为 17%。试确定该产品的评估值。

$$\text{解：产品评估值} = 50000 \times \left(\frac{60}{1+17\%}\right) \times (1-3\%-2\%-15\%)$$

$$= 50000 \times 51.28 \times 0.8 = 2051200(\text{元})$$

二、市场法的优缺点

（一）市场法的优点

1. 市场法原理简单，容易被理解和掌握。市场法遵循市场经济运行中的替代原理、供求平衡等原理，在现实生活中人们也总是自觉、不自觉地在使用它们，例如消费者会购买具有相同效用的商品中价格最低的那个，另外消费者也知道“物以稀为贵”的道理。这些原理直观清晰、简单易懂。

2. 在评估过程中充分考虑了市场变化因素。运用市场法首先要进行市场调查，寻找交易实例，收集其交易价格、相关指标和参数资料，筛选鉴别后得到比较对象的参照物资产；其次在当前市场状态下，比较参照物与评估对象的差异因素，调查修正交易原价得到现行市价；最后再将现行市价平均得到评估值。可见整个市场法的评估过程直接体现“市场化”的特征，直接反映资产的市场状态，而且评估值也以现行市价的形式直接表现，符合当事人各方的现实经济行为。

3. 评估结果容易使交易双方接受，便于在评估实务中推广。市场法的评估过程，使人们有理由相信，其评估结果是建立在直接反映资产的市场状态的基础上的。既然该类资产的市场交易状态如此，修正后得到的评估值也就客观可信，说服力较强，易被认可接受。

资产评估本质上就是要揭示资产当前市场的客观价值，评估结果也应得到多方评估报告使用者的认可。而市场法本身所具备的上述显著特点，使其在评估方法体系中成为最简单、最直接、最常用的一种方法，得到国际评估界的公认。从西方发达国家评估实务来看，市场法已处于主导地位。

（二）市场法的缺点

1. 一个公开、活跃的交易市场条件在现实中很难找到，这就使方法的运用受到局限。市场法的应用受到条件的限制较大，三个应用条件缺少任何一个都无法使用此方法。另外，市场经济具有不可避免的自发性和盲目性，供求关系常受人为因素影响，信息不对称、市场失灵的状况也时常发生，价格不能反映出资产的真实价值。

2. 市场法不适用于对专用设备等固定资产及大部分无形资产的评估，也不适用于受地区、环境等因素严格限制的一些资产的评估。

3. 在运用过程中，参照资产与被评估资产之间的差异量化难度较大，这会影响评估结果的准确性。市场法要求评估人员对市场要有相当深入的了解，能及时把握市场变动的信息，并发挥主观能动性去探究参照物交易背景及交易双方的动机等。如果评估人员的业务水平没有达到一定程度，就会直接影响市场法评估结果的公正性。

市场是资产评估开展活动的场所，市场法的应用前提之一就是要有充分活跃、公开的市场体系。一个完善的市场体系应具有以下特征：第一，市场结构完善。市场应当包括消费品市场、生产资料市场、劳动力市场、金融市场、房地产市场、知识产权市场、信息市场等各种市场的组成部分；第二，市场组织良好，就是有能够协调运行，相互作用的市场网络；第三，市场环境统一，即各种生产资料要素在国内都可以自由流动，存在统一的国内大市场，没有地方割据和对市场的人为割裂现象，同时国内市场和国际市场是相通的，能积极参与国际市场的分工和分配资源；第四，市场价格合理，除少数商品和服务的价格基于特定目的而由国家决定和管理外，其余大部分商品和生产要素的价格必须由市场决定；第五，市场保证健全，要有完整的法律体系和相应的执法制度。

我国进入改革开放阶段以后，市场体系有了很大的发展，各类市场都在逐步建立和扩大，国民经济市场化程度日益提高。但从总体上看，完整的、统一的、开放的、竞争的、适应转型经济过程和社会主义市场经济体制要求的市场体系目前尚未最终形成。中国的市场体系在形成和发育过程中，还存在一些亟待解决的问题，主要包括市场体系发育不平衡，要素市场发育相对滞后，市场竞争机制不健全，部门、行业垄断和地区封锁现象较为严重，市场运行的法规制度建设滞后等。另外，目前我国资产评估相关法律体系还没有建立起来，首先是《资产评估法》和《注册资产评估师法》迟迟不能出台，资产评估主要遵守的是《国有资产评估管理办法》。该"办法"无论从效力上、范围上都远远不能满足资产评估业发展的需要。与资产评估相关的其他法律，如《公司法》、《破产法》等都没有对资产评估作具体规定。

思考题

1. 采用市场法如何选择参照物？
2. 直接比较法和类比调整法的差异表现在哪里？
3. 市场法的涵义、前提、基本程序各是什么？
4. 市场法中的具体评估方法有哪些？
5. 运用市场法的优缺点有哪些？
6. 如何理解资产评估目的、价值类型及评估方法三者之间的关系？

计算题

1. 对某企业一台1518纺织机进行评估。评估人员经过市场调查，选择本地区近几个月已经成交的1518纺织机的3个交易实例作为比较参照物，被评估对象及参照物的有关情况见下表。计算纺织机的评估价值。

表3－14　被评估对象及参照物的有关情况

	参照物A	参照物B	参照物C	被评估对象
交易价格	10000元	6000元	9500元	
交易状况	公开市场	公开市场	公开市场	公开市场
生产厂家	上海	济南	上海	沈阳
交易时间	6个月前	5个月前	1个月前	
成新率	80%	60%	75%	70%

2. 有一待估宗地，剩余使用年限为40年，还原利率为6%，现收集到A、B、C、D四宗地交易实例，具体情况见表3－15。表3－15中交易情况、区域因素、个别因素都是参照物与评估标点的相比较，以评估标的为基准确定的数值。该城市此类用地容积率与地价的关系为：当容积率在1.5～2之间时，容积率每增加0.1，宗地地价比容积率为1.5时增加2%。该城市从2003～2007年，每年地价指数上升1%。

表 3-15　　交易实例情况表

宗　地	成交价	交易时间	交易情况	容积率	区域因素	个别因素	剩余年限
评估标的		2007.1	0	1.7	0	0	40
A	2200	2006.1	-1%	1.6	0	-1%	38
B	2400	2006.1	0	1.8	+2%	0	40
C	2300	2006.1	0	1.7	0	0	39
D	2100	2005.1	-2%	1.6	0	-1%	38

要求：试根据上述条件评估待估宗地2007年1月的评估值。

3. 被评估企业为一拟准备上市的酒店，评估基准日为2003年12月31日。该酒店2003年的财务状况详见表3-16。经评估人员深入调查得知，2003年因为"非典"原因被评估企业实际收支并不正常，有关财务数据如下：

表 3-16　　2003 年利润表

项　　目	行	本年累计数
一、主营业务收入	1	1000000.00
减：主营业务成本	3	550000.00
主营业务税金及附加	5	55000.00
二、主营业务利润（亏损以"-"号填列）	6	395000.00
加：其他业务利润（亏损以"-"号填列）	7	
减：营业费用	8	80000.00
管理费用	9	100000.00
财务费用	10	80000.00
其中：利息支出	11	80000.00
三、营业利润（亏损以"-"号填列）	13	135000.00
加：投资收益（亏损以"-"号填列）	14	
补贴收入	15	300000.00
营业外收入	16	
减：营业外支出	17	150000.00
四、利润总额（亏损总额以"-"号填列）	18	285000.00
减：所得税（所得税税率为33%）	19	94050.00
五、净利润（净亏损以"-"号填列）	22	190950.00

（1）由于"非典"原因公司主营业务收入损失约40%；（2）根据历史数据分析，公司主营业务成本约占主营业务收入的50%；（3）根据历史数据分析，公司主营业务税金及附加约占主营业务收入的5.55%；（4）公司的其他业务利润为零；（5）公司的营业费用约占主营业务收入的5%；（6）公司的

管理费用约占主营业务收入的5%；(7) 公司的财务费用（全部为利息支出）约占主营业务收入的10%，其中长期负债利息占利息支出的80%；(8) 公司无投资收益；(9) 因“非典”公司收到补贴收入（退税收入）30 万元；(10) 因“非典”公司营业外支出 15 万元。

评估人员根据被评估企业的实际情况及未来发展前景，选取了同行业若干上市公司作为参照物并经综合分析，得到一组价值比率：(1) 市盈率为 10；(2) 每股市价与每股无负债净利润的比率为 7；(3) 每股市价与每股主营业务利润的比率为 3.8。要求：根据上述资料运用市场法评估该酒店价值（需作平均值的，均以算术平均数为准，运算中以万元为单位，保留两位小数）。

第四章　资产评估的收益法

本章学习目的

1. 理解收益法的概念和前提条件。
2. 熟悉收益法中各个参数的含义。
3. 掌握收益法的公式及应用。
4. 了解收益法的优缺点。

第一节　收益法概述

一、收益法概念及前提条件

（一）收益法的概念

产生收益法思想的历史源远流长，世界上第一个提出复利利率理论的人是约翰·牛顿，折现是收益法的重要数学基础。1693 年，艾得芒得·汉里出版了第一份现值表。约翰·斯马特于 1726 年提出第一套完整的表格及第一份部分付款表，在其著作《利息与年金表》中就包含有许多与现值及利息表相似的表格。最早将这种“类似的表格”应用于不动产评估有关活动的是威廉·英伍得，他不但用不动产估价案例说明如何使用斯马特的“类似的表格”，也在其书中提出包含可计算永久年金型收益现值的表格。

阿法德·马歇尔成为第一位专门讨论评估技术的经济学家，提出了价值＝收益/利率的公式，并首创了包括收益资本化法在内的 3 种传统估价方法。最早提出价值是未来收益现值命题并为资本化理论做出重大贡献的是欧文·费雪，其理论为收益法评估奠定了基础。[①]

收益法是估测被评估资产预期收益并折算成现值，得到被评估资产价值的方法。收益法的理论基础是效用价值论，从需求方的角度确定被评估资产价

① 纪益成：“收益法及其在企业价值评估中的相关问题研究”，《经济管理》，2008，(14)：91－96。

值，资产的效用越大，获利能力越强，它的价值也越大。该思路认为，任何一个理智的投资者在购置或投资于某一资产时，所愿意支付或投资的货币数额不会高于所购置或投资的资产在未来能带来的收益现值之和。收益法利用投资回报和收益折现等技术手段，把评估对象的预期产出能力和获利能力作为评估标的来估测评估对象的价值。根据评估对象的预期收益来评估其价值，容易被资产业务各方所接受。

收益法评估实质是将未来的收益折现到评估基准日的时点上。基本的评估公式为：

$$P=\sum_{i=1}^{n}\frac{R_i}{(1+r)^i}$$

式中：R_i——未来各期收益额；

r——折现率；

n——收益期限。

（二）收益法的前提条件

根据公式我们可以看到收益法的应用涉及三个基本要素：被评估资产的未来各期预期收益，折现率或资本化率，被评估资产取得预期收益的期限。因此，能否清晰地把握上述三要素就成为能否运用收益法的基本前提。从这个意义上讲，应用收益法必须具备的前提条件是：

1. 被评估资产具备未来获利能力且其未来预期收益可以预测并能够用货币计量。被评估资产具备获利能力是采用收益法评估的重要前提。只有资产具备获利能力，才能够为资产所有者创造未来收益。一般情况下，商业性房地产、无形资产等可以获取未来收益的资产适合采用收益法评估，对于像教堂、学校等非营利性的房地产不适合采用收益法评估。

被评估资产的预期收益可以被较为合理地预测。这就要求评估人员采用收益法评估时，必须在搜集资产历史数据的基础上，分析影响资产未来收益状况的因素，充分考虑各种相关条件，选择合适的预测方法，尽量合理预测未来预期收益。

2. 资产拥有者获得预期收益所要承担的风险可以预测并能用货币计量。被评估资产预期面临的风险也是可以测算的，这是测算折现率或资本化率的基本依据。对于投资者来说，风险大的投资，要求的回报率就高；投资风险小，其回报率也可能相应降低。折现率或资本化率的微小变化可以对资产价值带来巨大影响。因此，风险的准确度量是收益法应用的重要前提条件。

3. 被评估资产未来获利的年限可以预测。被评估资产获利期限的长短，即被评估资产的寿命，也是影响其价值和评估值的重要因素之一。被评估资产未来获利的年限与其所处行业、具体使用状况、相关法律法规等有关系，其是否能够被预测也是是否可以应用收益法的前提条件之一。

应该注意的是，运用收益法评估资产价值时，是以资产投入使用后连续获利为基础的。资产作为特殊商品，在资产买卖中，人们购买的目的往往不在于资产本身，而是资产的获利能力。如果在资产上进行投资不是为了获利，进行投资后没有预期收益或预期收益很少而且又很不稳定，则不能采用收益法。

（三）收益法的适用范围

本书从两个角度简单探讨收益法的适用范围：一是从收益法的评估对象范围的角度；二是从具体项目的角度。

1. 收益法的评估对象范围。从总体上说，收益法评估的对象应该是具备独立获利能力的资产或资产组合，具体来说，可以包括以下情况：

（1）整体资产（包括有形资产和无形资产）的评估。由于收益法是将通过预测评估对象的未来预期收益折现来确定其价值的方法，因而，它较适用于企业整体资产价值评估。采用收益法评估企业价值是依据企业整体获利能力，以评估企业价值为目的的资产评定过程。企业并购、投资、股权转让等涉及企业产权主体变动而进行的整体资产评估，适合采用收益法评估。

（2）单项资产评估。如果单项资产具备未来获利能力且可以用货币计量其预期收益与风险，则可采用收益法评估。例如具备独立获利能力的整套的机器设备或资产组、房地产、无形资产，均大量采用收益法评估。

2. 具体项目中收益法评估的适用性判断。收益法在具体评估项目中是否适用，往往还需要根据评估目的、资产自身状况等多方面进一步的分析，综合考虑诸因素来判断。某评估项目在理论上、操作上是否满足收益法的适用条件，必须按收益法评估要求的必备条件进行分析判断，最后决定是否采用收益法进行评估。

（1）根据评估目的判断收益法的适用性。资产评估的目的是指与被评估资产相对应的经济行为，它是决定价值类型的重要因素之一，目的不同评估方法也会有所不同。因此，判断是否采用收益法必须考虑评估目的。

评估目的是为了评估被评估资产内在价值或投资价值的经济行为时适用收益现值法，如企业并购、股权转让、改制等涉及产权交易的情况或企业经营绩效评价等。而像破产清算等评估则不适合采用收益法评估。

（2）根据资产状况判断收益现值法的适用性。用收益法评估企业整体资产价值时，需对企业概况，包括企业历史、所属行业、资产规模、主要产品、产销情况、市场占有率、技术开发能力等多方面进行调查，从总体上判断是否适用。如果被评估企业的绝大部分资产是经营性资产，产权明确，企业具备持续经营条件；被评估资产能够用货币衡量未来收益；企业所承担的风险基本上能够用货币计量；那么就具备了采用收益法评估的基本条件。

对于单项资产，例如无形资产，要合理确定无形资产带来的预期收益，分析与之有关的预期变动、收益期限，与收益相关的成本费用、配套资产、现金流量、风险因素等，如果无形资产确定能够给企业带来超额收益，且相关风险可以用货币计量，收益期限根据法定年限或技术水平等影响因素可以估测，那么就具备了应用收益法的前提条件。

二、收益法的基本程序

运用收益法进行资产评估时，一般按照如下步骤进行：

（一）收集验证资产的有关信息资料

资料收集工作是资产评估业务质量的重要保证，也是进行分析、判断进而形成评估结论的基础。由于资产评估的专业性和评估对象的广泛性，不同的项目、不同的评估目的、不同的资产类型对评估资料有着不同的要求。需搜集的资料一般包括：

1. 资产近几年的营利状况。资产近几年的收益额是预测其未来收益的重要依据。如果是评估企业价值或无形资产价值，还应该详细了解企业的经营管理、产品销售等资料；收益性房地产则需要关注该房地产的经营项目、入住率等问题。有关人员在搜集资料的过程中，要注意保证资料的客观性，一般是以审计过的财务报表数据为依据。

2. 分析国家产业政策和经济形势的发展趋势。要预测资产未来的收益额，不仅需要历史数据，还必须要关注影响资产未来收益的重要宏观因素，特别是对于企业价值评估，技术类无形资产的评估以及房地产评估受国家产业政策以及宏观经济环境的影响较大。

3. 分析、预测资产在未来几年的经营状况和市场状况，资产未来收益额的确定很大程度上取决于资产未来的经营状况和市场状况。例如，对于专利权的评估，其未来所能产生的差额收益很大程度上取决于该专利技术生产的产品在未来的销售状况。而产品的销售状况一方面是由企业内部的经营管理所决定，另一方面则受产品所面临的市场需求变化的影响。

（二）预测资产收益额

根据收集到的各种资料，计算收益和费用指标以及分析各项指标的变化趋势。在这个过程中，要注意以下问题：

1. 在进行收益额预测之前，要把预测的指标调整成客观收益。主要是把收集到的关于资产的实际收益和实际费用的数据进行调整，调整成剔除掉偶然因素的、资产可以长期持续获取的客观收益。

2. 在对未来收益和费用进行预测时，要采用定性分析和定量分析相结合的方式。对搜集到的关于资产收益、费用的历史数据等定量数据以及对企业未来经营状况、市场状况定性数据要进行综合分析，不迷信定量模型，也不排斥对定性资料的充分利用。总之，在预测收益额的过程中要在科学、合理的定性分析的基础上，选择其合理的假设条件和合适的定量模型来预测未来收益，并且要对定量模型做定性分析的检验，并检查预测结果是否合理。

（三）确定适当的折现率

折现率是将资产未来各期收益折现为现值的比率，实际上是一种投资报酬率。折现率的确定主要考虑以下因素：

1. 该项资产未来的风险状况。资产购买者进行投资的目的均是获取投资报酬，投资报酬率的大小与投资项目的风险程度密切相关。如果风险程度高，则投资者要求的投资报酬率也会相应较高；反之，较低。因此，在确定折现率时，要对资产未来所面临的各种风险进行分析，主要包括市场风险、经营风险、行业风险、财务风险等等。

2. 资本市场的平均报酬率。投资报酬率的大小除了受到资产未来的风险程度的影响外，整个资本市场的平均报酬率也是一个非常重要的因素。资本市场的平均报酬率反映的是在整个资本市场风险程度下的平均报酬率，资本资产定价模型即是根据资本市场的平均报酬率来确定资产的折现率的。

3. 同类资产的投资报酬率。同类资产的投资报酬率反映的是在现行的市场条件下各种影响因素共同作用得到的资产的实际投资报酬率。如果能够搜集到同类资产的投资报酬率，可以对其做相应调整，据此得到被评估资产的折现率。

（四）确定收益期限，估算待评估资产的收益价值

资产收益期限的确定要结合具体资产的使用状况、技术水平、法律约束、合同规定等因素共同来确定，一般根据各期限孰短的原则来确定。

收益法的三个参数确定后，把未来收益期内的各期收益按照折现率折现到评估基准日，就得到被评估资产的价值。

三、基本参数的确定

运用收益法进行评估涉及许多经济技术参数，其中最主要的参数有三个：收益额、折现率和收益期限。

（一）收益额

1. 收益额的内涵。收益额是适用收益法评估资产价值的基本参数之一。

收益额是指由于被评估资产使用过程中产生的超出其自身价值的溢余额。

资产评估中的收益额有三个特点：

（1）收益额是资产未来预期收益额，而不是资产的历史收益额或现实收益额。一方面根据收益法的原理，是把被评估资产未来的预期收益折现，那么收益额作为未来收益的参数，应是资产在评估基准日之后的预期收益额，而不是资产历史收益额或现实收益额；另一方面，无论对于所有者和购买者，判断资产是否有价值，首先判断该项资产能否有收益，不仅仅是看其现在的收益能力，更重要的是预测其未来收益能力。

（2）收益额必须是由被评估资产直接形成的，而不是由该项资产形成的收益分离出来的。例如，无形资产评估过程中，要把有形资产带来的收益从总收益中分离出来，剩余的超额收益才是无形资产形成的收益。

（3）用于资产评估的收益额是资产的客观收益，而不是资产的实际收益。在资产评估收益额的选取中，区别资产的客观收益和实际收益至关重要。

实际收益是指会计收益，会计收益的影响因素是多方面的，包括：宏、微观经济环境；企业当前和以前的会计制度、会计核算方法；企业经营管理能力；人为因素的影响，如有意做假账等等。正是由于以上各种因素的影响，导致实际收益具有偶然性、人为性的特点，如果以此作为收益额预测的依据，往往会偏离客观情况。所以，实际收益一般不能直接作为收益额预测的依据。

以会计收益直接作为收益额是不合理的。假定有区位因素很好的空地，目前还没有使用，实际收益为零，因为要交纳各种税费，实际收益为负数，但这并不表示这块土地不具有价值。同样，一块交通便利的土地，但由于经营不善，实际收益也可能很少，甚至为负数。至于在会计报表上虚盈实亏做大利润或虚亏实赢做小利润的数据更不可轻信。

客观收益是指排除了实际收益中属于特殊的、偶然的因素后所得到的一般正常收益。只有客观收益才可以作为收益法评估的直接依据。确定客观收益时，通常要考虑该收益是否持续且有规律；该收益是否符合国家规定或是否属经批准的经营项目所产生的；该收益是否安全、合法、可靠等等。其实，很多情况下，可以认为客观收益是社会平均收益额，代表的是社会平均收益水平。

例如，某宾馆共有100张床位，平均入住率为70%，每张床位的价格为45元，每张床位的相关服务成本15元，市场上同类宾馆的价位为40元，平均入住率为75%，每张床位的相关服务成本为14元。

则该宾馆的每天实际收益为：$100\times70\%\times(45-15)=2100$（元）。

每天客观收益为：$100\times75\%\times(45-14)=2325$（元）。

在评估实务中，将实际收益调整为客观收益时至少应当考虑以下几个问题：

（1）剔除偶然性或突发性的收益因素，调整为符合客观经济发展规律的收益，例如企业价值评估中，要把企业失窃等损失扣除掉。

（2）提出认为假造或“技术处理”的收益因素，调整为真实客观存在的收益。一般采用的会计数据都是经过审计的数据。

（3）提出不可比的收益因素，调整为计算口径一致并前后可比的收益。在确定收益额的过程中，一定要注意口径的一致性，只有这样，比较才是有意义的。

（4）剔除在预测中理想化推算的臆测因素，考虑边际收入递减规律与边际成本递增规律等因素的影响，在预测过重中，要坚持以客观资料为依据，科学预测方法为手段，尽量减少主观判断带来的偏差。

（5）考虑时间价值、风险价值、机会成本、可持续发展等因素的影响。

采用收益法评估资产价值时所采用的收益额为正常收益，即在所评资产所处的环境没有明显或不合理变化的情况下可以持续不断获取的客观收益。例如在房地产评估中，预期收益额多以市场上大量同类型、同档次房地产的相同口径的数据为标准。

2. 收益额的预测步骤。

（1）收益额预测的基础。预测收益额时首先应考虑反映资产获利能力的收益不仅具有层次性以及不同的计算口径，同时还存在着收益额预测的基础问题。

预期收益预测不应以资产的实际收益为出发点，而应当以客观收益为基础。实际上，资产在评估时点的实际收益是各种因素共同作用的结果。在这些因素中有很多是属于一次性的，或是偶然性的。如果把资产评估时点的实际收益作为预测企业未来预期收益的基础而不加任何调整的话，等于将那些以后不复存在的因素仍然作为影响企业未来预期收益的因素加以考虑。很显然，这将导致资产未来预期收益的失实。因此，资产评估的预期收益的预测基础，是资产在正常使用状态下，排除偶然因素和不可比因素后的正常收益或客观收益。

（2）预测收益额的指标。收益法评估中，不同类型的资产预期收益额指标的选择也是不同的。

在企业价值评估中，国外对收益额的指标基本上有四种：企业的红利或分成、企业的股权现金流、企业的投资资本现金流以及企业的税后净利润。国内常用的收益指标为税后净利润和现金流，而没有细分为股权现金流或投资资本现金流。目前企业整体资产评估实务大多是以企业净利润为企业收益额指标来进行评估的。随着我国企业现金流量表编制技术的不断发展，企业与评估人员对现金流量的预测也会更有把握，评估实务中必定会更多地采用企业现金流量净额作为收益额指标。

在无形资产或其他单项资产的评估中，评估人员也会选用被评估资产所能够获取的超额收益作为收益指标。

预测净利润与预测净现金流量等收益额的方法可能会有所不同，预测的方法也很多。一般应根据评估目的、评估对象与评估的具体限制条件等不同情况，选择合适的方法。

(3) 确定收益额的计算口径。不同的评估目的决定了评估的资产价值内涵是不同的。例如，评估人员在进行企业价值评估时，既有对企业所有投资人所拥有的对于企业索取权价值评估的企业投资价值评估，也有股东对于企业资产的索取权价值评估的企业权益价值评估；在对无形资产评估时，既有对转让所有权价值的评估，也有对转让使用权价值的评估。因此对于不同的评估目的评估人员要选择不同的收益额计算口径。

在进行企业评估时应根据被评估企业价值的内涵选择适当的收益指标，如净利润、现金流量净额，或息前净利润和息前现金流量净额。不同口径或收益结构的收益额，其折现值的价值内涵是不同的。在企业价值评估中，收益额与价值内涵之间关系可以用表 4－1 简单表示。

表 4－1　　收益额与企业价值内涵关系表

评估价值内涵	收益额
所有者权益价值	税后净利润
含长期负债的企业投资价值	息前税后利润
所有者权益价值	现金流量净额
含长期负债的企业投资价值	息前现金流量净额

选择什么层次和口径的企业收益作为企业价值评估的依据，首先应服从于企业评估目的，即评估企业的是净资产价值还是投资资本价值或总资产价值。其次，企业收益层次和口径的选择，还应服务于哪种层次和口径的企业收益额更能客观地反映出企业的正常获利能力。当然，收益额和折现率的口径也要保持一致。

相对于不同企业价值评估内涵对应不同收益额的指标，无形资产评估过程中，价值内涵与收益额之间的关系要简单得多，如果评估的是转让所有权的价值，那么收益额应该是该无形资产所能产生的全部的超额收益；如果是转让的使用权的价值，一般是根据约定的双方可以生产的产量来确定分成比率，以此来确定该无形资产对其受让方带来的超额收益额。

3. 收益额的预测方法。对资产未来收益额的预测应该是定性和定量分析相结合的方法。例如对于企业价值评估，需要对企业历史经营业绩、经营模式、产品销售状况等进行定性分析。对资产未来收益额的预测，除了定性分析外，还需要建立适当的数学模型，通过对所占有的相关资料进行定量分析，从而对定性分析提供支持，增强预测的可靠性。由于定性分析方法对于不同的资产类型，分析过程中涉及到的要素不同，因此，在这里仅介绍具有普遍意义的定量方法。常见的定量预测方法包括线性回归分析、时间序列分析等。

(1) 回归分析。在收益法中对预期收益额的预测，不仅需要综合分析资产未来的使用状态及收益情况，还需要对其历史收益状况以及影响收益变化的各个因素进行分析，从历史上各年收益变化状况中寻找变化规律。回归分析是一种比较有用的分析工具。

根据自变量与因变量之间的因果关系的函数表达式是线性的还是非线性的，回归分析分为线性回归分析和非线性回归分析。线性回归分析法是最基本的分析方法，非线性回归可以转化为线性回归来解决。如果研究的因果关系只涉及因变量和一个自变量时，称为一元线性回归分析；当研究的因果关系涉及因变量和两个或两个以上的因变量时，称为多元线性回归分析。

线性回归分析的基本模型如下：

$$y_i = a_0 + a_{1i}x_1 + a_{2i}x_2 + \cdots a_{ni}x_n + e_i$$

式中：a_0——常数项；

a_1，a_2，…，a_n——偏回归系数；

e_i——残差。

线性回归分析的基本步骤如下：

第一，因素分析。根据样本数据，分析影响目标因素的各种因素，确定自变量。

第二，简单相关分析。根据样本数据分别计算因变量与各个影响因素之间的相关系数，选择相关程度较高的作为自变量。

第三，判断影响因素的多重共线性。相关分析只是判断自变量是否能全部进入预测模型，自变量之间是否有较强的线性关系。如果自变量之间有较强的线性关系，应该仅保留一个相关程度较高的，最后的模型中应该满足无自相关性。

第四，运用最小二乘法，求出回归方程，对因变量进行预测。

例题，对上海浦东机场货运吞吐量进行预测。首先确定因变量：上海浦东机场货运吞吐量；自变量：影响航空货运量的因素很多，最直接并且具有系统数据的相关因素为国内生产总值，而其他影响因素的经济指标都以国民经济发展水平为基础，与国内生产总值存在相关性，因此，自变量仅选国内生产总值。根据极化效应与扩散效应的理论，浦东机场所属的城市圈为长三角城市圈，因此选择长三角地区的整体 GDP 作为自变量。

搜集样本数据如表 4-2 所示。

只使用 2001 年到 2006 年数据作为预测数据，2007 年数据留作对预测模型进行验证。根据浦东机场航空货运吞吐量与长三角 GDP 的相关特点，建立如下模型：

表 4-2　　浦东机场航空货运吞吐量与长三角 GDP 的数据表

年　份	浦东机场航空货运吞吐量（吨）y	长三角 GDP（亿元）x
2001	352541	18004.23
2002	634966	20347.95
2003	1189303	24230.83
2004	1642176	29445.38
2005	1856655	33951.71
2006	2168122	39595.65
2007	2559310	46858.93

$\hat{y} = a + b\ln(x)$

其中，$\hat{y}$ 是浦东机场航空货运吞吐量，x 是长三角 GDP，a 和 b 是待定系数。运用 EXCEL、SPSS、EVIEWS 等软件均可以方便快捷地得到回归函数：

$\hat{y} = -22436331.1972 + 2330703.0026\ln(x)$

浦东机场航空货运吞吐量与长三角 GDP 的相关系数 $R = 0.9944$，说明二者相关性很强。回归系数的显著性检验结果，在 $\alpha = 0.001$ 水平上，回归系数 b 显著，回归方程通过了 F 检验。说明回归函数拟合度较好。

（2）时间序列分析。

第一，移动平均法。移动平均法是在算术平均法的基础上发展起来的，是利用过去若干期历史数据的平均值来预测当期值。每预测一次，在时间上就逐次向后推移，每期预测，均取前若干期的平均值作为当期的预测值。周期个数的选择取决于试验目的，必须包括足够的期数，以抵消随机波动的影响，但期数又不能过多，以便除去过早的、作用不大的数据。期数的多少，要根据资产具体状况而定。一般而言，移动平均期取的越长，预测的误差就越小。这种方法也适用于变动不大的比较单纯的中短期预测。

移动平均法的计算公式为：

$$M_t = \frac{X_{t-1} + X_{t-2} + \cdots X_{t-N}}{N}$$

式中：M_t——第 t 期的平均数，即当期预测值；

N——期数；

X_{t-i}——前 i 期实际值。

第二，指数平滑法。如果采用移动平均法，虽然考虑新的数据点比较容易，但需要较多的历史数据，数据存储量比较大，有时不太方便。因此，还有一种依存数据较少的改进方法，即指数平滑法。指数平滑法是一种权数较特殊的加权平均法。前期实际销售量乘以 α（α 表示加权因子或平滑系数），前期预测销售量乘以（1 − α），这两个乘积相加得到本期预测值。

指数平滑法的计算公式如下：

$Y_t = Y_{t-1} + \alpha(X_{t-1} - Y_{t-1}) = \alpha X_{t-1} + (1-\alpha)Y_{t-1}$

式中：Y_t——本期预测值；

Y_{t-1}——上期预测值；

X_{t-1}——上期实际值；

α——平滑系数。

平滑系数 α 代表了新旧数据的分配比值。它的取值大小，实际上表现了不同时期的因素在预测中所扮演的不同角色。α 值越大，其上期的实际值比重越大；反之，则越小。

例对某上市公司近几年的净利润做预测。样本数据如表 4－3。

表 4－3　　某上市公司利润额数据表　　（单位 10^8 元）

年份	1999 上	1999 下	2000 上	2000 下	2001 上	2001 下	2002 上	2002 下	2003 上
利润额	2.4092	3.1427	1.7795	3.2859	2.2321	1.7915	3.1414	1.1808	2.7034

1. 数据采集及预处理。数据来源为该上市公司的报表，对以上数据进行检验和预处理以保证数据能够满足建模的要求。

2. 参数估计。运用参数比较估计的长自回归模型法，进行 BIC 检验，确定参数的阶数与参数值。对于 AR（p）模型来说，使用的是基于自相关系数的最小二乘估计法，首先估计出 AR 的阶数与参数值。利用 MATLAB 进行运算，可以得出 AR 模型的结果。

其中 AR（p）模型中 p 的值为 p = 5。然后根据 AR 模型的阶数和 p > = n + m，利用 MATLAB 进行模型运算，求得 n = m = 2，参数值为：

$\varphi_1 = 2.3182$，$\varphi_2 = -4.1301$，$\theta_1 = 1.3182$，$\theta_2 = -2.8119$，$\sigma_\alpha^2 = 9.6529$

3. 拟合的模型和预测方程：

$y_t = 2.3182y_{t-1} - 4.1301y_{t-2} - 4.1301a_{t-1} + 2.8119a_{t-2}$

（二）折现率/资本化率

1. 折现率的概念。折现率是将未来预期收益折算成现值所采用的比率。从本质上讲，折现率是一种期望投资报酬率，是投资者在投资风险一定的情况下，对投资所期望的回报率。正常情况下，折现率的大小与投资风险的大小成正比，风险越大，折现率就越高；反之，则越低。在运用收益法时，一个重要的问题是如何保持收益额与折现率口径的一致性。

在采用收益法评估资产价值时，还会遇到另一个概念就是资本化率。折现率和资本化率既有联系，又有区别，同属投资报酬率，或称投资收益率。但折现率与资本化率又有较大的区别，资本化率是将稳定化的收益流转化为该收益的资本化阶段，适用于永续年金的还原；而折现率则是将未来有限期的预期收益转化为现值，适用于有限期预期收益还原。

2. 折现率确定的原则。确定折现率，不仅可以用定性的方法，还应寻求定量分析的方法。在应用具体方法确定折现率时，应遵循确定折现率的普遍原则。

（1）折现率应高于无风险利率。无风险报酬率一般指国库券或银行存款利率。投资者购买国库券或选择银行存款时，风险最小，其收益率可以看作是无风险报酬率。投资者进行投资的目的，在于以承担风险为代价，获取超出无风险报酬率的投资报酬率。因此，折现率作为衡量投资报酬率的尺度，必须高于无风险报酬率。

（2）折现率应该以平均收益率为依据。折现率的本质是收益率，这种收益率不是资产自身的收益率，而是同类资产的平均收益率。在资产收益额一定的情况下，资产自身收益率超过同类资产平均收益率，该资产的评估值就高；反之，如果资产自身收益率低于同类资产的平均收益率，该资产的评估值就低。

（3）折现率应与收益额口径一致。收益法应用中，非常重要的一点是要保持折现率与收益额口径一致。采用收益法评估资产价值，是将未来预期收益按照折现率折现成现值，现值之和作为评估值。如果收益额与折现率口径不一致，那么评估结果则会出现错误。从形式上说，折现率的确定是否包含通货膨胀率，也应与收益额预测的口径保持一致。

3. 折现率的计算。折现率实质上是投资的期望回报率。企业价值评估，可以采用资本资产定价模型或资本加权平均成本法；在单项资产评估时，可以采用市场分析法。

折现率就其构成而言，是由无风险报酬率和风险报酬率组成的。

折现率 = 无风险报酬率 + 风险报酬率

无风险报酬率，亦称安全利率，一般参照同期国库券利率；风险报酬率是指超过无风险报酬率以上部分的投资回报率。在资产评估中，因资产的行业分布、种类、市场条件等的不同，其折现率亦不相同。常用的确定折现率的方法主要包括资本资产定价模型，加权平均资本成本法。

（1）资本资产定价模型。资本资产定价模型是继哈里 · 马科维茨在 1952 年建立现代资产组合理论之后，由经济学家威廉 · 夏普、约翰 · 林特纳在 20 世纪 60 年代创立的。[①] 其核心观点是，权益性投资面临的可分散风险可以通过投资组合来消除。证券组合的风险报酬是投资者因承担不可分散风险而要求的、超过时间价值的那部分额外报酬，可以通过该证券相对于市场组合的系统性风险表示。

---

① 刘玉平：《资产评估教程》（第二版），中国财政经济出版社，2007 年版。

证券组合的风险可以分为两种性质完全不同的风险，即可分散风险和不可分散风险。

可分散风险又称为非系统风险或公司特别风险，是指某些因素对单个证券造成经济损失的可能性。如个别公司工人的罢工，公司在市场竞争中的失败等。这种风险可以通过证券组合消除。

不可分散风险是由那些对整个经济而不只是对某一项投资产生影响的事件带来的，如经济增长率的变化、通货膨胀率的变化、利率的变化、政治和社会环境的变化等，它会影响整个资本市场。资本市场对不可分散的风险予以补偿。风险报酬率可以用下列公式计算：

$R_p = \beta\ (R_m - R_f)$

式中：R_p——风险报酬率；

β——权益的系统风险；

R_m——资本市场的平均报酬率，简称市场报酬率；

R_f——无风险报酬率。

β 系数是用来衡量各种证券市场风险的一个重要指标，它反映某只股票相对整个资本市场的风险程度。如果某只股票的风险情况与整个证券市场的风险情况相一致，则这只股票的 β 系数也等于 1；如果某只股票的 β 系数大于 1，说明其风险大于整个市场风险；如果某只股票的 β 系数小于 1，说明其风险小于整个市场风险。

资本资产定价模型如下：

$r = R_f + \beta\ (R_m - R_f)$

式中：r——折现率；

β——权益的系统风险；

R_m——资本市场的平均报酬率，简称市场报酬率；

R_f——无风险报酬率。

资本资产定价模型自产生起，一直在财务界具有重要影响。但该模型是建立在若干基本假设基础之上的，这些基本假设包括：

①投资者厌恶风险且对财富有永无止境的追求，并且投资者仅通过期望收益率和标准差对资产组合进行评价；

②投资者的预期具有一致性，他们有着共同的信息来源和知识结构，以相同的方式分析和处理信息，所以对资产的期望收益率、标准差有相同的认识；

③每一种资产都无限可分；

④所有的投资者面临同一个风险利率，而且他们可以按照现行利率借入和贷出任意数量的资产；

⑤存在着大量的投资者，即任何投资者的交易数量只占整个市场交易量的极小部分，投资者是价格的接受者，因而任何人都不可能操纵市场；

⑥投资期为单期，即认为投资者行为短视，不考虑投资决策对改期之后的影响；

⑦资本市场是完美的，市场上不存在税收、交易成本以及对做空的限制等投资障碍，一切投资信息都是可免费得到的。

上述假设的要求是苛刻的，进而制约了该模型的应用。这一模型在现实的投资组合绩效、证券估价、确定资本预算和管理公共事业股票中得到了广泛应用。然而，自建立之日起关于资本资产定价模型的检验仍众说纷纭。资本资产定价模型先天固有的局限性使之检验与实际运用都受到一定的阻碍。

（2）加权平均资本成本法。加权平均资本成本法是将企业融资风险和收益结合起来确定投资者回报率的方法，加权平均资本成本其实是企业融资的总成本。企业最低报酬率应为加权平均资本成本。

企业融资分为债务融资和股权融资。融资方式不同，融资成本也不同。债务融资一般包括长期借款和长期债券。债务融资需要支付利息和债息，但利息和债息可以计入财务费用，是在税前列支的。因此，债务融资的利息或债息扣除所得税部分的差额即为债务成本。股权融资包括优先股融资和普通股融资。股权的股息红利是在缴纳所得税以后的收益中支付的，不会因此而减少企业的所得税，因此，其资本成本基本上就是其支付的股息红利额。

优先股的股息一般事先规定，其数额相对稳定，成本计算也比较容易。但普通股成本计算较为困难。如果普通股红利支付相对稳定，则可以采用与优先股相同的方法计算成本。如果普通股股利随公司的增长而不断增长，则可以采用红利增长模式计算其成本。当然，股权资本成本可以通过资本资产定价模型估算得到。

计算各类融资资本成本后，即可以采用如下公式确定加权平均资本成本。

$r = \sum \omega_i K_i$

式中：r——加权平均资本成本法确定的折现率；

ω_i——各类融资额占融资总额的比重，即权数；

K_i——各类融资资本成本；

确定各类资本成本权数的方法一般有两种：

一是以占企业外发证券市场价值的现有比重为权数；

二是以在企业的目标资本构成中应该保持的比重为权数。

采用市场价值作为权数，市场价值权数是在各种证券的当前市场价格和当前市场变化的条件下计算得到的，因此反映了其实际情况。一般认为采用市场价值权数计算加权平均资本成本是合理的。

采用目标资本构成作为权数存在主观性强的缺点，有的人会使用本企业所在行业内最好企业的权数作为标准；有的人会比较与自己相似的企业融资结构作为标准；也有人会按照行业内平均资本结构作为标准。

如果企业不发行优先股的话，即仅仅通过债务融资和普通股融资，那么可以通过以下公式计算加权平均资本成本。

$$r = \frac{E}{E + D} \times r_e + \frac{D}{E + D} \times (1 - T) \times r_d$$

式中：r——加权平均资本成本法确定的折现率；

E——企业的权益资本；

D——企业的负债资本；

r_e——企业的权益成本。

r_d——企业的税前负债成本；

T——所得税率。

这里企业的权益资本和负债资本并不是它们的账面价值，而是按照市场价值来确定的。

(3) 市场分析法。市场分析法是通过对市场上相似资产的投资收益率的调查和比较分析，一般选择三个以上的参照物，确定其投资报酬率，然后求取算术平均数或加权平均数来确定待评估资产的投资期望回报率。例如，在确定某项资产投资报酬率时，首先在公开市场上找到 n 个交易案例，其投资报酬率分别为 r_i，则被评估资产的折现率为：

$$r = \frac{1}{n}\sum_{i=1}^{n} r_i \text{或} r = \sum_{i=1}^{n} \omega_i r_i (\text{其中 } \omega_i \text{ 为 } r_i \text{ 的权重，且} \sum_{i=1}^{n} \omega_i = 1)$$

市场分析法的优点在于比较贴切地反映了待评估资产的市场价格，同时估价过程简单，可操作性强。但是市场分析法也有较大的缺陷，例如在选取参照物时，参照物的选择受评估人员的主观因素的影响较大，选取参照物的不同，有可能导致计算的折现率有较大的差异。因此，在选取参照物时，一般要尽量寻找与被评估资产市场状况和使用状况相似的同类资产。

(三) 收益期限

收益法评估资产中的收益期限是指被评估资产能够为其拥有者或控制者带来收益或能够获得超额收益的时间跨度。收益期限一般是指从评估基准日起计算的剩余受益年限。它要根据被评估资产自身效能及相关条件以及有关法律、法规、契约、合同等因素综合考虑加以测定。

1. 收益期限的影响因素。

(1) 经济寿命。对单项资产来说，经济寿命是指从开始使用到继续使用会造成经济上不合算而停止使用所经历的时间。其影响因素包括科学技术进步、市场供求变化等对资产获利能力的影响从而造成的各种贬值。例如无形资产评估中，往往考虑被评估无形资产尚可使用的经济年限，如根据产品市场竞争状况，判断技术进步和技术更新趋势，技术被更先进的技术替代的可能性等，这些因素都会影响无形资产尚可使用的经济年限。

（2）合同年限。在企业价值评估中，企业的经营期限可能会受到法律、合同等规定的限制。无形资产评估中专利权也是因为受到法律、合同等的特别保护才成为特定的无形资产。此类资产的评估，其收益期限均应该以合同年限或法律规定的年限来进行相应的确定。应该注意的是，无形资产的有效期往往要比它们的法定保护期限短得多。因为无形资产的收益期限除了上述两项因素外，还要受许多其他因素影响，如技术更为先进的无形资产的出现，掌握该项无形资产的企业或个人迅速增加，甚至由于人们爱好的转变而导致需求大幅下降也会影响被评估无形资产的收益期限。

收益期限的最终确定一般按照经济寿命和合同年限两者孰低的原则来确定。

2. 收益年限的选择。资产收益期限一般可以划分为有限期和无限期两种。

（1）无限期。考虑到企业持续经营的特殊性，在有充分证据证明资产的正常收益可以永续获取时，如该企业具有正常持续经营能力，且不约定法定经营年限，企业经营比较正常，没有发现有影响企业持续经营的资产，也没有对某些资产的使用年限进行限定的情况，可以采用无限期的收益期限。

（2）有限期。当资产收益期为有限期时，通常分为以下三种情况：

第一，具有法律效用的合同、协议等契约（如无形资产转让合同）中对资产收益期限的约定。

第二，资产本身的寿命期限，主要指资产的经济寿命，主要应考虑社会平均技术水平进步等因素对资产获利能力的影响。

第三，资产所对应的产品的生命周期。以产品生命周期为资产收益年限的预测依据，需要注意：该产品是企业的主导产品，对企业收益起决定作用；取代该产品的新产品必须在技术上全新、工艺上全新。在实际操作中，可以根据上述三种情况孰短的原则来确定资产的受益年限。

第二节　收益法中常用的计算公式

收益法的基本公式为：

$$P=\sum_{i=1}^{n}\frac{R_i}{(1+r)^i}$$

式中：R_i——未来各期收益额；

r——折现率；

n——收益期限。

【例 4－1】 某企业尚能继续经营，3 年的营业收益全部用于抵充负债，现评估其 3 年经营收益的折现额。经预测得出 3 年内各年预期收益的数据如表 4－4。

表 4－4　　某企业未来 3 年的预期收益

年　限	收益额（万元）	折现率	折现系数	收益现值（万元）
第一年	300	6%	0.9434	283
第二年	400	6%	0.8900	356
第三年	450	6%	0.8369	376.6

解：由上表通过查复利现值系数表，可以确定其折现额为：

资产评估价值 = 283 + 356 + 376.6 = 1015.6（万元）

除了基本公式，收益法评估公式从基本公式可以衍生出更为具体和简捷的方法。总体而言，收益法中的具体公式可以分为若干类：根据未来预期收益期限划分，分为有限期和无限期的评估公式；根据预期收益额划分，可以分为等额收益和非等额收益的评估公式等。

本章按照第二种分类方法来介绍收益法的评估公式。在以下公式中，用 P 代表评估值，R_i 表示未来各期收益额，A 表示未来各期等额收益，r 表示折现率，n 表示预测收益期限，b 为预期收益额等额递增时的年递增额，g 为预期收益额递增时的递增比率。

一、纯收益不变

纯收益不变一般适用于资产未来收益比较稳定的情况，例如对于技术比较成熟的专利权的评估，或者企业处于稳定发展的阶段。纯收益不变，又包含两种情况，一种是预期收益期限有限，另一种是收益期无限。

如果预期收益期有限，则：

$$P = \sum_{i=1}^{n} \frac{A}{(1+r)^i}$$

$$= A \times \left[\frac{1}{1+r} + \frac{1}{(1+r)^2} + \cdots \frac{1}{(1+r)^n} \right]$$

$$= A \times \frac{\frac{1}{1+r} - \left[1 - \left(\frac{1}{1+r} \right)^n \right]}{1 - \frac{1}{1+r}}$$

$$= \frac{A}{r} \left[1 - \frac{1}{(1+r)^n} \right]$$

成立条件是：（1）纯收益每年不变；（2）折现率固定且大于零；（3）收

益期有限为 n。

如果预期收益期无限，则：

$$P=\lim_{n\to\infty}\frac{A}{r}\left[1-\frac{1}{(1+r)^n}\right]=\frac{A}{r}$$

其成立条件是：（1）纯收益每年不变；（2）资本化率固定且大于零；（3）收益期无限。

【例 4 – 2】某设备的年收益额为 50 万元，适用资本化率为 20%，则设备的评估价值是多少？

解：设备评估价值 = 50/20% = 250（万元）

二、纯收益在若干年后保持不变

纯收益在若干年后保持不变适用于资产未来收益额起初不稳定，随着经济发展，逐渐稳定的情形。一般适用于房地产评估或企业价值评估。

不妨设在评估基准日之后 n 年收益额不等，从第 n + 1 年开始至无限年期，收益额相等。则：

$$\begin{aligned}P&=\sum_{i=1}^{n}\frac{R_i}{(1+r)^i}+\frac{A}{(1+r)^{n+1}}+\frac{A}{(1+r)^{n+2}}+\cdots\\&=\sum_{i=1}^{n}\frac{R_i}{(1+r)^i}+\frac{A}{(1+r)^n}\times\left[\frac{1}{1+r}+\frac{1}{(1+r)^2}+\cdots\right]\\&=\sum_{i=1}^{n}\frac{R_i}{(1+r)^i}+\frac{A}{r(1+r)^n}\end{aligned}$$

这个公式也可以按照以下思路分析：

首先把前 n 年的收益额折现到评估基准日，即为 $\sum_{i=1}^{n}\frac{R_i}{(1+r)^i}$；

第 n + 1 年之后的收益额折现分两步进行：一是首先把收益额折现到 n 年末，即为$\frac{A}{r}$；二是把 n 年末的收益再折现到评估基准日，即为$\frac{A}{r(1+r)^n}$。上述推导过程可以用图 4 – 1 表示。

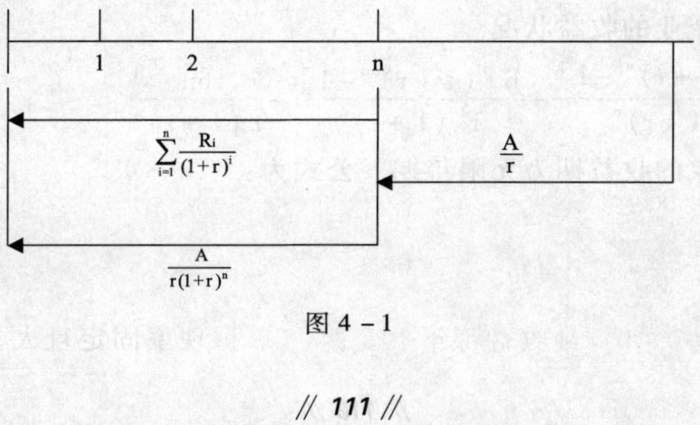

图 4 – 1

则：$P = \sum_{i=1}^{n} \frac{R_i}{(1+r)^i} + \frac{A}{r(1+r)^n}$

其成立条件是：(1) 纯收益在n年（含第n年）以前有变化；(2) 纯收益在n年（不含第n年）以后保持不变；(3) 收益年期无限；(4) r大于零。

【例4-3】 某企业预计未来5年收益额分别是12万元、15万元、13万元、11万元和14万元。假定从第6年开始，以后各年收益均为14万元，确定的折现率和资本化率均为10%。确定该企业在持续经营下和50年收益的评估值。

解：(1) 永续经营条件下的评估过程：

首先，确定未来5年收益额的现值。

$$P = \frac{12}{1+10\%} + \frac{15}{(1+10\%)^2} + \frac{13}{(1+10\%)^3} + \frac{11}{(1+10\%)^4} + \frac{14}{(1+10\%)^5}$$

$$= 12 \times 0.9091 + 15 \times 0.8265 + 13 \times 0.7513 + 11 \times 0.6830 + 14 \times 0.6209$$

$$= 49.2442 \text{（万元）}$$

计算中的现值系数，可从复利现值表中查得。

其次，将第6年以后的收益进行资本化处理，即：14/（10%）=140（万元）

最后，确定该企业评估值：49.2442 + 140 × 0.6209 = 136.17（万元）

(2) 50年的收益价值评估过程：

$$P = \frac{12}{(1+10\%)} + \frac{15}{(1+10\%)^2} + \frac{13}{(1+10\%)^3} + \frac{11}{(1+10\%)^4} + \frac{14}{(1+10\%)^5} + \frac{14}{10\%(1+10\%)^5} \times \left[1 - \frac{11}{(1+10\%)^{50-5}}\right]$$

$$= 49.2442 + 140 \times 0.6209 \times (1 - 0.0137)$$

$$= 49.2442 + 85.7351 = 134.98 \text{（万元）}$$

三、纯收益按等差级数变化

纯收益按等差级数变化一般是指资产所带来的收益稳定上升的情况，例如对于传统产业企业的收益状况。

$$P = \frac{A_1[(1+r)^n - 1]}{r(1+r)^n} + \frac{b[(1+r)^n - 1]}{r^2(1+r)^n} - \frac{bn}{r(1+r)^n}$$

如评估对象的收益期为无限年期，公式为：

$$P = \frac{A_1}{r} + \frac{b}{r^2}$$

四、纯收益按等比比数变化

纯收益按等比比数增长的情况一般适用于资产未来收益额高速增长阶段，例如高新技术企业高速发展时期。

假设纯收益每年以 g 的比例递增，那么：

$$P=\frac{A_1}{1+r}+\frac{A_1(1+g)}{(1+r)^2}+\cdots\frac{A_1(1+g)^{n-1}}{(1+r)^n}$$

$$=\frac{\frac{A_1}{1+r}\times\left[1-\left(\frac{1+g}{1+r}\right)^n\right]}{1-\frac{1+g}{1+r}}$$

$$=\frac{A_1}{(r-g)}\left[1-\left(\frac{1+g}{1+r}\right)^n\right]$$

如评估对象的收益期为无限期，公式可以变形为：

$$P=\lim_{n\to\infty}\frac{A_1}{(r-g)}\left[1-\left(\frac{1+g}{1+r}\right)^n\right]=\frac{A_1}{r-g}$$

【例 4-4】 某地产未来第一年的纯收益为 18 万元，预计以后各年的纯收益按 1% 的比率递减，该地产的剩余使用权年限为 10 年，折现率为 8%。试求该地产的评估价值。

解：$P=\frac{A_1}{(r-g)}\left[1-\left(\frac{1+g}{1+r}\right)^n\right]=\frac{18}{8\%+1\%}\left[1-\left(\frac{1-1\%}{1+8\%}\right)^{10}\right]=116.2$

五、已知未来若干年后资产价格的条件下

假设若干年的资产价格为 A，则：

$$P=\sum_{i=1}^{n}\frac{R_i}{(1+r)^i}+\frac{A}{(1+r)^n}$$

【例 4-4】 某地产未来第一年的纯收益为 18 万元，预计以后各年的纯收益按 1% 的比率递减，该地产的剩余使用权年限为 10 年，折现率为 8%。试求该地产的评估价值。

解：$P=\frac{A_1}{(r-g)}\left[1-\left(\frac{1+g}{1+r}\right)^n\right]=\frac{18}{8\%+1\%}\left[1-\left(\frac{1-1\%}{1+8\%}\right)^{10}\right]=116.2$

第三节　收益法的具体应用

一、收益法的具体应用

S公司是1994年10月经省人民政府批准，由中国台湾S集团公司投资设立于英属百慕大群岛之J公司100%控股投资的外商独资企业。S公司位于K市经济技术开发区，注册资本2200万美元，经营范围为生产销售陶瓷制品、美术陶瓷、精密陶瓷。

2001年9月，S公司董事会决议将公司改制为股份有限公司，遂聘请资产评估机构对S公司所拥有的整体资产进行评估。评估人员根据S公司所处的具体环境和经济背景，结合特定的评估目的和评估方法的特点，选择收益法进行评估，并确定评估基准日为2001年8月31日。

具体的评估过程如下：

（一）收益法适用性判断

收益法是指通过估算被评估资产的未来预期收益并折算成现值，借以确定被评估资产价格的一种资产评估方法。收益法的基本原理是资产的购买者为购买资产而愿意支付的货币量不会超过该项资产未来所能带来的期望收益的折现值。

收益法的计算公式：

评估值＝未来收益期内各期收益的现值之和，即：

$$P=\sum_{i=1}^{n}\frac{R_i}{(1+r)^i}+\frac{R}{r(1+r)^n}$$

式中：P——企业整体资产的评估值；

R_i——未来第i年企业的预期收益；

R——n年后企业的年等额预期收益；

r——折现率；

n——预期收益年限。

评估人员从企业总体情况、本次评估目的和企业前3年财务报表分析三个方面对本评估项目能否采用收益法做出适用性判断。

1. 总体情况判断。根据对S公司历史沿革、所处行业、资产规模、盈利情况、市场占有率等各方面综合分析以后，评估人员认为本次评估所涉及的S

公司整体资产具有以下特征：

(1) 被评估资产是经营性资产，产权明确并保持完好；企业具备持续经营条件；

(2) 被评估资产是能够用货币衡量其未来收益的整体资产，表现为企业营业收入能够以货币计量的方式流入，相匹配的成本费用能够以货币计量的方式流出，其他经济利益的流入流出也能够以货币计量，因此企业整体资产的获利能力所带来的预期收益能够用货币衡量。

(3) 被评估资产承担的风险能够用货币衡量。企业的风险主要有行业风险、经营风险和财务风险。这些风险都能够用货币衡量。

2. 评估目的判断。本次评估目的是为S公司改制为股份有限公司所涉及的整体资产提供价值依据。本次评估委托方要求评估人员在评估时，对S公司的市场公允价值予以客观、真实地反映，不仅仅是对各单项资产价值予以简单加总，而是要综合体现企业各单项资产的价值以及企业经营规模、行业地位、成熟的管理模式所蕴含的整体价值，即把企业作为一个有机整体，以整体的获利能力来评估企业整体资产价值。

3. 企业会计报表判断。根据S公司提供的会计报表，公司前几年的营业收入、净利润等均为正值，平稳增长且波动幅度不大，表明公司的经营活动比较稳定，企业整体资产的获利能力从前3年的实际运行来看是可以合理预期的。

综合以上三方面因素的分析，评估人员认为本次评估项目在理论上和操作上适合采用收益法，采用收益法评估能够更好地反映企业整体资产的价值。

（二）企业概况及背景分析

1. 企业概况。S公司成立于1994年10月，投资总额3000万美元，注册资本2200万美元，1998年5月产品正式开始量产。

公司成立以来，公司经营规模、资产规模逐年增大，盈利总额也逐年增加，保持资产利润双增长的局面。2001年公司被授予“2000年度K市最佳外商投资企业”的荣誉称号。

从1994年进入大陆市场以来，现在公司产品销售区域分布全国各地，并将销售通路区分为门市零售及工地工程销售两大部门。在整个行业竞争日趋激烈的情况下，公司产品销售收入连年递增。1999年、2000年产品销售收入分别达到1.99亿元、2.755亿元，年增长率38.41%。2001年1~8月销售收入已达到1.79亿元，仍保持增长势头。

2. 行业背景分析。首先对宏观经济环境和产业政策进行分析。未来五年，我国建筑陶瓷行业在“总量控制、结构调整”方针下，总产量将比较稳定地保持在现有水平之上，生产格局将发生重大变化。其中高质量、高档次墙地砖产品的份额将会增加，新花色、新品质墙地砖将是新世纪墙地砖行业的增长热点。

目前建陶行业内生产企业阵容结构基本如下：绝大多数企业处于市场的低端，生产中低档产品；只有以台资企业为代表的合资、独资企业以高消费群体为目标市场，生产中高档产品，其中前十大品牌市场容量则约占高档瓷砖市场的50%以上。

S公司在市场上的主要竞争对手是F公司和N公司。S公司在产品定价上也要高于上述公司，F公司产品价格要比S公司产品低15%左右，N公司产品价格比S公司产品低8%左右。

（三）企业历史经营状况分析

1. 产品销售收入和销售成本的分析。

（1）产品销售收入和销售成本的调整。

由于S公司在1998年5月产品才正式开始量产，报表上1998年的数据仅是1998年5～12月共8个月的数据；由于评估基准日为2001年8月31日，报表上2001年的数据仅是2001年1～8月共8个月的数据。因此，报表上1998年、1999年、2000年、2001年各年之间的数据不具有直接可比性，需要将1998年和2001年的数据调整为全年12个月的数据后才具有可比性。

①产品销售收入调整（单位：元）。

	1998年	2001年
当年产品销售收入	95617495.42	179135545.93
调整比例（%）	78.79%	59.15%
调整后产品销售收入	121354288.88	302861042.14

调整后各年的销售收入如下（单位：元）：

年　份	1998	1999	2000	2001
产品销售收入	121354288.88	199283782.38	279513301.74	302861042.14

②产品销售成本调整。通过对S公司1998年以来各月销售成本明细及销售成本率的分析，公司产品销售的销售成本率基本上保持稳定，各月差别不大，一般为40%左右。因此可以根据1998年和2001年当年平均的销售成本率调整1998年和2001年的销售成本。调整如下（单位：元）：

	1998年	2001年
调整后产品销售收入	121354288.88	302861042.14
当年销售成本率（%）	39.11%	42.93%
调整后产品销售成本	47463427.87	130015778.23

调整后 1998 ~ 2001 年各年销售成本如下（单位：元）：

年　份	1998	1999	2000	2001
产品销售成本	47463427.87	83701546.41	110185357.38	130015778.23

2. 销售费用、管理费用、财务费用的分析。

①销售费用分析（略）。

②管理费用分析。根据重要性原则，评估人员重点分析占管理费用总额比例在 5% 以上的各项费用，而对占管理费用总额比例在 5% 以下的各项费用则归结到其他费用里面综合分析。此外，管理费用明细中的工资、加班费、福利费和年奖准备这几项最终都是发给员工个人的，因此可以汇总到人工费用里面综合分析。

管理费用各费用项目的调整如下表所示（单位：元）：

项　目	1999 年	2000 年	2001 年		
			1 ~ 8 月数额	调整比例（%）	调整后数额
人工费用	3557439.16	3471451.63	2038946.80	169.07%	3447208.37
折旧	1148466.97	2102976.12	1513366.89	150.00%	2270050.34
各项摊销	7560879.85	18980774.85	2197365.44	150.00%	3296048.16
停工损失	0.00	2161342.80	4463623.12	100.00%	4463623.12
其他费用	5204314.15	5870362.93	3217807.27	169.07%	5440285.22
管理费用合计	17471100.13	32586908.32	13431109.52	140.85%	18917215.20

3. 其他损益项目的分析（略）。

4. 所得税分析。根据《K 市国家税务局关于 S 公司外商投资企业所得税减免申请的批复》，同意免征 1998 年、1999 年外商投资企业所得税，2000 年、2001 年及 2002 年减半征收外商投资企业所得税。由于公司地处 K 市经济技术开发区，适用 24% 的所得税率，减半征收后的税率为 12%。因此，公司 1998 年、1999 年所得税为零；2000 年所得税为 7728382.93 元，占利润总额的比例为 12%；2001 年由于公司实行分期预缴、年终结算的所得税缴纳办法，因此，截至评估基准日公司共计提所得税费用为 2477871.74 元，占利润总额的比例为 8.17%。

（四）企业未来情况预测

1. 产品销售收入和产品销售成本预测。地砖是公司的主要产品，并且地砖销售收入占公司销售收入的比例呈增长趋势，1998 年仅为 11.59%，2001 年已达到 26.36%。

分析预测地砖未来销售的变动情况，主要考虑以下几个方面的因素：随着人民生活水平的不断提高和消费理念、审美观念的改变，人们对地砖的需求内容发生了变化，并且对地砖的样式、花色、品质等提出了更高的要求，产品档次由中低档向中高档过渡，市场需求将大大增加；S 公司拥有独立的研发机构和强大的研发阵营，能够不断开发技术和附加值高的地砖产品来提高销售量和市场需求量，保持较高的市场占有率和增长速度；公司产品将以其卓越的品质和优质的服务赢得客户的信赖，对产品品牌的宣传也将大大提高他们的知名度和客户的忠诚度，相应提高公司产品的销售。

根据对以上因素的分析，评估人员认为地砖的销售能够保持目前的增长速度，以目前的速度继续增长。根据历史经营情况统计分析，地砖销售收入 Y 与年份 X 之间存在如下关系：$Y = 22324817.98X - 44592029762.07$，地砖销售成本 Z 与年份 X 之间存在如下关系：$Z = 12601435.87X - 25174206397.16$。因此可以预测 2002 ~ 2006 年地砖销售收入和销售成本如下所示（单位：元）：

年　份	2002	2003	2004	2005	2006
销售收入预测	102255831.24	124580649.22	146905467.20	169230285.17	191555103.15
销售成本预测	53868218.25	66469654.12	79071089.99	91672525.86	104273961.73

（1）销售收入和销售成本预测（略）。

（2）其他产品销售收入和销售成本预测（略）。

（3）销售收入和销售成本预测的汇总。

由于评估基准日为 2001 年 8 月 31 日，因此除了预测 2002 年以后各年的销售收入和销售成本外，还要预测 2001 年 9 ~ 12 月的销售收入和销售成本。2001 年 9 ~ 12 月销售收入和销售成本的预测主要是以调整后 2001 年的数据和 2001 年 1 ~ 8 月已实现的数据为依据，综合考虑产品销售的变动趋势以及评估基准日至评估工作日之间公司已实现的销售等因素，进行适当地调整后得出。2006 年以后各年的销售收入和销售成本则根据预测假设，假定保持 2006 年的水平不变。

2. 销售费用、管理费用和财务费用预测。

（1）销售费用预测（略）。

（2）管理费用预测。

①人工费用：人工费用主要包括各管理部门人员的工资、加班费、福利费和年奖准备等，与公司规模密切相关。S 公司产品量产以来，管理部门人员规模基本保持稳定，人工费用占销售收入的比例也基本不变。综合历史情况分析和未来趋势预测，评估人员认为 2002 ~ 2006 年各年人工费用占当年销售收入的比例将保持不变，取 1999 ~ 2001 年三年人工费用占销售收入的平均比例为 1.39%。

②折旧费（略）。

③各项摊销（略）。

④停工损失（略）。

⑤其他费用（略）。

由于评估基准日为2001年8月31日，因此除了预测2002年以后各年的管理费用外，还要预测2001年9～12月的管理费用。2001年9～12月管理费用的预测主要是以调整后2001年的数据和2001年1～8月已发生的数据为依据，综合考虑管理费用的变动趋势以及评估基准日至评估工作日之间公司已发生的管理费用等因素，进行适当调整后得出。2006年以后各年的管理费用则根据预测假设，假定保持2006年的水平不变。

（3）财务费用预测（略）。

3. 其他损益项目预测（略）

4. 净利润预测

（1）利润总额预测。根据前面预测的各项损益项目，可以预测S公司未来几年的利润总额如下所示（单位：元）：

年　度	2001.9～12月	2002	2003	2004	2005	2006	2006年以后
利润总额	29949308.23	77330897.56	79805777.08	81335264.32	90473374.59	101881559.79	101881559.79

（2）所得税预测。根据《K市国家税务局关于S公司外商投资企业所得税减免申请的批复》，同意免征1998年、1999年外商投资企业所得税，2000年、2001年及2002年减半征收外商投资企业所得税。由于公司地处K市经济技术开发区，适用24%的所得税率，减半征收后的税率为12%。因此，预测期内公司2001年和2002年仍享受减半征收外商投资企业所得税的税收优惠，优惠后的实际税率为12%；自2003年起不再享受税收优惠政策，适用税率为24%。据此，所得税预测如下（单位：元）：

年　度	2001.9～12月	2002	2003	2004	2005	2006	2006年以后
所得税预测	3593916.99	9279707.71	19153386.50	19520463.44	21713609.90	24451574.35	24451574.35

（3）净利润预测。

根据前面预测的利润总额和所得税，净利润预测如下（单位：元）：

项　目	2001.9～12月	2002年	2003年	2004年	2005年	2006年	2006年以后
净利润预测	26355391.25	68051189.85	60652390.58	61814800.88	68759764.69	77429985.44	77429985.44

5. 净现金流量预测。由于净利润在各年的分布受折旧方法、存货计价、成本计算方法等人为因素的影响，有一定的主观随意性。同时在企业未来评价中，现金流动状况比盈亏状况更重要。因此评估人员经分析后认为，采用净现金流量能够更恰当地反映S公司的真实价值。

净现金流量计算公式为：

净现金流量＝净利润－(1－资产负债率)×(资本性支出－折旧－摊销)

－(1－资产负债率)×追加营运资本

根据S公司既定的投资计划，公司将在2002年底投资71000000元新建1条抛光砖流水线、2套研磨设备和1条壁砖流水线，这些设备将于2003年1月建成投产并产生效益，预计每月新增产能22650000元，这将大大提高公司的生产能力。同时这些新增设备投产后，将相应增加公司的折旧费用，根据公司目前的折旧政策，机器设备按10年计提折旧，残值率为10%，据此估算每年新增折旧费用为6390000元。

随着公司经营规模的扩大，势必占用更多的营运资金，而在营运资金中存货和应收款占有重要的比重，评估人员经分析后假定追加的营运资金由追加的存货和追加的应收款组成，并根据历史年度的存货周转率、应收款周转率以及未来年度的预测收益并综合考虑企业未来发展趋势等因素对追加的存货和追加的应收款进行了预测。

评估人员通过对S公司财务结构和同行业其他企业（主要是上市公司）的财务结构的分析后认为，S公司目前的财务结构基本合理，基本保持在理想的状态，预计公司未来将继续保持目前的财务结构，资产负债率将保持在50%的水平，因此公司追加的资本支出和追加的营运资本的50%可以通过借债融资的方式取得，而且债务可以及时予以清偿，另外50%则需要从公司的自有资金中支出。

综合考虑上述因素后，S公司的净现金流量预测如下（单位：元）：

项　目	2001.9～12月	2002年	2003年	2004年	2005年	2006年	2006年以后
预测净利润	26355391.25	68051189.85	60652390.58	61814800.88	68759764.69	77429985.44	77429985.44
加：折旧	8000000.00	24000000.00	30390000.00	30390000.00	30390000.00	30390000.00	30390000.00
摊销	195686.97	782747.88	782747.88	782747.88	782747.88	782747.88	782747.88
减：追加资本支出		35500000.00					
减：追加营运资本	12140003.76	22718897.53	20177150.29	23830498.23	22718103.12	23873226.80	23873226.80
预测的净现金流量	22411074.45	34615040.20	71647988.17	69157050.54	77214409.45	84729506.52	84729506.52

（五）整体资产收益现值的计算

1. 收益年份及折现期的确定。根据本次评估的假设条件，S公司的经营年限为无限年，故其收益年限和折现期均为无限年。

2. 折现率的选取。本次评估以行业平均利润率加个别风险报酬率作为折现率对S公司的未来各年净现金流量进行折现。

（1）行业净资产收益率的确定。经查《1999年度企业效绩评价标准值》商业零售企业1999年度行业净资产收益率的良好平均值为3.5%，考虑到S

公司在行业中属龙头企业，历年经营业绩良好，所以取良好值9.9%。

（2）个别风险报酬率的确定。经营风险：

从总体上来看，未来进口品牌对大陆中高档建陶产品市场不会形成很大压力。S公司未来市场的主要竞争压力可能来自于目前的台资厂商，这些厂商与S公司在生产工艺、设备、规模、经营管理以及产品结构方面具有很大的相似性。大陆市场的一些优秀建陶企业对S公司来说也是一股不可忽视的竞争力量。因为在国内外生产设备、技术流动比较畅通的大环境下，建陶新品仿制容易，保护较为困难，新花色、新品质市场投放风险大，其寿命将越来越短。但是，S公司只要在技术创新、严格管理、营销策略上下工夫，充分利用自己的现有资源进行整合；正确细分市场，确定与众不同的特色定位，进而进一步解决市场拓展、资本运作、品牌开发和人才开发等一系列战略问题，不断增强自身综合竞争力，便可抵御竞争压力。综合考虑上述因素后，评估人员确定经营风险报酬率为3%。

财务风险：

据有关资料统计，陶瓷行业的资产负债率基本控制在50%左右。S公司目前的资产负债率已达到53.72%，基本处于行业平均水平。另据评估人员了解，公司资金来源除来自投资方的现金注入外，其余均由公司以现有的土地、厂房、设备及美元等其他货币存款作质押，以取得人民币融资作为公司中短期营运资金周转。综合考虑上述因素后，评估人员确定公司的财务风险报酬率为2%。

风险报酬率＝经营风险报酬率＋财务风险报酬率

＝3%＋2%＝5%

（3）折现率的确定。

折现率＝行业平均净资产收益率＋风险报酬率

＝9.9%＋5%

＝14.9%（取整后为15%）

3. 折现方法。非等额年收益按逐年期末折现，等额年收益按等额永续年金计算其期初值再折现。具体如下（单位：元）：

项　目	2001.9～12月	2002年	2003年	2004年	2005年	2006年	2006年以后
净现金流量	22411074.45	34615040.20	71647988.17	69157050.54	77214409.45	84729506.52	84729506.52
折现率	15.00%	15.00%	15.00%	15.00%	15.00%	15.00%	15.00%
折现系数	0.9545	0.8300	0.7217	0.6276	0.5457	0.4745	3.1636
折现值	21390949.62	28729918.00	51710139.10	43402058.54	42138044.69	40208036.16	268053574.38
折现值合计				495632720.50			

4. 评估值。

评估值＝现值合计

=495632720.50（取整 495630000.00 元）

（六）结论分析

S 公司经评估后的净资产价值为 495630000.00 元（大写：肆亿玖仟伍佰陆拾叁万元整）。

（七）案例分析

该案例是一个比较典型的采用收益法评估企业整体资产价值的案例，比较详细地说明了收益法评估的思路与过程，有助于更好地理解企业价值评估的收益法。该案例在以下几点值得特别地关注。

1. 收益法的选用。企业价值评估常用的方法有三种：成本加和法、收益法和市场法。成本加和法是依据重建企业的思路，将构成企业的各种要素资产的评估值加总求得企业整体价值。收益法是通过预测企业未来收益并将其折算成现值，据以确定企业整体资产的价值。市场法是通过比较被评估企业与可参照交易企业的异同，并据此对可参照交易企业的市场价格进行调整，从而确定被评估企业的价值。

三种方法中，收益法以企业整体获利能力为基础，从资产的“产出”角度来测算资产在评估基准日的价值，符合市场经济条件下的价值观念。收益法评估企业价值的出发点是企业未来收益的折现，符合企业整体效用最优化的要求，是企业价值评估的最佳方法。

收益法适用性判断是采用收益法评估企业价值的第一步，也是关键的一步。如果被评估企业不适用收益法，即使企业历史经营状况分析得多详细，未来收益预测得多精确，得到的评估结果也用处不大。因此，评估人员在准备采用收益法评估前，一定要分析判断收益法的适用性，只有在确定被评估企业适用收益法时，才可采用收益法进行评估。

2. 收益形式的选择。企业收益有两种形式：净利润和净现金流量。净利润能够相对客观地反映企业的实际经营业绩，并且测算相对简便。但由于企业折旧比率、坏账准备计提比率等会计政策的不同，不同企业实现的净利润将缺乏可比性。净现金流量由于其采用收付实现制，现金流量的计算不容易被更改，更具可靠性，不会因企业折旧政策的不同而导致其缺乏可比性，但净现金流量测算起来相对复杂。从合理性和准确性的角度看，净现金流量应被选择作为企业收益的收益形式。

评估人员在选择企业收益形式时，应根据被评估企业的具体情况，综合考虑相关因素后合理确定，不能因为理论上净现金流量更为合理和准确，就盲目采用净现金流量作为收益形式，而不考虑能否客观合理地确定企业未来的现金流量。

3. 未来收益的预测。该案例采用线性趋势法对地砖的未来销售收入和销售成本进行了预测。线性趋势法是指在预测企业收益时，假定收益随时间呈现一定的增长趋势，令时间（以年份来表示）变量为X，收益变量为Y，假定变量X与Y之间呈线性相关关系，利用最小二乘法，可求得变量X与Y之间的线性方程。然后，假定未来年份收益继续保持这种线性关系，进而预测企业未来收益。

从1998～2001年地砖销售收入和销售成本变动情况来看，收益确实随时间呈现一定的增长趋势，因此可以采用线性趋势法对未来进行预测。但是，仅仅凭4年的数据（其中2年的数据还是调整过的数据）就断言这种增长趋势将一直保持下去是远远不够的，还必须结合对影响地砖销售变动趋势的各项因素的分析来判断地砖未来的销售变动趋势。如果分析的结果表明增长趋势将变缓，则采用线性趋势法得出的结果要向下适当调整后才能作为收益预测的结果，而且越往预测后期，调整的幅度越大，反之亦然。

要精确预测未来收益是很困难的事情，但评估人员可以采用多种方法对未来收益进行预测，用各种方法相互佐证，判断未来收益所在的区间，切不可只采用一种方法进行预测。

4. 折现率的确定。折现率确定的方法有累加法、资本资产定价模型、加权平均资本成本模型等，但根据我国市场条件等实际情况，评估实务中较常采用的是累加法。该案例也是通过累加法来确定折现率的。

累加法是将企业可能面临的经营风险、财务风险和行业风险对投资报酬率的要求加以量化并予以累加，再加上无风险报酬率，就可得到企业要求的折现。即：

折现率＝无风险报酬率＋行业风险报酬率＋经营风险报酬率＋财务风险报酬率

无风险报酬率加上行业风险报酬率即为行业平均净资产收益率。行业平均净资产收益率可以通过查阅有关统计资料得到，其确定具有一定的客观性。而经营风险报酬率和财务风险报酬率则主要由评估人员根据被评估企业的实际情况综合考虑相关因素后确定，具有很大的主观性。对同一个评估项目，可能每一个评估人员都有自己对企业经营风险报酬率和财务风险报酬率的估算。

折现率的选定必须与收益额的口径相一致，评估中如果选用企业利润系列指标作为收益额，则折现率应选择相应的资产收益率；如果以净现金流量系列指标作为收益额，则应以投资回收率（即净现金流量/资产平均占用额）作为折现率。该案例选取了净现金流量作为收益形式，则应选取投资回收率作为折现率。但该案例在确定折现率时，却没有对此进行明确，说明折现率的性质、折现率是否与收益额的口径一致等。

折现率是收益法评估中的一个关键参数，折现率的微小变动，都会引起评估结果的重大变动。因此，评估人员在进行评估时，应尽量采用客观的方法确定折现率，当必须进行主观判断时，应对有关因素进行详细分析，使判断具有充分合理的依据。此外，折现率的选取还应注意与收益额口径的一致性。

二、收益法的优缺点

（一）收益法的优点

1. 使用收益法进行资产评估，充分考虑了资产未来收益和货币的时间价值，可以真实准确地反映资产的价值。

对于具备独立获利能力的资产来说，其价值并不取决于其构建成本，而是其未来的获利能力。无论一项资产构建成本多高，如果获利能力不强的话，对投资者来说，其价值也不是很高。收益法评估的基本思路是充分考虑资产未来的收益能力，并且考虑资产带来收益所承担的风险，并把这种风险量化，把未来的收益折现成评估基准日的现值，可以从资产获利能力的角度真实准确地反映资产的价值。

2. 资产未来预期收益的折现过程与投资决策相结合，评估结果易于被买卖双方接受。

收益法是从投资者的角度来考虑资产的价值，投资者所愿支付的价格不会超过资产未来预期收益折现成现值。这个价值是资产售价的最高限，也是投资者购买资产预期获利的最低要求。资产售价相等的未来收益折现的现值和，可以作为投资者进行投资决策的依据，是投资者投资的盈亏平衡点。从这个意义上来讲，评估结果更有说服力，容易被买卖双方接受。

（二）收益法的缺点

1. 收益法参数预测难度较大。根据收益法的基本原理，把资产未来收益期内的收益折现成现值。根据收益法的原理，收益法涉及多个参数：收益额、收益期限和折现率，这三个参数均需要通过预测得到。

（1）收益额。资产所能带来的未来收益额要受到很多因素的影响：资产所要面临的市场状况、企业具体的经营状况、企业所要面临的财务状况等，众多因素决定了未来收益的不确定性。这种不确定性导致了在使用收益法评估时，在对未来收益额进行预测时，存在很多评估者个人的判断。

（2）折现率。折现率是投资者要求的投资报酬率。投资报酬率包括无风险报酬率和风险报酬率。无风险报酬率一般是采用银行利率或国债利率，这个比较容易确定。但是风险报酬率是对未来风险的度量，虽然有不少关于风险报酬率的计算方法，但是在应用的过程中，都存在使用条件的限制和人为主观因素的影响。

（3）折现年限。关于收益年限的判断，相对简单，例如对专利权收益年限的确定，《专利法》有关于其保护年限的规定，再分析专利技术水平的影响以及有关合同约束来共同确定收益年限，可以看出，在这个过程中，也存在主观判断。

总之，在使用收益法的过程中，各个参数的确定都需要在对历史数据分析的基础上对未来形势做判断。因此，在这个过程中，要尽量依据客观资料，采取合理方法预测，力求减少主观性所带来的误差或错误。

2. 收益法适用范围较小。收益法应用的前提条件是收益和风险均可被预测、量化。这就要求，被评估资产首先是具备获利能力的。对于那些不具备获利能力的资产，例如大量的单项资产或者是非性利性资产均不适合采用收益法评估。

收益法一般适用于那些形成资产的成本费用与其获利能力不对称以及成本费用无法或难以准确计算的资产，如企业价值、无形资产以及可被预测未来收益的单项生产经营性资产的评估。

思 考 题

1. 如何理解收益法的应用前提？
2. 如何理解收益法中的客观收益？
3. 如何理解折现率和资本化率的区别？

计 算 题

1. 某企业未来5年的税后净现金流分别为25万元、32万元、32万元、38万元、40万元，且从第6年起各年收益均为45万元，假定企业可以永续经营下去，折现率为10%，则企业的评估值应该是多少？

2. 某地产未来第一年的纯收益为18万元，预计以后各年的纯收益按照1%的比例递减，该地产的剩余使用年限为10年，折现率为8%。该地产的评估值为多少？

3. 某企业2006年支付的每股股利为1.28元，预期股利将永久性地每年增长5%。股票的β系数为0.9，1年期国债利率为3.25%，市场风险补偿率为5%，估算该企业每股的价值。

第五章　资产评估的成本法

本章学习目的

1. 掌握成本法的概念。
2. 理解成本法的理论基础及其运用的前提条件。
3. 掌握重置成本的概念及其评估方法。
4. 掌握实体性贬值的含义及其评估方法。
5. 掌握功能性贬值的含义及其评估方法。
6. 掌握经济性贬值的含义及其评估方法。
7. 理解成本法的优缺点。
8. 理解评估方法的比较与选择。

第一节　成本法概述

一、成本法的概念及前提条件

（一）成本法的概念

成本法是指在评估资产时根据被评估资产的重置成本扣除各项损耗以确定其评估价值的一种方法。

重置成本是在现行市场条件下重新构建一项与被评估资产相同的全新资产所需要支付的全部货币总额，即资产的现行再取得成本。被评估资产的损耗包括实体性贬值、功能性贬值和经济性贬值。实体性贬值是指资产由于使用磨损和自然力的作用而导致的资产的物理性能的损耗或下降而引起的资产价值的损失，又称实体性损耗；功能性贬值是指由于技术的进步引起的资产功能相对落后而造成的资产价值的损失，又称为功能性损耗；经济性贬值是指由于外部环境的变化引起的资产价值的损失，又称为经济性损耗。根据成本法的概念，利用成本法进行资产评估的基本公式是：

被评估资产的价值 = 重置成本 − 实体性贬值 − 功能性贬值 − 经济性贬值

资产评估的成本法利用重置成本扣除各项损耗来计算被评估资产的价值。

其理论基础主要有以下几个方面：

1. 劳动价值论。劳动决定资产的价值即劳动价值论，由英国经济学家大卫·李嘉图创立，后经马克思发展到成熟阶段。该理论主要内容是：商品具有二重性，使用价值和价值。使用价值是商品能满足人们某种需要的有用性，价值是由凝结在商品中的无差别人类劳动决定的，也就是由生产该商品的社会必要劳动时间决定，也就是说劳动是形成价值的决定因素。

劳动价值论认为资产的价值由不变资本、可变资本和剩余价值三部分组成，即 W = C + V + M。其中 W 表示商品的价值，C 表示不变资本的价值，V 表示可变资本的价值，M 表示剩余价值。其中，不变资本是原有价值的转移，代表过去的劳动，可变资本和剩余价值是工人新创造的价值，代表现在的劳动。这三部分总和就是生产商品时实际消耗的资源总量。这里的 C + V + M 就可以看作被评估资产的重置成本。因此，从马克思劳动价值论出发，资产的价值可以通过资产的重置成本获得，即成本法的经济学基础是马克思的劳动价值论。

按照劳动价值论的观点，资产的重置成本 = C + V + M，从商品生产者的角度来讲，生产商品需要预付部分资金，企业家仅仅要为不变资本和可变资本垫支资金，而剩余价值是工人的剩余劳动创造的，不需要企业家垫支资金，因此也就不耗费企业家什么东西。商品在生产过程中耗费的不变资本和可变资本价值的总和，就是商品的成本价格，也称为商品的生产成本。如果用 T 表示成本价格，原有商品价值的重置成本 W = C + V + M 就转化为 W = T + M。成本价格出现以后，原来的不变资本和可变资本合二为一，转换为商品生产过程中的总耗费，剩余价值转化为利润。因此，从企业家的角度，资产的重置成本是生产成本和利润之和。

从根本上说，劳动价值论认为资产的价值由凝聚到资产中的物化劳动和活劳动所决定，这是典型的生产成本决定价值论。它从资产的供给角度来度量资产的价值，是成本法的理论基础之一。

2. 资产耗费的补偿。资产耗费的补偿理论，其基本内容是企业资产的正常运营以投入的生产要素得到合理的补偿为前提。企业一般采用不同的方法对消耗掉的生产要素进行补偿，企业通过从销售收入中扣除生产成本的方法使流动资产得到补偿；通过提取折旧的方法对固定资产进行补偿。

资产补偿理论要求在资产评估时要注意以下问题：（1）必须要注意到资产的运营是一个连续的过程。在评估固定资产时，被评估资产的现实价格是一个经过了一系列的补偿后的资产价值，这一价值的大小直接取决于被评估资产的补偿程度，补偿程度越大，被评估资产的现实价格就越高，否则就越低。（2）不同的资产有不同的补偿特点，应根据不同的补偿特点采用不同的评估方法。例如，固定资产的补偿通过提取折旧的方法进行，因此在评估时一般采用重置成本法评估；无形资产的补偿程度不容易被准确确定，因此一般采用收益现值法进行评估；而企业破产或清算时，资产的补偿程度就显得不太重要，采用清算价格法进行评估比较方便。因此，资产补偿的特点对确定评估方法具有重要的意义。(3) 在采用特殊方法进行评估时，可将资产的补偿程度作为评估结果的矫正和补充。例如，在对企业的专项设备进行评估时，通过补偿程度的测算，可以简单推算出设备的剩余价值和剩余年限，再测算设备的补偿程度，然后确定设备的现行市价。

（二）成本法运用的前提条件

根据成本法的概念，成本法从资产的再取得角度反映资产的价值，即通过资产的重置成本扣减各项贬值反映资产的价值。采用成本法进行评估的前提条件主要包括：

1. 被评估资产处于继续使用状态或假定处于继续使用状态。继续使用是指资产正处于使用状态，包括正在使用中的和备用的资产，或者根据有关的数据和信息推断这些处于使用状态的资产还将继续使用下去。继续使用按照使用的方式可以细分为在用续用、转用续用和移地续用三种情况。只有当被评估资产处于继续使用状态下，利用被评估资产的再取得成本反映其价值才具有可行性。资产继续使用不仅仅是一个物理上的概念，它包含有效使用资产的经济意义。只有当资产能够被继续使用并且在持续使用中为潜在所有者或控制者带来经济利益时，资产的重置成本才能为潜在的投资者和市场所承认和接受。从这个意义上讲，成本法主要适用于继续使用前提下的资产评估，如果运用成本法进行评估，需要对成本法的基本要素做必要的调整。从相对准确合理、减少风险的角度和提高评估效率的角度，把继续使用作为运用成本法的前提是有积极意义的。

2. 应当具备可利用的历史资料。成本法是建立在历史资料基础上的，许多信息资料、指标需要通过历史资料获得。重置成本是现行市场条件下重新构建一项与被评估资产相同的全新资产所需要的支付的全部货币总额。为取得重置成本，评估人员必须掌握被评估资产原始成本构成内容、功能参数指标以及相关历史物价指数等指标。例如，被评估资产是一台三年前的自制设备，为取得该资产的重置成本，需要掌握其成本构成内容，包括材料成本、人工成本和制造费用的相关内容以及三年前的物价指数等相关指标。再如被评估资产是一台三年前外购的设备，则需要掌握其原始购买价、运杂费和安装费等相关的内容以及三年前的物价指数等指标。被评估资产的各项损耗的确定也需要相关的历史资料。实体性贬值是被评估资产现实的物理状态与原始的物理状态相比所反映出来的物理性能的贬值所带来的价值的损失；功能性贬值是被评估资产原始的技术水平与现实技术水平相比落后而造成的价值的损失；经济性贬值是被评估资产的现实利用能力与设计利用能力相比减小而造成的价值损失，由此可知，无论哪种价值贬值的确定，都需要相关的可靠历史资料。

3. 可以再生的或可以复制的。只有可以再生或可以复制的被评估资产才能按照现行的物价水平测算其重新取得成本，因此，对不能再生或复制的被评估资产，如土地、矿藏等，其重置成本无法取得，也就无法用于成本法进行评估。

4. 随着时间的推移具有贬值特性。一般的资产比如机器设备随着时间的推移会产生一定的损耗，但有些资产却随着时间的推移其价值不降反升，比如古董文物等。古董、文物等这类资产，虽然可能具有可复制的特点，并且被评估资产与复制品在实体特征、功能效用等方面具有可比性，但是复制品的重置成本无法替代其价值。因此，这类资产不适宜使用成本法。

二、成本法的基本参数

成本法是根据被评估资产的重置成本扣除各项损耗以确定其评估价值的一种方法，因此，从一般意义上讲，成本法的运用涉及到四个基本参数，即资产的重置成本、实体性贬值、功能性贬值和经济性贬值。在实际的评估实践中，或者说在具体运用成本法评估资产的项目中，不是所有的评估项目都存在三种贬值，这需要根据评估项目的具体情况而定。

（一）重置成本

简单地说，资产的重置成本就是资产的现行再取得成本。重置成本一般包括复原重置成本和更新重置成本。

1. 复原重置成本是指运用与被评估资产相同的材料、建筑或制造标准、设计、规格及技术等，以现实价格水平购建与被评估资产功能相同的全新资产所发生的费用。

2. 更新重置成本是指运用新型材料、现代建筑或制造标准、新型设计、规格和技术等，以现行价格水平购建与被评估资产功能相同的全新资产所发生的费用。

复原重置成本和更新重置成本相同之处在于采用的都是资产的现实价格水平，不同之处在于材料、建筑或制造标准、设计、格式和技术等方面的差异。如果被评估资产的材料、建筑或制造标准、设计、格式和技术等没有发生变化，则复原重置成本也是更新重置成本。

选择重置成本时，在同时可获得复原重置成本和更新重置成本的情况下，应该选择更新重置成本。在无更新重置成本时可选择复原重置成本。现实中，随着技术的进步、劳动生产率的提高等因素，资产的制造工艺、材料、制造技术的发展非常迅速。一方面，新工艺、新材料、新技术的采用使被评估资产的成本大大降低；另一方面，新工艺、新材料、新技术制造的资产无论从其性能，还是成本耗费方面都会优于旧资产，根据替代原则，应该选择更新重置成本。

（二）实体性贬值

实体性贬值也称有形损耗，是指资产在使用和存放过程中，由于使用的作用或自然界中有害物质的侵蚀导致资产物理性能损耗或下降而引起的资产价值的损耗。它产生的原因可以是生产经营使用，也可以是自然力的作用（如自然灾害、风雨侵蚀等），还可能是各种偶发因素（如车辆碰撞、机器设备的非正常损坏等）。

决定实体性贬值的因素有：

1. 使用时间。资产的已使用时间越长，资产的实体性贬值越大，剩余价值就越低。

2. 使用率。资产在过去年限中使用频率越高，一般情况下其实体性贬值也就越大。有些资产闲置时实体性贬值可能越大，这是例外。

3. 资产本身的质量。资产本身质量越好，在相同的使用时间和使用强度下，其实体性贬值越小。

4. 维修保养程度。资产在日常使用过程中保养越好，其实体性贬值越小。但是，要注意把这种日常维修保养与技术改造区分开，技术改造属于再投资。

折旧是有形损耗的一种补偿方式，但在评估过程中，要注意把折旧与实体性贬值区分开来。会计上的折旧是指固定资产在使用过程中因损耗逐渐转移到新产品中去的那部分价值的一种补偿，而实体性贬值是资产在使用和保存的过程中因使用和自然力的作用而导致的资产价值的下降。对于某些资产的折旧计算，国家做出了统一的会计处理标准，规定了资产的折旧率。折旧率的规定使固定资产的折旧不具备实际意义上的个别性和特殊性，不能体现个别资产的实体性损耗。实体性贬值需要通过实地检测和观察来确定。因此，在进行资产评估时，照搬会计账面上的累计折旧作为有形损耗是错误的。

资产的实体性贬值通常采用相对数计量，即实体性贬值率，用公式表示：

$$\text{实体性贬值率} = \frac{\text{资产实体性贬值}}{\text{资产重置成本}}$$

（三）功能性贬值

资产的功能性贬值是无形损耗的一种，是指由于技术进步引起，被评估资产与目前广泛使用的同类技术先进资产的功能相比，因功能落后而造成的资产价值损失。功能性损耗体现在两个方面：

一是超额运营成本。超额运营成本是由于新技术的发展，使得新设备在运营费用上低于老设备。从运营成本的角度看，在产出量相等的情况下，被评估资产的运营成本要高于同类技术先进资产；从产出能力的角度看，在运营成本相等的情况下，被评估资产的产出能力要低于同类技术先进的资产。超额运营成本主要体现在材料消耗、能源消耗、工时消耗的增加，废品率上升，产品质量下降等方面。

二是超额投资成本。超额投资成本是由于新工艺、新材料和新技术的采用，而使原有资产的建造成本超过现行建造成本的超额支出。值得注意的是，在资产评估中一般不可以计算超额投资成本，往往只计算超额运营成本。因为在同时可以取得复原重置成本和更新重置成本时，我们应该采用更新重置成本。更新重置成本与复原重置成本相比，更新重置成本剔除了超额投资成本。超额投资成本可以通过以下公式来计算：

功能性贬值 = 复原重置成本 − 更新重置成本

功能性贬值主要是由于技术相对落后造成的贬值，在资产评估实践中，并不排除由于资产功能过剩所形成的功能性贬值，也称功能性溢价。

（四）经济性贬值

经济性贬值是指因资产的外部环境的变化所导致的资产价值的损耗。引起外部环境变化的原因主要有：

1. 竞争加剧，社会总需求减少，导致资产开工不足；
2. 宏观经济衰退导致社会总需求不足进而影响资产或资产所生产产品的需求不足；
3. 原材料成本增加，导致企业费用直线上升；
4. 在通货膨胀的情况下，国家实行高利率政策，导致企业负担加重；
5. 原材料供应不畅，导致开工不足；
6. 国家产业政策的调整对所在行业的冲击，导致开工不足；
7. 国家环保政策对资产或资产所生产产品的限制；
8. 经济地理位置变化或污染问题对不动产价值的影响；
9. 其他原因。

经济性贬值一般表现为两种形式：一是资产利用率下降，如因外部环境原因导致的设备利用率下降、房屋出租率下降等；二是资产年收益额的损失，如因外部经济环境的原因导致被评估资产生产产品的生产成本的增加或产品售价的降低，从而导致资产的年收益额减少；三是资产正常使用寿命的缩短，例如国家有关能源、环境保护等法律法规强制淘汰企业的资产。

需要注意的是，并不是每个被评估资产都是需要计算经济性贬值的，一般来说只有能够被单独计算的资产，如一个企业、一个车间、一条生产线、一宗房地产等，需要考虑在评估基准日后、资产的寿命期内是否存在利用率下降或收益额降低的问题。之所以仅考虑评估基准日之后是否存在经济性贬值问题是因为：一方面资产评估的预期性特点决定的；另一方面评估基准日之前资产利用率的问题已经通过计算实际使用年限体现出来。

第二节　成本法中的主要评估方法

成本法是指根据被评估资产的重置成本扣除各项损耗以确定其评估价值的一种方法，一般意义上来讲，成本法运用的关键是准确地测算四个基本参数，即重置成本、实体性贬值、功能性贬值和经济性贬值。在评估实务中人们可能会采用不同的具体方式估算成本法中的各个参数以及根据采用不同具体方式估算的各个参数的性质、特点来考虑与成本法中其他参数的相互关系。下面我们分别介绍四个参数估算的主要方法。

一、重置成本及其估算

重置成本是资产的现行再取得成本，可以分为复原重置成本和更新重置成本。重置成本可以通过多种方法进行估算，这里重点介绍一下评估实务中应用较为广泛的几种方法。

（一）重置核算法

重置核算法也称细节分析法、核算法等。它是利用成本核算的原理，根据重新取得资产所需要的费用项目，先确定各项费用的现实价格，然后加总得出被评估资产的重置成本。通常我们把重置成本分为直接成本和间接成本。其计算公式为：

被评估资产的重置成本 = 直接成本 + 间接成本

1. 直接成本。直接成本指购建全新资产的过程中可以直接计入购建成本中的那部分。在实际测算过程中，可以划分为两种类型：购买型和自建型。

购买型是以购买资产的方式作为资产的重置过程，购买的结果一般是资产的购置价，如果被评估资产属于不需要安装的资产，则购买价就是被评估资产的直接成本；如果被评估资产属于需要运输、安装的资产，直接成本包括资产的购买价格、运杂费、安装调试费、基础费等，若被评估资产属于进口设备，还要包括进口设备从属费。进口设备从属费包括国外运输费、国外运输保险费、关税、消费税、增值税、银行手续费、公司代理手续费、海关监管手续费，对车辆还包括车辆购置附加费等。对各项费用按现实价格标准计算，逐项加总后得出直接成本。

自建型是把自建资产作为资产的重置方式。其直接成本包括重新建造资产所需的料、工、费，必要的资金成本和按成本利润率计算的合理利润等，如果需要安装，还包括安装过程中所必需的料、工、费。对各项费用以及开发者的合理利润按照现实价格标准计算，逐项加总后得出直接成本。例如，对建筑物评估时，要根据建筑物的前期费用以及基础、结构、材料、安装、装修等情况，分成若干类型，分别以现实价格标准进行价值测算。

采用重置核算法时需要注意以下两点：

（1）自建方式下的重置成本应该包括开发者的合理利润。主要原因如下：一是重置成本是按现行市场条件下重新购建一项全新资产所支付的全部货币总额，应该包括开发和制造商的合理利润。二是资产评估旨在了解被评估资产模拟市场条件下的交易价格，一般情况下，价格都应该含有开发者或制造者合理的利润部分。资产重置成本中利润部分的确定，应以现行行业或社会平均资产收益水平为依据。

（2）重置核算法的关键是划分细节，即将被评估资产按成本核算的原理划分出若干成本项目，按现行市场条件对每个成本项目的金额进行估算。

2. 间接成本。间接成本指购建全新资产的全部支出中不能被直接计入成本的那部分费用，这部分成本需要采用适当的方法和标准进行分配，间接计入构建成本。如购置资产所发生的管理费、总体设计制图费、前期准备费、维修费等。间接成本的的分配摊销可采用直接成本比例法、人工成本比例法和单位价格法进行。

（1）直接成本比例法。它是按建筑安装部门预先规定的各类资产的间接费提取标准和资产的直接费进行计算的。

计算公式为：

间接成本＝直接成本×间接成本占直接成本的百分比

（2）人工成本比例法。它是按照预先规定的各类间接费占人工成本总额的一定比例与人工成本总额进行计算。

计算公式为：

间接成本＝人工成本总额×间接成本占人工成本总额的百分比

（3）单位价格法，也叫工作量比重法。它是以间接费除以所有工程耗工总量，得出单位耗工间接费价格，然后按各项工程的实际耗工量乘以单价即为该项工程的间接费摊销额。

计算公式为：

间接成本＝工作量×单位价格

有时候，间接成本金额较小，则可以不计，此时重置成本就等于直接成本。

【例 5-1】 某项被评估资产账面原值为 39600 元，其中设备购买价为 36000 元（包括运杂费），安装费中直接成本为 3600 元，间接成本为直接成本的 10%，要求利用重置核算法估算被评估资产的重置成本。

经市场调查得知，评估时，被评估资产的市场价格为 40000 元，运费、保险费等占设备价格的 8%，安装费由于人工费和材料费的上涨而提高 68.6%，则被评估资产的重置成本为：

直接成本 = 40000 + 40000 × 8% + 3600 × (1 + 68.6%) = 49269.6(元)

其中：买价 40000 元

运杂费 40000 × 8% = 3200（元）

安装费 3600 × (1 + 68.6%) = 6069.6(元)

间接成本(安装成本) = 360 × (1 + 68.6%) = 606.96(元)

重置成本合计 49876.56 元。

【例 5-2】 某市 A 企业对 B 企业以 2000 年生产的资产作为投资。该资产账面原值为 144500 元，市场无替代产品，经核查企业有关资料，账面 144500 元的构成如下：

(1) 生产成本 117250 元。

其中：钢材消耗 41 吨，单价 1250 元，计 51250 元；

外协件 23 吨，单价 2000 元，计 46000 元；

工时消耗 5000 定额工时，单价 4 元，计 20000 元。

(2) 安装调试费 10750 元。

其中：水泥消耗 10 吨，单价 250 元，计 2500 元；

钢材消耗 5 吨，单价 1250 元，计 6250 元；

工时消耗 500 定额工时，单价 4 元，计 2000 元。

(3) 间接成本 16500 元。

其中：工时共消耗 5500 定额工时，每定额工时单价 3 元，计 16500 元。

要求：利用重置核算法测算该自制制砖机的重置成本。

A 厂投资的自制制砖机是自制非标设备，市场上没有替代产品，故评估其复原重置成本。

经过市场调查，现行钢板平均单价为 3100 元，外协件平均单价 3800 元，水泥单价为 750 元，每定额工时成本为 6 元，每定额工时分摊制造费用为 4 元。根据现价和费用标准以及该自制设备原自制和安装调试的量耗资料，重估如下：

(1) 生产成本重置全价 244500 元。

其中：钢材消耗 41 吨，单价 3100 元，计 127100 元；

外协件 23 吨，单价 3800 元，计 87400 元；

工时消耗5000工时，单价6元，计30000元；

制造费用每工时分摊4元，计20000元。

(2) 安装调试费重置全价为26000元。

其中：水泥消耗25吨，单价750元，计18750元；

钢材消耗5吨，单价3100元，计15500元；

工时消耗500工时，单价6元，计3000元；

制造费用，每定额工时分摊4元，计2000元。

(3) 间接成本22000元。

其中：工时消耗5500，每定额工时单价4元，计22000元。

综合上述重估结果，得出该自制设备原地续用重置成本为：244500 + 26000 + 22000 = 292500（元）。

（二）市场询价法

市场询价法是指对于有公开市场价格的被评估资产，通过对市场中的相同或功能相似产品的现行市场销售价格的了解，来确定被评估资产的现行价格。市场询价法测算的是被评估资产的购买价，不包括被评估资产的运杂费、安装调试费、基础费以及其他的间接成本，对于需要安装、运输的被评估资产来说，市场询价法测算的被评估资产的现行价格不是被评估资产的重置成本，仅仅是重置成本的一部分。

市场询价法是一种最简单、有效并且可信的方法。使用该方法的关键是获得市场价格资料，对于大部分通用设备，市场价格资料的取得是比较容易的；而非标准、专用设备的价格资料往往很难从市场中直接取得。市场价格的来源渠道主要有：各种报价手册、订货手册以及直接向厂家询价等。

运用市场询价法需要注意以下问题：

1. 相同资产的市场价格，制造商与销售商不同其售价可能是不相同的。根据替代原则，在同等条件下，应该选择可能获得的最低售价。

2. 对于一些没有公开市场的资产，一般没有公开市场价格。这些资产往往市场交易很少、市场透明度较差。销售过程中报价和实际成交价格往往存在较大的差异，评估人员应特别慎重地对待这种报价，不可以直接使用。例如，对于专用设备和特殊设备，如果使用市场询价法，可以利用统计分析的方法，确定该被评估资产的报价成交价比率，然后利用比率与市场的平均报价额之乘积作为被评估资产的现行市场购买价。

【例5-3】 某型号的机床为专用设备，通过市场调查，寻找到3家厂家在今年购买了这一型号的机床，通过对三家厂家的询问，得到机床的最终成交价和厂家报价分别为：26000元、30000元；28000元、36000元；29000元、39000元。通过进一步的市场调查，得到该型号机床的现行平均市场报价为

36000元，则该型号机床的现行购买价的测算过程如下：

首先，确定报价成交价比。

$$报价成交价比=\frac{26000+28000+29000}{30000+36000+39000}=79\%$$

该机床的现行购买价 $=36000\times79\%=28440$（元）

3. 价格资料是获得被评估资产市场价格的重要渠道，它们包括销售商或生产厂家提供的产品目录或价格表、报纸杂志上的广告、公开出版的相关产品的价格目录等。在使用上述价格资料时，需要进行必要的核实，以确保数据的可靠性。

4. 价格资料及市场信息反映一定时期的价格水平，资产的价格变化与市场和产品有关。有些产品的价格相对比较稳定，比如一些技术相对成熟、市场相对饱和的资产等，它们的价格往往在几个月或者一年之内保持稳定；有些产品价格变化比较快，如无形资产、交易性金融资产等，这些产品的价格每个月甚至每周都在变化。因此，评估时要注意价格资料的时效性，避免一些过时的价格资料被误用。

5. 资产的销售价格可能受交易地点的影响，不同地区由于市场环境不同，相同资产的销售价格可能不同。例如，对于进口设备，由于市场差异较大，评估时在使用上述价格资料时要清楚生产商对不同国家的销售价格是否是一致的，如果不一致，应根据属地原则使用评估对象所在地的销售资料。

（三）价格指数法

价格指数是反映不同时期商品价格水平的变化方向、趋势和程度的经济指标，通常以评估基准日和基期相对比的相对数来表示。价格指数法是利用与资产有关的价格变动指数，将被评估资产的历史成本（账面价值）调整为重置成本的一种方法。价格指数法的一般计算公式为：

被评估资产的重置成本 = 被评估资产的账面原值 × 价格变动指数

价格变动指数包括定基价格指数和环比价格指数。定基价格指数是以某一年份的价格指数确定的物价指数。环比价格指数是指逐年与前一年相比的物价指数。

1. 定基价格指数下的价格指数法的计算公式：

$$被评估资产的重置成本=被评估资产的账面价\times\frac{评估基准日时的价格指数}{资产购建时的价格指数}$$

【例5-4】 一台购于2000年的机器设备，账面原值10万元。该资产适用的定基物价指数：2000年为100%，评估基准日时为150%。则：

$$被评估资产的重置成本=10\times\frac{150\%}{100\%}=15（万元）$$

2. 环比价格指数下的价格指数法的计算公式：

被评估资产的重置成本 = 被评估资产账面原值 × 环比价格变动指数

式中：环比价格变动指数 = $(1+a_1)\times(1+a_2)\times(1+a_3)\times\cdots\times(1+a_n)$，其中 a_n 表示第 n 年的环比价格指数。

【例 5－5】 某资产购置于2000 年，账面原值 100000 元，2006 年进行评估时资产适用的环比价格指数：2001 年为 2.9%，2002 年为 3.1%，2003 年为 4.3%，2004 年为 3.7%，2005 年为 5.8%，2006 年为 4.7%。则：

被评估资产的重置成本 = 100000 × (1 + 2.9%) × (1 + 3.1%) × (1 + 4.3%) × (1 + 3.7%) × (1 + 5.8%) × (1 + 4.7%) = 127107(元)

价格指数法运用过程中需要注意以下问题：

(1) 价格指数法与重置核算法的区别。价格指数法估算的重置成本，仅考虑了价格变动因素，因而确定的是复原重置成本；而重置成本法既考虑了价格因素，也考虑了生产技术进步和劳动生产率的变化因素，因而可以估算复原重置成本和更新重置成本。

(2) 价格指数的选择。价格指数法涉及的一个因素是价格指数，价格指数的选用要符合被评估资产的价格变动情况。价格指数有综合的、分类的和个别的价格指数。评估时，选用的价格指数所涉及的范围应尽可能小，即个别价格指数或者与被评估资产相关的分类价格指数。例如，在某一时期，电子产品总的价格指数是下降的，但并不排除某一种电子产品价格指数是上升的，此时对此种电子产品采用价格指数法评估时，如果选择分类的价格指数，则不能准确反映其重置成本，应该采用个别价格指数。购建时的价格指数是指购建当年的价格指数；评估基准日的价格指数应尽可能靠近评估基准日时的价格指数。

(3) 被评估资产的账面原值。价格指数法涉及的另一个因素是被评估资产的账面原值。账面原值要求真实、完整，并且要符合社会平均的合理成本。

(4) 价格指数法的适用范围。价格指数法测算重置成本时，仅仅考虑了价格变动指数，所以这种方法适用于仅仅存在价格变动的资产的评估。对于技术进步较快的被评估资产，运用价格指数法进行评估时，没有考虑技术进步的影响，所以评估值往往会偏高。

(四) 功能价值法

功能价值法是指在无法直接取得与被评估资产相同的全新状态下的资产的现行价格时，利用某些资产的功能变化与其价格或重置成本之间的关系，通过对参照物的价格或重置成本的调整，来确定被评估资产的重置成本的一种方法。

这种评估方法假定资产的功能表现为生产能力，资产的购建成本与其功能之间存在正向关系，资产具有的功能越大，其购建成本也越大。重置成本并不一定是与被评估资产外观、功能完全相同的全新状态下的资产的现行购建成本，可以是功能相同或相似的全新状态下的资产的现行购建成本。因此，重置成本的目的不是重置资产，而是重置功能。

功能价值法根据功能与成本的关系的不同，分为两种情况：

1. 假设资产的功能与成本呈线性关系。其计算公式为：

$$\text{被评估资产的重置成本}=\text{参照物的重置成本}\times\frac{\text{被评估资产的年生产能力}}{\text{参照物的年生产能力}}$$

这种方法假定被评估资产的成本与其功能呈线性关系。生产能力越大，成本越高，并且是成正比例关系。应用这种方法估算重置成本时，应分析资产与生产能力之间是否存在这种线性关系，如果不存在这种关系，就不可以采用这种方法。

【例5-6】 某被评估资产为一台年产量为80000件的机器设备，经调查得知，市场上与其功能完全相同而年产量为100000件的全新机器设备的售价为80000元，则：

$$\text{被评估资产的重置成本}=80000\times\frac{80000}{100000}=64000\text{（元）}$$

2. 假设资产的功能与成本呈非线性关系。其计算公式为：

$$\text{被评估资产的重置成本}=\text{参照物的重置成本}\times\left(\frac{\text{被评估资产的年生产能力}}{\text{参照物的年生产能力}}\right)^{X}$$

实际调查表明，许多资产的生产能力与其价格之间的关系，呈非线性关系。生产能力越大，单位生产能力价格越低，即价格性能比随生产能力提高而增大。这主要是由于一般在市场可行条件下，开发资产边际生产能力的生产成本下降。因此，假设生产能力与其成本呈指数关系。

公式中的X是一个经验数据，称为规模经济效益指数。在美国，这个经验数据一般在0.4~1之间，如加工工业一般为0.7，房地产行业一般为0.9。我国目前尚未有统一的经验数据，评估过程中要谨慎使用这种方法。公式中的参照物，一般可以选择同类资产中的标准资产。

【例5-7】 重置全新机器设备一台，其价值为6万元，年产量为6000件，被评估机器设备年产量为4000件，设规模经济效益指数为0.8，求其重置成本。

$$\text{被评估资产的重置成本}=60000\times\left(\frac{4000}{6000}\right)^{0.8}=43000\text{（元）}$$

功能价值法是一种较为粗略的评估方法，对单项资产评估时要慎用。在进行整体资产评估时，可以采用这种方法进行初步评估。但如果要获取比较准确的数值，最好还是与其他评估方法配合使用。

（五）综合比例法

综合比例法是指在对企业的整体资产或某一类相同的资产进行评估时，为了简化评估业务，节省评估时间，利用某类资产中有代表性资产的重置成本与历史成本的比例确定调整系数，来调整被评估资产的历史成本，从而得到被评估资产的重置成本。

综合比例法的运用步骤是：

第一，在核实资产数量的基础上，把全部资产按照适当的标准划分为若干类别，如房屋建筑物按照结构划分为：钢结构、钢筋混凝土结构等；机器设备按有关规定划分为专有设备、通用设备、运输设备、仪器、仪表等。

第二，在各类资产中抽样选择适量具有代表性的资产，应用重置核算法、市场询价法、价格指数法、功能价值法等方法测算其重置成本。

第三，依据分类抽样估算资产的重置成本额与账面历史成本，计算出分类资产的调整系数，其计算公式为：

$K = R'/R$

式中：K——资产重置成本与历史成本的调整系数；

R′——某类抽样资产的重置成本；

R——某类抽样资产的历史成本。

根据调整系数 K 估算被评估资产的重置成本，计算公式为：

被评估资产的重置成本 $= k\sum$ 某类资产的账面历史成本。

综合比例法是一种简化的方法，在运用的过程中要注意以下问题：

1. 资产的类别划分。这种方法假定某一类资产的成本变化趋势是相同的，因此，资产类别的划分界限要严格明确。

2. 代表性资产的选择。代表性资产包括在资产的型号、使用年限等方面要具有代表性。

【例 5－8】 评估某企业的运输设备，经抽样选择具有代表性的运输设备 8 辆，采用其他方法估算其重置成本之和为 60 万元，而该 8 辆运输设备历史成本之和为 75 万元，该企业运输设备账面历史成本之和为 300 万元。求该企业运输设备的重置成本。

$K = 60/75 = 0.8$

运输设备的重置成本 $= 0.8 \times 300 = 240$（万元）

上述五种方法均可以用于确定在成本法中运用的重置成本的估算。至于选择哪种方法，应根据具体的评估对像和可以搜集到的资料来确定。这些方法中，对某项资产可能同时都能应用，有的则不然，应用时必须注意分析运用的前提条件，否则可能出现错误。

二、实体性贬值及成新率的估测

实体性贬值也称有形损耗，是指资产在使用和存放过程中，由于使用的作用或自然界中有害物质的侵蚀导致资产物理性能损耗或下降而引起的资产价值的损耗。实体性贬值的估测一般可以采用以下几种方法：

（一）观察法

观察法也称成新率法。它是指评估师通过现场观察资产的外部状况，并通过了解和查阅资产的历史资料，了解设备的使用状况、磨损情况、维修保养情况、工作负荷、工作精度等技术指标，并向资产的使用人员或保管人员询问资产的使用情况、故障率等，对所获得的有关资产状况的信息进行分析、归纳和综合，将被评估资产与其全新状态相比，考察由于使用磨损和自然损耗对资产的功能和使用效率带来的影响，判断资产的成新率，从而判断被评估资产的实体性贬值。

观察法下计算实体性贬值和成新率的计算公式为：

资产实体性贬值 = 重置成本 ×（1 − 实体性成新率）

成新率 = 1 − 实体性贬值率

观察法包括多种途径，下面进行简单介绍：

1. 直接观察法。直接观察法一般不使用任何仪器对资产进行专门的测试，而是通过评估师对资产状态的观察，根据经验判断其成新率。

2. 特尔斐法。特尔斐法是在个人判断和专家会议的基础上形成的另一种直接判断的方法。这种方法是采取匿名方式征求专家的意见，并将他们的意见综合、归纳、整理，然后反馈给各个专家，作为下一轮分析判断的依据。通过几轮反馈，意见逐步趋于一致。

3. 模糊综合判断法[①]。模糊判断法是利用模糊数学原理，对各种模糊信息进行处理，量化损耗状态的一种方法。资产的每一种损耗状态和每一种宏观症状均有相应的隶属度关系，多种状态和多种症状则应有隶属度模糊向量，两个向量之间可以用模糊关系矩阵联系。如果已知症状的隶属度模糊向量和模糊关系矩阵，可以求出隶属度模糊向量，依有状态的隶属度模糊向量中各元素的大小，判断设备的损耗状态。

基本步骤为：

（1）确定症状集合。根据设备特点，分析产生损伤的原因及可能产生的

---

① 刘玉平、郭春娥：《不动产 · 机器设备 · 珠宝首饰 · 资产评估实务》，中国财政经济出版社2003年版。

症状集合。如变速箱的损耗形式主要是由磨损产生，可能出现的表现症状为传动效率降低、震动增加、温度升高、噪音增大。

（2）确定状态集合。在评估中所评判的状态一般为资产的损耗程度，每一个损耗程度状态 Vi 与一个损耗率相对应。设备损耗率的取值区间为 0～100%，为了简化计算，一般先通过专家判断缩小损耗率的取值区间。

（3）确定症状论域上的模糊关系子集。根据各症状对状态的影响程度，得到症状论域上的模糊关系子集。

（4）确定模糊关系矩阵。通过观察、测量和分析，得到症状论域与状态论域之间的模糊关系矩阵。

（5）变换运算。根据已确定的模糊关系子集和模糊关系矩阵作复合运算。

（6）确定资产的损耗状态。按最大隶属原则，确定设备状态。

【例 5－9】某变速箱的磨损程度与下列症状有关：振动、传送效率、温度和噪音。确定该变速箱的损耗度。

（1）某变速箱的损耗状态的症状集合。

U＝｛u1，u2，……um｝＝（振动，传动效率，温度，噪音）

（2）变速箱的状态集合。

V＝｛v1，v2，……vm｝ v1 表示某损耗率状态，理论上损耗率取值区间为 0～100%，为简化计算，先通过专家判断缩小后的取值区间为 20%～40%，在该区间设定 5 种状态：20%，25%，30%，40%，分别计为 v120、v225、v330、v435、v540。

（3）根据各症状对状态的影响程度，得到症状论域上的模糊关系子集。

A＝（a1，a2，……am）＝（0.4，0.25，0.15，0.20）

通过观察、测量和分析，得到症状论域与状态论域之间的模糊关系矩阵

$$R=\begin{vmatrix} 0.20 & 0.35 & 0.20 & 0.15 & 0.10 \\ 0.30 & 0.35 & 0.15 & 0.15 & 0.05 \\ 0.20 & 0.30 & 0.20 & 0.20 & 0.10 \\ 0.15 & 0.25 & 0.25 & 0.25 & 0.10 \end{vmatrix}$$

对模糊子集 A 和模糊关系矩阵 R 进行复合运算，可得：

$A \cdot R = B$

B＝（0.215，0.3225，0.1975，0.1775，0.0875）

按最大隶属度原则，损耗率为 25% 的隶属度最大，为 32.25%。

（二）使用年限法

使用年限法，又称年限法，是利用被评估资产的实际已使用年限与其总使用年限的比值来判断其实体性贬值率，进而估测资产的实体性贬值的一种方法。这种方法假设资产在整个使用寿命期内，实体性损耗是随时间线性递增

的，资产价值的降低与其损耗大小成正比。

资产的总使用年限即资产的寿命，可以分为物理寿命、技术寿命和经济寿命。资产的物理寿命是指资产从开始使用到报废为止经历的时间。资产的物理寿命的长短，主要取决于资产的自身质量与运行过程中的使用、保养和正常维修情况。资产的技术寿命是指资产从开始使用到技术过时经历的时间。资产的技术寿命很大程度上取决于社会技术进步和技术更新速度。资产的经济寿命是指资产从开始使用到因经济上不合算而停止使用所经历的时间。所谓经济上不合算，是指维持资产的继续使用所需要的维持费用大于资产继续使用所带来的收益。

使用年限法的公式为：

资产的实体性成新率 = 尚可使用年限/(实际已使用年限 + 尚可使用年限)

资产的实体性贬值 =(重置成本 - 预计残值)×(1 - 资产的实体性贬值率)

$$资产的实体性贬值=\frac{重置成本-预计残值}{总使用年限}\times 实际已使用年限$$

其实：(1) 预计残值是指被评估资产在清理报废时净回收的金额。在资产评估中通常只考虑金额较大的残值，如果残值数额较小，可以不考虑。(2) 总使用年限是指实际已使用年限和尚可使用年限之和。其计算公式为：

总使用年限 = 实际已使用年限 + 尚可使用年限

实际已使用年限 = 名义已使用年限 × 资产利用率

由于资产在使用中负荷程度的影响，必须将资产的名义使用年限调整为实际已使用年限。

名义已使用年限是指资产从购建使用到评估时的年限。各种名义已使用年限可以通过会计记录、资产登记簿、登记卡片查询确定。实际已使用年限是指资产在使用中实际损耗的年限。实际已使用年限和名义已使用年限的差异可以通过资产的利用率来调整。资产利用率的计算公式为：

$$资产利用率=\frac{截至评估基准日资产累计实际利用时间}{截至评估基准日资产累积法定利用时间}$$

当资产的利用率 >1 时，表示资产超负荷使用，资产的实际已使用年限比名义已使用年限要长；

当资产的利用率 =1 时，表示资产满负荷运转，资产实际已使用年限等于名义已使用年限；

当资产的利用率 <1 时，表示资产利用不足，资产的实际已使用年限小于名义已使用年限。

以资产的投资是否一次完成为标准，使用年限法可以进一步分为简单年限法和综合年限法，下面分别介绍两种方法的具体运用。

1. 简单年限法。简单年限法是假设资产的投资是一次完成的，没有更新改造和追加投资等情况发生。

第一，确定已使用年限。根据上述公式，资产的实际已使用年限利用名义已使用年限和资产的利用率来确定。相关数据需要从企业的会计资料和资产的技术资料中查找。

第二，确定尚可使用年限。尚可使用年限受已使用年限、使用状况、维修保养状况等因素的影响。

资产的使用状况对资产的尚可使用年限有明显的影响，比如一台实行24小时三班运转的机器设备，比运行8个小时工作制的机器设备的损耗当然要快得多。在其他因素相同的条件下，其尚可使用年限要短一些。

资产的维修保养情况对资产的尚可使用年限也有影响，一台精心维护、修理及时的设备比超负荷运行设备的尚可使用年限要长得多；此外，设备的运行环境对资产的尚可使用年限也有影响，良好运行环境的维持有助于尚可使用年限的延长。

已使用年限与尚可使用年限是此长彼短的关系，即：

尚可使用年限 = 总使用年限 - 实际已使用年限

确定尚可使用年限还有以下几种方法：

（1）折旧年限法。折旧年限法是指企业依据《企业会计准则》，按照各自所处行业和自身情况确定折旧年限。这是一种以折旧年限计算剩余寿命的方法。其基本计算公式为：

尚可使用年限 = 折旧年限 - 已使用年限

运用此方法应注意的问题：一是折旧年限法一般用于评估目的是为了资产计提折旧的情形；二是只有在企业折旧基本上体现经济寿命，并经设备服役、退役的实际情况证明是基本符合实际时才使用。

（2）退役年限法。退役年限法是根据企业的资产实际退役年限记录，由经验数据统计分析确定资产的周期寿命，扣除实际已使用年限后，得到资产的剩余寿命的一种方法。

【例5-10】对某企业评估时，需要确定某资产的剩余寿命。该资产已服役6年，查阅近3年的资产退役记录，共报废了该类资产10台。其中服役期15年的3台，16年的4台，17年的2台，20年的1台。

分析：该资产属于通用设备，企业具有该资产报废情况的完好记录。可以根据这些数据，按加权法确定平均实际服役年限。其计算过程如下：

$$\text{平均实际服役年限} = 15 \times \frac{3}{10} + 16 \times \frac{4}{10} + 17 \times \frac{2}{10} + 20 \times \frac{1}{10} = 16.3\ (\text{年})$$

评估人员对该机床的实体状况和使用环境进行了观察，发现情况均较正常，于是取寿命周期为16.3年，已知服役期限为6年，则剩余寿命为10.3年。

2. 综合年限法。综合年限法考虑了资产的投资可能是分次完成的，或者是资产投入使用后进行了更新改造或追加投资，同时还要考虑资产的不同构成部分的剩余寿命可能不同等情况。

第一，确定综合已使用年限。例如，一台机器设备不同部件的已使用年限不同，其原因可能是由于分次购建，边购建边营运，也可能是因为更新改造。这时，确定综合已使用年限要按各部件重置成本的构成作权重，对参差不齐的已使用年限进行加权平均，确定综合服役年限。其他应该考虑的因素与简单年限法相同。

【例 5-11】 某企业 1998 年购入一台机床，入账成本为 5 万元，1999 年投资 3 万元对其进行技术改造，2000 年又投资 1 万元对其进行局部改造并拆除原值 5000 元的部件，2002 年投资 5000 元改进功能。试评估到 2003 年该设备的综合服役年限。

因为各部分服役期限长短不一，因此，要求出综合服役年限，计算方法是以 2003 年各部分的加权投资之和除以各部分在 2003 年的重置成本之和。其数学表达式为：

$$综合已使用年限=\frac{\sum 每次投资在评估时点的重置成本对应的已投资年限}{\sum 每次投资在评估时点的重置成本}$$

依据资料，1998 年、1999 年、2000 年、2002 年各年投入成本在 2003 年的重置成本分别为 10.31 万元、4.86 万元、1.37 万元、0.53 万元。

先计算各年的加权投资，分别为 61.86（10.31×6 万元），19.44（4.86×4 万元），4.11（1.37×3 万元），0.53（0.53×1）万元。

$$\begin{aligned}综合服役期限&=\frac{61.86+19.44+4.11+0.53}{10.31+4.86+1.37+0.53}\\&=\frac{85.94}{17.07}\\&=5.03\end{aligned}$$

第二，确定综合剩余寿命。与服役年限长短可能不同，剩余寿命也有长短。例如，一台机床的动力装置可能使用 5 年就需要更新，而该机床的主体部分也许是用 15 年后才需要更新，这种情况在现实中很多。这样，评估人员就需要计算综合剩余寿命，并按重置成本对各种不同的剩余寿命进行加权平均，每部分剩余寿命的评估方法同简单年限法一样，这里不再赘述。

（三）修复费用法

修复费用法是假设设备所发生的实体性损耗是可以补偿的，则设备的实体性贬值就应该等于补偿实体性损耗所发生的费用。所用的补偿手段一般是通过修理或更换损坏部分。

修复费用法的基本原理是：如果资产可以通过修复来恢复其全新状态，可以认为资产的实体性损耗等于其修复费用。修复费用法适用于那些特定结构经常被磨损，但能够以经济上可行的办法加以修复的资产，如需定期更换部分系统的机组、成套设备、生产线等。

运用修复费用法时，评估人员要注意区分可修复性损耗和不可修复性损耗。可修复性损耗是指可以通过技术修理恢复其功能，而且在经济上合算的损耗。例如一台设备已使用2年，其中某个装置出现了问题，如果将其更换成新的，设备的原有功能可以恢复。不可修复性损耗是指不能修复，或者可以修复但在经济上不合算的损耗。例如，一台设备已使用5年，设备的各个零部件都存在一定程度的磨损，如果要将该设备恢复到全新状态，就需要更换几乎所有的零部件。与其将其恢复，不如购买一台新设备。在具体操作中要区分这两种损耗，把资产的损耗分成两部分来分析。对可修复的实体性损耗，已修复费用直接作为实体性贬值；对不可修复的实体性损耗，采用前述的方法进行测算。这两部分之和就是被评估设备的全部实体性贬值。计算公式为：

$$实体性贬值率 = \frac{可修复的实体性贬值 + 不可修复的实体性贬值}{设备的复原重置成本}$$

【例5－12】现评估某资产，重置成本为180万元，已使用了2年，其经济使用寿命约10年，现该资产的数控系统损坏，估计修复费用约为20万元，其他部分工作正常。要求：测算该资产的实体性贬值。

该设备存在可修复性损耗和不可修复性损耗，数控系统损坏是可修复性损耗，我们用修复费用法计算其贬值，贬值额等于机器的修复费用，为20万元。另外，该机器运行2年，我们用使用年限法来确定由此引起的实体性贬值，此项贬值率为 $2/10 = 20\%$。

实体性贬值与贬值率的计算过程如下：

（1）重置全价：180万元

（2）可修复性损耗引起的贬值：20万元

（3）不可修复性损耗引起的贬值：$(180 - 20) \times 20\% = 32$（万元）

（4）实体性贬值：$20 + 32 = 52$（万元）

采用观察法、比率法估算实体性贬值时，具体应选用哪种方法，应根据实际情况，以获取支撑每种方法的信息资料的多少以及评估人员的专业知识和经验等来加以选择。在估算实体性贬值时，还要注意实体性贬值是否包含功能性贬值和经济性贬值，以免重复计算。

三、功能性贬值及其估算

资产的功能性贬值是无形损耗的一种，是指由于技术进步引起，被评估资产与目前广泛使用的同类技术先进的资产功能相比，因功能落后而造成的资产价值损失。功能性贬值表现为超额投资成本和超额运营成本两方面。

估测资产的功能性贬值，首先应该对已经确定的重置成本和实体性贬值继续进行分析，看其是否已经扣除了功能性贬值的因素。采用价格指数法确定的重置成本没有扣除功能性贬值；采用功能价值法确定的重置成本已经扣除了功能性贬值。采用使用年限法确定的实体性贬值，没有扣除功能性贬值因素；采用修复费用法确定的实体性贬值可能扣除了全部或部分功能性贬值。因此，机器设备的重置成本和实体性贬值确定以后，并不是匆忙的进行功能性贬值的估测，而是要对重置成本和功能性贬值进行分析。如果已经扣除了功能性贬值，则不需要重复计算，如果没有扣除功能性贬值，并且功能性贬值存在，则需要采用相应的方法来估测。

（一）超额投资成本造成的功能性贬值的估算

超额投资成本是由于技术进步，新技术、新材料、新工艺的不断出现，使得相同功能的新设备的建造成本比过去降低，从而造成原有设备的贬值。功能性贬值主要反映为更新重置成本低于复原重置成本，两者之差即为超额投资成本。计算公式为：

超额投资成本 = 复原重置成本 - 更新重置成本

【例 5 - 13】 某化工设备，2006 年建造，建造成本项目及原始造价成本见表 5 - 1。

表 5 - 1　　原始成本列表

序　号	成本项目	原始成本（元）	备　注
1	主材	50160	钢材 22.8 吨
2	辅材	11200	铝、橡胶、聚乙烯、铜等
3	外购件	13800	电机、阀
4	人工费	29900	598 工时
5	机械费	13650	136.5 小时 × 100 元
成本小计		118710	
6	利润	17807	15%
7	税金	25529	18.7%
含税完全成本价		162046	

在评估基准日：（1）钢材价格上涨了 23%，人工费上涨了 39%，机械费上涨了 17%，辅材现行市场合计为 13328 元，电机、阀等外购件现行市场价为 16698 元。假设利润、税金水平不变。（2）由于制造工艺的进步，人工工时和机械工时也分别节省了 15% 和 8%。试计算该设备超额投资成本引起的功

能性贬值。

该设备的复原重置成本和更新重置成本的测算过程如表 5－2：

表 5－2　　复原重置成本

序　号	成本项目	原始成本（元）	复原重置成本
1	主材	50160	61697
2	辅材	11200	13328
3	外购件	13800	16698
4	人工费	29900	41516
5	机械费	13650	15971
成本小计		118710	149255
6	利润	17807	22388
7	税金	25529	32097
含税完全成本价		162046	203740

表 5－3　　更新重置成本

序　号	成本项目	计算过程	更新重置成本
1	主材	22.8 × 2200 × 0.8 × 1.23	49357
2	辅材		13328
3	外购件	13800	16698
4	人工费	598 × 50 × 0.85 × 1.39	35327
5	机械费	136.5 × 100 × 0.92 × 1.17	14693
	成本小计	118710	129403
6	利润	17807	19410
7	税金	25529	27828
含税完全成本价		162046	176641

超额投资成本引起的功能性贬值＝复原重置成本－更新重置成本

＝203740－176641＝27099（元）

在评估中，由于技术的进步，更新重置成本一般小于复原重置成本。如果使用的是复原重置成本，则需要考虑是否存在超额投资成本；如果可以直接得到资产的更新重置成本，则不需要再计算设备的复原重置成本，超额投资成本也不需要单独计算。对于大部分通用设备，重置成本一般根据现行市场价格确定，这个价格已经包含了超额投资成本造成的贬值。如，一台液晶电视机，2 年前的购买价为 20000 元，由于技术的进步液晶电视机的生产成本降低，该型号的液晶电视机的线性市场价格仅为 16000 元，如果使用 16000 元作为重置成本，则不需要再考虑超额投资成本造成的贬值。

（二）超额运营成本造成的功能性贬值

超额运营成本是指由于新技术的发展与应用，使得技术先进的设备在运营费用上低于老设备。超额运营成本引起的功能性贬值是设备未来超额运营成本的折现值。估算超额运营成本所致的功能性贬值，关键是找到一功能相同的技术先进的现代化设备作为参照物，并考虑因超额运营成本而抵减的所得税。

分析资产的超额运营成本，应考虑下列因素：新设备与老设备相比，生产效率是否提高；新设备与老设备相比，维修保养费用是否降低；新设备与老设备相比，材料消耗是否降低；新设备与老设备相比，能源消耗是否降低；新设备与老设备相比，操作工作数量是否存在降低等。

计算超额运营成本引起的功能性贬值的步骤如下：

（1）对被评估资产的运营报告和生产统计进行分析。重点分析以下几个方面：操作人员数量；维修保养人员数量和材料；能源和水电消耗；产量。

（2）选择与被评估资产功能相同但性能更好的资产作为参照物，分析参照物与被评估资产在数量、成本方面的差异，并将参照物年操作运营成本与被评估资产的年操作运营成本比较，计算被评估对象的年超额运营成本。

（3）由于年超额运营成本在税前扣除，将年超额运营成本扣除采用新设备生产的新增利润应缴的所得税，得到被评估资产的年净超额运营成本。

（4）确定被评估资产的尚可使用寿命。

（5）选择适当的折现率，把整个剩余寿命期间的各年度净超额运营成本折现，其现值之和就是超额运营成本造成的功能性贬值额。

【例5-14】被评估资产为2006年购进的一条生产线，账面原值为200万元，2006年进行评估。该生产线正常运转需要10名操作人员，每名操作人员的月工资及福利费约为800元，该生产线每天工作8小时，假设每年300个工作日。经评估人员调查，市场上出现功能更先进的资产，并被普遍使用。新生产线正常运转需要7名工作人员，每年耗电比被评估资产降低10000度，电的价格为1元/度。被评估生产线尚可使用8年，使用的折现率为10%，所得税税率为25%。根据上述资料计算被评估资产的功能性贬值。

被评估资产功能性贬值的测算过程如下：

（1）被评估生产线的年超额运营成本：

$(10-7)\times800\times12+10000\times1=38800$（元）

（2）被评估生产线的年净超额运营成本：

$38800\times(1-25\%)=29100$（元）

（3）被评估生产线在剩余寿命内的功能性贬值额为：

$29100\times(p/a,10,8)=29100\times5.3449=155536.59$（元）

该生产线由于超额运营成本引起的功能性贬值为155536.59元。

四、经济性贬值及其测算

经济性贬值是指因资产的外部环境的变化所导致的资产价值的损耗。比如，市场竞争的加剧导致产品需求的减少；政府法律、政策的颁布对企业的影响等。经济性贬值一般表现为两种形式：一是资产利用率下降，如因外部环境导致的设备利用率下降、房屋出租率下降等，资产的利用率下降进一步导致资产的年收益额减少。二是资产年收益额的损失，比如产品的成本提高、售价降低等因素直接导致资产的年收益额减少。三是资产正常使用寿命的缩短，例如国家有关能源、环境保护等法律法规强制企业的资产被淘汰。

（一）间接计算法

间接计算法是指利用可能得到的资料，先确定资产的经济性贬值率，进一步确定经济性贬值额的一种方法。例如，当机器设备因外部因素的影响出现开工不足、设备闲置，实际生产能力显著低于其设计生产能力，从而使资产产生的收益额最终减少时，这种情况下我们可以利用间接计算法来计算经济性贬值。

根据经济性贬值的原因，间接计算法可以分为两种情况：

1. 资产利用率下降导致的经济性贬值的计算。引起资产利用率下降的原因主要是由于市场竞争的加剧，导致产品销售数量的减少，从而引起资产开工不足，生产能力相对过剩；由于宏观政策及市场的变化、新的法律法规的出台以及其他社会经济因素，造成产品需求不足，资产利用率下降等。

其计算公式为：

$$经济性贬值率=\left[1-\left(\frac{实际使用生产能力}{额定生产能力}\right)^{X}\right]\times 100\%$$

式中：X 为规模经济效益指数，实践中多为经验数据。对机器设备，X 的取值范围一般在 0.6～0.7 之间。

经济性贬值额＝(重置成本－实体性贬值－功能性贬值)×经济性贬值率

【例 5－15】 被评估资产为某数控生产线，该生产线的设计生产能力为 10 万件。由于市场疲软，市场对该生产线所生产产品的需求减少，该企业不得不将生产量减至年产量 7 万件，该生产线的重置成本为 500 万元。经测算该生产线同时存在实体性贬值和功能性贬值，分别为 56 万元和 30 万元，设定该生产线的规模经济效益指数为 0.6，试求该生产线的经济性贬值。

经济性贬值的测算过程如下：

$$经济性贬值率=\left[1-\left(\frac{7}{10}\right)^{0.6}\right]\times 100\%=19\%$$

经济性贬值额 = (500 − 56 − 30) × 19% = 78.66(万元)

即：该生产线的经济性贬值为 78.66 万元。

2. 资产的使用寿命缩短导致的经济性贬值的计算。引起资产使用寿命的缩短的外部因素，主要是国家有关能源、环境保护方面的法律、法规的颁布。几年来，由于环境污染问题日益严重，国家对机器的环保要求越来越高，对落后的、高耗能的机电产品施行强制淘汰制度，缩短了设备的正常使用寿命等等。

【例 5 − 16】 某机器设备已使用 10 年，按目前的技术状态还可以正常使用 10 年，按照年限法，该资产的贬值率为：

贬值率 = 10 ÷ (10 + 10) = 50%

但由于环保、能源的要求，国家新出台的政策规定该设备还可以使用两年，两年后必须强制报废。此时，该设备的贬值率为：

贬值率 = 10 ÷ (10 + 2) = 83%

由此引起的经济性贬值率为 83% − 50% = 33%

（二）直接计算法

直接计算法是指利用因外部因素导致的资产收益额的降低直接计算资产的经济性贬值的方法。外部因素导致收益额降低的情况包括：原材料涨价、能耗提高等造成的生产成本的提高并且得不到补偿；由市场竞争而导致的产品降价出售，使设备创造的收益减少等等。计算公式为：

经济性贬值额 = 设备的年收益损失额 × (1 − 所得税税率) × (P/A, r, n)

【例 5 − 17】 现评估某 2000 年购进的资产，账面原值 200 万元。专业人员勘察估算认为，该资产还能使用 6 年。由于市场竞争的加剧，造成该资产利用不足，由此而造成的收益损失额每年为 20 万元，该企业所得税税率为 25%，假定折现率为 10%，试求被评估资产的经济性贬值。

被评估资产的经济性贬值的估算过程如下：

经济性贬值额 = 20 × (1 − 25%) × (P/A, 10%, 6)

= 20 × 0.75 × 4.3553

= 65.33（万元）

第三节　成本法的具体应用及其优缺点

成本法是指在评估资产时根据被评估资产的重置成本扣除各项损耗以确定其评估价值的一种方法，简单地说，就是资产的再取得成本。由于被评估资产的再取得成本的有关数据和信息来源比较广泛，并且资产的重置成本与现行市价和收益现值也存在内在联系和替代关系，因而，在市场发育欠完善的条件下，成本法经常被应用。

一、成本法的具体应用

根据成本法的原理和理论基础可知，成本法主要应用于以成本耗费为价值形成基础的单项资产的评估，例如，机器设备、房地产等不动产的评估，原材料、库存商品等有形流动资产的评估；而对以效用为价值形成基础的资产评估，例如，企业整体价值的评估，无形资产的评估等，不适用成本法进行评估。下面以一台进口设备的评估为例，说明成本法的具体应用。

案例[①]：某公司欲以公司拥有的进口机器设备等资产对外联营投资，故委托某评估机构对该进口设备的价值进行评估，评估基准日为 2000 年 11 月 30 日。评估人员根据掌握的资料，经调查分析后，决定采用成本法评估。

设备名称：图像设计系统

规格型号：STORK

设备产地：A 国××厂家

启用日期：1998 年 7 月

账面价值：11000000. 00 元

账面净值：9000000. 00 元

（一）计算公式

CIF 价 = FOB 价 + 国外运输费 + 国外运输保险费

重置现价 = CIF 价 + 银行财务费 + 外贸手续费 + 海关监管手续费 + 商检费 + 国内运杂费 + 国内安装调试费

重置全价 = 重置现价 + 资金成本

评估价值 = 重置全价 × 综合成新率

（二）重置全价的估算

1. FOB 价为 560000. 00 欧元。该价格系向 A 国××厂家询得，按评估基准日汇率计算，折合 571000. 00 美元，评估基准日美元与人民币汇率中间价为 8. 2789；

2. 国外运输费率取 5. 5%；

3. 国外运输保险费率取 0. 4%；

① http：//course. shufe. edu. cn/course/zcpg/jiaoxueanli. htm.

4. CIF 价 = FOB 价 + 国外运输费 + 国外运输保险费

$= 571000.00 \times (1 + 5.5\%) \times (1 + 0.4\%) \times 8.2789$

$= 604814.62$（元）

5. 关税及增值税：被评估设备根据《当前国家重点鼓励发展的产业、产品和技术目录》及《中华人民共和国上海海关公告——外商投资项目不予免税的进口商品目录》规定，除设备控制系统中的微型计算机不予免关税外，其余机器设备均予免税。由于微型计算机所占金额很少，故计算中未计关税与增值税项目；

6. 银行财务费率取 0.4%；

7. 外贸手续费率取 1.5%；

8. 海关监管手续费率取 0.3%；

9. 商检费率取 0.3%；

10. 国内运杂费率取 3%；

11. 设备基础费：该设备不需专门建设设备基础，故略计此费用；

12. 国内安装调试费率取 3%；

13. 资金成本：评估基准日一年期贷款利率 5.85%，半年期贷款利率 5.58%。从合同签订至设备安装调试完毕共 12 个月。付款方式为：首期支付 CIF 价的 30%（计息期 12 个月），设备进关开始安装调试支付 60%（计息期 6 个月），安装调试费均匀投入（计息期 3 个月），余款 10% 于调试运行后支付（计息期为零）。

进口设备重置现价 = FOB 价 + 国外运输费 + 国外运输保险费 + 银行财务费 + 外贸手续费 + 海关监管手续费 + 商检费 + 国内运杂费 + 安装调试费

= [FOB 价 ×(1 + 国外运输费率)×(1 + 保险费率)× 基准日外汇汇率]×(1 + 银行财务费率 + 外贸手续费率 + 海关监管手续费率 + 商检费率 + 国内运杂费率 + 安装调试费率)

$= [571000.00 \times (1 + 5.5\%) \times (1 + 0.4\%) \times 8.2789] \times (1 + 0.4\% + 1.5\% + 0.3\% + 0.3\% + 3\% + 3\%)$

$= 5432812.00$（元）（取整）

资金成本 = CIF 价 ×30% ×5.85% ×12/12 +（CIF 价 ×60% + 银行财务费 + 外贸手续费 + 海关监管手续费 + 商检费 + 国内运杂费）×5.58% ×6/12 + 安装调试费 ×5.58% ×3/12

$= 604814.62 \times 30\% \times 5.85\% \times 12/12 + [604814.62 \times 60\% + 604814.62 \times (1 + 0.4\% + 1.5\% + 0.3\% + 0.3\% + 3\%)] \times 5.58\% \times 6/12 + 604814.62 \times 3\% \times 5.58\% \times 3/12$

=10614.50+12478.82+265.36

=23358.68(元)

进口设备的重置全价=重置现价+资金成本

=5430892.00+23358.68

=5454250.68（元）

评估价值=重置全价×综合成新率

（三）综合损耗率的确定

1. 确定实体性损耗率。

（1）该设备经济使用寿命为16年（属印刷设备类）；

（2）已使用日历年限为3年（从1997年11月开始试车至2000年11月评估基准日）；

（3）该机调整因素系数及综合值：

原始制造质量——1.10（进口设备）

设备时间利用率——1.05（1班/日）

维护保养——1.0（正常）

修理改造——1.0（无）

故障情况——1.0（无）

运行状态——1.0（正常）

环境状况——1.05（良好）

七项调整因素系数综合值为1.10×1.05×1.0×1.0×1.0×1.0×1.05=1.21

（4）已使用年限经七项因素调整后为3÷1.21=2.5年

（5）实体性损耗率=2.5÷16×100%

=15.62%

2. 确定功能性损耗率。功能性损耗率从新旧工艺及相应设备的生产率（印染速度）、耗损及原材料（未加工纸）价格三项因素比较，分别对每项因素估算其功能性损耗，估算均按下列步骤进行：

（1）将被评估设备的年生产率（或损耗、原材料价格）与功能相同但性能更好的新设备的年生产率（或损耗、原材料价格）进行比较；

（2）计算二者的差异，分别确定净超额工资、净超额损耗及净超额原材料成本；

（3）估测被评估设备的剩余寿命；

（4）以适当的折现率将被评估设备在剩余寿命内每年的净超额费用折现。这些折现值之和即为被评估设备的功能性损耗（贬值）。计算公式如下：

被评估资产功能性损耗=Σ（被评估资产年净超额成本×折现系数）

被评估设备功能性损耗具体测算如下：

1. 根据委托方提供的资料已知：

（1）被评估设备生产率（印染速度）为 30 米/秒，新设备为 90 米/秒；

（2）被评估设备损耗为 30%，新设备为 10%；

（3）被评估设备使用原材料加工纸的价格为 3000 美元/吨，新设备为 2000 美元/吨；

（4）月均印染产量（自经销、代加工、卖模纸）共计 51600 米；

（5）印染模纸 1000 米/吨；

（6）设备剩余年限 13.5 年；

（7）所得税税率 33%；

（8）评估基准日美元与人民币的汇率中间价为 8.2789；

（9）折现率取 7%。

2. 功能性损耗测算。生产率（印染速度）因素影响值。

（1）旧设备月工资额：

①经销 11000 米　单位工资 1.11 元/米　月工资额 12210 元；

②代加工 17800 米　单位工资 0.28 元/米　月工资额 4984 元；

③卖花纸 22800 米　单位工资 0.31 元/米　月工资额 7068 元；

旧设备月工资$\Sigma=24262$元

（2）新设备印染速度 90 米/秒，旧设备为 30 米/秒，新设备月工资成本为：

①经销　$1.11\times1/3=0.37$　$0.37\times11000=4070$元

②代加工　$0.28\times1/3=0.093$　$0.093\times17800=1655$元

③卖花纸　$0.31\times1/3=0.103$　$0.103\times22800=2348$元

新设备月工资$\Sigma=8073$元

（3）月差异额：$24262-8073=16189$（元）

（4）年工资成本超支额：$16189\times12=194268$（元）

（5）减所得税（33%）：$194268\times33\%=64108$（元）

（6）扣除所得税后年净超额工资：$194268-64108=130160$（元）

（7）资产剩余使用年限：13.5 年

（8）折现率取 7%：13.5 年年金折现系数 8.5547

（9）功能性损耗额：$130160\times8.5547=1113480$（元）

3. 按上述步骤测算，得出：

（1）因第一项因素（生产率）得出的功能性损耗为 1113480 元；

同理，按新旧设备损耗率和使用纸的成本不同，计算出第二、第三项因素的损耗；

（2）因第二项因素（损耗）得出的功能性损耗为 1113685 元；

（3）因第三项因素（原材料）得出的功能性损耗为 2938205 元；

（4）上述三因素之和为 5165370 元。

功能性损耗率 = 功能性损耗/重置价格 × 100%

= 5165370/20995772 × 100%

= 24.60%

（四）确定综合损耗率

经济性损耗率 = 0%

综合损耗率 = 实体性损耗率 + 功能性损耗率 + 经济性损耗率

= 15.62% + 24.60% + 0% = 40%（取整）

二、评估价值的确定

评估价值 = 重置全价 ×（1 − 综合损耗率）

= 5454250.68 × 60%

= 3272550 元（取整）

案例分析

1. 该案例是进口机器设备评估的案例。在计算重置全价时，资金成本的计算值得关注。资金成本的计算关键要确定两个因素：一是资金量的大小和投入时间的长短，二是资金的单位使用成本。前者根据实际情况来确定，后者就要具体分析资金的平均投资收益率，通常用银行的存贷款利率来计算。本案例即根据资金投入时间的长短，分别选用了银行一年期贷款利率和半年期贷款利率来计算资金成本。

2. 确定设备实体性损耗率常用的方法有：使用年限法、观察法和修复费用法。修复费用法的使用有一定的条件，其他两种方法的适用范围更大。本案例采用的是进行因素调整后的使用年限法，是使用年限法和观察法在一定层面上的结合。

3. 功能性损耗是由技术进步引起的。通过将被评估设备与功能相同、但性能更好的新设备进行比较，分析二者在运营上的差异并量化，即可得到被评估设备的功能性损耗。在这个过程中，差异分析是很关键的一步。本案例中新旧设备的差异主要是人工成本的差异，在得到人工成本年超支额后，还应扣除所得税。因为人工成本超支将会增加被评估设备的运营成本，降低被评估设备的运营收益，从而减少应计的所得税。在评估中确定的差异应是设备之间的净差异，因此要扣除所得税的影响。

4. 根据有关部门的规定，自 2005 年 2 月起取消海关监管手续费，因此在今后的进口机器设备评估中将不再涉及海关监管手续费。现行增值税率为

25%。

三、成本法的优缺点

成本法主要从资产购建过程的成本耗费角度评估资产的价值。成本法作为资产评估的主要评估方法之一，本身具有一定的优缺点。

（一）成本法的优点

1. 成本法数据来源广泛。成本法主要通过对被评估资产的成本耗费进行估价，包括重置成本和各种损耗的确定。重置成本的取得途径广泛，比如，全新资产若存在现行市场价，可以通过对现行市场价的调整予以确定；如果被评估资产已经停产，可以通过寻找功能相似的参照物，来确定重置成本；如果没有参照物，还可以通过物价指数法对原始成本构成项目进行价格调整。总之，重置成本可以通过多种途径取得。

2. 在不能采用收益法和市场法的情况下，成本法被广泛应用。收益法进行评估需要确定被评估资产的未来收益，市场法的应用则需要寻找参照物，如果不能采用收益法和市场法，则可以利用成本法进行评估。

3. 成本法评估可以对市场价值进行评估，也可以对非市场价值进行评估。

4. 有利于单项资产的评估。相对于收益法来说，成本法有利于单项资产的评估。对于单项资产，不能单独产生现金流，其未来收益也相应难以确定，因此单项资产的评估一般不采用收益法。

5. 有利于资产的保值。成本法评估的是资产的再取得成本，如果依据成本法评估的结果进行资产交易，则有利于资产的保值。

（二）成本法的缺点

1. 对于企业价值的评估，采用重置成本评估，则需要将其分解为各单项资产，逐项评估，工作量较大。

2. 各项贬值因素比较抽象，难以准确掌握各种影响因素的数量值。

3. 有的无形资产，如商誉，无法单独用重置成本法进行评估，需要采用其他方法或多种方法相结合进行评估。

第四节 评估方法的比较与选择

一、资产业务与资产评估的价值匹配原则

（一）资产业务的类型

资产业务即资产评估的服务对象，可以分为以下几种类型：

1. 资产交易。

（1）资产转让。资产转让是指资产的买卖，即资产拥有者将其拥有的资产有偿转让给他人，通常是指转让非整体资产的经济行为。

（2）资产置换。资产置换是指采用非货币性交易的方式进行的资产交换。存货、固定资产、无形资产、股权投资以及不准备持有到期的债券投资等，都可以成为资产置换的对象。

2. 股权变动。

（1）公司合并。公司合并是指公司产权交易后只存在单一的经济主体和法律主体，包括吸收合并和新设合并两种形式。一个公司吸收其他公司为吸收合并，被吸收的公司解散。两个以上公司合并，设立一个新公司，为新设合并，合并各方解散。

（2）股权变更。股权变更是指公司股东拥有的股权由于新增加或转让而引起的变更。

（3）股份经营。股份经营是指拥有资产的法人实体，按照有关法律、法规实施股份制经营方式的行为，如国有企业改制为股份制企业。

（4）其他股权投资。其他股权投资是指整个经济实体以货币资金、有形资产和无形资产直接投入到其他经济实体的行为，也可以是若干经济实体共同投入资产组建新的经济实体的行为。

（5）债务重组。债务重组是指在债务人发生财务困难时，债权人按照其与债务人达成的协议或法院的裁定做出让步的事项。债务重组方式有多种，包括以资产清偿和债务转为资本等。

3. 企业清算。企业清算是指企业因解散或破产而履行清理债权债务、分配剩余财产等法定程序的总称。

4. 融资服务。

（1）抵押。抵押是指债务人或者第三人为转移对财产的占有而将该财产

作为债权的担保。

（2）租赁。租赁是指出租人将财产交承租人使用并获取收益，承租人向出租人支付租金的行为。租赁包括整体资产租赁（即企业租赁）和部分资产租赁。

（3）典当。典当是指财产所有人以其拥有的动产作抵押，而从发放贷款的机构取得款项的经济行为。

5. 纳税服务。单位或个人进行资产交易，需要按规定缴纳相应的税费，这就需要对被交易的资产的价值进行评估，从而计算出纳税额。

6. 咨询服务。咨询服务是指专门的机构或个人接受企事业单位、团体或个人的委托，为其提供专门知识和智力服务。

（1）业绩评价。业绩评价是指对单位负责人在其任职期间的业绩所进行的综合评价，其中涉及到对有关资产的保值增值的评价，这就需要对相关资产进行评估。

（2）为会计核算提供资料。如企业在计提固定资产、长期投资、无形资产等的减值准备时，需要对有关资产进行评估，从而为其提供相关的参考资料。

（3）诉讼。诉讼是指司法机关在当事人和其他诉讼人参加的情况下，依照法定程序未处理案件而进行的活动。在涉及财产赔偿的诉讼时，当事人需要对相关资产进行评估，以便为自己的请求提供依据。法院判决时，也往往需要依据专业评估人员对相关资产的评估结果。

（4）取得资产的现实价值。经济实体或个人往往需要掌握或提供一些有关资产现实价值的资料，如企业向投资人提供本企业资产的现实价值等。

（二）资产业务与资产评估的价值匹配原则①

不同资产业务在评估中使用不同的标准。特定资产业务的目的不同，在评估其现行价格时具体条件也有所不同，因而评估时依据的价格标准和评估的基本方法也不同。资产评估中的价格标准主要有重置成本、现行市价、收益现值和清算价格。这些价格标准分别适用于不同的评估方法、不同的评估目的和不同的评估条件。同时，不同的评估目的和不同的评估条件也必须选择相应的价格标准和评估方法，这是资产评估科学合理的重要保证。这就是不同资产业务在评估中使用的价格匹配原则。

二、各种评估方法的比较与选择

资产评估的市场法、收益法和成本法以及由此衍生出来的其他评估思路共

① 周友梅、胡晓明：《资产评估学基础》，上海财经大学出版社出版。

同构成了资产评估的方法体系。各种方法之间存在着内在联系，并各有特点。正确认识资产评估各方法之间的联系和区别有助于资产评估方法的正确选择。

（一）资产评估方法之间的联系

资产评估各种方法的目的是获得合理的资产评估价值。对于特定的经济行为，在相同的市场条件下，对处于相同状态下的同一资产进行评估，其评估值应该是客观的。这个客观的评估值不会因评估人员所选用的评估方法的不同而出现截然不同的结果。可以说，正是评估的基本目的决定了评估方法之间的内在联系，而这种内在联系为评估人员运用多种评估方法评估同一条件下的同一资产，并做相互验证提供了理论数据。但需要指出的是，运用不同的评估方法评估同一资产，必须保证评估目的、评估前提、被评估对象状态的一致以及运用不同评估方法所选择的经济技术参数合理。

由于资产评估工作基本目标的一致性，同一资产的评估中可以采用多种方法。如果使用这些方法的前提条件同时具备，而且评估师也具备相应的专业判断能力，那么多种方法得出的结果应该趋同。如果采用多种方法得出的结果出现较大的差异，可能的原因有：一是某些方法的应用前提不具备；二是分析过程有缺陷；三是结构分析有问题；四是某些支撑评估结果的信息依据失真；五是评估师的职业判断有误。建议评估师为不同的评估方法建立逻辑分析图，通过对比分析，有利于问题的发现。评估时在发现问题的基础上，除了对评估方法做出取舍外，还应该分析问题产生的原因，并据此研究解决问题的对策，以便最好确定评估价值。

（二）资产评估方法之间的区别

各种评估方法存在本身就说明了各种评估方法之间存在着差异。各种评估方法都是从不同的角度去表现资产的价值。

1. 收益法与重置成本法的比较。

（1）两种方法的评估思路不同。收益法是根据被评估资产的未来收益折现的角度来评估资产的价值，评估出的是资产获利能力的量化与现值化；成本法是从资产重置成本的角度评估资产的价值的一种方法。

（2）两种方法的理论基础不同。收益法的理论基础是资产的效用决定资产的价值；成本法的理论基础是资产的成本耗费决定资产的价值。

（3）两种方法的计算模型存在不同。评估的计算模型是根据评估理论得出的。评估理论不同，相应的评估结论也不同。

（4）两者的影响因素不同。收益法主要受未来收益和本金化率的影响，成本法主要受重置成本、各种损耗和成新率的影响。

2. 收益法与市场法的区别。

（1）两种方法的本质不同。市场法主要适用于单项资产的评估，资产业务可以是联营、兼并、参股与担保，侧重于考虑资产的现行价值；而收益现值法则适用于整体资产评估以投资为目的的资产评估，侧重于考虑资产的未来收益能力。

（2）两者评估的具体原理与方法不同。

（3）两者适应范围与口径不同。市场法主要适用于单项资产的评估，资产业务可以是联营、兼并、参股与担保，侧重于考虑资产的现行价值；收益法则要适用于以投资为目的资产评估，侧重于考虑资产的未来收益能力。

（4）两者的制约因素不同。市场法主要受被评估资产的市场发育程度、形成成本、供求关系和质量影响；而收益法主要受未来收益与折现系数的影响。当然，一项资产的现行市价可能会受到该资产潜在获利能力的影响，而不是与未来收益或收益现值绝对没有联系。

3. 成本法与市场法的区别。

（1）两者的出发点或评估角度不同。成本法是围绕被评估资产的现行再取得成本进行的。市场法是围绕寻求被评估资产的现行市场价值而进行的。

（2）从资产交易的角度来看，重置成本法是从买方的角度来衡量与测算被评估资产的价值，评估的结果代表资产的投放价值，即为了重新形成一项相同的资产所需要的成本；而市场法是从卖方角度来测算资产的价值，是资产的可变现价值，可以说是资产的市场交易价格，理论上还应减去运输费用等变现费用。

（3）市场法受市场约束程度要比成本法大。

下面对各种评估方法在使用范围、主要利弊、比较适用的资产业务方面概括如下：

表 5－4　　常见资产评估方法的比较

评估方法	主要适用范围	主要优点	主要缺点	比较适用的资产业务
市场法	1. 产权交易 2. 投资参股 3. 税基评估中，重置成本法、收益法应用困难时	1. 结果较准确 2. 计算较简单	1. 资料和数据不易搜寻 2. 参照资产难寻找	税基评估和其他相关评估
成本法	1. 通胀率较大 2. 无形损耗较大 3. 技术改造使资产使用效果大大提高 4. 账实不符（财务管理混乱）	1. 实用性强，应用广泛 2. 考虑因素比较全面	1. 工作量大 2. 计算复杂	比较广泛，资产补偿最具代表性

续表

评估方法	主要适用范围	主要优点	主要缺点	比较适用的资产业务
收益法	1. 能继续使用的生产经营性资产 2. 其他因素可量化 3. 对整体资产最具代表性	1. 结果较准确 2. 易为双方接受	1. 范围有限 2. 折现率难确定	1. 产权转让 2. 所有权转让

（三）资产评估方法的选择

资产评估的方法主要有市场法、收益法、成本法。资产评估各种方法之间具有内在的联系，也有各自的特点。资产评估方法的多样性为选择合理的评估方法，有效完成评估任务提供了现实可能性。资产评估方法的选择主要应该考虑以下因素：

1. 评估方法的选择必须与资产评估的价值类型相适应。资产评估的方法作为获得特定价值尺度的技术规程，必须与评估价值类型相适应。资产评估价值类型与资产评估方法是两个不同层次的概念。资产评估的价值类型说明“评什么”，是资产评估价值的质的规定，具有排他性，对评估方法具有约束性；资产评估方法说明“如何评”，是资产评估价值的量的规定，具有多样性和替代性，并服务于资产评估价值类型。资产评估价值类型的准确确定与评估方法的科学选择，是资产评估价值具有科学性和有效性的重要保证。

2. 资产评估方法的选择与评估对象类型相适应。评估对象是单项资产还是整体资产，是有形资产还是无形资产等，往往要求不同的评估方法与其适应。同时，资产评估对像的状态不同，所要求的评估方法也不同。如一台市场交易很活跃的旧机器设备可以采取市场类比法进行评估，而旧的专用设备评估方法，通常只能采用成本法进行。

3. 评估方法的选择受评估方法运用所需要的数据资料以及主要经济技术参数能否取得的制约。每种方法的运用都需要有充分的数据资料作为依据。资产评估的过程实际上也就是搜集资料的过程。就资产评估来说，方法的科学性依赖于方法运用中指标的确定。

4. 资产评估人员在选择和运用评估方法时，如果条件允许，应当考虑三种基本评估方法在具体评估项目中的适用性，如果可以采用多种方法评估，还应当对各种评估方法取得的各种价值结论进行比较，分析可能存在的问题并作相应的调整，确定最终评估结果。

关于资产评估方法的选择和使用，实际上是专业评估人员根据实际条件约束下或模拟条件约束下的资产的价值进行理性分析、论证和比较的过程，通过这个过程做出有足够支撑的价值判断。任何将评估方法的选择和应用的过程简单地理解为评估公式或评估模型的使用或计算的过程的想法都是不正确的。

总之，资产评估方法的选择应根据我们所面对的条件来进行，无论选择哪种方法，其最终目的是为了保证资产评估结果的合理性。

三、各种资产评估方法的程序比较

资产评估的程序是指资产评估工作从开始准备到最后结束的工作步骤或顺序，资产评估程序是按照相应的资产评估方法进行资产评估的步骤，每种方法所对应的评估程序都要满足评估的基本程序，每种评估方法所对应的评估的程序也都有各自的特点。

（一）各种评估方法下的评估程序

1. 市场法下的评估程序。

（1）明确评估对象及其范围。

（2）进行市场调查，收集相同或相似资产的市场信息资料，寻找参照交易物。参照物的选择要注意以下问题：第一，选择的参照物与被评估资产在功能、市场条件、成交地域或成交时间等方面可以相互比较；第二，参照物的选择应该在三个及三个以上。

（3）分析整理所收集的资料，并验证其准确性，判断分析交易条件和交易背景。

（4）将待评估资产与可比参照物进行比较分析，判断它们之间在影响交易价格的各因素方面的差异程度。

（5）分析各类差异对交易价格的影响程度，以待评估资产为标准，以参照交易价格为基准，调整差异，得到待评估资产的评估价值，也称为比准价格。

2. 收益法下的评估程序。

（1）收集验证资产的有关经营、财务状况的信息资料。经营、财务状况的相关信息资料可以来自企业的财务资料、股东大会资料、董事会资料、相关行业的有关资料、国家的宏观经济情况等。经营、财务状况资料主要用来预测被评估资产的未来收益。

（2）计算和对比分析有关的收益、费用指标及其变化趋势。根据上述收集到的资料对被评估资产的未来收益、费用及其变化趋势指标进行分析、计算。

（3）预测资产的预期净现金流量，确定适当的折现率。资产预期净现金流量根据收入、费用的预测来取得。资产的折现率是将未来的收益折算成现值所采用的比率。折现率有不同的称谓，如本金化率、资本化率、还原率等。折现率是指将未来有限期的收益折现成现值的比率；本金化率、资本化率或还原率是指将未来无限期预期收益折算成现值的比率。

（4）估算被评估资产的收益现值。根据收益法的估算模型，来估算被评估资产的收益现值。

3. 成本法下的评估程序。

（1）确定待评估资产的范围，并估算重置成本或者重建成本。重置成本资料需要从市场上或其他途径收集；历史成本资料则需要由资产占有方或委托方提供。

（2）确定被评估资产的使用年限。被评估资产的使用年限可以通过技术鉴定的方法得到，也可以根据相关的制度规定取得。

（3）估算被评估资产的各种贬值。各种贬值是指实体性贬值、功能性贬值、经济性贬值，按照相应贬值估算的方法进行估算。

（4）计算被评估资产的评估价值。利用重置成本扣减各项贬值得到被评估资产的评估价值。

（二）各种资产评估方法的程序比较

资产评估程序可以被看作是分析、收集资料和测算的过程，因此每种评估方法下的程序大体是一致的。但是，因为各种评估方法的理论基础、原理、评估思路等各有特点，所以每种方法下的程序也有其自身的特性。

1. 市场法下评估程序的特点。通过上述分析，我们可以看出，市场法下评估程序与其他方法下的评估程序相比，其特点主要表现在以下几方面：第一，进行市场调查，收集相同或相似资产的市场信息资料，寻找参照交易物。这是市场法评估中的重要评估程序。第二，对收集到的资料进行分析、整理的重点不同。对市场法下收集到的资料，主要分析寻找参照物与被评估资产在市场交易方面的不同，比如说交易条件、交易双方的地位等方面的差异。

2. 成本法下评估程序的特点。成本法下评估程序与其他方法下的评估程序相比，其特点主要表现在以下几方面：第一，需要估测与被评估资产完全相同或功能相似的全新资产的现实重置成本。重置成本的估算需要根据市场资料或非市场资料。第二，估测被评估资产的各种贬值。对于市场法，只需要寻找与被评估资产相似的参照的市场价格，然后进行相应的调整，不需要计算被评估资产的贬值；收益法通过未来收益的折现得到被评估资产的评估值，因此，只有成本法需要计算被评估资产的各种贬值。

3. 收益法下评估程序的特点。收益法下的评估程序与其他方法下的评估程序相比，其特点主要体现在以下几方面：第一，资料来源渠道不同。收益法下需要收集的资料主要是与未来收益预测和折现率预测相关的资料，比如财务信息资料、公司会议资料等等。第二，估测被评估资产的评估值所需要的参数不同。收益法下，需要根据收集到的资料，分析计算被评估资产的未来收益、费用，从而计算被评估资产的未来年净现金流量。

思　考　题

1. 对同一资产，在相同的条件下运用不同的方法进行评估，是否会得出截然不同的评估结论？

2. 各种评估方法的理论依据是什么？

3. 各种评估方法的区别和联系是什么？区别不同评估方法的意义是什么？

计　算　题

1. 评估对象为某企业 2003 年购进的一条生产线，账面原值为 200 万元，2006 年进行评估。经调查分析确定，该生产线的价格每年比上一年增长 10%。专业人员勘察估算认为，该资产还能使用 6 年。又知目前市场上已出现功能更先进的资产，并被普遍运用，新设备与评估对象相比，可节省人员 3 人，每人的月工资水平为 650 元。此外，由于市场竞争的加剧，该生产线开工不足，由此而造成收益损失额每年为 20 万元（该企业所得税税率为 25%，假定折现率为 10%）。根据上述资料，采用成本法对该资产进行评估。

2. 某企业的某项资产拟与国外企业合资，要求对资产进行评估。具体资料如下：该资产账面原值为 300 万元，净值 100 万元，按财务制度规定该资产折旧年限为 30 年，已计折旧年限 20 年。经调查分析确定，按现在市场材料价格和工资水平，新建造相同构造的资产的全部费用支出为 500 万元。经查询原始资料和企业记录，该资产截至评估基准日的法定利用时间为 57600 小时，实际累计利用时间为 50400 小时。经专业人员勘察估算，该资产还能使用 8 年。又知该资产由于设计不合理，造成耗电量大，维修费用高，与现在同类标准资产比较，每年需多支出营运成本 5 万元（该企业所得税税率为 25%，假定折现率为 10%）。根据上述资料，采用成本法对该资产进行评估。

3. 某企业一条生产线设计生产能力为 10 万台，每台市场售价为 1500 元，现因市场竞争加剧，如完成 10 万台产量，每台市场售价降至 1400 元。据测算，该产品寿命周期还有 3 年，折现率为 10%，所得税税率为 25%，试计算该生产线的经济性贬值。

第六章　资产评估的主体和客体

本章学习目的

1. 了解资产评估的主体及其管理。
2. 理解注册资产评估师的法律责任。
3. 熟悉资产评估客体的类型和评估原则。
4. 掌握资产评估客体的范围。

第一节　资产评估主体及其管理

资产评估主体就是进行资产评估的评估机构（法人）。评估机构接受委托方的委托进行资产评估，是资产评估工作的组织者和执行者。由于资产评估机构是为评估委托方和有关各方提供正确、科学、可靠的评估结果，并以资产评估报告书的具体形式反映出来，其工作质量对资产评估工作的顺利进行具有决定性的作用。因此，世界上几乎所有国家都对资产评估工作，特别是对资产评估机构进行一定程度的管理①。

一、资产评估机构

根据《资产评估机构审批管理办法》（财政部令第22号）的规定，资产评估机构是指依法设立，取得资产评估资格，从事资产评估业务活动的社会中介机构。根据我国《资产评估机构管理暂行办法》，从事资产评估的机构，必须持有国家或者省、自治区、直辖市和受委托的计划单列市国有资产管理行政主管部门颁发的资产评估资格证书。

（一）建立资产评估机构的作用

1. 为产权交易双方提供一种公平的交易尺度。资产评估机构是独立于产权交易双方的社会中介机构。其基本职能就是为特定资产业务提供公平的价格

① 于鸿君：《资产评估教程》，北京大学出版社2000年版。

尺度。

2. 有利于实现资产的足额补偿。由于各类资产在企业中都是基本的生产要素，这就使得对这些资产的优化配置和合理利用成为提高企业和整个国民经济效益的重要基础。而资产评估正是资产管理的基础性工作。为此，建立资产评估机构将有利于实现资产的足额补偿和生产要素的优化配置。

3. 培育产权交易市场。产权交易的一个基本条件，就是被交易资产有一个公正合理的价格。只有交易价格公平合理，才能维护交易双方的利益，并促进有效市场的发展和完善。因此，培育产权交易市场也是建立资产评估机构的宗旨之一①。

在我国，对资产评估机构的设立实施行政许可。2004 年 2 月 16 日，经国务院批准同意，中国资产评估协会继续单独设立，履行资产评估行业自律管理职能。资产评估机构应当依法取得资产评估资格，遵守有关法律、法规、执业准则和执业规范。资产评估机构依法从事资产评估业务，不受行政区域、行业限制，任何组织和个人不得非法干预。行业协会应促使机构独立、客观、公正执业，从而提高资产评估质量，促进资产评估行业的发展。资产评估机构应当加入中国资产评估协会，成为中国资产评估协会的团体会员。

（二）资产评估的组织体系

资产评估的组织体系主要由资产评估管理机构、资产评估机构和资产评估从业人员构成②。

1. 资产评估管理机构。资产评估是政策性、专业性极强的工作。要保证资产评估工作健康发展，就需要由政府有关部门进行统一地组织和管理。财政部印发的《资产评估机构管理办法》（《财评字［2005］22 号》）指出：

（1）财政部为全国资产评估主管部门，依法负责审批管理、监督全国资产评估机构，统一制定资产评估机构管理制度；

（2）各省、自治区、直辖市财政厅（局）负责对本地区资产评估机构进行审批管理和监督；

（3）资产评估协会负责对资产评估行业进行自律性管理，协助资产评估主管部门对资产评估机构进行管理与监督检查。

2. 资产评估机构。目前，国内绝大部分省、市均出现了资产评估机构，现全国范围内已实施了机构资质等级的管理制度。所有资产评估机构，都应在国家法定机关注册登记，并持有地、市级以上国有资产管理部门颁发的国有资产评估许可证，同时评估工作要依法进行。

建立专业性、社会性、独立性、高效率的资产评估机构，是完成资产评估

①② 于鸿君：《资产评估教程》，北京大学出版社 2000 年版。

工作的保证。为保证资产评估结果的公平与公正，资产评估机构应具备下列条件：

（1）独立性和社会性。为了使资产评估工作不受各方干扰，保证评估结果的公平与公正，资产评估机构必须具备相对的独立性和社会性。独立性是指资产评估机构必须完全独立于委托单位，与委托单位之间无任何财物利益或其他利害关系，同时也不得经营或从事有损于独立性的活动。社会性是指资产评估机构是一个社会性经济组织，是社会经济生活的中介，既属于政府及其代表机构的管理对象，又具有一般社会组织独立于政府的特征。

（2）法律性和权威性。资产评估机构必须具有法律性，其评估结果应具有权威性，这样才能为有关资产交易各方所认可。法律性是指资产评估机构及其从业人员必须依法从事资产评估业务，同时对资产评估结果负有法律责任，必要时评估人员要负连带责任。权威性是指评估机构必须是所涉及评估业务的专门机构，其评估结果必须科学、合理、公正、可靠，要经得起质疑和法律查询。法律性是权威性的保证和要求，权威性是法律性的基础和依据。

二、资产评估人员

资产评估人员是资产评估工作的具体操作者，是资产评估机构正常运转的人力资源保证。由于资产评估工作是一项复杂的系统工程，具有很强的专业技术性，因此应该按照评估工作量的大小配备一定数量、具有一定专业知识和业务水平的资产评估人员。这既是建立资产评估机构的基础，也是保证资产评估工作顺利进行、确保资产评估结果准确可靠的基本前提。

评估主体和评估人员是既有联系又有区别的两个概念。评估主体是对评估工作进行管理和负责的评估机构或个人；评估人员是直接从事实际评估操作事务的工作人员。当评估人员和评估主体分离时，评估人员对评估主体负责，评估主体对评估人员进行管理并对委托方负责；当评估人员和评估主体合一时，评估人员对委托方负责并自行管理评估工作①。

（一）国外资产评估人员

在发达国家，资产评估行业具有知识密集型的特点，从业人员的知识和技能相对其他行业比较突出。从总体上看，从业人员可以分为行业管理人员和公司经营人员。前者是指在资产评估协会工作的人员，后者是指在资产评估公司工作的人员。后者又可以分为三类：一是评估公司的董事、经理和其他管理人员，这是公司的管理阶层，主要负责公司的经营管理工作。二是评估公司的销

① 吴良海、陈昌龙，2007 年。

售人员，主要任务是通过各种方式把公司的优质服务推销出去，为公司承揽业务。三是专业评估人员，主要由专业技术人员组成，大多是各行各业的工程师和具有相当职称的专家，其中以会计师居多；他们的主要任务是完成公司资产评估业务的技术性工作。这也是资产评估公司的主要技术力量①。

（二）我国的注册资产评估师考试制度

我国目前实行了注册资产评估师（Certified Public Valuer，CPV）制度，它属于职业资格证书制度。CPV是指经全国统一考试合格，取得资产评估师执业资格证书并经注册登记的资产评估人员。注册资产评估师考试工作由人事部、财政部共同负责，日常工作委托中国注册资产评估协会承担，具体考务工作委托人事部人事考试中心组织实施②。

目前考试科目依次为：资产评估、经济法、财务会计、机电设备评估基础、建筑设备评估基础。从事资产评估相关工作满2年，并按照国家有关规定评聘的经济类、工程类高级专业技术职务人员，可相应免试一个考试科目。

（三）资产评估的执业原则

资产评估的执业原则是资产评估机构和资产评估人员从事资产评估活动必须遵循的从业原则，主要包括公正性原则、独立性原则和客观性原则③。

1. 公正性原则。公正性原则是资产评估从业人员和从业组织应遵守的一项最基本的职业道德规范。它要求评估人员公平、客观地测算、评定被评估资产的价值，不能在主观上偏向任何一方损害该资产业务当事人的正当权益。在许多情况下，资产交易的双方对资产的价值有不同的判断，因此需要资产评估机构和评估人员对资产的价值作一个相对公平合理的评定。如果失去公正性，资产评估也就失去了存在的意义。

2. 独立性原则。独立性原则要求资产评估机构和人员摆脱外界的非正常影响，独立自主地对被评估资产的价值进行评定测算，这是资产评估公正性的重要保障。例如挪威评估业及社会各界特别强调评估师的独立性，如某评估师年收入的20%来自于某保险公司或银行，其独立性将会受到怀疑④。

3. 客观性原则。客观性是指不带个人偏见，按照事物的本来面目去认识事物。客观性要求资产评估工作实事求是，尊重客观实际。资产评估机构及其评估人员在评估工作中必须以实际材料为基础，以确凿的事实和事物发展的内

---

①② 周友梅、胡晓明主编，《资产评估学基础》，上海财经大学出版社2007年版。

③ 于鸿君：《资产评估教程》，北京大学出版社2000年版。

④ 中国资产评估协会编：《借鉴与参考—国外资产评估行业考察研究报告》，中国财政经济出版社2007年版。

在规律为依据，以求实的态度为指针，实事求是地得出评估结果，而不可以自己的好恶或者其他个人的情感进行评估。资产评估结果是评估人员认真调查研究，通过合乎逻辑地分析，推理得出的，具有客观公正性的评估结论①。

（四）注册资产评估师的法律责任

资产评估人员的责任体系由专业责任和法律责任两部分组成。专业责任是指评估人员违反行业有关专业规定和要求而承担的责任；法律责任则是资产评估人员违反法律、法规所必须承担的责任②。

1. 我国资产评估人员的法律责任体系。资产评估人员如果故意提供虚假报告或犯有重大过失，将会对委托人、依赖评估报告的第三人及有关政府部门造成重大损失。因此严格资产评估人员的法律责任，强化资产评估人员的责任意识具有十分重要的意义。

近年来，我国陆续制定了有关资产评估工作的法律、行政法规和部门章程等，其中比较重要的有《国有资产评估管理办法》、《国有资产评估管理办法实施细则》、《资产评估机构管理暂行办法》、《关于从事证券业务的资产评估机构资格确认的规定》、《股票发行和交易管理暂行规定》、《中华人民共和国刑法》、《中华人民共和国保险法》、《中华人民共和国城市房地产管理法》、《中华人民共和国公司法》、《中华人民共和国合伙企业法》、《中华人民共和国拍卖法》、《国有企业财产监督管理条例》、《国务院关于股份有限公司境内上市外资股的规定》、《中华人民共和国审计法实施条例》、《中华人民共和国土地增值税暂行条例》、《中华人民共和国证券法》、《中华人民共和国土地管理法》、《企业国有资产监督管理暂行条例》等，这些法规分别从不同的角度和着重点对资产评估工作做出了相应的规定。资产评估人员的行政责任、民事责任和刑事责任的有关规定散见于这些文件中③④。

由上述法律、法规和规章规定的责任条款构成了评估法律责任体系，其关系见图6－1。

法律	公司法	刑法	证券法
法规	国有资产评估管理办法		
规章	国有资产评估违法处罚办法		

图6－1　评估法律责任体系

① 全国注册资产评估师考试用书编写组编：《经济法》，经济科学出版社2008年版。

② 周友梅、胡晓明主编：《资产评估学基础》，上海财经大学出版社2007年版。

③ 刘萍、俞明轩主编：《注册资产评估师责任与风险防范》，中国财政经济出版社2004年版。

④ 中国资产评估协会编：《中国资产评估行业规范汇编》，中国财政经济出版社2006年版。

2. 注册资产评估师法律责任的内容。根据我国现行规定和司法实践，我国资产评估人员的法律责任主要包括三大类：即资产评估人员的行政责任、民事责任和刑事责任。

行政责任是指根据法律、法规，资产评估人员违反了有关行政性管理规定所应承担的法律责任，一般体现为政府行政主管部门或其授权部门根据《中华人民共和国行政处罚法》对违法人员予以行政处罚。在我国评估业中应承担的行政责任是三种法律责任形式中最直接的、最大量的、也是广大评估工作者最熟悉的一种形式。由于资产评估人员必须在评估机构从业，由评估机构签署业务委托合同，并由评估机构和资产评估人员在评估报告书上共同签章，因此行政处罚又具体分为对资产评估机构的处罚和资产评估人员的处罚。

民事责任就是按照民法的规定，民事主体在违反其民事义务时所承担的法律责任。① 注册资产评估师民事责任泛指注册资产评估师在执业中给委托人或第三人合法权益造成的伤害，依法应由资产评估机构承担的民事法律责任，通常也称其为资产评估师的“专家民事责任”。具体说就是资产评估人员的行为给他人造成经济损失的，应予以赔偿。

刑事责任是指资产评估人员违反刑法规定，触犯刑律所应承担的法律责任。触犯刑律的严重违法行为属于犯罪行为，具有严重的社会危害性，因而对其处罚也最为严厉。根据1997年3月14日修订的《中华人民共和国刑法》规定，我国资产评估人员实施犯罪行为须承担明确、严厉的刑事责任，明确了“提供虚假证明文件罪”和“证明文件失实罪”两种罪名刑罚，处罚相当严厉，最高可判处十年以下有期徒刑。不仅故意提供虚假证明的须承担刑事责任，过失犯罪情节严重的也要接受刑罚制裁；不仅直接责任人员对犯罪行为承担刑事责任，对评估机构直接负责的主管人员和其他责任人员根据情节严重程度也应依照相关规定追究刑事责任。

3. 承担法律责任的归责要件。根据我国的《民法通则》第一百零六条及《合同法》的有关规定，无论违约责任还是侵权责任，一般都适用过错原则，而过错原则的归责要件是以下四项：

（1）违法行为。行为人实施了违法行为时承担侵权责任的前提条件，是指行为人实施的行为违反了法律的禁止性规定或强制性规定。评估师承担侵权责任的违法行为体现在：未按照执业规则规定的工作程序出具报告，报告内容弄虚作假，虚假陈述造成相关方损失的；泄露其从评估过程中获得的委托人或者利害关系人的商业秘密。需要注意的是，证券市场虚假陈述民事责任的承担，根据司法解释的规定由前置程序，即原告必须持有“有关机关的行政处

---

① 刘萍、俞明轩主编：《注册资产评估师责任与风险防范》，中国财政经济出版社2004年版。

罚决定或者人民法院的刑事裁判文书”，才能起诉①。

（2）损害事实。损害事实系指注册资产评估师违反执业规范，对委托人或第三人合法权益造成损害的事实，无损害即无责任。

对评估师而言，损害事实是给利益相关者造成的经济或其他方面的损害。利益相关者主要包括委托人和利害关系人。委托人是指委托评估师进行评估、咨询等专业服务的人，虽然咨询不具有保证性和鉴证性，但如果存在重大的误导并结合主观的过错，也应该成为损害事实的行为。利害关系人是指委托进行交易或者其他民事活动的人，而且此项交易或者民事活动应当与评估师所承办的委托事项具有直接或间接的联系（也称相关第三者）。

（3）因果关系。是指违法行为与损害结果之间的客观联系，即特定的损害事实是否是行为人的行为必然引起的结果。

因果关系是评估师承担民事责任的重要要件和必备环节，在侵权行为法中关于因果关系的阐述是相当复杂和多样化的，法理上有诸多的争议。一般来讲，无因果无责任。但在司法实践中，往往更多关注的是直接原因和间接原因、主要原因和次要原因的关系。直接原因与间接原因是根据原因行为是否与损害结果存在必然联系加以判断，直接原因承担相应的侵权责任，而间接原因就需根据在侵害结果中产生的作用划定承担责任的范围；区分主要原因和次要原因，主要是依据原因对损害后果做出的大小程度来判断，由此决定各个原因行为应承担责任的范围。

（4）主观过错。过错是行为人承担侵权责任的必备前提，可分为故意和过失两种基本形式。所谓故意，是指评估师明知自己违反法律、法规、职业道德或执业准则的行为会对委托人或相关第三者造成损害后果，仍然希望或者放任这种后果的发生。过失从本质上讲是指违背了法律和职业道德、执业准则对其提出的恪尽职守的义务。

4. 国外评估业有关法律的内容简介。

（1）评估师惩戒处罚上的形式。国外的资产评估违规处罚的惩戒方式主要包括：警告、罚款、谴责、暂停执业资格、撤销执业资格等。例如：美国对评估人员的处罚包括：警告、降级、暂停注册、公开谴责、撤销资格等；英国（RICS）对评估人员的处罚包括：罚款和取消资格，最严重的处理就是公告其离开行业；《南非资产评估师法》规定，对评估人员的惩戒由评估师管理委员会负责，管理委员会的惩戒权利包括对评估人员不当行为的调查和处罚权利。处罚的措施包括：警告、谴责或并处罚款、暂停不超过一年的注册资格、撤销注册资格。在实施委员会的调查权时，委员会有权传讯相关人员并取证；《澳大利亚南威尔士州不动产评估人员注册法》规定，公平交易局的总干事负责

① 中国资产评估协会组编：《资产评估业务管理与实践》，经济科学出版社2005年版。

注册记录中评估人员的调查、处罚及起诉。处罚的种类包括：谴责或警告、暂停评估人员注册资格、除名。

三、资产评估机构及人员的管理

我国资产评估行业实行政府管理和行业自律性管理相结合的管理体制①。

政府对评估行业的行政管理职责主要包括：拟定行业的法律法规、制定行业发展的制度规章、进行评估机构的准入登记、协调行业外部环境、监督指导行业协会。

行业协会的自律管理职责主要是：负责评估师执业准入、监管评估师执业质量、对评估师违规行为进行惩戒、进行评估师的日常管理、开展评估师职业教育、维护评估师合法权益、向社会宣传推广行业、协助立法机关和政府起草行业法律法规和规章制度，行业的国际交流、刊物出版、网络建设等也是行业自律管理组织的重要任务。另外资产评估协会在负责对资产评估行业进行自律性管理的同时，协助资产评估主要管理部门对资产评估机构进行管理与监督检查。无论是政府行政管理还是行业自律管理，都实行统一领导、分级管理的原则②。

根据国务院“三定”方案的规定，财政部负责全国的资产评估监管工作，地方各级资产评估管理部门按照国家政策法规和上级资产评估管理部门的规定，负责监督管理本级的资产评估工作。上级资产评估管理部门对下级资产评估管理部门在资产评估管理工作中不符合规定的做法，有权进行纠正。

（一）我国对资产评估机构的管理

从机构准入的制度安排来看，1993 年，根据《国有资产评估管理办法》（国务院第 91 号令）等相关规定，原国家国有资产管理局颁布了《资产评估机构管理暂行办法》。1998 年政府机构改革后，根据当时在全国范围内开展的资产评估行业的清理整顿、脱钩改制的需要，财政部财产评估司修订并印发了《资产评估机构管理暂行办法》（118 号文），资产评估机构转变为由注册资产评估师个人发起设立的机构，成为相对独立的经济实体。2003 年《行政许可法》颁布后，根据《国务院关于第三批取消和调整行政审批项目的决定》，资产评估机构的审批级次调整下放到各省、自治区和直辖市财政部门行使，注册资产评估师的注册也改变了管理方式，由行业组织自律管理。

资产评估不等同于价格评估，资产评估机构审批与价格评估机构资质认

① 于鸿君：《资产评估教程》，北京大学出版社 2000 年版。

② 全国注册资产评估师考试用书编写组编：《经济法》，经济科学出版社 2008 年版。

定，属于由财政部和国家发展改革委分别实施的两项行政许可，国家发展改革委公布的《价格评估机构资质认定实施办法》对资产评估机构及人员并无约束力。依法取得资产评估资格证书并经工商部门注册设立的资产评估机构，从事评估业务不需要向政府价格主管部门另外申请资质认证。

（二）对资产评估从业人员的管理

针对资产评估从业人员的管理，主管部门及中国资产评估协会先后发布了如下文件：《国务院办公厅转发财政部关于加强和规范评估行业管理意见》的通知（国办发［2003］101号），中国资产评估协会关于印发《注册资产评估师注册管理办法（试行）》（中评协［2005］90号）、关于印发《注册资产评估师年检办法》的通知（中评协［2005］187号）、关于印发《注册资产评估师证书与印鉴管理办法》的通知（中评协［2006］95号）[①] 等。这些文件的发布以及现代资本市场的发展都对评估师提出了更高的素质要求[②]，包括政策理论素质、业务素质、思想品德素质等[③]。

1. 评估师管理。相关机构应加强对注册资产评估师的管理。注册资产评估师应妥善保管资产评估师证书和印鉴，不得允许他人使用证书和印鉴，不得在自己未参与的项目上签字。注册资产评估师不得跨所执业，对转所的以转出协会同意转出的日期为准，在此日期前，仍只能在原机构执业签字。有关机构应加强对注册资产评估师的培训和后续教育，建立科学的培训奖惩制度，引导注册资产评估师总结执业经验教训，激励其积极钻研某一领域的专业问题，鼓励注册资产评估师参加有关非评估类讲座（如证券类讲座、企业改制类讲座、关税政策讲座等）。

2. 专家和专家库管理。资产评估涉及各行业、各领域，不可避免地经常遇到各类专业问题。而这些专业问题的解决，需要有关专家的协助。资产评估师聘请有关专家解决各类专业问题是允许的，也是必需的，但有关专家的建议、成果、结论则由注册资产评估师负责。因此，要求评估机构和注册资产评估师加强对专家及专家库的管理。

3. 其他人员管理。一般的评估人员在资产评估的第一线，是主要的具体实施人员，是控制评估风险、提高评估质量的关键环节，再严密的三级审核程序也比不上一个高度负责的评估队伍可靠。因此，评估机构要加强对有关人员的风险教育，强化业务培训，提高其执业水平；应该建立激励机制和考核机制，将评估人员的工作表现和工作成果与其收入紧密挂钩。

---

① 中国资产评估协会编：《中国资产评估行业规范汇编》，中国财政经济出版社2006年版。

② 刘萍、俞明轩主编：《注册资产评估师责任与风险防范》，中国财政经济出版社2004年版。

③ 中国资产评估协会组编：《资产评估业务管理与实践》，经济科学出版社2005年版。

最近十多年来，我国资本市场飞速发展，对国民经济发展的影响日益突出，中国证监会正在全力推进我国资本市场的改革和发展。虽然评估行业在资本市场的发展过程中扮演着越来越重要的角色，但近几年来由于评估行业管理体制和评估机构自身等各种原因，评估行业还不能很好地满足资本市场的要求和社会公众对评估行业的期望。这一点通过2004年的全国范围内的资产评估行业全面检查工作结果可以发现①。为了解决这些问题，财政部和中国证监会一直在做各种努力，比如改革准入制度、完善管理机制、加强日常监督、公开披露不良执业信息、合理定位评估行业等。评估行业从业人员应该看到，目前的评估水平和资本市场乃至全社会对评估的要求和期望还有较大的差距。

第二节　资产评估的客体

一、概述

资产评估的客体即被评估的对象，是指被评估的资产。② 资产，从理论上来讲是特定权利主体拥有或控制并能为其带来经济利益的经济资源，还具有价值和交换价值的特点。资产评估的目的主要是估算出被评估资产的现实市场价值。无论会计制度如何改革，并不改变资产的性质，更不影响评估的性质。

确认资产是资产评估的实际起点。它是根据资产业务本身的性质来界定资产量化对象的功能。尽管资产这个范畴在会计学和资产评估学上含义类似，但是在会计中确认为资产的，在评估中却不一定被确认为资产。即使在评估实务中，一种评估目的下确认为资产的项目，在另一种评估中不一定被确认为资产。进一步说，在某种情况下，同一资产项目之于不同的评估目的，所确认的估价对象有可能是体现这项资产的不同属性。资产评估的基础功能，就是根据资产业务本身的性质和评估目的的特定内涵，界定量化价值的对象、范围和属性，即确认资产③。

① 中国资产评估协会组编：《资产评估业务管理与实践》，经济科学出版社2005年版。

②③ 刘萍、俞明轩主编：《注册资产评估师责任与风险防范》，中国财政经济出版社2004年版。

二、资产评估客体的类型

（一）按资产评估客体是否具有综合获利能力划分

按资产是否具有综合获利能力分类，资产可以分为单项资产、资产组合和企业价值评估。单项资产是指单台、单件资产，而资产组合是指由两项以上的资产组合而成的具有获利能力的资产，例如单项资产之间的组合、无形资产与有形资产之间的、证券市场中的投资组合等等。企业价值评估是一种整体性的评估。企业价值是由多个或多种单项资产组成的资产综合体。这种综合是一种有机结合，不是各个单项资产的评估值的简单加和。企业价值评估的实质是对各种契约/合同相对应的众多经济权利所反映的价值做出判断及评价。

（二）按资产评估客体的存在形态划分

在我国的资产评估中，按资产评估客体的存在形态划分通常可以分为有形资产和无形资产。有形资产是指那些具有实物形态的资产，包括机器设备、房屋建筑物、流动资产等。由于这类资产具有不同的功能和特性，在评估时应分别进行。无形资产是指那些没有实物形态，但在很大程度上制约着企业物质产品生产能力和生产质量，直接影响企业经济效益的资产，主要包括专利权、商标权、非专利技术、土地使用权、商誉等。

（三）按资产评估客体能否独立存在划分

依据《资产评估准则——无形资产》定义，可以分为可确指的资产和不可确指的资产。可确指的资产是指能独立存在的资产，前面所列示的有形资产和无形资产，除商誉以外都是可确指的资产；不可确指的资产是指不能脱离企业有形资产而单独存在的资产，如商誉。商誉是指企业基于地理位置优越、信誉卓著、生产经营出色、劳动效率高、历史悠久、经验丰富、技术先进等原因，所获得的投资收益率高于一般正常投资收益率所形成的超额收益资本化的结果。

（四）按资产评估客体的工程技术特点划分

按资产评估客体的工程技术特点划分为流动资产、机器设备、无形资产、房地产、长期投资、金融不良资产、珠宝首饰和资源资产。

1. 流动资产。流动资产是指企业在一年内或者超过一年的一个营业周期内变现或者耗用的资产。一般包括货币资金、应收票据、应收账款、预付账款、其他应收款、存货、交易性金融资产、待摊费用、其他流动资产等[①]。按照流动资产在资产评估中表现的不同形态可划分为以下三类：

（1）实物类流动资产，通常又称为存货资产，是指企业在生产经营过程中为销售或者耗用而储备的具有实物形态的资产，包括各种材料、燃料、库存、商品、在产品、半成品、包装物、低值易耗品、分期收款发出商品、委托代销商品等。

（2）货币类流动资产，是指现金和各项存款等具有现金等价物性质的流动资产，它通常表现为一个固定的金额。

（3）债权类流动资产。包括各种应收及预付款项、短期投资和其他费用等具有债权性质的流动资产。它们没有一定的实物形态，而且其价值不能直接以账面价值反映。

2. 机器设备。《资产评估准则——机器设备》所称机器设备是指人类利用机械原理以及其他科学原理制造的、特定主体拥有或者控制的有形资产，包括机器、仪器、器械、装置、附属的特殊建筑物等。从会计的角度看，机器设备是指符合固定资产条件（使用年限超过一年，单位价值在规定标准以上，并且在使用过程中保持原有物质形态）的机器、设备、装置、仪器、工具或器皿等。

这一定义借鉴了国际财务报表准则（IAS）以及国际评估准则（IVS－3）的有关定义。

国际财务报表准则（IAS）中对机器设备作如下定义：财产、机械设备、有形资产被用于生产过程中或者提供商品或服务的过程中，也可租赁给他人，或者用于管理目的，而且一般可以使用超过一个会计期间的时间。

国际评估准则——厂场设备（IVS－3）中对机器设备定义为：设备、机器和装备是用来为所有者提供收益的、不动产以外的有形资产。设备是包括特殊性非永久性建筑物、机器和仪器在内的组合资产；机器，包括单独的机器和机器的组合，是指使用或应用机械动力的器械装置，由具有特定功能的结构组成，用以完成一定的工作；装备是用以支持企业功能的附属性资产。

3. 无形资产。我国2001年颁布的《企业会计准则——无形资产》中规定，无形资产“包括专利权、非专利技术、商标权、著作权、土地使用权、商誉、购入的能够单独计价的计算机软件和支付的土地出让金等”。

《资产评估准则——无形资产》中是指特定主体所控制的，不具有实物形态，对生产经营长期发挥作用且能带来经济利益的资源[②]。

① 其他流动资产，是指除以上流动资产之外的流动资产，从评估角度讲是指在评估基准日应摊销或应延期摊销的费用。

② 财政部关于印发《资产评估准则——无形资产》的通知，财会［2001］1051号。

目前，国际上对无形资产的界定不完全一致。《国际会计准则第 38 号——无形资产》规定，无形资产指为用于商品或劳务的生产或供应、出租给其他单位、或为管理目的而持有的、没有实物形态的可辨认资产。英国《财务报告准则第 10 号——商誉和无形资产》认为，无形资产指不具实物形态、可辨认、企业可以控制的非金融性长期资产。

4. 房地产。房地产是指地产及附着其上的并与之紧密结合为一体的房产的统称。地产是指土地物质及附属的各种权利和资产的总称；房产则是指土地附着物，即附着于土地，且在与土地不分离状态下才不会破坏原有使用性能的各种房屋、构筑物等。

注意地产概念中“附属的各种权利”并不仅指所有权（产权），而包括所有权、使用权、租赁权等实质上能为使用者带来利益的各种权利。

房地产在欧美国家统称为不动产（Real Estate），或者只用“地产”一词代称。

在我国，由于土地所有权与土地使用权相分离，地产有其特殊的含义。因此，我国房产和地产各有所指，而房地产是房产和地产的统称。

5. 长期投资。国际会计准则第 25 号指出：“投资是指企业为了通过分配（如利息、使用费、股利和租金等）增加财富，为了资本增值或者为了给投资企业带来诸如通过贸易关系所能获得的其他利益而持有的资产”。

在资产评估中，长期投资是指企业以获取投资收益为目的，持有时间超过一年，向那些并非直接为本企业使用的项目投资资产的行为。作为企业资产重要组成部分的长期投资，是指长期投资的资产。因此，长期投资的评估并非指对企业长期投资行为的评估，而是对长期投资资产的评估。

（1）按投资的性质分类。

①权益性投资，是指为了获取其他企业的权益或净资产而进行的投资，如对其他企业的股票投资、联营投资等。

②债权性投资，是指为了取得债权企业进行的投资，如购买国库券、公司债券等。

③混合性投资，这种投资通常兼有权益性投资和债权性投资的性质，如企业购买的优先股股票、购买的可转换公司债券等。

（2）按投资的形式分类。长期投资按投资的形式可以分为实物资产投资、无形资产投资和证券资产投资。

①实物资产投资主要包括投资方以厂房、机器设备、材料等作为资本金的投资。

②无形资产投资是指企业以专利权、专有技术、土地使用权等作为资本金进行的投资。

③证券资产投资是指通过证券市场购买其他企业的股票和债券等而进行的

投资。

6. 金融不良资产。《金融不良资产评估指导意见（试行）》中的金融不良资产（Non－performing Assets）是指银行持有的次级、可疑及损失类贷款，金融资产管理公司收购或接管的金融不良债权以及其他非银行金融机构持有的不良债权①。

关于金融不良资产的定义，权威的经济学经典辞书尚未对此做出精确的科学解释。学术界和实务界的共识就是指银行的不良贷款，目前有以下两种定义②：

（1）国际通行的解释。国际银行业为了贷款风险管理的需要，把未到期的信贷资产划分为五类：正常（Pass）、关注（Special mention）、次级（Substandard）、可疑（Doubtful）、损失（Loss）。其中后三类被称为不良贷款（Bad loan），也称为金融不良资产，是指不能按照贷款合同按期归还并使银行遭受一定比例损失的贷款。

（2）法律上的界定。中国人民银行 1996 年 6 月 28 日发布的《贷款通则》第 34 条规定："不良贷款系指呆账贷款、呆滞贷款、逾期贷款。呆账贷款，系指按照财政部有关规定列为呆账的贷款。为了与国际贷款风险管理相接轨，中国人民银行 1998 年 4 月 20 日发布的《贷款风险分类指导原则（试行）》第 3 条规定："评估银行贷款质量，采用以风险为基础的分类方法，即把贷款分为正常、关注、次级、可疑和损失五类，后三类合称不良贷款"。可见，现阶段我国法律对于金融不良资产的界定是和国际上保持同步的。

7. 珠宝首饰。《珠宝首饰评估指导意见》指出，珠宝玉石泛指一切经过琢磨、雕刻后可成为首饰或工艺品的材料③。财政部关于规范珠宝首饰艺术品评估管理有关问题的通知则定义为：珠宝首饰是指珠宝玉石和贵金属的原料、半成品以及用珠宝玉石和贵金属的原料、半成品制成的佩戴饰品、工艺装饰品和艺术收藏品④。

8. 资源资产。资源是人类赖以生存和发展的基础，是可供人类利用的宝贵财富。资源资产是在现有认识和科学技术水平条件下，通过开发利用，能够为产权主体带来一定经济利益的自然资源。广义的资源包括自然资源、经济资源和人文社会资源等。狭义的资源是指自然资源，包括矿产资源、森林资源、土地资源、水资源等等。在本书中，资源资产是指由狭义的自然资源转化而成的资产。

---

① 关于印发《金融不良资产评估指导意见（试行）》的通知，中评协［2005］37 号。

② 陈俊尧：《基于实物期权的不良资产定价研究》，西安理工大学 2007 年版。

③ 丘志力等编著：《珠宝首饰系统评估导论》，中国地质大学出版社 2006 年版。

④ 关于印发《珠宝首饰评估指导意见》的通知，中国资产评估协会 2003 年 1 月 28 号发布财政部关于规范珠宝首饰艺术品评估管理有关问题的通知，财企［2007］141 号。

（1）自然资源。自然资源是指自然界中人类可以直接获得的用于生产和生活的物质要素。未被发现或发现了但不知其用途的物质不是资源，因而也没有价值。自然资源是一个动态的概念，信息、技术和相对稀缺性的变化都能把以前没有价值的物质变成宝贵的资源。按照研究的角度和目的不同，根据自然资源的自然属性、经济属性和生态属性，可以对自然资源进行多种分类。

（2）自然资源的分类。

①根据自然资源在开发过程中能否再生，可划分为耗竭性资源和非耗竭性资源。耗竭性资源的主体是矿产资源，是经过漫长的地质过程形成的，随着人类的开发利用，其绝对数量和质量有明显地减少和下降现象，是不可再生资源。

非耗竭性资源基本上是由环境要素构成的，在合理开发利用的限度内，人类可以永续利用。非耗竭性资源可分为恒定的非耗竭性资源、可再生的非耗竭性资源和不可再生的非耗竭性资源。

②按照资源的性质，从自然资源与人类的经济关系角度，可划分为环境资源、生物资源、土地资源、矿产资源和景观资源等。

三、资产评估客体的评估范围及原则

（一）资产评估客体评估范围界定的必要性和评估原则

1. 评估范围界定的必要性。评估范围的界定是资产评估行为的重要事项，是资产评估工作开展的内容范围，是分清委托方和评估机构职责的关键环节。界定评估范围是委托方的职责，在评估约定书中应约定明确的评估范围。委托方提供的评估申报表应与约定书中的范围一致。评估报告书中叙述的评估范围则应与评估申报表和约定书中的范围一致。也就是说，评估约定书、评估申报表与评估报告书中评估范围的叙述之间是完全一致的，任何的修改都不能单独进行。委托方应对评估申报表的填列和出具完全负责，对评估申报表和随后的修改记录须加盖委托方公章并由经办人员签字。在此基础上，评估机构内部应加强工作环节的匹配和衔接，加强三级复核制度，加强与委托方之间的反馈和沟通，以避免重评或漏评现象。

委托方纳入评估范围的各项内容，应是委托方所属的或经授权委托评估（处置）的资产，应具备作为评估对象的基本属性。委托方不具有产权且未经授权的资产不能纳入评估范围，如经营性租入的资产、融资性租出的资产、他人暂存在委托方处的资产、业已售出但未领走的资产等。纳入评估范围的各项内容还应具备可以作为评估对象的基本属性，如设备材料价差不是一项资产，不适合作为评估对象。如发明专利申报权，这项权利在现实背景和环境中不存在，也就不能成为评估对象。在评估范围的界定过程中，注册资产评估师应充分关注那些权属或用途相互关联或相互影响的资产问题。

2. 资产评估的原则。资产评估的原则分为两大类，即资产评估的执业原则和技术原则。资产评估的执业原则包括客观、独立和公正，前面已有论述。由于资产评估或多或少总存在一定的主观性，因此，为保证评估结果相对公正、合理，要求评估人员在定价时遵循一定的原则。资产评估的技术原则是指在资产评估执业过程中的一些技术规范和业务准则。它们为评估人员在执业过程中的专业判断提供技术依据和保证。这些原则主要包括预期收益原则、供求原则、贡献原则和评估时点原则。

(1) 预期收益原则。预期收益原则是指在资产评估过程中，资产的价值可以不按照过去的生产成本或销售价格决定，而是基于对未来收益的期望值决定。资产评估价值的高低，取决于现实资产的未来效用或获利能力。预期收益原则是以技术原则的形式概括出资产及其资产价值的最基本的决定因素。资产之所以有价值是因为它能为其拥有者或控制者带来未来经济利益。资产价值的高低主要取决于它能为其所有者或控制者带来的预期收益量的多少。预期收益原则是评估人员判断资产价值的一个最基本的依据。

(2) 供求原则。供求原则是经济学中关于供求关系影响商品价格原理的概括。假定在其他条件不变的前提下，商品的价格随着需求的增长而上升，随着供给的增加而下降。尽管商品价格随供求变化并不成固定比例变化，但变化的方向都带有规律性。供求规律对商品价格形成的作用力同样适用于资产价值的评估，评估人员在判断资产价值时也应充分考虑和依据供求原则。

(3) 贡献原则。贡献原则是指某一资产或资产的某一构成部分的价值，取决于它对其他相关资产或资产整体的价值的贡献，或者根据当缺少它时对整体价值的影响程度来确定。从一定意义上讲，贡献原则是预期收益原则的一种具体化原则。它也要求资产价值的高低要由该资产的贡献来决定。贡献原则主要适用于构成某整体资产的各组成要素资产的贡献，或者是当整体资产缺少该项要素资产将蒙受的损失。

(4) 替代原则。替代原则即价格最低的同质商品对其他同质商品具有替代性，即相同效能的资产，最低价格的资产需求最大。作为一种市场规律，在同一市场上，具有相同使用价值和质量的商品，应有大致相同的交换价值。如果具有相同使用价值和质量的商品，具有不同的交换价值或价格，买者会选择价格较低者。当然，作为卖者，如果可以将商品卖到更高的价格水平上，他会在较高的价位上出售商品。在资产评估中确实存在着评估数据、评估方法等的合理替代问题，正确运用替代原则是公正进行资产评估的重要保证。

(5) 评估时点原则。市场是变化的，资产的价值会随着市场条件的变化而不断改变。从理论上说，资产评估是对动态资产价格的现实静态反映。这种反映越准确，评估结果越科学。为了使资产评估得以操作，同时，又能保证资产评估结果可以被市场检验，在资产评估时，必须假定市场条件固定在某一时点，这一时点就是评估基准日。它为资产评估提供了一个时间基准。资产评估的评估时点原则要求资产评估必须有评估基准日，而且评估值就是评估基准日的资产价值。国际评估准则词汇定义：评估基准日为“特定的时间点”，评估师的价值意见为该时点价值意见，价值标准是该时间点适用的价值标准。

资产评估的各技术原则是相互联系的，在评估过程中应综合运用这些原则，以保证资产评估工作效率的提高和评估结果的合理性。应当说明的是，被评估资产的价值，客观存在的是一个量，人们对它的评估就是确定这一合理的量。资产评估就是要通过对资产的全面认识和判断，来反映其客观价值。但是，一般来说，要使评估值与资产客观价值完全一致是很难的，资产评估人员的目标或任务应是努力缩小这个差距。

下面根据资产的类别来逐一阐述其特点、评估范围及原则。

（二）流动资产评估范围及原则

1. 流动资产的特点。流动资产作为企业的一项资产，与企业其他资产相比具有如下特点①②③：

（1）周转速度快。流动性是流动资产的主要特征。除包装物和低值易耗品外，其实物形态一般直接参加企业的一个生产循环，就改变了原有的实物形态，并将其价值全部转移到所生产的产品中，构成了产品成本的重要组成部分。其价值也随着产品的销售得到补偿，所以周转速度快是流动资产的一个显著特点，并且周转速度的加快能给企业带来增值。

（2）变现能力强。各种形态的流动资产一般都能在较短的时间内被出售或者变卖，具有较强的变现能力，是企业对外支付和偿还债务的重要物质基础和保障。一个企业拥有变现能力强的流动资产越多，企业的风险性就越小。变现能力强是企业流动资产区别于其他资产的重要标志，但各种形态的流动资产，其变现速度是有区别的。

（3）占用形态同时并存又相继转化。在企业的再生产过程中流动资产依次经过购买、生产、销售三个阶段，并分别采取货币资产、储备资产、生产资产和成品资产等形态，不断地循环流动。因此，企业的流动资产是以多种形态并存于企业生产经营过程各个阶段的。同时，各种形态的流动资产又按照生产经营过程的顺序相继转化，如此周而复始地形成流动资金循环和周转的过程。

---

① 吴良海、陈昌龙主编：《北方交通大学出版社》，2007 年版。

② 周友梅、胡晓明主编：《资产评估学基础》，上海财经大学出版社 2007 年版。

③ 全国注册资产评估师考试用书编写组编：《资产评估》，中国财政经济出版社 2008 年版。

（4）具有较强的波动性。企业的流动资产，尤其是存货，一般随着生产经营的进行，需要不停地购买和销售，受供求关系和生产、消费的季节性影响较大，通常还要受到宏观经济形势等多种经济因素的影响和制约，从而导致其占有总量、形态及构成比例呈现出显著的波动性。

（5）市价与成本相近。由于流动资产具有较强的流动性，一般来说在企业滞存的时间不长，市价与成本不会相差很远，即其成本更接近市价。再加上其波动性较强，对评估时点的要求相对来说比较严格。

2. 流动资产评估的范围。流动资产范围难以界定，不同类型企业中流动资产的表现形态是不一样的。除我国以外，国外对流动资产一般不评估。我国从企业全部资产的完整性考虑，也把它纳入评估的范围。需要强调的是，不管是否把流动资产作为评估对象，在上市公司整体评估时，对流动资产的状况都必须予以考虑。因为流动资产越多，偿债能力越强。而流动资产扣减流动负债是公司的营运资金，它对公司的运营能力、盈利能力会产生很大的影响。所有这些，均会影响公司整体评估价值。

从资产评估的角度看，流动资产评估的范围由两部分组成：

一部分是从会计报表的角度反映的流动资产。包括货币资金、应收票据、应收账款、预付账款、其他应收款、存货、交易性金融资产、待摊费用、其他流动资产。评估中常将各种流动资产划分为实物类流动资产和非实物类流动资产。前者包括各种存货，后者包括货币性资产、债权性流动资产、交易性金融资产、待摊费用、其他流动资产等。

另一部分是会计报表未反映、但实物存在的流动资产。从资产评估的角度界定的流动资产往往与从会计报表角度反映的流动资产的范围不一定相同。因为会计上对资产的揭示侧重于资产价值的补偿性，而评估更强调资产的实际存在性，故在进行流动资产评估时，在详细核实账实相符的前提下，还应进一步了解一些账外资产。如账面已摊销完，但仍以实物形态存在的流动资产，如办公用具、已摊销完的在用低值易耗品等。如在账面未反映出的流动资产应一并纳入评估范围。

3. 流动资产评估的原则。流动资产评估的原则除了遵循基本的评估执业原则和技术原则外，还需要强调如下几个原则：

（1）重要性原则。由于资产一般具有数量大、种类多的特点，清查工作量大，所以流动资产清查应考虑评估的时间要求和评估成本。需要根据不同企业的生产经营特点和流动资产分布的情况，在流动资产评估中遵循重要性原则，即分清重点和一般，选择不同的方法进行清查和评估，做到突出重点，兼顾一般。清查采用的方法是抽查、重点清查和全面清查相结合。当抽查核实中发现原始资料或清查盘点工作可靠性较差时，应扩大抽查面，直至核查全部流动资产。

（2）根据具体情况界定流动产的范围。流动资产与固定资产在概念上是很容易区分的，但是由于企业规模与性质的不同，固定资产与流动资产的划分标准是不一样的。同一设备，在有的企业当作低值易耗品，另外一企业可能作为固定资产。例如，在一般工业企业的缝纫机可能作为低值易耗品，而服装加工制造企业则应该把它作为固定资产来处理。

（3）根据所有权确定评估范围。有些流动资产虽然在评估时为企业所有，但其所有权并不属于企业，因此在对企业进行价值评估时，无需对这些流动资产的价值进行评估。

（三）机器设备评估

1. 机器设备的特点。

（1）机器设备属于固定资产，是一种可以长期使用的劳动手段，具有单位价值高、使用年限长、资金投入量大的特点。相对于流动资产，机器设备通常以单台（件）作为数量单位，但有时也以成套、生产线作为数量单位。在我国的会计核算中，凡是列为固定资产的机器设备除了符合固定资产的概念外，还应同时满足下列两个条件：与该固定资产有关的经济利益很可能流入企业；该固定资产的成本能够被可靠地计量[①]。

（2）机器设备属于动产类资产，相对于固定资产中的房屋、建筑物等来说，具有可移动性的特点。因此在评估清点资产数量和范围时，应该特别仔细，防止遗漏和重复。这种可移动性分为两类：移动后能继续使用和移动后不能继续使用。

（3）机器设备属于有形资产。机器设备相对于无形资产来说，具有有形的特点，但却常常是无形资产价值借以实现的载体和依托，如某些专有技术。因此评估人员需要把握这一特点，从而使考虑的问题更全面，得出的结论会更准确。

（4）价值补偿和实物更新不一致。机器设备的价值补偿是在机器设备发挥功能的期间通过折旧形式进行价值补偿的，故其折旧并不一定能够客观反映出机器设备价值损失和价值转移。这种不同步性，使其价值评估具有较大的复杂性。

（5）设计学科门类多，工程技术性强。机器设备存在于各行各业，各行业、专业的机器设备千差万别。而机器设备又是工程技术很强的一类资产，许多机器设备的价值是由其技术性决定的。因此，评估时应注意把握不同门类机器设备的技术特点，并且要注意与企业设备管理和技术装备部门在评估中密切合作。

①　陈常龙：《新企业会计准则讲解》，清华大学出版社、北京交通大学出版社 2006 年版。

2. 机器设备评估的范围。注册资产评估师执行机器设备评估业务，应当根据评估目的、评估假设等条件，明确评估范围是否包括设备的安装、基础、附属设施，是否包括软件、技术服务、技术资料等无形资产。对于附属于不动产的机器设备，注册资产评估师应当合理划分不动产与机器设备的评估范围，避免重复或者遗漏[①]。

（1）凡属企业固定资产管理和使用范围的机器设备都属机器设备评估范围，不论其在企业财务账内还是账外。并非企业所有的机器设备都在设备评估范围之内，如制造企业的设备产品属存货评估范围，不适用于机器设备评估方法评估，区别的标准在于看其是否为生产性工具。

（2）对具有机器设备的重要特征，但未列入机器设备管理范围的对象如融资租入机器设备，一般都可以作为机器设备评估，但需进行专项说明。

（3）企业在生产经营条件下，机器设备往往与房屋建筑物，某些无形资产、甚至原材料等有密切的联系。比如，设备基础等构筑物，大型房屋建筑物附属的电梯、消防、空调等设备，成套设备附带的生产工艺技术或软件、试车材料及备品备件等。在不重复、不遗漏、评估方法相同、评估结果一致的原则下，可视情况将其他附属资产归入设备评估范围。通常小型基础等构筑物以及随机器设备购入的技术型无形资产、试车材料及备件等归入设备一起评估，大型独立建筑物的附属设备归入房屋建筑物评估范围。

3. 机器设备评估的原则。除满足资产评估过程基本原则外，还应强调以下原则[②]：

（1）替代原则。机器设备评估过程中，在评估基准日可能实现的或实际存在的价格或价格标准有多种，应选择最低的一种。

（2）变化原则。资产价值是随着使用情况或环境的变化而相应地变化的。机器设备的价值会随着使用年限的延长因损耗而降低，有可能受到通货膨胀的影响而升值，也有可能因性能更好的新设备问世或政府发布严格的环境保护或能源销售法规而贬值，还可能随着市场供求状况而改变。正是由于这些原因的综合作用，形成了机器设备的价值。评估人员在评估过程中应全面考虑市场中可能影响资产价值的现有和预期变化。

（3）最佳使用原则。机器设备通常是为专门用途而设计的。机器设备能够以最高、最佳方式被使用是与其价值相关的。这种在最高和最有效益的状态下持续使用的使用方式，符合机器设备的设计目的、用户的当前需要或最近和将来的可能需要。因此，在一定的评估目的下，应根据最佳使用方式判断机器设备的价值。

---

① 汪海粟主编：《资产评估》，高等教育出版社 2007 年版。

② 周友梅、胡晓明主编：《资产评估学基础》，上海财经大学出版社 2007 年版。

（四）无形资产评估范围及原则

1. 无形资产的特点。

（1）非实体性与依附性不可分离。相对有形资产而言，无形资产没有物质实体形态，因此，也就不会像有形资产那样，其价值会因物质实体的变化损坏而贬值。但是无形资产也有一定的有形表现形式，如专利文件、商标标记、技术图纸、工艺文件、软盘等。无形资产与有形资产的根本区别在于有形资产的价值取决于有形要素的贡献，无形资产的价值则取决于无形要素的贡献。

无形资产一般来说不具有独立获利能力。其获利能力必须从它所依附资产（一般是有形资产，如产品、设备、企业等）的获利中体现，即依附性。例如，制造某产品的专有技术要体现在专用生产线、工艺设计中。各种知识性的资产一般都要物化在一定的实体中。因此，评估中确定无形资产的收益时，一方面要考虑与无形资产共同发挥作用的有形资产的范围，另一方面要辨识有形资产和无形资产带来的收益。

（2）排他性与公益性并存。无形资产的排他性主要体现在无形资产仅与特定的经济主体有关，在法律、契约或政府特许的保护下，禁止非所有权人无偿取得和占有。这种排他性有的是通过企业自身保护取得，有的则是以适当公开其内容作为代价来取得广泛而普遍的法律保护，有的则是借助法律保护并以长期生产经营服务中的信誉取得社会的公认。

无形资产区别于有形资产的一个重要特点是，它可以作为共同财产在不同的地点，同一个时间，由不同的主体所使用。而一项有形资产则不可能在不同地点，同一时间由不同的主体所使用、控制。例如，一项先进技术可以使一系列企业提高产品质量、降低产品成本；一项技术专利在一个企业使用的同时，并不影响转让给其他企业使用。但是，无形资产的共益性也受到市场有限性和竞争性的制约。因此，有形资产的界定是通过物质实体直接界定，而评估无形资产则需要根据其权益界限而确定。

（3）高效性与高风险性并存。高效性是指无形资产的运用能够获得超额盈利，它反映了无形资产最本质的特征。高效性是由无形资产的性质决定的。无形资产以知识产权为主体内容，而知识产权又主要以高新技术为内容，它的不断创新性使其具有巨大的潜在效益。企业运用无形资产的关键在于如何将这种巨大的潜在效益变成现实的超额收益。

风险性主要体现在两个方面，研发风险和收益风险。无形资产通常是在一系列研发失败后才出现的阶段性成果，研发风险甚高，故研发成功的无形资产与其研发成本之间存在弱对应性。而名牌商标、商誉的产生则更是取决于成本以外的因素，会计账面难以完整地反映无形资产的取得成本，可能造成成本补偿不足。无形资产经济寿命受技术和市场不确定性因素的影响较大，竞争对手新开发成功的先进技术有可能使得企业拥有的专利技术的市场价值大大降低，有效期也大大缩短。因此，无形资产的经济寿命及其预期收益能力的实现存在较大风险。

（4）积累与替代交织。无形资产的积累性体现在两个方面，一是无形资产的形成基于其他无形资产的发展；二是无形资产自身的发展也是一个不断积累和演进的过程。因此，一方面无形资产总是在生产经营的一定范围内发挥特定的作用；另一方面，无形资产的成熟程度、影响范围和获利能力也处在变化之中。

在承认无形资产具有积累性的同时，还要考虑到它的替代性。例如一种技术取代另一种技术，一种工艺替代另一种工艺等，其特性不是共存或积累，而是替代、更新。一种无形资产可能会被更新的无形资产所取代，因而必须在无形资产评估中考虑它的作用期间，尤其是尚可使用年限。这要取决于该领域内技术进步的速度，取决于无形资产带来的竞争。

2. 无形资产评估的范围。无形资产包含的具体内容和范围将随着科学技术的进步而不断发生变化。此外，由于政治和经济制度的不同，世界各国和地区对无形资产包括的具体内容和范围所做出的规定也有所不同。

无形资产的评估范围，通常是在签订了评估约定书和有关评估人员进入企业后才能确定下来。这是因为无形资产无确定的实物形态，企业往往在提出评估时对自己到底持有哪些无形资产并不十分清楚。

（1）被界定为无形资产必须满足的条件。从无形资产的定义可以看出，一项资产被确认为无形资产，需具备三个条件[①]：

①特定主体拥有或能控制的权利；

②能够为特定主体带来收益的权利；

③法律或契约所赋予的特殊权利或独占权利。

从评估的角度，如果将某项经济资源界定为无形资产，除应满足上述一般定义外，还应满足以下标准[②]：

①需经专门方法确认并有足够的证据表明无形资产的存在；

②应具备合法的存在条件并受法律保护；

③产权明晰，并且此项产权必须能够合法转让；

④必须具有有形的证明，例如合同、许可证、注册文件、电脑软盘、客户名单、财务报表等；

⑤必须是在可确认的时间内或作为可确认事件的结果而产生或存在；

⑥必须是在可确认的时间内或作为可确认事件的结果而被破坏或终止的。

① 中国资产评估协会组编：《资产评估业务管理与实践》，经济科学出版社 2005 年版。

② 汪海粟主编：《资产评估》，高等教育出版社 2007 年版。

（2）无形资产评估范围的界定。根据这三个条件和六个标准，可以确定哪些经济现象可以界定为无形资产，哪些经济现象不能界定为无形资产。

①可以界定为无形资产的经济现象。

第一，无形资产是财产，并且能被准确描述。资产无论有形还是无形都应具有财产权利，任何具有财产权利的资产都是可以被明确描述的。因而一项资产如果不能被明确描述，就不能被确认为一项无形资产。同时，无形资产权利应涉及资产所拥有的各种合法权利及与其对应的责任，包括对该项无形资产给他人所造成的损失及应承担的法律责任。

第二，无形资产不具有实物形态，因而其存在应该要有一些有形的证明。无形资产的经济价值并不来源或者归因于其有形因素，但无形资产仍然需要具备一些有形因素，不仅为了使其具有经济存在形式，也是为了使其满足一些其他特征的需要，如法律保护性、可转让性。从本质上讲，所有的财产权利都是无形的，但这并不是说所有无形的财产都是无形资产。无形资产的经济价值不是来源于这些实物，但无形资产的经济或法律存在形式却来源于它们，例如，客户名单、以往的购货订单资料、往来函件等。

在具体评估活动中，判断无形资产的存在主要通过判断有关无形资产权利的法律文件或其他证明材料，这是确定无形资产是否存在以及以何种方式存在的主要依据，也是评估无形资产价值的重要出发点。

②不能界定为无形资产的经济现象。过去，凡是不能被辨认为有形资产的都被归入无形资产。但在资产评估实践中发现，无法满足前面所描述的具体属性或特征要求的经济现象都不能成为无形资产，至少不是可辨认的无形资产，但这并不意味着这些经济现象不存在，而只是说明这些经济现象不能被界定为无形资产。

许多经济现象可以具有那些对可确指无形资产的存在及其价值产生作用的条件，这些条件对于无形资产所在的持续经营企业的存在和价值都有重大影响。但这些经济现象本身并不完全具备成为无形资产的必备要素，而只能被认为是企业价值的无形因素或无形影响力。具体包括：市场份额、高营利、缺乏规范、受保护状态、垄断地位、市场潜力、吸引力范围、神秘性、竞争优势、生命周期状态、独创性、变现性、所有权控制等。

虽然这些无形因素本身不能成为无形资产，但是它们在很大程度上参与了企业价值的形成，可能是形成无形资产的重要因素，也可能增加有形资产的价值。而且，它们本身也可能是有价值的，如高营利能力（相对于低营利能力）是有价值的，市场潜力（相对于没有市场潜力）也是有价值的。

3. 无形资产评估的原则。无形资产评估中除了满足资产评估的执业原则和技术原则外，还应以下列原则为基准：

（1）一般以产权变动为前提。对于同一无形资产而言，在不同的经济活动下、不同的转让内容中，一般具有不同的价值，在评估无形资产时必须说明其评估前提。其评估前提是指它将参与何种经济活动，如转让、许可、质押及合资等形式以及如何参与这些经济活动，如许可的方式及合资的规模等。

（2）期望原则（预期收益原则）。因为无形资产作为资产因无实体，不可能按实物资产的物理状态评价，而把它视成资产的唯一条件是获利能力。由此可见，如果无形资产无未来收益，即便花费巨大购入或自制，也不能成为无形资产。于是，期望原则成为评估无形资产的首要前提和重要原则①。

（3）内容重于形式（实际效用）原则。无形资产虽然没有具体的实体形态，但有其一定的有形表现形式——书面文件。这种表现形式就是无形资产评估的重要依据，没有这些书面文件就无法确认无形资产的价值。但是无形资产的价值最主要应该来源于在企业生产经营中实际发挥的作用。这种实际效用的重要依据是该项无形资产未来能够带来额外收益以及额外收益的大小。因此，在对无形资产进行评估时，在确认其合法文件的同时更要考察其实际效用。

实际效用的分析必须注意考虑其作用环境。多数无形资产与有形资产相比的一个重要特点就是具有共益性。但是由于市场的有限性和竞争性以及对自身利益的追逐，各主体对无形资产的使用还具有互斥性。当无形资产使用者超出一定规模就会引起市场实现困难，妨碍获得垄断利润和高额利润。因而，无形资产的实际效用必须靠其作用环境（即有多少家企业在同时使用该项无形资产）才能发挥出来。

（4）商誉等不可确指的无形资产不能脱离企业整体资产单独评估转让。因为商誉等不可确指的无形资产价值是由企业的地理位置状况、管理水平、社会关系、产品和服务质量等多种因素决定的，与企业整体资产状况有很大关系。确定其价值必须考虑到各项因素，必须与企业整体资产评估结合进行。离开了企业整体资产单独评估商誉等不可确指的无形资产价值，既不现实也没有任何意义②。

（五）长期投资评估范围及原则

1. 长期投资的特点。长期投资的种类很多，各种类型的长期投资都有自身的特点，但从长远来看，长期投资的根本目的是为了获取投资收益及资本增值。大多数长期投资都具有如下特点：

（1）长期投资是一种交换行为。企业在正常的生产经营过程中所进行的各类交易，按照交易行为的性质，可以分为互惠转让和非互惠转让。其中互惠

① 李泽临："期望原则是无形资产评估的重要原则——兼与黄印能、颜如渊同志商榷"，1996 年。

② 于玉林主编：《现代无形资产学》，经济科学出版社 2000 年版。

转让是一种交易行为，长期投资就是其中的一种。企业将资产过渡给其他单位获得另一项资产，其结果是企业以换出资产为代价换入资产。

（2）长期投资获得的经济利益的方式不同于其他资产为企业带来的经济利益。企业将持有的资产（非长期投资资产），主要是通过正常的生产经营过程，或作为劳动对象形成产品和服务，或作为辅助手段在生产经营过程中有助于加工和销售，最终通过正常销售带来经济利益。长期投资则不同，主要是通过被投资单位的分配或收取使用费来增加财富或谋求其他利益。

2. 长期投资评估的范围。

（1）不准备随时变现，持有期超过一年以上的企业对外投资或者反映在企业“长期投资”账户上的那部分长期资产属于长期投资以及在评估基准日之后为其产权主体带来利益的具有长期性质的待摊费用和其他资产。

（2）范围的界定应与其所代表的资本权益相对应，虽然投资者的出资方式有货币资金、实物资产和无形资产等，但它们是被投资企业当作资本投入到其他企业或者一个项目上去，对投资者而言，发挥着资本的作用。如果一项长期资产没有发挥资本的功能就不应纳入长期投资的评估范围。

（3）产权主体是否具有获利能力或偿债能力是确定该项长期资产是否纳入评估范围的前提，因为长期投资的价值取决于被投资企业的经营状况和财务状况。对于债务类资产主要考虑债务人的偿债能力，对于权益类资产主要考虑企业是否具有较强的获利能力。如果被投资企业面临破产清算，那么其长期投资就不具有未来收益，因而也就不需要纳入评估范围。

3. 长期投资评估的原则。对长期投资的评估主要表现为对长期投资所代表的资本权益进行的评估和对被评估单位偿债能力和获利能力的评估。因此长期投资评估中适用的原则是收益现值原则与实际变现原则。

（1）收益现值原则。投资者购买长期投资的目的是获得预期收益，无论是债券还是股票的价格最终是由其发行主体的营利状况决定的，也就是说其价格基础是其发行主体的生产能力和获利能力，评估其价格就需要把投资的预期收益折现。因此，在评估中应充分注意发行主体的经营业绩和预期收益。

在长期投资中，经常把股票的收益现值原则称为本金化原则。这涉及到本金化率与折现率的问题。这两个概念在本质上是没有区别的。但是二者适用场合不同。习惯上人们称折现率是将未来有限期的预期收益折算成现值的比率，用于有限期预期收益还原。本金化率则是将未来永续性预期收益折算成现值的比率。二者是否相等，主要取决于同一资产在未来长短不同的时期所面临的风险是否相同。

（2）实际变现原则。长期投资的价值固然由其收益现值决定，但是在证券市场比较发达的条件下，无论是债券还是股票作为一种特殊的商品可以在市场上流通，其价格也要受供求、投机等因素的影响。因此，对于长期投资的评估还要随行就市，考虑市场的实际变现情况对其影响。

（六）房地产评估范围及原则

1. 房地产的特点。房地产是特殊的商品，由于其特殊性而具有很多的特点。把握房地产的特点，有助于加深对评估对象的认识，从而在实务中选择更为合适的评估方法。

（1）位置固定性、供给区域性和个别性。土地的不可位移性使得附着于其上的建筑物往往不可移动，即房地产的位置固定性。这种位置的不可移动性又派生出了房地产的区域性和个别性。区域性表现在一个城市的房地产供给过剩并不能解决另一个城市供给不足的问题，如海南省大量空置的房地产并不能解决上海房地产供求不足的问题。房地产供求关系的区域差异又造成了区域之间房地产价格的差异性。房地产的个别性则表现在没有两宗房地产是完全相同的，即使两处的建筑物一模一样，但由于其坐落位置不同，周围环境各异，这两宗房地产实质上也是不同的。因此，现实中的房地产价格千差万别。即使是质量、规格、设计风格都完全相同的房产也会因地产的地区差异而价格迥然不同。

（2）投资额大、生产周期长、使用周期长。房地产投资不像其他动产投资，房地产投资往往数额巨大。其总量占国民经济总量的比例相当大。因此，国家加强对房地产市场的调控与监管对于稳定国民经济有着重大的意义。了解房地产的这一特性，对于深化土地使用制度改革，加速实现对土地实物管理向价值管理转变也有着很大的现实理论意义。

房地产的开发，从征地、拆迁、安置居民等前期工作，直至建设安装，到验收交付使用，需要较长的时间。由于土地可以永续使用，建筑物也是耐用品，其使用时间可达数十年甚至上百年，如钢筋混凝土结构的房屋经济寿命可达五六十年，技术寿命和自然寿命则会更长，即使使用期间房屋破旧或受损，也可以通过修复来延长其使用期。

（3）价格互动性。由于房产与地产的不可分割性造成了房价影响地价，地价影响房价的必然联系。房价应是在特定地产上的房价，地价也应是在特定房产（归根到底是在合法原则和最佳利用原则下的房产）下的地价，房产和地产的这种价格互动性决定了在评估房地产时必须遵循房地分估合一原则。

（4）保值增值性。由于土地资源的有限性和固定性，房地产不断膨胀的供给受到制约。而随着社会的发展，经济的繁荣，人口的增长，对房地产的需求量日益增加。同时，城市基础设施的不断完善以及对土地的改良，使土地原有的区位条件改善，从而对土地的投入会不断增加，导致房地产增值。

（5）内外部环境的一致性。房地产与周围环境合为一体，房地产的使用功能不仅取决于房屋本身的质量，而且取决于周围环境的影响。从国内外看，房地产消费的发展过程，都经历了从对房屋数量的追求，发展到对房屋质量的追求和对房屋周围环境质量的追求。

（6）投资风险性。房地产的长期性和保值增值性使之成为投资回报率较高的行业，高回报率必然伴随着高风险性。其投资风险来源于三个方面：首先是位置固定性和不易变现性导致的，如果市场销售不好，则容易造成长期的空置、积压；其次是房地产生产的长周期性使得影响房地产投资效果的因素较多；最后，外界自然环境和经济环境等，例如自然灾害、战争、社会动荡、房屋、土地政策的限制，都会对房地产投资产生无法预见的影响。

2. 房地产评估的范围。房地产评估机构的评估业务范围包括：

（1）国家出让、出租或提前收回国有土地使用权；

（2）以集体所有土地使用权入股、联营、合资；

（3）房地产转让、抵押、保险、设典、租赁；

（4）新建、改制股份制企业和有限责任公司涉及的房地产评估；

（5）因企业资产核算、破产清算涉及的房地产评估；

（6）房屋拆迁补偿；

（7）房地产继承、分拆、合并；

（8）仲裁或诉讼中的房地产价格评估；

（9）法律、法规规定的其他评估事项。

房地产估价是评估待估房地产的一定权益的价格，因此，估价对象也涉及到物权①。

3. 房地产评估的原则。中华人民共和国建设部和国家质量技术监督局于1999年颁发了《房地产估价规范》，其中提到房地产估价应遵循的估价原则有：合法原则、最高最佳使用原则、替代原则、估价时点原则。另一方面，还要遵循房地产分估合一原则②③。

（1）合法性原则。合法性原则要求房地产的评估符合国家的相关法律法规和当地政府的有关规定，以评估对象的合法产权、合法使用和合法处分为前提进行。

①在估价时，必须确认估价对象具有合法的产权，具有合法产权下的评估报告才是有效的报告。估价是为交易等服务的，要考虑卖出方的利益，更要考虑买受方的权益及合法保证问题。在无法确认估价对象的产权合法性的情况下，必须在估价报告中加以说明，估价报告的使用人对此要充分注意。

②在估价时所涉及的估价对象的用途必须是合法的。我国关于房地产价格

---

① http://www.wfpi.net/Article/Class8/Class36/200601/118.html，2006-1-11/2008-08-15.

② http://www.wfpi.net/Article/Class8/Class36/200601/120.html，2006-1-11/2008-08-15.

③ 吴长青：“金融不良资产评估问题研究”，2005年。

方面的法律法规、政策条例等相当丰富，像《城市规划法》、《土地管理法》、《城市私有房屋管理条例》等都会指引我们对于房地产有一个客观的评估。如在评估时涉及到房地产的用途、土地的容积率、覆盖率、建筑高度和建筑风格等，这些都必须符合城市规划法、土地管理法、建筑法及税法等，对于不符合合法使用的用途必须予以排除。例如测算房地产的净收益时，不能以临时建筑或违章建筑的净收益作为测算依据等。如果评估所拟定的程序不以法律、法规为依据，就会造成各执一词的局面，不同的评估分别采取不同的立场，其可能引发的弊端将是无法估量的。

③在估价中如果涉及估价对象的交易或处分时，该交易或处分必须是合法的。例如在涉及到划拨土地使用权抵押时，必须得到政府的批准才合法、有效。

（2）遵循最有效使用原则。房地产评估应该以获利最大的使用方式来衡量其评估价值。有效使用原则主要表现在三个方面：房地产的用途最有效；生产要素的组合最有效；与环境协调最有效。根据这一原则进行评估时就不应该受到使用状况的限制，而应该根据何种情况下才能最有效使用房地产做出正确地判断。例如认为维持现状持续使用（或经营）仍然妥当时，按维持现状持续使用（或经营）进行评估。假如不以最有效使用为前提，不是评估的房地产在合法使用前提下能带来最高价值使用的那种状态价格，房地产将有许多不同使用用途下相应的价格。因此，最高最佳使用原则是正确合理地判断出唯一的房地产价格的根本。

（3）遵循（不完全）替代原则。这一原则是根据经济学上的可替代原则确定的，它要求估价结果不得明显偏离类似房地产在同等条件下的正常价格。在同一个市场中具有相近效用的房地产，应当具有相近的价格，具有相近价格的房地产应有相近的价值效用。替代原则的应用，为类似比较法的使用创造了条件。如位于同一居民住宅内的两宗房产，在面积功能大致相同的情况下，就能够互为替代。但是由于房地产商品特有的区域性和极强的个体差异性，决定了房地产商品不可能像其他商品那样具有近似完全可替代性，也就是说，房地产商品之间只存在不完全可替代性。因此可以说，可替代原则和不完全可替代原则共同构成了房地产评估中使用市场法的理论基础，前者表明运用市场法为什么可能，而后者则为实施市场法指明了方向。

（4）遵循估价时点原则。估价时点原则强调的是估价结论具有很强的时间性和实效性。时间性是指估价结论以某一时点的价格为基础得出的，时效性是指估价结论只是在法规规定的时段内才是有效的。房地产价格是在许多因素的相互作用和不断变动中形成的，例如由于房地产的价格与政府颁布的法规、法令、税收、收费标准都有密切的关系，这些法规、法令、税收、收费标准的发布、变更、实施之日期，对被评估的房地产价格就可能有影响。因此坚持估价时点原则不仅是保证估价作业顺利进行的前提，而且明确了估价的责任界限，为确定建筑物折旧、土地剩余使用年限、土地增值税等提供了计算标准。

（5）房地合一评估原则。房地产评估的房地合一原则是指评估时要针对房产和地产的不同特性分别进行分析评估，然后把二者进行综合分析，最终确定房地产的整体价值。

尽管房产和地产是可以加以区别评估的对象，而且土地使用权可以独立于房产而存在，房屋建筑物必须建立在土地的基础上，而不可能成为“空中楼阁”。任何人出售、出租或转让房屋、建筑物，必然包括所占土地的价格。同样，出售、出租或转让地皮，也必然包含地皮上的房屋、建筑物。因此，任何一宗房地产交易必然是房地合一的交易。

房地合一原则，并不是要求任何时候都要房、地综合评价。在实际中，由于房产和地产价格的性质不同，而且房屋会折旧、毁损，价值会越来越低；而土地则不存在折旧问题，反而会随着社会经济发展而升值。影响房产和地产评估价格的因素不尽相同，所以在必要时可以将二者分离评估。例如，如果要对某一建筑物进行保险而进行价值评估，就需要单独评估房产价格。

（七）金融不良资产评估范围及原则

关于金融不良资产的评估问题，截至目前，无论是国内还是国外，均没有统一的规范要求。国外的评估规范中之所以没有可借鉴的金融不良资产评估方法，是因为在2008年之前发达国家统计的不良资产规模相对较小，居高不下的不良资产比例主要出现在发展中国家，而发展中国家的评估业务起步较晚，评估领域中诸多理论和实践问题有待深入探讨，尤其是金融不良资产如何评估，目前国家有关部门还没有统一规范要求，评估机构做法也不统一①。

由于历史原因，我国现存的金融不良债权，普遍存在着法律权属不清、担保缺陷导致担保效力的缺失、评估资料不完整、评估依据不够充分等问题。因此，在对金融不良资产进行评估时，除少部分实施以资抵债或债权转股权的债权、可对抵债物和股权进行规范的资产评估外，绝大多数的评估属于评估咨询的范畴。

1. 金融不良资产的特点。我国金融不良资产具有如下特点②③：

（1）不良资产主要为债权性资产，兼有一部分实物资产和股权性资产。不良资产的本质是不良债权，与一般工业企业主要表现为房屋、机器设备、存货等实实在在的有形资产不同，在银行不良资产的接收阶段，银行不良资产的

① 程凤朝：“金融不良资产评估若干问题的思考”，《中国资产评估》，2004年第3期。

② 吴长青：“金融不良资产评估问题研究”，2005年。

③ 丁战、战捷：“关于对金融不良资产评估若干问题思考”，《技术经济与管理研究》，2007年。

存在形式主要表现为各种借款合同、单据、各种担保文书等债权凭证。金融不良资产主要以债权性资产的形态出现。一般工业企业的资产可以通过正常的账实相核、技术测试和鉴定等评估手段评估其价值；而对于金融不良资产，我们则不可能根据以上的债权凭证直接确定其价值。债权凭证仅仅反映的是金融不良资产的所有权和会计入账的历史成本原则。与对房屋、机器设备、存货等实实在在的有形资产评估不同，债权性资产的评估对象应该是债务人本身，即通过对债务人清偿债务的能力分析来判断债权性资产的价值。

实物资产，主要是资产管理公司在不良资产的处置过程中所处置的机器设备、房产、地产、原材料、成品、半成品等；而股权资产也指“债转股”资产，是指资产管理公司作为机构投资主体，将持有的原国有商业银行的不良贷款债权转为金融资产管理公司对负债国有企业的股权的这部分资产。

（2）金融不良资产具有不能完全兑现的现实风险。金融不良资产大部分没有固定的形态，仅仅表示金融资产管理公司要求债务人依照债权凭证进行兑现的请求权。资产管理公司普通债权人只具有向债务人行使债权的请求权，而没有对负债企业的支配权和控制权。国务院的《金融资产管理公司条例》虽然赋予了资产管理公司多种处置金融不良资产的方式与权利，但是，很多权利的行使是以资产管理公司对拖欠债务的企业具有一定的支配权和控制权为前提。所以金融不良资产的债权性特点再加上银行不良资产处置法律制度设计的缺陷，使得金融不良资产存在不能完全兑现的现实风险。

（3）金融不良资产大部分不具有公开交换的市场价值基础。在正常的市场环境下，上市公司因其财务状况和经营状况不好被银行将其贷款划入不良贷款的公司是少数，大部分负有不良债务的企业是非上市公司和经营效益不好的企业。这些非上市公司和企业由于其基本的财务信息是不公开的，而且又不在证券市场上公开发行股票，所以其资产不具有公开交换的市场价值基础。

（4）我国银行不良资产数额巨大、资产分布散、规模小。国际著名会计师事务所安永（Ernst & Young）2006 年 5 月 4 日发布报告称，中国金融系统的不良贷款高达 9000 亿美元。但据中国人民银行公布的官方数字，截至 2007 年 3 月底，银行系统坏账不良贷款为 1640 亿美元，比 2005 年年末下降了 1%。安永宣称的不良贷款数据不仅超出了中国的外汇储备，还比中国政府公布的数据高出了 4 倍。国际上一般认为合适的不良贷款率应该在 2% ~5% 之间。2000 年世界排名前 20 位的银行（不包括中国的银行）的平均不良贷款率为 3.27%[①]。而表 6 – 1 所示我国四大国有商业银行的不良贷款率远远高于国际上公认的水平。

① 廖远甦：“我国商业银行不良贷款的因应对策”，《企业研究》，2007 年。

表 6－1　我国四大国有商业银行的不良贷款率　（%）

银行名称	2001 年	2002 年	2003 年	2004 年	2005 年
中国银行	27.51	22.37	18.07	5.12	5.41
工商银行	29.78	25.52	21.65	21.16	4.69
农业银行	42.12	30.07	30.65	25.61	26.17
建设银行	19.35	15.36	11.90	3.92	3.84

数据来源：中国银监会官方网站和四大国有银行年报。

2. 我国金融不良资产评估的范围。《金融不良资产评估指导意见（试行）》所称金融不良资产评估业务包括注册资产评估师执行的以金融不良资产处置为目的的价值评估业务（以下简称“价值评估业务”）和以金融不良资产处置为目的的价值分析业务（以下简称“价值分析业务”）①。价值评估业务是指注册资产评估师根据委托方的要求，对金融不良资产在基准日的价值进行分析、估算并形成专业意见的行为或过程。价值分析业务是指注册资产评估师根据委托方的要求，对无法实施必要评估程序的金融不良资产在基准日的价值或价值可实现程度进行分析、估算并形成专业意见的行为或过程。

金融不良资产评估业务中，根据项目具体情况和委托方的要求，评估对象可能是债权资产，也可能是用以实现债权清偿权利的实物类资产、股权类资产和其他资产。

价值评估业务的评估对象通常是用以实现债权清偿权利的实物类资产、股权类资产和其他资产，也包括注册资产评估师能够实施必要评估程序的债权资产。

价值分析业务的价值分析对象通常是债权资产，也包括因受到限制、注册资产评估师无法实施必要评估程序的用以实现债权清偿权利的实物类资产、股权类资产和其他资产。

实物类资产主要包括收购的以物抵贷资产、资产处置中收回的以物抵债资产、受托管理的实物资产及其所产生的权益以及其他能实现债权清偿权利的实物资产。

股权类资产主要包括商业性债转股、抵债股权、质押股权等。

其他资产主要包括土地使用权、商标权等无形资产以及收益凭证等其他相关资产。

债权资产主要包括《金融不良资产评估指导意见（试行）》第二条第一款所指不良贷款和不良债权。

3. 我国金融不良资产评估的原则。不良资产相比较非金融资产而言，其

① 关于印发《金融不良资产评估指导意见（试行）》的通知，中评协［2005］37 号。

价值有很大的不确定性，不同资产与不同评估方法之间的配合会产生差异很大的评估结果。因此，我国金融资产管理公司对不良资产处置定价必须遵从以下原则①：

（1）必须与各类不良资产的权属相适应。对于权属不明确的不良资产，非金融资产评估方法的适用性差。例如，房地产是土地和房屋及其权属的总称，我国《城市房地产管理法》规定，“房地产转让、抵押时，房屋的所有权和该房屋占用范围内的土地使用权同时转让、抵押”。但在实际中，大多数地区的房产和地产却分由不同的行政管理部门登记管理，作为某些资产管理公司不良资产价值回收来源的抵押房产则出现权属不清，无法进行价值评估的情况。

（2）必须真实反映不良资产价值。评估机构对于金融资产管理公司不良资产中未进行账务处理的不具备使用价值的非金融资产损失，在未查明原因和分清责任之前无法找到确定的评估依据；金融资产管理公司不良资产评估中的债务人一般处于关停、半关停状态，现金流量严重不足。因此，在对其进行评估的过程中，债务人应收款项不能按账面金额收回，也不能按会计准则规定计提坏账准备；对于待摊费用、递延资产以及对应的债务人各类投资的实际价值与账面价值差异巨大，缺乏足够评估依据的银行不良资产也须准确选择评估方法。

（3）评估方法必须满足特定处置方式的需要。专门机构处置资产管理公司不良资产的主要方式包括债务重组、债转股、债权转让和资产证券化等 13 种方式。对每种不良资产采用不同的处置方式，每种处置方式对评估的要求各不相同。每种形态资产的价值表现不同，因而评估方法的选择也须与之相对应。

（八）珠宝首饰评估范围及原则

为规范珠宝首饰评估人员的执业行为，明确执业责任，保证执业质量，中国资产评估协会制定了《珠宝首饰评估指导意见》，并于 2003 年 1 月 28 日发布。同年 3 月 14 日发布了关于在注册资产评估师执业资格中增设珠宝评估专业有关问题的通知，并规定了考试的相关事项和内容。

1. 珠宝首饰的特点。珠宝首饰艺术品是特殊的资产，通常情况下体积小、价值高、难以鉴别，兼有动产和无形资产的特点②。

（1）客观物质存在性。珠宝玉石作为自然界形成的物质，是客观存在的，

① 陈俊尧：“基于实物期权的不良资产定价研究”，西安理工大学硕士论文，2007 年。

② 丘志力、李立平、陈炳辉等编著：《珠宝首饰系统评估导论》，中国地质大学出版社 2003 年版。

它们由同种或不同种元素以一定的结构方式形成为单晶体或集合体。例如钻石是碳原子以共价键结合形成的等轴晶系宝石，而翡翠则是由钠、铝、硅、氧等元素组成的硅酸盐矿物硬玉的集合体，可能含有闪石、长石、透辉石等其他的矿物杂质。总之，不同种类的珠宝玉石，分别具有较为固定的物质组成和晶体结构，是地质作用的产物。

（2）独特的稀有性。自然界形成的矿物质有3000多种，但能为人类用作珠宝玉石的只有150种左右，由此可见，它是稀有的。实际上能用作珠宝玉石的矿物中，真正成为珍贵珠宝玉石的份额就更少，例如金刚石。根据世界各国已开采金刚石的统计，在开采的金刚石中能作为首饰钻石的只占1/5左右，其余的大多只能做工业用途。

珠宝首饰的稀有性除了体现它是自然界中很稀有的矿物种类以外，还体现在它是一种不可再生的资源。

（3）主客观的可鉴赏性。珠宝玉石的另一种重要的属性就是它的可鉴赏性。珠宝玉石的可鉴赏性既是客观的，又是主观的。其客观性主要体现在珠宝玉石硬度大，光泽强，颜色美，经过加工之后光芒四射，美不胜收，又或色彩柔和，质感润泽。

鉴赏珠宝玉石能使人愉悦，获得美的享受。从这个角度看，珠宝玉石中蕴含着不同的文化、文明意义及信息，不同种类、不同款式的珠宝玉石，或者同一种类不同质量（如颜色）的珠宝玉石，甚至同一种类同一质量的珠宝玉石对不同国家不同民族或不同文化背景的人而言，美的程度及指向是有差异的，其美的价值受人的“主观”意识所影响。从这个角度看，珠宝玉石的可鉴赏性是主观的。

2. 珠宝首饰评估的范围。珠宝首饰评估师的主要工作内容是对圆形及异形琢型钻石进行品质分级和价值评估、分析处理宝石（含处理钻石）、人工宝石（含合成钻石）的品质特征并进行价值评估、对名贵宝玉石进行品质分级和价值评估、对成套首饰饰品进行品质分级和价值评估、对彩色钻石进行品质分级和价值评估、对摆件饰品进行品质分级和价值评估、对古董珠宝首饰或特殊历史事件、特定历史时期的珠宝首饰进行品质分级和价值评估①。珠宝评估的特殊性重点表现在珠宝的材质鉴定、品质分级、工艺质量评价以及产地的鉴别、年代的判断等等与评估对象有关的特征上。

珠宝评估专业性强、服务对象众多，小到家庭财产分配、珠宝产品定价，大到司法机构量刑定罪以及企业融资、银行抵押贷款、资产清算、保险、税收、拍卖、典当、收藏、捐赠等等。随着外资保险机构和金融机构的增加，珠宝评估在诸多经济行为中发挥着越来越重要的作用。

---

① 曾卫胜：“论珠宝评估的执业风险及其防范”，《中国珠宝》，2006年。

3. 珠宝首饰评估的原则。美国评估师协会对珠宝首饰的鉴别标准的要求非常全面、细致，对珠宝价值的鉴别归纳为“鉴别原则”、“贡献原则”、“品质分级原则”三大原则。张蓓莉教授等在《珠宝首饰评估》(2000) 中也沿用了此项原则①。

(1) 鉴别原则。鉴别原则是指一件真实的物品具有某些可辨认的特征、特性或标志。鉴别原则说明，同类物品具有相同的可识别特征。珠宝评估师应用鉴别原则来确定价值构成的特征和独特性质。

按照鉴别原则，首先要对珠宝首饰进行详尽的写实性描述、并鉴定其构成的各个部分。对首饰的款式、颜色、尺寸、形状、重量、材质类型进行描述。如对宝石要鉴定其品种，确定是否经过优化处理，是天然的还是合成宝石；对贵金属要鉴定其成色、首饰的制作方法等。

(2) 贡献原则。贡献原则是指当某项资产由许多资产构成时，其各项资产的价值取决于它对总资产的价值的贡献，或者说当整体资产缺少该资产时，将会带来多大的价值损失。例如，在运用市场比较法进行估价时，不完全相同的首饰之间可以比较。当一件珠宝首饰与市场调查中所遇到的大部分首饰存在差异时，可根据缺少或多出某一构成部分的价值对相关珠宝首饰整体的价值贡献量，来修正市场数据作为被评估首饰的价值。

(3) 品质分级原则。品质分级原则是指通过把被评估财产的特性和特征与被选作比较标准的另一件财产的特性和特征相比较，得出对被评估财产的品质特征和价值的正确看法。按照品质分级原则，可以有两种分级方法：品质的主观分级方法和价值特性的客观分级方法。

品质的主观分级是在品质特征的基础上进行的，这种品质特征带有主观性，反映专家对品质的主观看法，并独立于经济和流行款式之外。对宝石品质进行主观分级的要素有颜色、净度、切工、工艺质量等。例如，宝石的颜色分类、净度分级和切工分级以及首饰制作工艺质量的评价等都属于对珠宝收益品质的主观分级。

价值特性的客观分级是按照市场情况对被评估珠宝首饰的价值特性进行分级。价值特性分级要素包括品质特征、珍稀程度、实用性、大小、风格、知名度、品牌、出处、状况等。价值特性不完全依赖于珠宝首饰的主观分级，而是由市场决定的，只有大量地分析某首饰实际销售状况才能客观地衡量其价值特性。有些首饰如手镯可能因为圈口做得太小以致不适合大多数人佩戴，因而卖得较少，则在价值分级时要考虑其价值特性。在价值特性的分级中，珠宝首饰受欢迎程度或满意程度起了决定性作用。标准圆多面型琢型是最理想的琢型。

---

① 丘志力、李立平、陈炳辉等编著：《珠宝首饰系统评估导论》，中国地质大学出版社 2003 年版。

尽管切磨成公主型的钻石在光学效果上不如标准圆多面型，但在流行趋势的影响下，某个阶段公主型钻石可能更受欢迎，其价值因此得到提升。

如果评估师在执业过程中能够按照这些原则去工作就可能最大限度地降低风险。但困难的是，在这些原则下有非常多的要素性特征没有具备人们达成普遍共识的量化标准和价值分级量化标准、古董珠宝首饰的年代价值分级量化标准、名牌作品的真伪鉴别量化标准等等。评估师知识与经验的局限性是风险的重要来源。

（九）企业价值评估范围及原则

1. 企业价值的特点。企业价值评估是一项涉及面较广和技术性较强的资产评估业务。它适应频繁发生的企业改制、公司上市、企业购并和跨国经营等经济活动的需要而产生和发展。企业作为一类特殊的资产，具有自身的特点：

（1）营利性。企业作为一类特殊的资产，其经营目的就是营利。为了达到营利的目的，企业需要在既定的生产经营范围内，以其生产工艺为主线，将若干要素资产有机组合并形成相应的生产经营结构和功能。

（2）持续经营性。企业要获取营利，必须进行经营，而且要在经营过程中努力降低成本和费用。为此，企业要对各种生产经营要素进行有效组合并保持最佳利用状态。影响生产经营要素最佳利用的因素很多，持续经营是保证正常营利的一个重要方面。

（3）整体性。构成企业的各个要素资产虽然各具不同性能，但它们在服从特定系统目标前提下构成企业整体。企业的各个要素资产功能不会都很健全，但它们可以被整合为具有良好整体功能的资产综合体。当然，即使构成企业的各个要素资产的个体功能良好，但如果它们之间的功能不匹配，由此组合而成的企业整体功能也未必很好。因此，整体性是企业区别于其他资产的一个重要特征。

2. 企业价值评估的范围。资产评估人员应当根据评估对象的不同，谨慎区分企业整体价值、股东全部权益价值和股东部分权益价值，并在评估报告中明确说明。

（1）企业价值评估的一般范围。企业价值评估的一般范围即企业的资产范围。从产权的角度界定，企业价值评估的范围应该是企业的全部资产，包括企业产权主体自身占用及经营的部分，企业产权主体所能控制的部分，如全资子公司、控股子公司以及非控股公司中的投资部分。在具体界定企业价值评估的资产范围时，应根据以下有关数据资料进行：

①企业的资产评估申请报告及上级主管部门批复文件所规定的评估范围；

②企业有关产权转让或产权变动的协议、合同、章程中规定的企业资产变动的范围。

(2) 企业价值评估的具体范围。企业评估的具体范围，是指评估人员具体实施评估的资产范围，即有效资产范围。它是在评估的一般范围的基础上，经合理必要的重组后的评估范围。企业的价值及其高低取决于企业的获利能力，而企业的获利能力是企业中有效资产共同作用的结果。将企业中的有效资产与非有效资产进行合理必要地划分，是进行企业价值评估的重要前提。

在对企业价值评估的一般范围进行界定之后，并不能将所界定的企业的资产范围直接作为企业价值评估中进行评估的具体资产范围。因为企业价值基于企业整体营利能力，所以，判断企业价值，就是要正确分析和判断企业的营利能力。企业是由各类单项资产组合而成的资产综合体，这些单项资产对企业营利能力的形成具有不同的贡献。其中，对企业营利能力的形成做出贡献，发挥作用的资产就是企业的有效资产；而对企业营利能力的形成没有做出贡献，甚至削弱了企业的营利能力的资产就是企业的无效资产。企业的营利能力是企业的有效资产共同作用的结果，要正确揭示企业价值，就要将企业资产范围内的有效资产和无效资产进行正确地界定与区分，将企业的有效资产作为评估企业价值的具体资产范围。这种区分，是进行企业价值评估的重要前提。

在界定企业价值评估的具体范围时，应注意以下几点：

①对于在评估时点产权不清的资产，应划为“待定产权资产”，不列入企业价值评估的资产范围。

②在产权清晰的基础上，对企业的有效资产和无效资产进行区分。在进行区分时应注意把握以下几点：第一，对企业有效资产的判断，应以该资产对企业营利能力形成的贡献为基础，不能背离这一原则；第二，在有效资产的贡献下形成的企业的营利能力，应是企业的正常营利能力，由于偶然因素而形成的短期营利及相关资产，不能作为判断企业营利能力和划分有效资产的依据；第三，评估人员应对企业价值进行客观揭示，如企业的出售方拟进行企业资产重组，则应以不影响企业盈利能力为前提。

③产权界定范围内，对企业中存在的生产能力闲置或浪费以及某些局部资产的功能与整体企业的总体功能不一致等情况，按照效用原则，应提醒委托方进行企业资产重组，重新界定企业评估的具体范围，以避免造成委托人的权益损失。在企业价值评估中，对无效资产有两种处理方式：一是进行“资产剥离”，将企业的无效资产在进行企业价值评估前剥离出去，不列入企业价值评估的范围；二是在无效资产不影响企业营利能力的前提下，用适当的方法将其进行单独评估，并将评估值加总到企业价值评估的最终结果之中，或将其可变现净值进行单独列示披露；三是企业出售方拟通过“填平补齐”的方法对影响企业营利能力的薄弱环节进行改进时，评估人员应着重判断该改进对正确揭示企业营利能力的影响。就目前我国的具体情况而言，该改进应主要针对由体制因素所导致的影响企业营利能力的薄弱环节。

3. 企业价值评估的原则。为了实现评估目标，公允市场价值资产评估工作中一般应当遵循资产评估执业原则和技术原则，但由于企业价值评估工作的特殊性，还应当遵循以下四个原则①：

（1）系统性原则。企业是一个复杂的系统，因此评估人员必须树立系统的观点，要通盘考虑企业内外部环境，分析构成企业有机系统的各个要素的功能和作用以及它们对企业整体价值所做的贡献，考察整个系统的盈利性、有效性、适应性，评价出整个系统的优劣程度。

（2）经济效益可靠原则。企业整体资产的价值基础是获利能力，因此，在对企业价值评估时，必须以经济的、财务的观点来分析其获利能力，预测其未来现金流量和折现率。企业价值评估只有建立在稳定可靠的收益预测的基础上才能科学地确定其价值的大小。

（3）谨慎性原则。企业的价值受企业内外部环境变化的影响，未来收益不稳定市场风险较大，从而也给企业价值的评估带来极大的风险。因而，评估人员在操作中必须谨慎地预测收益，全面地、尽可能地考虑影响企业价值的因素。

（4）"谁投资、谁所有、谁收益"是产权界定的原则。投资是享有产权、获得收益的前提条件。在产权确认时，应正确区分投资和负债，两者的混淆，会导致截然不同的法律后果。

（十）资源资产评估

1. 资源资产的特点。资源资产是一部分自然资源资产化的表现形式。资源资产与自然资源相比，其物质内涵是一致的，除了具有自然资源的基本特性外，根据资产的含义，还具有经济属性和法律属性。

（1）自然属性。

①天然性。自然资源是天然形成的，由自然物质组成，最初完全是由自然因素形成的，处于自然状态。随着人类对自然干预能力的加强，部分资源资产表现为人工投入与天然生长的共生性。

②有限性和稀缺性。资源资产的有限性和稀缺性主要表现在两个方面：

第一，资源资产的数量是有限的，人类活动使某些自然资源数量减少、枯竭或耗尽；

第二，自然资源和自然条件的贫化、退化和质变。

自然资源的生态结构、生态平衡被破坏。如矿产资源随着开发利用越来越少。再如土地资源，其自然总量是一定的，不会有所增加。

③生态性。各种资源如太阳、大气、地质、水文、生物等构成了一个复杂

① 林霞："企业价值评估研究"，2005 年。

的体系，形成特定的生态结构，构成不同的生态系统。不同的资源间互相依存，具有一定的生态平衡规律。如果毫无顾忌地开采和获取资源，使消耗超过补偿的速度，会导致这些资源难以持续利用或被毁灭。

④区域性。资源资产在地域上分布不均衡，存在显著的数量或质量上的地域差异。在我国，金属矿产资源基本上分布在由西部高原到东部山地丘陵的过渡地带；森林资源也呈集中分布的状态，长白山林地面积和木材蓄积就分别占全国的11%和13.8%。

（2）经济属性。

①自然资源具有使用价值，是经济发展的基础。由于自然资源具有使用价值与物质效用，自然资源能够转化为经济资源，成为人类生活资料和生产资料。自然资源是人类发展的物质基础，全部物质财富必须以自然资源为物资基础，其相对丰度影响着经济发展速度。

②资源资产价值能够以货币计量。资源资产除了能够用实物单位计量以外，还可以用价值量表示，这是资源资产评估的基础。对于无法用货币计量的自然资源，如空气、太阳光等就不能成为资产。

③资源资产具有可收益性。具有经济价值的自然资源才能成为资产。没有经济价值或在当今知识与技术条件下尚不能确定其有经济利用价值的资源不能成为资产。

（3）法律属性。

①资源资产必须能够为特定的产权主体所拥有和控制。资源资产产权在法律上具有独立性。

②资源资产的使用权可以依法交易。我国实行资源资产的所有权和使用权相分离的制度，法律不允许资源资产的所有权转让，但是使用权可以依法交易。

2. 资源资产评估的范围。资源性资产的评估是无形资产及其所依托的实物资源性资产。资源性资产所涉及的无形资产包括资源性资产调查结果、资源性资产经营权（如矿业权、土地使用权）、生态效益资产（如森林的水源涵养、防风固沙、水土保持等）及自然景观旅游资源性资产、生物多样性和基因保存等专有技术无形资产。由于有些无形资产计量还不够明确，没有开展评估，目前开展评估的有矿产资源资产、森林资源资产和旅游资源资产等①。

（1）矿产资源资产。矿产资源资产的评估范围包括：矿产资源实物资产、矿业权、地质勘查成果权，而主要评估对象为矿业权。矿业权又分为探矿权、采矿权和矿产发现权。

（2）森林资源评估。森林资源是林地上各种资源性资产的总称，包括林

① 吴良海、陈昌龙，2007年。

地资产、林木资产、森林野生动植物资产、森林景观资产及林地经营权、林木采伐权等无形资产。森林资源资产具有多样性和多效性，有时很难确切地测定它们的实际价值。但森林资源资产的大部分经济效益是从林地资产和林木资产中来的，因而森林资源资产评估通常是对林地资产和林木资产的评估。

为了切实加强对森林资源资产评估工作的管理，进一步规范森林资源资产评估行为，维护所有者、经营者、使用者的合法权益，根据《中华人民共和国森林法》、《国有资产评估管理办法》（国务院 91 号令）和《林业部、国家国有资产管理局发布〈关于森林资源资产产权变动有关问题的规范意见（试行）〉的通知》（林财字［1995］67 号）的规定如下①：

森林资源资产占有单位有下列情形之一的，应当依法进行森林资源资产评估：

①出让或转让森林资源资产的；

②以森林资源资产作价出资进行中外合资、合作的；

③以森林资源资产作价出资进行股份经营或联营的；

④以森林资源资产从事租赁经营的；

⑤以森林资源资产作抵押或进行拍卖的；

⑥出让、转让或出租林地使用权的；

⑦同时出让、转让森林、林木与林地使用权的；

⑧需要进行森林资源资产评估的其他情形。

（3）旅游资源资产。旅游资源是指所有进入旅游经济范围内的资源。从广义上说，旅游资源包括一切可供游客观赏、休闲、娱乐的各种自然景物、基础设施和历史文化古迹以及对现代社会有重要影响的景物；而从狭义上讲，旅游资源就是指旅游景点的自然景物和人文设施。旅游资源的评估一般是指狭义旅游资源的评估。

（4）其他资源性资产。

①浅海及大陆架水域，包括海洋动植物，但不包括海底矿产；

②滩涂、退海荒地、利用程度很低的滨海土地、盐田等；

③草地、草山及其上的动植物。

3. 资源资产评估的原则。森林资产评估一般应遵循的原则为②③：

（1）产权利益主体变动原则。即以被评估资源资产的产权利益主体变动为前提或假设前提，确定被评估资产基准日时点上的现行公允价值。产权利益主体变动包括利益主体的全部改变和部分改变及假设改变。

---

① 《关于加强森林资源资产评估管理工作若干问题的通知》，国资办发［1997］16 号。

② 《森林资源资产评估技术规范（试行）》，国资办发［1996］59 号。

③ 吴良海、陈昌龙，2007 年。

(2) 各种假设要尊重自然科学及客观规律。资源性资产具有隐伏的或者生长期较长的特点，对未来的收益计算，要进行各种参数预测。这种预测是在一定的科学假设条件下进行的。例如，矿产资源性资产开采规模是在矿产赋存状态探明的基础上假设储量不会发生变化的条件下做出的；森林资源性资产蓄木量是在科学预测生态环境的基础上假设长期一定的条件下做出的。

(3) 资源价值递增原则。资源性资产估价递增原则是指在评估资源性资产价值时，必须充分考虑自然资源的稀缺性。自然资源估价递增原则的基本含义是评估时序越靠后的资源，其价格越高。之所以对资源性资产评估要坚持价值递增原则，其一是由特殊的供求矛盾决定的。一方面，随着人类开采活动的继续和发展，自然资源在自然界的绝对量在不断减少；另一方面，由于社会经济的发展，人们的需求量又不断增加，使得供给和需求的矛盾日益尖锐化。这一矛盾短时无法通过人为方式增加和/或扩大自然资源的拥有量来解决。这一矛盾在资源评估上的反映就是不断提高资源的价格，以刺激人们节约资源，尽可能减少对自然资源的需求和依赖。其二是由资源环境中人类劳动的积累增多决定的。人类改造自然的活动改变并改善了资源开发的环境和条件。这种追加于资源环境、条件方面的劳动代价，必然包含在与之相联系的自然资源的价值中，从而使得自然资源的价值呈递增趋势。

思考题

1. 什么是资产评估的主体和客体？
2. 如何对资产评估主体进行管理？
3. 资产评估的客体如何分类？
4. 资产评估的执业原则和技术原则是什么？
5. 简述各类资产评估客体的特点、评估范围和原则。

第七章　资产评估准则

本章学习目的

1. 了解资产评估准则的概念、功能、影响准则制定的因素。
2. 掌握中国资产评估准则及国际资产评估准则体系框架。
3. 熟悉《国际评估准则》与《美国专业评估执业统一准则》的内容。
4. 掌握中国资产评估基本准则与具体准则内容。
5. 掌握中国资产评估指南及指导意见的内容。

第一节　概　述

准则是一公共职业为获取社会公众的信任和提高执业的工作质量而制定或得到全行业公认的，通过行业的内在约束力来贯彻实施的行为规范。《辞海》中对准则的注释为“法式、标准”等含义，意为具有约束力的行为规范。所有的职业均受着各自行业从业人员所公认的准则的指导。资产评估准则即是为保证和提高评估工作质量的评估人员进行评估活动的行为规范。

资产评估准则是资产评估业务发展过程中产生的客观要求。资产评估行业越发展，对评估准则的要求越强烈；同时，评估准则体系越完善，资产评估业务越规范。衡量一个国家评估业务水平的标志之一是其准则体系的形成情况。相比较而言，国外发达国家的资产评估准则制定较早，也比较完善，如美国、英国。我国和其他一些新兴国家评估准则形成较晚，且亟待完善。但无论是发达国家，还是新兴国家，为了促进资产评估行业发展，都把制定资产评估准则作为行业发展中的重要任务来完成。

资产评估准则是指导评估师执行资产评估业务的技术规范和职业道德规范的总称。资产评估是具有较强专业性的工作，为规范评估师执业行为，提高评估服务质量，增强资产评估行业公信力，世界各国评估行业都选择制定资产评估准则，从技术规范和职业道德等方面进行必要的规范。资产评估准则的完善和成熟程度反映了一国评估业发展的状况。

资产评估准则是资产评估行业发展到一定阶段的产物，是一国资产评估理论和实践经验的高度浓缩，并随着资产评估行业发展而不断完善。资产评估准则需要得到资产评估理论的指导和资产评估实践的支持。英、美两国资产评估行业发展较早，起步于19世纪中后期，经过长期评估理论和实践的发展，两国分别从20世纪70年代后开始了评估准则的制定工作。英国于1974年成立了评估和估价准则委员会，并于1976年制定了第一部《评估指南》，之后进行了多次修订。美国虽然有一些评估专业团体早就开始了评估准则的探索工作，但直到经历了20世纪80年代的评估业动荡之后，才于1986年制定了第一部《专业评估执业统一准则》（USPAP），之后每年进行修订。

近20年来，美国、英国、澳大利亚、加拿大、新西兰等评估业较为发达的西方国家为适应经济全球化发展的需要，明显加大了评估准则制定工作的力度，不断总结本国评估业发展的经验，在评估准则的制定方面做了大量工作。有关国际性和区域评估专业组织也根据国际评估业及本区域评估业的发展状况，在制定国际性和区域性评估准则方面进行了有益的探索。目前在国际评估界具有较大影响的评估准则主要有：国际评估准则委员会（IVSC）制定的《国际评估准则》（IVS）；美国评估促进会（AF）制定的《专业评估执业统一准则》（USPAP）；欧洲评估师联合会（TEGOVA）制定的《欧洲评估准则》（EVS）；英国皇家特许测量师学会（RICS）制定的《评估与估价指南》。

一、资产评估准则概念

资产评估准则是指导评估师执行资产评估业务的技术规范和职业道德规范的总称。资产评估准则是为保证和提高评估工作质量，而由专业部门制定的对评估人员进行评估活动的行为规范，是资产评估理论研究成果和实践经验的高度浓缩。

资产评估准则是指规范资产评估信息生产和传输的标准。从境外的实践看，资产评估准则一般是资产评估社会团体在自身的发展过程中对其所属会员职业行为具有约束力的执业标准和规范。资产评估准则是经权威机构制定或认可的、用以指导评估人员工作和评价评估工作质量的专业规范。也可以说，资产评估准则是一种标准，是资产评估人员在执行评估业务时所应遵循的标准，也是判断评估人员完成评估工作质量的尺度。所以评估准则包括两方面的内容，一方面是行为标准，一方面是评价标准，这两方面共同构成了资产评估准则，缺一不可。

二、资产评估准则功能

1. 科学合理的资产评估准则可以规范资产评估信息的生产和传输，保证资产评估信息的质量，进而有利于保护各信息使用者的利益，保障市场经济的正常运行。

2. 资产评估准则有利于维护资产评估行业的整体社会形象，为评估师提供良好的职业保护，从而推动资产评估行业健康发展，更好地为经济建设服务。

3. 资产评估准则可以规范评估师的执业行为，提高评估服务质量，提高行业规范化水平和执业水平。

4. 成熟和合理的规则是行业共同遵守的“游戏规则”，有利于提高经济社会运行效率。评估服务是市场经济健康运行的重要工具，评估准则是评估行业规范服务的重要手段。在准则的规范下，行业整体行为受到统一约束，行业服务信息具有可比性和透明度。准则的有效实施，可以使行业成为市场经济运行中的一支专业、规范的稳定力量。

5. 有利于维护公众利益，提升行业社会公信力。资产评估准则有利于评估报告使用方理解评估行业增强行业社会公信力，提升行业服务质量。

三、影响资产评估准则制定的因素

评估准则的制定是一项复杂的系统工程，不仅专业性、技术性要求高，而且反映了社会经济、文化、法律等社会背景和环境条件，是相关各方利益的协调过程。由于各国评估业发展很不均衡，各国评估理论基础和实践均缺乏一致性。因此，各国和相关国际性评估专业组织制定的评估准则无论在内容还是在体例上都存在较大差别，侧重点也由于各国评估业热点问题的不同而各不相同。

中国的资产评估准则制定的过程实质上是合作博弈的过程，由不同利益集团参加，这些利益集团包括政府、资产评估中介机构、注册资产评估师、证监会、国资委、委托方、银行、理论界的代表等。资产评估准则的制定实际上就是资产评估准则的制定机构与各个利益相关者之间进行的一种合作博弈，最终实现准则的公平和公正。政府作为管理者希望制定的资产评估准则有利于行业的稳定，有利于整个经济的运行；资产评估机构和注册资产评估师希望准则能够最大限度地保护他们的利益，减少他们的责任，希望资产评估准则规范下的评估方法与程序具有可选择性和较大灵活性，通过选择评估方法和程序达到自身的一定目的；证监会希望准则能够规范上市公司的资产评估行为，保护中小投资者的利益；国资委希望准则能够保护国家的利益，防止国有资产的流失，强调准则提供的信息具有相关性、真实性。资产评估准则实质上是各利益集团间竞争与妥协的产物。一次博弈过程完成后，此时形成的资产评估准则是一种静态博弈下的纳什均衡。但随着资产评估环境的变化，资产评估准则的各个利益相关者会不断地进行博弈，纳什均衡会不断地被打破，并从低级的一般纳什均衡向高级的子博弈精练纳什均衡迈进。资产评估准则的理想模式是完全信息动态的合作博弈形成的“子博弈精练纳什均衡”。虽然这种理想模式难以实现，但评估准则制定过程应积极创造有利于充分博弈的条件去接近这种模式，从而提高准则的效率，使准则能够被各利益相关方所接受执行，为社会制定一套公正的资产评估准则。

影响资产评估准则制定的因素有经济因素、政治因素、法律因素、文化因素。

（一）经济因素

资产评估准则是资产评估理论与实务的桥梁，这决定了准则的制定既要有理论界的代表又要有实务界的代表参与，目前我国的情况基本符合这一原则。但资产评估准则同时又会涉及方法和程序的选择问题，从而会产生各种利益的协调问题，为了协调各个利益集团的利益，准则制定小组应有各个利益方的代表。但我国目前的准则制定专家组虽然增加了资产评估报告的使用者（国资委、中国证监会、资产管理公司等），但仍然还是以大型评估机构的负责人为主，没有中小型事务所的代表。而且目前我国非国有经济在国民经济中所占比重越来越高，现有的准则组的资产评估报告的使用者不能全面地代表报告的使用者，但这些利益主体的利益同样需要准则予以均等地重视和保护。

我国的资产评估准则的制定也在不断地摸索、不断地改进自己的工作。现在准则制定程序基本规范，准则制定专家组的成立使得准则在人员上得到保证，在原来的参与人（评估机构的负责人、高校评估研究人员等）基础上，增加了资产评估报告的使用者（国资委、中国证监会、资产管理公司等），使得准则制定的利益各方都有了发表意见的机会，并且进行交流，增强了准则实施的可行性。同时律师的参与，使得准则更加严谨，保证了准则的严肃性。资产评估行业要面向的是各种各样的产权交易市场，交易主体对于资产评估报告的认知与社会定位密切相关。因此，有必要对这一群体进行宣传教育。使其合理科学地认识到评估报告的咨询性。评估结果并不具有鉴证效力，既不是法律文书，也不是保证承诺，更不是政府的定价文书。

（二）政治因素

我国在制定资产评估准则的过程中，一般不提前公布，大多是准则已经拟定完毕之后才进行征求意见，准则的整个起草过程相对来说是不透明的，缺乏多次征求意见的程序。而且，征询意见大多是在行业内部进行，无法反映全社会的意愿，不能保证准则的公开、公平、公正。对于拟定稿征求意见大多通过评估协会一级级地向下传达征求意见稿，要求地方各级机构组织力量进行讨论。各地方协会对各种意见进行总结，反馈给中国资产评估协会；但由于地方的事务所对准则的制定背景不了解，往往反映不出自己真正的意愿；地方协会组织讨论，大多是就近找一些机构来讨论，并不能全面反映各种意见。在征求意见稿的基础上，最后准则是否发布以及以什么形式发布，都要“报部领导或司领导批准”，而并不取决于资产评估准则各利益相关方的意愿，这就使得准则成为垄断机制下的结果，博弈的作用机制不能很好地发挥作用，公平的市场原则得不到实现。

资产评估准则的实施涉及多方面的利益，应有各利益方的代表，准则组应包括所有关注资产评估准则的行业和部门的代表。资产评估信息的各种利益相关者都会从不同的角度关心资产评估准则的制定，倾听他们的声音并加以综合权衡和评价，这是准则制定过程中至关重要的一个步骤。这样做的好处至少有两点：一是可以集思广益，优化资产评估准则的具体内容和条款；二是可以为各利益相关者提供一个表达意见的机会，因而可以比较迅速地达成共识。国外的经验也证明了，准则的技术或理论的正确性并不一定能保证准则的成功，资产评估准则的制定既是缜密逻辑或实证发现的结果，同时也是政治行动的产物。因为，准则制定是一种社会决策，准则是限制行为的，因而准则必须被利益相关方所接受，接受可能是强制的，亦可能是自愿的，或者是二者兼而有之。虽然基于我国的立法系统，准则的强制性大于民主性，但并不说明各方不再表达他们的意见。实际上，各方可能以不同的方式表达意见，例如，评估师“造假”或许是评估界表达自己意见的一种方式。

政府主导型的行业管理模式虽然有其历史的必要性，却没有充分体现出评估业独立的市场化地位，造成了甚至在当前都很棘手的问题：多头管理和部门干预。一方面，多头管理的突出表现是，各个行业主管部门瓜分资产评估的管理大权，建立本行业内的资产评估管理体系和资格认证制度，并且形成行业垄断。从国际经验来看，资产评估应该包括不同专业领域中的评估业务，但是作为一个完整的行业，各个专业领域的管理应该是统一的。而在中国资产评估业的发展过程中，各个行业主管部门人为垄断不同专业领域的评估，例如，除财政部管理的资产评估行业以外，物价部门、土地部门、商标部门、建设部门也拥有各自行业的评估主管权力，并且各有各的法规，各有各的政策，各有各的评估标准。这就造成不同主管部门之间的法规有时产生冲突，使得统一管理难以形成。多头管理和标准的不统一，使资产评估在客观的发挥作用时受到很大束缚。另一方面，部门干预造成的行业垄断也严重妨碍了资产评估业在市场中发挥作用。一些主管部门因自身利益而将其他行业的评估机构排斥在外，防止其他行业那些享有盛誉的评估机构抢走自己的“饭碗”，这严重影响到评估业的市场竞争，造成资源浪费。

（三）法律因素

资产评估工作的基本规则应当由法律来规范，国家应通过立法，明确评估行业的主体、执业规则及管理模式等，改革现行评估行业管理的部门立法，减少部门管理的随意性。无论在实现管理方式的转变，还是在脱钩改制过程中，政府的作用是毋庸置疑的，但在完成管理方式转变之后，宏观环境并不健全，主要原因在于评估法律法规的不完善。关于资产评估虽然在其他法律、法规中有所涉及，目前尚无一部独立的法律、法规来规范各利益主体的评估行为，对市场中出现的评估师按照委托人的意愿操纵评估结果的情况，法律显得力不从心，所以应加快立法步伐，才能从根本上规范评估行为。

资产评估行业法律法规不完善主要表现为缺乏统一、规范的资产评估准则，没有资产评估法来保障资产评估业的基本法律地位和利益。一方面，由于多头管理的影响，资产评估行业中存在着多种技术标准，不同的技术标准和行为准则往往是从部门利益出发，忽略了整个资产评估行业的共同需要。在实际操作过程中，技术标准的透明性很低，成为阻止其他部门评估机构进入市场的一个重要手段，由此造成整个行业的准则不统一且不规范。另一方面，准则对于实际操作中的评估行为的规范缺乏力度，对评估中的风险约束弱化，并且由于缺乏明确的评估准则保障，评估人员在法律诉讼中很难找到回避风险的法规依据。此外，资产评估法迟迟没有出台，就不能明确资产评估业的法律地位，赋予评估机构和人员最基本的法律保障。而中国注册会计师行业已经有了较为成熟的《独立审计准则》和《中国注册会计师法》，相比之下，资产评估行业显然在法律法规建设方面要落后得多，其地位与作用的弱化也就可想而知。

（四）文化因素

受传统观念的影响，似乎准则制定理应是政府和行业组织的事情，包括资产评估师在内的一些利益主体缺乏参与博弈的意识。准则的制定计划往往会与现实脱节，准则往往是出于政府监管的需要，“救火式”的出台，这往往使得准则缺乏系统性和各个具体准则之间的协同性，影响了准则的实施效率。从某种意义上讲，我国的资产评估准则往往体现政府的目的多一些，是一种未经博弈的选择，不利于准则的有效实施。

第二节　美国的《专业评估执业统一准则》

一、《专业评估执业统一准则》的制定

20 世纪 80 年代初，里根政府奉行自由经济政策，在金融行业内撤销了对金融机构严厉的行业管制措施，数以百计的联邦特许存款、贷款银行迅速转向提供私人或商业贷款的业务。而当时，美国金融部门尚未做好足够的准备应付突然增加的市场供求关系，导致大批金融机构在批出贷款之前未对抵押资产进

行恰当地评估，或由不合格的人士提供评估服务。在这场金融危机过后的研究与分析中，不当的评估行为被作为导致泡沫经济的原因之一受到广泛指责。特别是在金融机构不动产抵押贷款业务中，由于缺乏统一、明确的评估师资质标准，在执业中也没有统一遵循的准则体系，评估师对作为抵押物的不动产故意或非故意地做出不恰当的评估，往往导致金融机构过高地估计抵押不动产的价值及其对金融机构贷款的保障性，最终造成银行等金融机构贷款呆坏账大幅度增加、大批金融机构倒闭的结果。因此，美国经济界加强对评估行业这一传统自由职业领域管理的呼声日益高涨。

在这样一背景下，美国评估界也自发地组织起来，从行业内部着手解决有关评估师资格不统一、评估执业准则不统一的问题，希望能够实现从业人员资格的统一，制定公认的评估执业准则，并保证评估师免受来自任何方面的外部压力。1986 年，美国八个评估专业协会和加拿大评估协会为制定资产评估行业统一的专业准则、提高评估质量、维护资产评估行业信誉联合制定了《专业评估执业统一准则》（USPAP）；1987 年成立了评估促进委员会，美国评估促进委员会（AF）取得了该准则的版权，负责《专业评估执业统一准则》的修订、出版工作。在经历了美国 20 世纪 80 年代中期的不动产泡沫经济引发的评估业危机之后，1989 年美国国会制定的《金融机构改革、复原和强制执行法令》（FIRREA）中明确规定，评估人员执行与联邦交易相关的资产评估业务，必须遵守《专业评估执业统一准则》；美国各大评估协会也都要求其会员执行资产评估业务需遵守《专业评估执业统一准则》。因此，《专业评估执业统一准则》成为美国评估行业公认的评估准则，并随着资产评估业国际交流的发展，逐渐发展成为国际评估界最具影响力的评估准则之一。

1995 年，已有 16 个评估协会成为 AF 的会员。USPAP2005 版本就是该准则的第 14 个年度版本。评估促进会是非盈利性的组织，其宗旨是促进提高评估业的专业水准，并通过以下具体目标实现其宗旨：制定、修订专业评估执业统一准则（USPAP）；制定专业评估师的资格标准；向评估行业、州和联邦政府有关部门、评估业务的客户、相关行业和团体以及社会公众宣传有关专业评估执业统一准则和评估师资格标准；开展有关与评估准则、评估师资格标准及其他对评估行业及评估业务客户重要的活动。

二、《专业评估执业统一准则》的内容和体系

（一）《专业评估执业统一准则》（USPAP）的体系

由于 USPAP 符合评估业发展的客观需要，受到了评估界的广泛认可，成为美国及北美地区各评估专业团体和评估师广为接受的评估准则，并逐渐以立

法的形式被美国政府认可。与英国等以不动产评估为主的国家不同，美国资产评估行业呈现出综合性的特点。不仅不动产评估有着悠久的发展历史，非不动产评估也有着长足的发展，如企业价值评估、无形资产评估、机器设备评估、动产评估等。美国评估行业的综合性充分体现在准则体系上，USPAP 分为总则、具体准则、准则说明、咨询意见，是由各个层次组成的结构严谨的准则体系。以图 7－1 的形式表现如下：

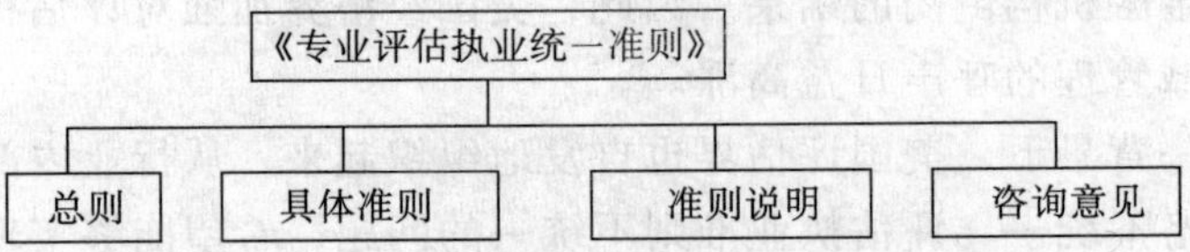

图 7－1 《专业评估执业统一准则》体系

从 1992 年开始到 2006 年，《专业评估执业统一准则》每年都有新版本。从 2006 年开始，《专业评估执业统一准则》为两年更新一次。2008 年版《专业评估执业统一准则》的生效日为 2008 年 1 月 1 日 ~ 2009 年 12 月 31 日。

2008 年版《专业评估执业统一准则》包括下列组成部分：定义、引言、职业道德规定、胜任能力规定、工作范围规定、允许偏离规定、司法例外规定、增补标准规定、10 个准则、10 个准则说明（SMT）和 29 个咨询意见（AO）。

（二）《专业评估执业统一准则》的内容

1. 总则。总则概括地对所有评估业务做出共性要求，是美国评估准则的精华部分。它包括定义、引言、职业道德规定、胜任能力规定、工作范围规定、允许偏离规定、司法例外规定、增补标准规定。

“定义”对 USPAP 中使用的基本概念、名词术语进行了解释、规定，如对评估、评估咨询、评估报告、评估复核、评估师、评估结论、假设、企业、客户、成本、市场价值、综合评估、价格、动产、不动产等基本概念进行了定义和注释。它是制定评估具体准则条款的统一基础性规定。

“引言”对 USPAP 的宗旨和内容进行了简要介绍，明确 USPAP 通过定义、规定、准则和准则说明强调评估师的职业道德和执业责任。USPAP 的宗旨是通过制定对评估师所要求的准则，提升和保持评估行业的高水平的公信力。这对于评估师向其评估服务的期望使用者以充分准确且不致引起误导的方式，表达其评估分析、意见和结论，是至关重要的。准则委员会同时向评估师和评估服务的使用者公布其 USPAP。评估师的责任是维护行业的整体公信力，且这是评估师作为在其服务岗位上履行道德责任的角色时的价值所在。而 USPAP 正是体现了这一价值评估行业通行的执业标准。USPAP 并未规定谁与哪一些评估项目必须遵守该准则。评估促进委员会与其下属的准则委员会都不是制定、裁定和实施法律的政府机关。但遵守 USPAP 既是评估服务也是评估师遵守法律或法规责任的要求，或履行与委托方和评估服务期望使用者所订立合同中责任的要求。在无这样的责任时，任何个人仍可选择遵守 USPAP。

“职业道德规定”对评估师的职业操守、道德品质提出了明确要求，确立了评估师执业中正直、公正、客观、独立与符合职业道德标准的行为方面的要求。职业道德规定由行为、管理、保密和档案保存四个部分组成。行为部分要求评估师在执业中必须遵守执业道德并具有胜任能力，在执业时必须公正、客观、独立，不掺杂个人利益，不能成为任何一方的拥护者，不得从事违法行为；管理部分强调任何未经披露而支付的与获取评估业务有关的费用、佣金或者有价之物都是违反职业道德的；保密部分要求评估师必须维护评估师与客户关系中的保密要求，除客户或客户特别授权的个人、法律程序允许的政府部门或第三方、获得授权的行业检查委员会外，评估师不得向任何人泄漏客户的保密信息和评估结果；档案保存部分要求评估师在工作底稿完成后至少保存 5 年，或在评估师提供庭证的法律程序完结后至少保存两年。

“胜任能力规定”对评估师的专业知识、专业判断、专业分析、专业能力提出要求。能力规定要求评估师在接受评估业务或达成评估协议前，必须恰当明确所要解决的问题，并确信自己有相应的经验和胜任业务的知识。否则，评估师必须在接受业务前向客户披露缺乏相关的知识和经验，采取所有必要的、恰当的措施以胜任业务，并在报告中披露知识或经验的缺乏和为胜任工作所采取的措施。

“工作范围规定”提出了有关评估问题确定、研究与分析的责任。

“司法例外规定”是在 USPAP 的规定与法律或政府政策的规定发生冲突时，维持其相互的协调。

“标准增补规定”为政府部门、政府主办的企业或其他机构因公共政策需要提供制定 USPAP 增补规定的方式。适用于特定目的或资产类型评估业务的补充准则。

2. 评估具体准则。评估具体准则是 USPAP 的实质性内容，主要规定了各类评估所应遵循的要求、程序。10 个准则确定了评估、评估复核与评估咨询服务的要求及其各项结果表达的方式。内容上根据具体评估类型分为 6 个主题，具体为不动产评估、动产评估、企业评估、批量评估、评估复核、评估咨询。每个主题分为两部分，首先是关于评估操作的要求，对评估中应注意的事项进行了具体的规定；其次是关于评估报告的要求，对各类评估报告的格式、内容及注意事项做了专门的规定。每一准则的规定都包括原则性要求和专门性要求两类，原则性要求不允许有所背离，专门性要求可以根据背离条款有所背离。具体如图 7－2 所示。

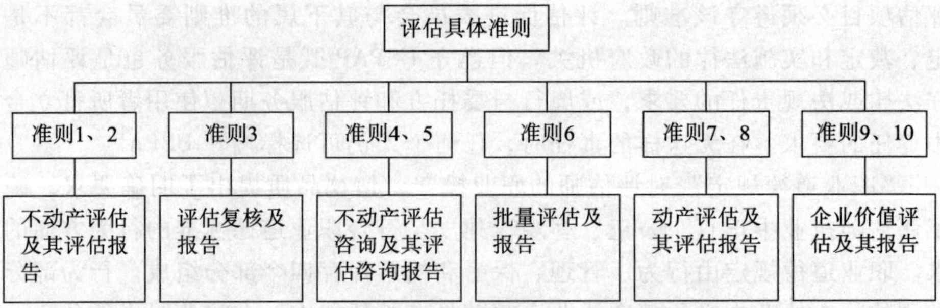

图 7-2　《专业评估执业统一总则》之具体准则

3. 评估准则说明。评估准则说明是经 AF 的规定程序审定的，其目的是明确、解释和细化《专业评估执业统一准则》，它具有与准则条文同样的效力。至今，准则委员会通过了 10 个准则说明，但已撤销了其中 3 个。内容涉及复核评估、折现现金流分析、过去价值评估、来来价值评估、职业道德条款的保密规定、市场价值评估中的公开时间、允许的对不动产评估具体指南的背离、报告的电子传递和在进行评估、咨询、复核业务及报告其意见和结论时明确客户"期望用途"。

从结构上看，每一项评估准则说明主要由：主题、适用范围、问题、说明、结论、采纳日期和最后修改日期或停止适用日期等部分组成。

4. 咨询意见。咨询意见是为解决评估中存在的问题提供咨询帮助，但它并不是评估准则委员会的法律性意见。发布咨询意见是为了演示、说明评估准则在特定具体情况下的运用。评估准则委员会通过这种方式为解决评估中的问题提供咨询帮助。2008 年版《专业评估执业统一准则》包括 29 个咨询意见(AO)，主要包括销售历史、被评估资产勘查、更新评估、助手要求、复核评估的功能、交易时间估计、市场价值与公允价值、评估师对有毒或有害物质污染的责任、评估师和客户关系、评估报告类型的内容和使用、不动产抵押估价、享受补贴住房的评估、运用背离条款进行限制评估、公平住房法和评估报告的内容以及对计划改良不动产的评估等。

(三)《专业评估执业统一准则》关于评估报告的内容要求

从《专业评估执业统一准则》中对不动产评估报告的要求，我们可以了解美国评估报告的基本要素与披露要求。

1. 评估报告的形式、格式与类型。美国在对不动产评估的结果进行报告时，要求评估人员必须正确反映每项分析、意见和结论，不得误导。USPAP 规定了提供评估结果的评估报告中信息的水平和内容。不动产评估书面报告的类型必须是完整型评估报告、简明型评估报告、限制使用型评估报告这三种类型中的一种，并且必须在评估报告中明确列示所采用的报告类型。对不动产评估报告的形式、格式或者文体未做规定。评估报告的形式、格式或者文体是评估人员和使用者需要的功能。报告的实质性内容决定了报告采用何种形式、格式或者类型。

美国规定每份书面或口头不动产评估报告必须：(1) 清晰、准确地反映评估，不得误导；(2) 包含足够的信息，使评估报告预期使用者能够正确理解评估报告；(3) 清晰、明确地披露评估项目所采用的所有假设、特定假设、逆向假设与限定条件。

2. 评估报告的主要内容。每份书面不动产评估报告必须采用以下三种意见之一，并在报告中明确表示采用哪种意见：完整型评估报告、简明型评估报告或限制使用型评估报告。当预期使用者包括除了委托方以外的其他方时，评估人员必须提供完整型评估报告或者简明型评估报告；当预期的使用者不包括除了委托方以外的其他方时，评估人员必须提供限制使用型评估报告。三种评估意见的根本区别在于报告所提供信息资料的内容和详细程度。恰当的报告类型与报告中所需要的信息的详细程度由评估结果的预期用途与预期使用者决定。评估人员在完成某项评估业务之后给评估报告以及报告所传递的信息详细程度划分类型时必须小心谨慎。美国准则所要求的评估报告的内容和信息详细程度是对于每一种类型报告的最低要求。评估人员必须在必要的时候补充完善报告的形式内容，保证对报告的预期使用者不产生误导，并且保证所提供的报告遵守专业评估执业统一准则提出的要求。为了满足披露的要求，接受完整型评估报告、简明型评估报告或者限制使用型评估报告的副本的有关方不能成为评估结果的预期使用者，除非评估委托方明确表示其是评估结果的预期使用者。

完整型评估报告的内容必须与报告的预期用途相一致，并且至少包括以下内容：(1) 以名称和类型明确说明委托方和预期使用者的身份；(2) 明确说明评估的预期用途；(3) 明确并用充分的信息资料描述被评估的不动产；(4) 明确说明被评估不动产的权益；(5) 明确说明评估的价值类型和定义以及其来源；(6) 明确说明评估生效日和报告日期；(7) 明确描述评估的工作范畴的信息；(8) 明确描述评估中所分析的信息，所采用的评估方法与技术以及支持其分析、意见和结论的推理过程；(9) 明确描述评估日期现存不动产的用途以及在评估报告中反映出来的不动产的用途；当评估师采用最佳用途时，应明确描述不动产最佳用途的分析意见的合理性和推理过程所用的论据；(10) 明确说明所有特定假设、逆向假设和限制性条件，并阐述其使用后可能对评估项目结果的影响；(11) 经评估人员签署的证明文件。

简明型评估报告的内容必须与报告的预期用途相一致，并且至少包括以下内容：(1) 以名称和类型明确说明委托方和预期使用者的身份；(2) 明确说明评估的预期用途；(3) 明确并用充分的信息资料概述被评估的不动产，这种概述包括与评估业务有关的财产的物理和经济方面的特性；(4) 明确说明被评估的不动产权益；(5) 明确评估的价值类型和定义及其来源；(6) 明确说明评估生效日和报告日期；(7) 概述评估的工作范畴的信息；(8) 概述评估中所使用的信息，所采用的评估方法与技术和支持其分析、意见和结论的推理过程；(9) 描述评估日期现存不动产的用途和在评估报告中反映出来的不动产的用途以及当评估师采用最佳用途时，概略描述评估人员对不动产最佳用途的分析意见的合理性和推理过程所用的论据；(10) 明确说明所有特定假设、逆向假设和限制性条件，并阐述其使用后可能对评估项目结果的影响；(11) 经评估人员签署的证明文件。

限制使用型评估报告的内容必须与报告的预期用途相一致，并且至少包括以下内容：(1) 以名称和类型明确说明委托方和预期使用者的身份；(2) 明确说明评估的预期用途；(3) 明确并用充分的信息资料说明被评估的不动产，这种描述包括与评估业务有关的财产的物理和经济方面的特性；(4) 明确说明被评估的不动产权益；(5) 明确评估的价值类型及其来源；(6) 明确说明评估生效日和报告日期；(7) 明确说明评估的工作范畴的信息；(8) 明确评估所采用的评估方法与技术，明确说明获得的价值判断与结论与供参考的工作底稿；(9) 明确说明评估日期现存不动产的用途和在评估报告中反映出来的不动产的用途以及当评估师采用最佳用途时，应当对其做出明确说明；(10) 明确说明所有特定假设、逆向假设和限制性条件，并阐述其使用后可能对评估项目结果的影响；(11) 经评估人员签署的证明文件。

三、专业评估执业统一准则的特点

美国评估行业的综合性充分体现在准则体系上，《专业评估执业统一准则》是一部典型的综合性评估准则，包含了资产评估行业的各个专业领域。

1. 框架结构清晰，并具有综合性、开放性。
2. 由民间评估专业团队制定。
3. 在制定过程中注重了民主性和广泛性。
4. 注重职业道德。
5. 及时修订。
6. 以立法的形式被美国政府认可，有很强的约束力。

第三节 国际评估准则

国际评估准则委员会（IVSC）是 20 世纪 80 年代以来在世界各国资产评

估专业团体的推动下，逐步发展起来的重要国际性评估专业组织，目前在国际评估界发挥着主导作用，其制定和努力推广的《国际评估准则》（IVS）是目前最具影响力的国际性评估专业准则。

国际评估准则委员会于1985年制定了《国际评估准则》第一版，之后分别于1994年和1997年进行了修订，发布了《国际评估准则》第二版和第三版。2000年以后，《国际评估准则》的制定和修订工作进入了一个快速发展的时期，经过较大的修改，2003年4月推出了第六版《国际评估准则》。由于欧盟法律要求2005年欧盟上市公司均须执行《国际会计准则》，根据《国际会计准则》的规定，执行公允价值会计模式的公司需要对公司许多资产进行评估。这一重大变化给国际评估行业带来了很大影响，国际评估准则委员会于2005年发布了第七版《国际评估准则》，以满足《国际会计准则》和相关实务对评估行业的需求。

2007年，国际评估准则委员会发布了第八版《国际评估准则》。与第七版相比，第八版的准则主要有以下变化：一是全面修正了"国际评估准则2——市场价值以外的价值基础"和"国际评估应用指南2——以担保贷款为目的的评估"；二是增加了一个新的应用指南——"以公共部门资产财务报告为目的的评估"和一个新的评估指南——"历史性资产评估"；三是对国际评估准则其余的全文进行了个别更新，以确保与新的和重写的部分相一致。

一、国际评估准则委员会

（一）国际评估准则委员会的产生

国际评估准则委员会成立于1981年，是在各国评估行业迅速发展和评估业区域化、国际化发展的基础上形成的国际性评估专业组织。其成立标志着国际评估业正式走上国际化协作发展的道路。

国际评估准则委员会的诞生有其独特的历史背景，既反映了各国和国际资产评估行业发展的内在需求，也是经济全球化发展等外部推动因素共同作用的必然结果。首先，20世纪80年代以前资产评估业在世界范围内得到很大发展，英国、美国、澳大利亚、新西兰、加拿大等许多国家陆续成立了资产评估协会、学会等专业性组织，并分别制定了本国资产评估准则和职业道德守则，为成立国际性评估专业团体奠定了行业发展基础。其次，尽管各国资产评估行业有了长足发展，但在国际上资产评估行业尚未形成一个世界性的中心，各国资产评估准则、理论、实务以及专业术语上的差异，都给资产评估业的国际合作和进一步发展带来了很大困难，不能满足日益全球化的资本市场和国际经济界的要求。制定一部统一的、在国际评估界得到广泛公认的《国际评估准则》

已成为国际资产评估业发展的当务之急，也成为促使国际评估准则委员会成立的内在动力。再次，20 世纪 70 年代以来，随着国际经济和市场全球化的迅速发展，各国经济界越来越重视资产评估在资本市场和促进资本跨国流动中的重要作用，特别是资产评估所具有的在有关企业财务文件中反映资产的现时市场价值、弥补传统会计中历史成本原则缺陷的功能得到了越来越多的关注。国际经济界迫切需要一部“国际认可”的《国际评估准则》，以促使资产评估业更好地为经济发展服务，这也就成为国际评估准则委员会成立的外部动力。在这些因素的共同推动下，1981 年，英国、美国等 20 多个国家和地区在澳大利亚的墨尔本发起成立国际资产评估准则委员会（IAVSC），1995 年，更名为国际评估准则委员会，开展了制定国际评估准则的工作。

（二）国际评估准则委员会的宗旨

1. 在世界各国之间统一评估准则，确定国家或地区性评估准则之间的差异，致力于促进国家或地区性规范与《国际评估准则》之间的协调和统一。

2. 为公共利益制定并发布用于财务报告的资产评估准则和执行指南，以满足财务报告、国际资本市场和国际经济领域的需要，满足发展中国家和新兴工业化国家的需要，并促使这些准则和指南在世界范围内得到广泛认可和遵守。

3. 促使《国际评估准则》在国际会计准则及其他相关报告准则中得到认可，促使其他专业领域理解专业评估和评估师的作用，并指导评估师了解相关专业领域的要求。

（三）国际评估准则委员会的组织结构

国际评估准则委员会的行政总部设在英国首都伦敦，财务总部设在加拿大的多伦多。国际评估准则委员会的常设管理机构为理事会，理事会主要由主席、副主席、常务理事和一般理事组成，一般理事中还包括 1 名发展中国家的代表。理事会会议每年召开两次，具体制定委员会政策、工作计划、财务预算和财务报告，并负责召集特别会员代表大会。国际评估准则委员会的权力机构是会员代表大会，一般情况下每年召开 1 次。委员会的重大事项由会员代表大会决定，每个会员国向国际评估准则委员会派出 1 名代表和 1 名助理代表，在国际评估准则委员会会员代表大会上均享有一票表决权。

二、国际评估准则（IVS）的目标和结构

（一）《国际评估准则》的目标

1. 促进财务报告的透明度和评估的可靠性，以便于跨国交易和国际资本

市场的发育。这些评估主要是为了保护贷款和抵押的安全、涉及所有权转移的交易以及诉讼或税收事项的清算而进行的。

2. 为全世界的评估师提供一个执业基准或信标，使其能够应对国际资本市场对可靠评估的要求，以满足全球经济领域对财务报告的要求。

3. 提供评估准则和财务报告准则，以满足新兴工业化国家的需要。

（二）《国际评估准则》的结构体系

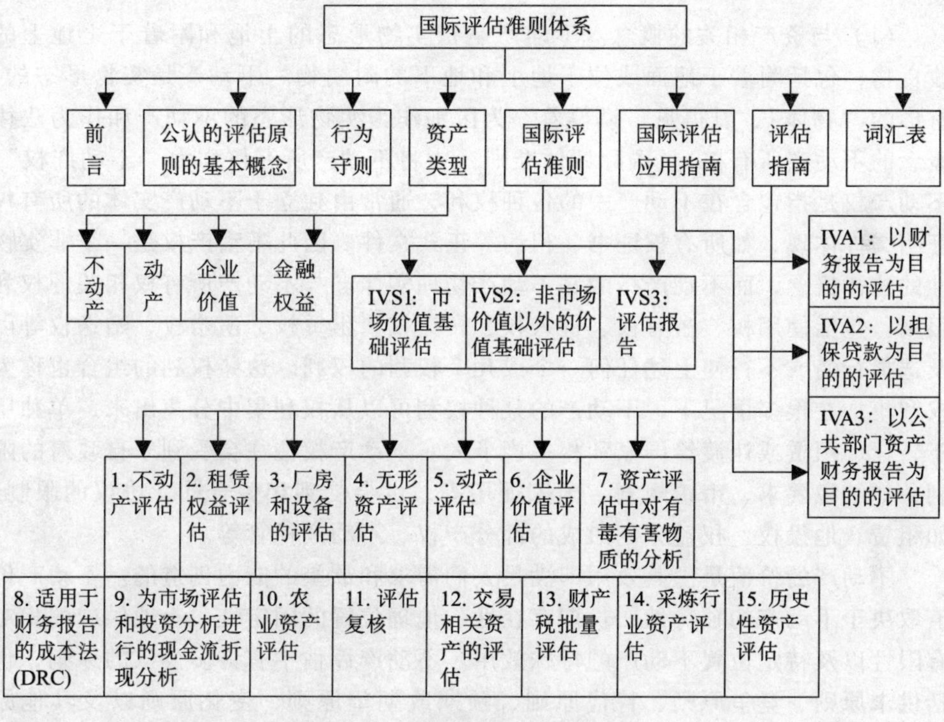

图 7－3　国际评估准则结构体系

1. 前言。前言在回顾、总结国际资产评估行业发展历史基础上，重点对国际评估准则委员会的宗旨、国际评估准则委员会的工作、《国际评估准则》的起源、《国际评估准则》的结构等进行介绍。

2. 公认的评估原则的基本概念。该部分是国际评估准则委员会为避免各国评估师和资产评估报告使用者的误解，对构成资产评估理论和评估准则基础的法律、经济等基础性概念、理论进行的总结和归纳。为了有利于各专业领域人士、各国评估师和评估报告使用者对准则的正确理解，减少由语言等障碍造成的困难或误解，本部分提供了作为评估专业和准则基础的基本法律、经济概念体系的说明，理解这些基本概念和原则对于正确理解和运用评估准则具有重要意义。资产评估的基本概念和原则充分总结了各国资产评估理论的研究成果和实践经验，并借鉴了各国资产评估准则制定的经验，对资产评估理论中的许多基本概念和理论进行了深刻阐述，主要包括土地与资产的概念，不动产、财产与资产的概念，价格、成本、市场和价值的概念，市场价值概念，最佳用途概念，效用概念，评估方法等。

国际评估准则委员会在《国际评估准则》中对一些资产评估中的重要概念进行了说明。这些内容分布在《公认的评估原则的基本概念》以及相应的准则和指南中，是理解《国际评估准则》及国外传统评估理论基础的重要出发点。①

（1）与资产相关的概念。不动产是指实物形态的土地和附着于土地上的改良物，包括附着于地面或位于地上和地下的附属物。不动产是实物形态的、有形的“物体”，看得见、摸得着。为区别作为实物形态的不动产和作为法律概念的不动产所有权，《国际评估准则》中将不动产所有权称为“不动产权”。不动产权是指包含在不动产中的各种权利，通常由独立于不动产实体的所有权证明文件体现，如所有权证书、租约等正式文件。因此不动产权是一个非实物性的法律概念，而不动产指的是不动产物理实体。与不动产所有权相关的权利很多，包括使用权、占有权、进入权、转让权、租赁权、遗赠权、赠送权等以及选择行使或不行使上述任何一个或几个权利的权利。这些权利的组合也称为权利集。在很多情况下，不动产的某种权利可以从权利集中分离出来，单独用于转让、租赁或让渡给国家和相关当事人。不动产权往往会受到来自政府的限制，如纳税要求、市镇规划、国家征用等；也会受到相关合同、协议的限制，如租赁、地役权、权益分割形成的部分产权、不动产托管等。

不动产的价值是由其效用即满足人们需求和欲望的能力创造的。不动产价值取决于不动产的独特性、长期存在性、地理位置的固定性、土地供应的相对有限性以及特定位置不动产的特殊效用。不动产评估中有许多公认的原则，包括供求原则、竞争原则、替代原则、预期或期望原则、变化原则以及其他原则。这些原则的共同之处在于直接或间接地影响某项资产的效用或生产能力。因此，可以认为不动产的效用反映了所有影响不动产价值的市场因素的综合作用。

不动产之外的资产在法律上称为动产，包括不动产之外的所有有形或无形的资产。这些资产不是永久性地附着于不动产，通常具有可移动性。动产所有权称为“动产权”。

财产是个法律概念，包括与所有权有关的各种权利。财产本身也是一个不确定的概念，在不同国家的法律规定中以及社会各界的理解各有不同。在资产评估中，使用“财产”概念时，如果未加进一步限定或说明，可以指不动产、

① 全国注册资产评估师考试用书编写组：《资产评估学》，经济科学出版社 2008 年版。

动产、企业价值、金融权益中的任一种或全部。

资产在一般意义上往往用来表示不动产、动产或两者全称。在会计术语中，资产是指企业所拥有的、由于过去行为所形成的、可以从中合理预计未来获取经济利益的资源。在资产评估中，资产更多地被理解为是基于某项资产的各种权利的排列与组合。

（2）资产评估的经济概念。资产评估是由具有一定专业知识和经验的评估专业人员，对特定资产的价值进行评定估算的行为。对资产评估可以从很多角度进行理解，但对评估师和评估报告的使用者而言，最重要的是认识到资产评估是个经济概念，即从经济意义上说，评估师进行评估的对象是资产的所有权或"所有者的权利"，而不是有形资产或无形资产本身。例如在不动产评估中，评估师应当获取、分析有关评估对象的权利状况资料，如可能会影响评估价值的租赁条款、权利限制等。

（3）折旧概念。"折旧"这一术语在评估行业和会计行业中都使用，在实践中可能会引起评估师、会计师或其他人士的误解。评估师在运用复原重置成本法或更新重置成本法进行评估时，会使用"折旧"或"应计折旧"概念。但评估师在资产评估业务中所使用的折旧概念表示从估计的全新重置成本中扣除的任何部分。这些扣除部分（评估中的折旧）依其产生原因可分为实体性损耗、功能性（技术性）陈旧或经济性（外部环境）贬值。而会计上的"应计折旧"概念是指会计师根据历史成本原则做出的对资产原始成本的一种摊销，而并不考虑这种摊销是否与实际情况相符。折旧在评估和会计上最重要的区别在于，对评估师而言，评估中的"应计折旧"应当与市场有关，反映相关的市场状况；而会计上的"应计折旧"则与会计原则有关，并不反映市场状况。

（4）市场、成本、价格和价值概念。价格、成本、价值等概念是资产评估中最基本的概念，同时也是争议最大的概念，理解这些基本概念在资产评估中的内涵对于评估专业人员而言是十分重要的。在资产评估理论中，对于评估师所评估的是资产的价格还是价值这一问题的争论由来已久，也有学者从成本价值论、劳动价值论、效用价值论等经济学理论的角度对这一问题进行了分析。《国际评估准则》在总结相关国家评估理论研究成果的基础上，避开了不必要的争论，指出价格和成本是事实，而价值是对资产在一定条件下应当进行交易的价格的估计额。

市场是买方和卖方之间在价格机制作用下就商品和服务进行交易的体系，市场的存在是资产评估能够得以进行的基础条件之一。市场意味着买方和卖方能够在没有不合理限制的条件下进行商品或服务交易。交易各方都能够根据供求关系和其他价格确定因素、各方的能力和知识、他们对商品和服务效用的理解以及他们各自的需要、欲望等因素做出合理决策。市场可以是地方市场或国内市场，也可以是国际市场。

成本是与生产相关的概念，是为商品或服务所支付的货币数额，或者是生产商品、提供服务所需要的货币数额。当商品生产、服务提供完成之后，成本就成为事实（历史数据）。对于购买者来说，为商品或服务所付出的价格就成为其成本。资产的总成本包括其创建、生产过程中的所有直接、间接成本。如果购买方在收购之后又发生了附加性资本成本，根据成本会计原理这些费用可增加到历史成本中。但在资产评估中，根据市场对这些支出费用的效用的认可程度，这些费用可能会全部在资产的“市场价值”中反映，也可能不予以反映。

价格是与商品或服务交换相关的概念，表示就某商品或某项服务所要求的、提供的或支付的货币数额，反映了商品或服务进行实际交易的货币金额。价格是事实，是一个历史数据，不论其是否被公开披露。由于特定买方、卖方的财务实力、动机或特殊兴趣不同，他们为商品或服务所付出的价格与其他人对该商品或服务价值的认可意见可能有关系，也可能没有任何关系。一般情况下，价格反映出在特定条件下特定的买方和卖方对商品或服务价值的认可。

价值是个经济概念，价值并不是事实，只是根据特定的价值定义在特定时间内对商品、服务进行交易时最可能形成的价格的估计额。价值的经济概念反映了在价值的有效日期（基准日），市场（而不是特定买方或卖方）对于某人由于拥有某商品或接受某服务而具有的利益的评判。

资产的所有者、经营者、投资者、保险人、清算人和接管人、征税部门、具有特殊动机的特殊购买方等对同一资产会赋予不同的价值，而这种现象的存在是合理、合法的。价值类型有许多种，每种价值类型都有其定义。某些经严格定义的价值类型是资产评估中常用的价值类型，其他价值类型则适用于特殊场合，需要明确定义并予以披露。对于评估师而言，在执行资产评估业务时，最重要的是确信所评估的价值类型和定义符合特定的评估业务目的，并明确披露所评估价值的类型和定义。价值定义的改变会使资产所具有的价值产生实质性影响。因此，专业评估师应避免使用未经限定的“价值”概念，而应对所涉及的特定价值类型进行详细定义。

（5）最高最佳使用。资产具有各种不同的用途，在每种用途下，该资产发挥的作用也不同，因此反映到价值上，不同用途下资产所具有的价值可能会有很大不同。不同的市场主体对某资产的用途有不同的计划和期望，导致对该资产价值的认识也不同。资产评估业务中最常见的是评估资产的市场价值，由于市场价值反映了包含相关市场主体在内的市场整体对被评估资产的价值的认可，因此评估市场价值时不应当考虑个别市场主体对该资产的用途及价值的认识，而应反映市场整体认同的、合理的、能够导致价值最大化的用途，这就是最佳用途。

最佳用途又称为最大最优用途，指对某项资产而言，实际可能的、经合理证明的、法律允许的、财务上可行的并能实现该被评估资产最大价值的最可能用途。根据最佳用途的定义，法律不允许或实际不可行的用途不得视为最佳用途。对法律允许且实际可行的用途仍需要评估师证明这种用途合理可行的原因。如果分析表明一种或多种用途是合理可行的，则需进一步通过经济可行性研究来论证。能体现最高价值并满足其他条件验证的用途可以认为是最佳用途。

最佳用途概念是市场价值评估的一个组成部分。虽然最佳用途概念并没有出现在《国际评估准则》市场价值的定义中，但评估师在进行市场价值评估时，应当结合相关资料分析被评估资产的最佳用途，并在此基础上评估资产的价值。

(6) 市场价值与市场价值以外的价值。市场价值是各国资产评估行业中普遍使用的概念。各国资产评估理论和评估准则中关于市场价值的定义不尽相同，但大多只是措辞上的区别，其基本组成要件大致相同。《国际评估准则》将所有的评估业务分为两大类：市场价值评估和市场价值以外的价值评估。市场价值概念是《国际评估准则》中最重要的概念，《国际评估准则》中给出了市场价值的严格定义，在此基础上形成了评估准则、应用指南和评估指南。

①市场价值。《国际评估准则》中市场价值的定义如下：

市场价值是自愿买方与自愿卖方在评估基准日进行正常的市场营销之后所达成的公平交易中，某项资产应当进行交易的价值估计数额，当事人双方应各自理性、谨慎行事，不受任何强迫压制。

根据市场价值的定义，市场价值具有以下要件：

第一，自愿买方。指具有购买动机，但并没有被强迫进行购买的一方当事人。该购买者会根据现行市场的真实状况和现行市场的期望值进行购买，不会特别急于购买，也不会在任何价格条件下都决定购买，即不会付出比市场价格更高的价格。

第二，自愿卖方。指既不准备以任何价格急于出售或被强迫出售，也不会因期望获得被现行市场视为不合理的价格而继续持有资产的一方当事人。自愿卖方期望在进行必要的市场营销之后，根据市场条件以公开市场所能达到的最高价格出售资产。

第三，评估基准日。指市场价值是某一特定日期的时点价值，仅反映了评估基准日的真实市场情况和条件，而不是评估基准日以前或以后的市场情况和条件。

第四，以货币单位表示。市场价值是在公平的市场交易中，以货币形式表示的为资产所支付的价格，通常表示为当地货币。

第五，公平交易。指在没有特定或特殊关系的当事人之间的交易，即假设在互无关系且独立行事的当事人之间的交易。

第六，资产在市场上有足够的展示时间。指资产应当以最恰当的方式在市场上予以展示，不同资产的具体展示时间应根据资产特点和市场条件而有所不同，但该展示时间应当使该资产能够引起足够数量的潜在购买者的注意。

第七，当事人双方各自精明，谨慎行事。指自愿买方和自愿卖方都合理地知道资产的性质和特点、实际用途、潜在用途以及评估基准日的市场状况，并假定当事人都根据上述知识为自身利益而决策，谨慎行事以争取在交易中为自己获得最好的价格。

资产的市场价值反映了市场作为一个整体对其效用的认可，而并不仅仅反映其物理实体状况。某项资产对于某特定市场主体所具有的价值，可能不同于市场或特定行业对该资产价值的认同。市场价值反映了各市场主体组成的市场整体对被评估资产效用和价值的综合判断，不同于特定市场主体的判断。

②市场价值以外的价值。《国际评估准则》中并没有给出市场价值以外的价值的定义。市场价值以外的价值又称非市场价值或其他价值，指所有不满足市场价值定义的价值类型。因此市场价值以外的价值不是个体概念，而是一个集合概念，指不满足市场价值定义的一系列价值类型的集合。修订的国际评估准则 2 的分类基础将市场价值以外的价值分为三类，包括：实体特定价值，资产互换特定价值及由法律和合同特别定义的价值。之后将根据确定实体持有资产的特定情况的假定，来对应用基础进行分类。例如，持续经营、清算实体或者资产以残值出售的实体，主要包括公允价值、投资价值、特殊价值、协同价值等。适用于在以财务报告为目的的评估以外的评估中应用。

公允价值是在公平的市场交易中，资产在理性、自愿的买卖双方之间进行交易的价值数额。

投资价值是为进行特定投资或者实现特定经营目标，资产对于特定投资者或者某类投资者的价值。这一主观性概念涉及特定资产和特定投资者、某类投资者或者具有明确投资目标和投资标准的实体。

特殊价值指高于市场价值，反映资产的特定属性，仅对特定买方所具有的价值。特定买方是指特定资产对于某一购买者具有特殊价值，这一价值来源于资产所有权所产生的利益，并且市场中的普通购买者无法通过购买同一资产获得该利益。

协同价值指由两种或者两种以上利益相结合而产生的价值附加增值。其中，组合利益的价值要大于原有各项利益价值的加和。

（7）评估方法。《国际评估准则》明确提出，成本法、市场法和收益法是资产评估中最常用的三种基本评估方法。无论评估资产的市场价值还是市场价值以外的价值，评估师都需要根据项目具体情况恰当选择评估方法。在选择评估方法时，评估师应当考虑三种基本评估方法在具体项目中的适用性，采用多种评估方法时，应当分析、调整运用多种评估方法得出的评估结论，确定最终评估结果。

评估资产的市场价值时，如果评估方法运用得当，则所有评估市场价值的方法、技术和程序都会得出符合市场价值基本定义的评估结果。采用市场法进行评估时须根据市场观察得出结果；采用成本法确定建筑成本和损耗时，须根据对成本和应计损耗的市场化分析进行判断；采用收益法时须以市场认可的现金流和市场确定的回报率为基础。虽然需要根据数据的可获得程度以及与市场或资产本身相关的条件决定哪种评估方法最适用，但如果每种评估方法都是以市场数据为基础的，那么采用以上任何评估方法都可以评估出资产的市场价值。

3. 行为守则。行为守则从约束评估师职业道德角度出发，对评估师职业道德、专业胜任能力、评估披露和评估报告等方面的要求做出了规定。《国际评估准则》中的“行为守则”包括下列内容：“引言”、“范围”、“定义”、“职业道德”、“胜任能力”、“披露要求”、“评估报告”。国际评估准则实施的基础是，应当由诚实而具有专业胜任能力的专业评估师，遵守国际评估准则，不偏不倚、不受个人利益影响开展评估业务，评估师所出具的评估报告应清楚地披露与正确理解与评估相关的所有重要事项，不得误导。评估师应当致力于提升并保持评估行业的公众信任。

“范围”对国际评估准则的使用范围进行了说明，要求评估师必须按照所在国家和地区的要求，具有相应的专业资格、能力和经验，并明确内部评估师主要是指拥有资产的企业的雇员或者在会计公司负责企业的财务记录或者财务报告的评估师。外部评估师是指与其辅助人员一起与委托方或者待估对象没有实质联系的评估师。

“职业道德”规定评估师在任何时候都应保持高水准的诚实和正直、公正，遵守保密原则，其从事的活动不应损害委托方、公众、行业或者相关的全国性专业评估团体的利益。如，评估师不得未经适当的分析或者根据独立的信息来源予以确认，而信任委托方或者其他方面提供的有瑕疵的信息，除非将这种信任的性质和程度作为一个限制条件确切说明；评估师不得接受在报告中具有在合理的一段时间内不可能实现的假设前提条件的业务；评估报告中应包括具有合理可能性的前提条件，并对实现假设的前景和对价值的影响进行讨论，且应反映正在发生的真实情况；在复核另一个评估师的报告时，评估师应当表现出公正的判断，并提出同意或者不同意报告结论的正当理由。

“胜任能力”对承接业务、外部帮助、效率与勤勉尽责等方面做出了规定。在承接业务或者着手订立业务约定书之前，评估师必须正确识别存在的问题，确认具有经验和知识。当从事需要外部帮助的服务，来补充评估师自己的技能时，评估师首先要确认辅助人员具有必需的技能和道德原则；当需要外部帮助时，应取得委托方的同意，辅助人员的身份以及他们在其中参与的程度应在评估报告中披露；评估师在执行委托方的评估业务时，应当快速高效，并让委托方随时了解业务进程；当情况妨碍评估师进行充分的勤勉地调查、工作质量，并在合理的时间内完成评估业务时，评估师应婉拒委托方的要求；在出具评估报告前，评估师应得到委托方的书面意见，或者书面确认报告的细节，避免误解；评估师应当进行勤勉地询问与调查，以确保评估报告中用于分析的数据正确可信；在评估业务完成后，评估师应对每一项业务准备一个纸质或者电子形式（合适的备份）的工作底稿，并包括一份真实的复件，内容包括所有的书面报告、信函、备忘录，并附适当的文件说明。这些文档用于证明评估师通过调查、客观比较、推论和计算而得到价值意见；每一项业务的工作底稿应在评估业务完成后保留至少5年。

“披露”对评估报告披露做出了原则规定。评估师通过评估报告向他们服务的委托方发表并交换他们的分析、意见和结论。评估报告具有重要意义，不得误导，应当披露影响客观性的任何事项；评估报告应当对业务范围、评估目的及预期用途进行清晰和准确地描述，披露直接影响价值的假设、前提条件、限制条件，在适当的地方，指出其对价值的影响；评估报告应当提供足够的信息，描述所做的工作、得到的结论及其形成的背景；评估师应当披露个人或者企业与评估对象所涉及的资产或者公司的直接或者间接的关系，这种关系可能导致潜在的利益冲突；当一个评估师作为内部评估师从事业务时，与控制资产的机构的关系应当在评估报告中披露；当一个评估师作为外部评估师，同时以收费方式为委托方提供服务时，这种关系必须披露，以免依赖评估结论的第三方认为评估师的客观性受到影响；任何对评估师提供的服务质量的限制都应当披露，不论其是由于外部的强行限制还是专门针对评估师或者评估业务的。如果利用了外部帮助，评估师必须披露辅助人员的身份及其参与的程度和性质；评估师必须对未经同意出版评估报告或者评估结论的行为予以限制，以便评估师可以对披露的评估报告的形式和内容保留采取控制措施的权利；评估师应当将与国际评估准则偏离的任何事项予以披露。

“评估报告”对评估报告的内容提出了最低要求。评估业务可能涉及一项或者多项资产。评估报告的格式应当在满足某些内容的最低要求情况下，符合业务性质，并满足委托方的需求。评估报告应当满足下列最低要求：评估师的身份和报告日期；委托方的身份；评估要求；评估基准日、评估目的、预期用途；价值基础，包括价值类型和价值定义；评估对象权益的描述、保有状况、位置；勘查的日期和程度；用于执行评估业务的工作范围和程度；假设和限制条件以及特殊的、非正常的、额外的假设；遵守本准则所进行的评估的说明以及其他要求的披露事项；评估师的专业资格和签名以及在一些国家要求评估师出具的指定格式的特定证明。

4. 资产类型。该部分对作为主要评估对象的不动产、动产、企业价值和金融权益四种资产类型及其区别进行了说明。不动产是所有财富体系的基础，它有别于其他资产类型。资产类型这一部分还讨论了上述四种类型的资产以及它们之间的区别。

5. 国际评估准则。该部分是《国际评估准则》的核心内容，包括三个准则：国际评估准则 1——市场价值基础的评估；国际评估准则 2——市场价值以外的价值基础的评估；国际评估准则 3——评估报告。这三个准则分别规范了市场价值基础评估、市场价值以外的价值基础评估和评估报告。

市场价值基础的评估和市场价值以外的价值基础的评估这两个准则构成了《国际评估准则》的基础，并构成应用指南和评估指南的基础。

6. 国际评估应用指南。资产评估的目的是多种多样的，其中为财务报告或相关会计事项进行的评估以及以抵押贷款、公共部门资产为目的的评估业务尤为重要。本部分包括 3 个应用指南：应用指南 1——以财务报告为目的的评估；应用指南 2——以担保贷款为目的的评估；应用指南 3——以公共部门资产财务报告为目的的评估。

7. 评估指南。为解决评估师在评估实务中以及评估服务使用者在使用评估服务过程中经常产生的有关国际评估准则的应用问题，国际评估准则委员会制定评估指南对若干具体评估问题提供指导和解释，指导评估师在一些具体的情况下应用《国际评估准则》，即与评估实践中频繁出现的准则的应用相关的，来自于对评估服务的需求者的问题。评估指南为特殊评估问题提供指导，为准则如何在更特殊的商业和服务情况下应用提供指导。评估指南补充和扩展了准则和应用指南，它们都是同等重要的。遵守评估指南、准则和应用指南，对所有按照《国际评估准则》进行工作的评估师都是强制性的。

第八版《国际评估准则》中共有 15 项评估指南，包括：

评估指南 1　不动产评估

评估指南 2　租赁权益评估

评估指南 3　厂房和设备的评估（修订中）

评估指南 4　无形资产评估

评估指南 5　动产评估

评估指南 6　企业价值评估

评估指南 7　资产评估中对有毒有害物质的分析

评估指南 8　适用于财务报告的成本法（DRC）

附录 A：采用 DRC 进行财务报告时的利润率测试

评估指南 9　为市场评估和投资分析进行的现金流折现分析

评估指南 10　农业资产评估

评估指南 11　评估复核

评估指南 12　交易相关资产的评估

评估指南 13　财产税批量评估

评估指南 14　采炼行业资产评估

评估指南 15　历史性资产评估

8. 词汇表。词汇表提供了所有在准则、应用指南和评估指南中定义的术语的概要。

三、国际评估准则（IVS）和国际评估应用指南（IVA）

1. IVS1：市场价值基础的评估。所谓市场价值基础评估就是对被评估资产在满足市场价值定义条件下的价值进行的评估。IVS1 主要适用于财产，通常是不动产及其相关要素的市场价值评估，其要求所评估资产假设为在公开市场予以销售的资产，而不是作为持续经营企业一部分或作其他的用途。IVS1 的目标是提供市场价值的一般定义，当需要进行市场价值评估时，用以解释有关市场价值的一般标准以及市场价值概念在评估中的应用。

IVS1 中明确指出，最常用的市场价值评估方法有三种，包括成本法、市场比较法以及收益资本化法。

2. IVS2：市场价值以外的价值基础的评估。所谓市场价值以外的价值基础评估就是对被评估资产在不满足市场价值定义条件下的价值进行的评估。准则中采用列举法对几种主要的非市场价值的评估给出了定义及范围，主要包括在用价值、持续经营价值、投资价值、保险价值、征税估价和应税价值、残值、清算或强制销售价值、特别价值以及合并价值等。

评估师评估非市场价值的总体要求包括：（1）定义所评估的价值类型；（2）确保不会使报告使用者将评估报告中所定义的非市场价值误解为市场价值；（3）采取必要的程序，分析足够充分的数据，确保评估结果的合理性。

3. IVS3：评估报告。《国际准则 3——评估报告》是有关评估报告和披露方面的规范，这部分对市场价值基础评估和市场价值以外的价值基础评估的差异进行了讨论，并强调了清晰、充分地表达评估信息的重要性。评估业务完成后，评估师必须清楚地解释评估结论，并表达是如何得到评估结论的。

IVS3 适用于所有的评估报告类型，主要目的是讨论与执业最佳实务相一致的报告要求，并界定评估报告应当包含的必要组成部分。

以上每项评估准则都是由以下九部分构成的：（1）引言；（2）范围；（3）定义；（4）与会计准则的关系；（5）准则说明；（6）讨论；（7）披露要求；（8）背离条款；（9）生效日期。

4. IVA1：以财务报告为目的的评估。IVA1 在国际评估准则 1 和准则 2 的基础上，为评估师开展用于财务报告和相关会计事宜的评估提供指南，涉及到评估师在开展用于财务报告和相关会计事项、反映价格变化对现行价值影响的评估业务所应遵守的基本原则和概念，并对会计师、相关管理部门以及评估服务的其他使用者所必须理解的概念进行了讨论。

5. IVA2：以担保贷款为目的的评估。IVA2 是以贷款为目的的评估，目的在于提供特殊运用的准则，为贷款担保、抵押和债券而进行的评估与根据 IVA1 进行的以财务报告为目的的评估予以区分。IVA2 要求评估师向贷款机构及其他贷款人提供报告的一切情形。它的目标是为评估师评估贷款安全、抵押和债券提供指南。

IVA2 应当被视为国际评估准则 1 的扩展延续，适用于当接受的评估业务目的与贷款、抵押和债券有关时，评估师需对贷款机构或其他资本供应者提供咨询或报告的所有情形。

6. IVA3：以公共部门资产财务报告为目的的评估。应用指南 3 是适应市场、业务需要新增加的一个内容。

四、国际评估准则的特点

1. 普遍适用性。《国际评估准则》坚持致力于各国评估准则的规范统一，在条文规定上具有一定的普遍性，而非直接与某一类经济行为密切相关。《国际评估准则》是在各国评估业发展的基础上适应行业和经济的需要而产生的，其目的是促进各国评估准则的统一，推动评估与其他执业服务行业在国际范围的协调发展，为日益发展的全球经济提供专业化的并由统一准则约束的评估服务。因此《国际评估准则》在条文规定上具有普遍性，但针对性和可操作性较弱。后来经过多次修订，针对性和可操作性大大加强。

2. 注重与会计准则的衔接。《国际评估准则》特别重视评估与会计的联系，注重与会计准则的衔接，强调市场价值与公允价值的区别，突出为编制财务报表而进行的评估业务。国际评估准则委员会受国际会计准则和欧洲评估业的影响，特别重视评估与会计的联系，强调市场价值与公平价值的区别，突出为编制财务报表而进行的评估业务。国际评估准则委员会密切关注国际会计准则的发展变化，并随之采取修订《国际评估准则》的相应措施。第七版《国际评估准则》的修订充分体现了国际评估准则委员会在评估服务于会计方面的思路和国际评估准则的发展方向。

3. 动态发展性。《国际评估准则》制定时，评估业在世界范围内得到了很大发展，美国、英国、澳大利亚、加拿大、新西兰等很多国家成立了评估协会、学会等专业性组织，制定了本国评估准则和职业道德守则，同时评估业在发展中国家也得到了一定的普及和发展。早期的《国际评估准则》体系零乱，结构不成熟、不严密。经过不断地修改、补充，第八版《国际评估准则》体系日益完善，框架合理，理论基础科学严谨，应用导向明确，容易理解，易于操作，成为目前国际公认的评估准则。

目前，越来越多的国家不再继续实施或制定本国的评估准则，转而采纳国际评估准则。澳大利亚和新西兰这两个具有独立制定评估准则长期历史的国家，已采用IVS作为其国家的价值评估准则；南非、坦桑尼亚、马拉维、罗马尼亚以及斯洛文尼亚也采用IVS作为其国家的价值评估准则；IVS已经被译成阿拉伯语、汉语、芬兰语、意大利语、波兰语、罗马尼亚语、俄语、斯洛伐克语、土耳其语和西班牙语。到目前为止，支持或认可国际评估准则的会员国已达53个，《国际评估准则》的全球影响力不断扩大。

第四节 中国资产评估准则

我国的准则制定工作从20世纪90年代中后期开始。1997年，在总结资产评估理论研究和实践经验的基础上，中国资产评估协会开始启动制定资产评估准则的工作。2001年7月23日，财政部颁布第一部资产评估准则，即《资产评估准则——无形资产》。从2000年至今，由财政部和中国资产评估协会发布的准则已有17项，这标志着比较完整的资产评估准则体系已初步建立。

一、中国资产评估准则的制定

（一）中国资产评估准则的制定历程

20世纪80年代末至90年代中期，由于评估理论和实践的缺乏，我国并未制定和形成系统的资产评估准则。

1996年，在借鉴国外资产评估准则和总结我国资产评估实践经验的基础上，原国家国有资产管理局发布了《资产评估操作规范意见（试行）》。该“规范意见”从一定程度上规范了资产评估行业的操作行为，并为我国以后制定资产评估准则奠定了基础。

1998年初，中国资产评估协会提出了中国资产评估准则的框架结构和准则制定计划，并制定了准则制定程序和准则发布程序，同时成立了中国资产评估准则国内外专家咨询组。在多方面的努力下，1999年6月至2000年10月，财政部发布了《中国注册资产评估师职业道德规范》、《中国注册资产评估师职业后续教育规范》；中国资产评估协会发布了《资产评估业务约定书指南》、

《资产评估计划指南》、《资产评估工作底稿指南》、《资产评估档案管理指南》。

2000 年，我国的证券市场发生多起由关联交易引发的有关无形资产评估的争议，2001 年 7 月 23 日，财政部发布了《资产评估准则——无形资产》。这是我国正式发布的第一个关于资产评估的准则，具有重大意义。

2003 年 1 月 28 日我国又发布了《珠宝首饰评估指导意见》、《注册资产评估师关于关注评估对象法律权属指导意见》。

为了规范注册资产评估师执业行为和职业道德行为，提高注册资产评估师执业道德素质，保证执业质量，明确职业责任，维护社会公共利益和资产评估各方当事人的合法权益，由中国资产评估协会拟定并由财政部于 2004 年 2 月 25 日发布《资产评估准则——基本准则》和《资产评估职业道德准则——基本准则》。这两项基本准则标志着我国资产评估准则体系的初步形成，是我国资产评估准则制定工作和资产评估行业发展的重要里程碑。

2004 年 12 月 30 日，中国资产评估协会制定了《企业价值评估指导意见（试行）》。

2005 年 3 月 21 日，中国资产评估协会制定了《金融不良资产评估指导意见（试行）》。

2006 年中国资产评估协会发布《森林资源评估管理暂行规定》。

2007 年 11 月 28 日，财政部与中国资产评估协会举行中国资产评估准则体系发布会，正式发布中国资产评估准则体系，同时发布 8 项新准则：《资产评估准则——业务约定书》、《资产评估准则——评估底稿》、《资产评估准则——评估程序》、《资产评估准则——评估报告》、《资产评估准则——机器设备》、《资产评估准则——不动产》、《资产评估价值类型指导意见》、《以财务报告为目的的评估指南（试行）》。

2008 年 11 月 28 日，中国资产评估协会发布《资产评估准则——无形资产》、《企业国有资产评估报告指南》和《专利资产评估指导意见》3 项新评估准则，评估准则体系建设再上新台阶。

（二）中国资产评估准则制定的指导思想及原则

1. 中国资产评估准则制定的指导思想。资产评估准则体系直接影响着各评估具体准则和指南的内容，各国评估界在制定评估准则时都十分重视准则体系的结构设计。由于我国资产评估行业发展的综合性，我国资产评估准则将涉及各种类型资产、各种评估目的和经济行为，因此准则体系的设计更应具有科学性、前瞻性和可操作性。因此，我国的资产评估准则建设主要遵循了以下指导思想：

（1）注重实践，不断完善。评估准则充分认可被评估实践证实了的科学

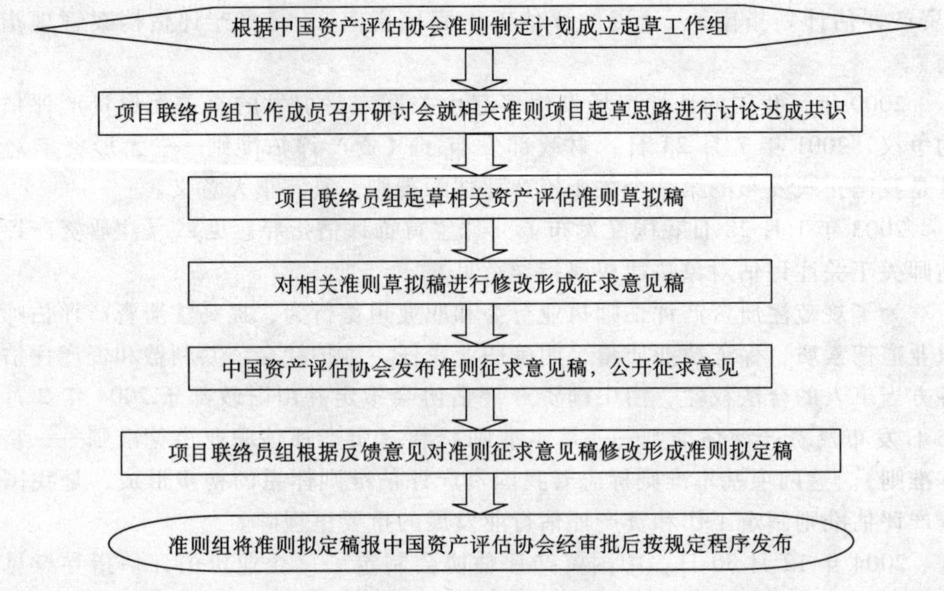

图 7－4　我国资产评估准则制定的工作程序

合理的做法，纠正评估实践中的不当惯例，提升评估实践中的技术含量，弥补评估实践中的理论不足，规范和引导执业行为。如确认了实践中普遍采用的在大批量资产评估中采用并被各方认可的抽样调查方式，对不同经济行为、不同评估对象条件下评估方法的运用、价值类型的选择与使用等进行指导和规范，对某些情况下需要终止评估业务等进行了规定，弥补了实践中的依据不足。

（2）注重协调，服务为上。维护公众利益是评估行业赖以生存的重要基础。评估准则在尊重评估专业内涵，服务于会员执业基础上，还以社会公众利益为基点，平衡监管部门、委托方、评估报告使用者对评估业务的使用和监管需求，使评估行业的服务能够最大限度地满足各方经济行为的实现，最大限度地维护社会公众利益。

（3）注重借鉴，创新发展。国际上评估理论与实践的迅速发展，为我国评估准则的制定提供了有益的参考。目前，国际上影响较大的主要准则有国际评估准则（IVS）、美国专业评估执业统一准则（USPA）、英国的评估与估价准则（红皮书）。我国在准则制定中一直跟踪其发展变化，根据中国实际情况及时反映在准则中。这些准则的特点及发展趋势主要有：①更加注重原则性。②内容都包括职业道德和专业技术规范。③向综合性发展。美国的 USPAP 最早向综合化发展，随后国际评估准则也发展为综合性的评估准则。④根据市场及评估实践的发展不断更新和完善。⑤在国际评估准则委员会的推动下，评估准则国际化的步伐进一步加快。我国资产评估准则充分吸收国际评估界最新理论成果和实践经验，大量采用国际评估界通用的概念、原理、方法和技术，以最大程度地推进准则的国际趋同。准则的制定过程，实际上是国内外评估界对评估行业认同的过程，同时，我国在准则制定时，根据中国的实践需要对评估方法、评估技术进行了必要地创新，形成了符合中国市场经济需求，适应中国评估行业发展的准则体系。

(4) 注重特点，体现内涵。评估准则引导通过评估发掘评估对象的价值内涵，促进评估结论与经济行为的结合，体现评估服务在市场经济中的基础功能。特别是价值类型理论的引入，使得评估服务与财务顾问等单一目的的中介服务截然分开，体现了评估专业的特点。

2. 中国资产评估准则制定的原则。

(1) 普适性和专门化相结合的原则。资产评估涉及多种类型资产，服务于多种经济行为，需要有普适性的规定，由于我国评估多年来以国有资产、证券市场的评估为主体，为此还要提供专门化的指导。因此，准则制定过程中要重点把握准则内容的适用性。

(2) 业务准则和职业道德准则相结合的原则。评估准则是执业的标准，是监管的尺度，因此需要对评估业务的具体操作做出规定。评估准则是保证行业提供高质量服务的重要措施，而高质量的服务不但需要规范的执业程序，也同时需要良好的职业道德，这就要求评估准则不但是执业的标准、监管的尺度，也应当是职业道德的准绳。基于上述考虑，我国资产评估准则分为职业道德准则和业务准则两个部分。每一部分有不同的层次，相应规范不同的内容。

(3) 原则和规则相结合的原则。职业道德准则包括基本准则和具体准则两个层次。业务准则包括基本准则、具体准则、评估指南和指导意见四个层次。基本准则是评估师执行各种资产类型、各种评估目的评估业务的基本规范，原则性较强；具体准则包括体现过程控制的程序性准则和体现不同类型、不同经济行为评估要求的实体性准则，规则性增强；评估指南是对特定评估目的评估业务以及评估业务中某些重要事项的规范；指导意见是针对评估业务中的某些具体问题的指导性文件。

此外，准则制定还应遵循系统性原则、灵活性原则、发展性原则、国际趋同原则。

（三）中国资产评估准则体系及特点

截至2008年年底，财政部和中国资产评估协会已先后制定并发布了17项评估准则。这些准则包括2个基本准则、7个具体准则、2个评估指南、6个指导意见，参见图7－5。

中国资产评估准则体系包括职业道德准则和业务准则两部分。职业道德准则分为基本准则和具体准则两个层次。业务准则分为基本准则、具体准则、评估指南、指导意见四个层次。这些准则具体是：

基本准则（2个）：

《资产评估准则——基本准则》(2004)

《资产评估职业道德准则——基本准则》(2004)

程序性准则（4个）：

《资产评估准则——评估报告》(2007)

《资产评估准则——评估程序》(2007)

《资产评估准则——业务约定书》(2007)

《资产评估准则——工作底稿》(2007)

实体性准则（3个）：

《资产评估准则——机器设备》(2007)

《资产评估准则——不动产》(2007)

《资产评估准则——无形资产》(2001，2008)

评估指南（2个）：

《以财务报告为目的的评估指南（试行）》(2007)

《企业国有资产评估报告指南》(2008)

指导意见（6个）：

《注册资产评估师关注评估对象法律权属指导意见》(2003)

《珠宝首饰评估指导意见》(2003)

《企业价值评估指导意见（试行）》(2004)

《金融不良资产评估指导意见（试行）》(2005)

《资产评估价值类型指导意见》(2007)

《专利资产评估指导意见》(2008)

与会计准则和审计准则相比，评估准则具有特殊性。会计准则多为实体性准则，审计准则多为程序性准则，而评估准则二者兼具，既包含实体性准则，又包含程序性准则。

中国评估准则在体系设计和内容安排上具有如下特点：①

1. 体系开放、灵活。四个层次的设计既满足不同类型准则规范的需要，又能体现出市场所需不同评估业务对已有准则呈现的刚性化要求。但外延又是伸展的，随着中国评估理论和实践的发展，可以将最新的研究成果、实践经验纳入到准则体系中来。

2. 既规范评估师行为，又影响委托方和监管部门。为能影响社会公众、监管部门对评估的关注，评估报告使用者、委托方、评估师需要建立一个相互了解、相互信任的机制。评估准则制定过程很大程度是一个协调合作、宣传的

① "乘势而上——积极推进资产评估准则有效实施——访中国资产评估协会副会长、秘书长刘萍"，《中国资产评估》，2008年第四期。

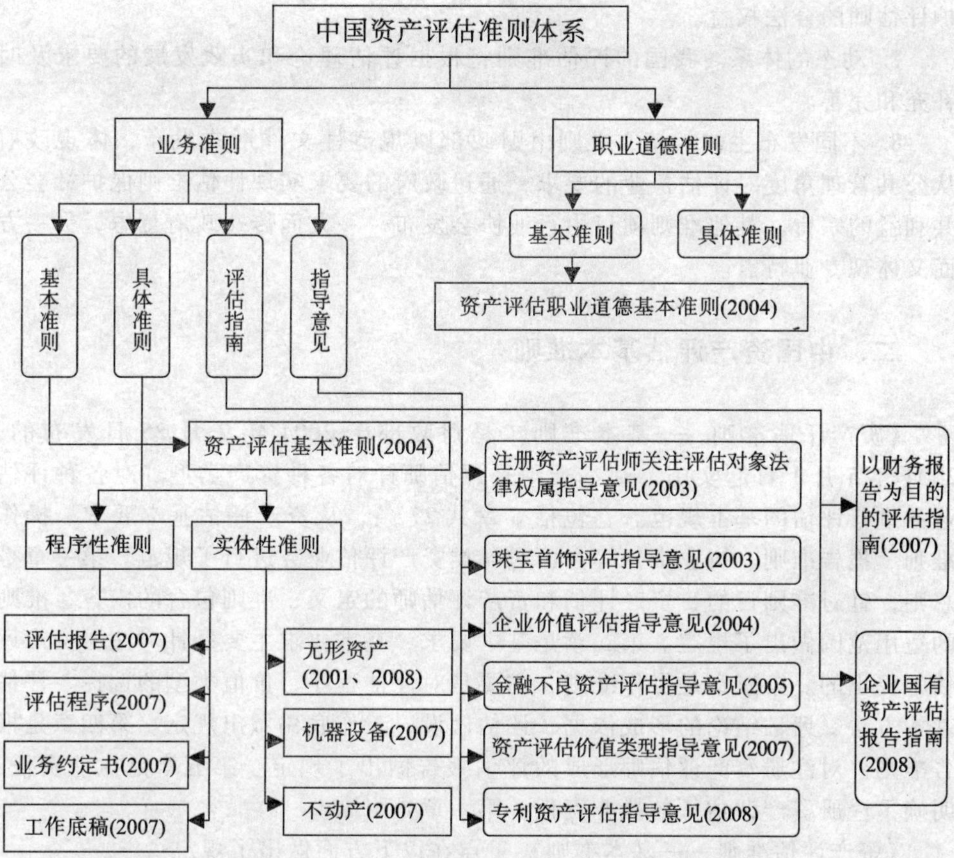

图 7-5　中国现行资产评估准则体系

过程。很大程度上也成为引导委托方合理使用评估报告，监管部门理性监管的重要尺度。

3. 层次不同、目的不同。基本准则规定一般性原则，是整个准则体系的主干。基本准则以财政部规范性文件形式发布。具体准则项目根据基本准则的要求，对不同评估目的、不同评估对象和评估业务及相应评估程序作出细化规定，由评估协会发布。

4. 突出评估师职业道德规范。考虑到执业环境对评估师职业道德带来的考验与挑战，中国的评估准则在体系设计上突出了职业道德准则的地位。

5. 重视评估程序准则。在英美等国家，评估准则中没有单独设立程序准则，而是把评估程序的要求分散表述于具体的评估准则之中。中国评估准则中有独立的评估程序准则，并涵盖评估业务全过程。

6. 对评估师权益进行合理保护。评估执业中，有来自各个方面的外部压力，特别在委托方处于强势地位的情况下，对评估师合法利益会造成一定影响。为此，中国评估准则增加了一些保护性条款，如业务终止制度等，以期维护评估师的合法权益。

7. 动态的体系。我国的评估准则将根据评估理论和实践发展的要求及时补充和完善。

8. 不同发布主体。基本准则由财政部以规范性文件形式发布，体现政府从公共管理角度对评估执业的要求，通过政府的要求实现评估准则保护社会公共利益的宗旨。其他准则项目由行业协会发布，一方面传达政府意志，另一方面又体现专业特点。

二、中国资产评估基本准则

《资产评估准则——基本准则》是财政部于2004年2月25日发布的，2004年5月1日起实施。基本准则是评估师针对各种资产类型、对各种评估业务进行评估的基本规范。它包括6章共27条，从资产评估基本要求、操作准则、报告准则、执业责任等方面对各类资产评估业务进行了规范。第一章是总则，针对准则目的、资产评估和资产评估师的定义、准则包含的内容、准则的适用范围做出了规定。第二章是基本要求，基本要求主要是针对注册资产评估师提出的。第三章是操作准则，主要是对评估程序、价值类型的选择、评估基本方法、评估结论的形成依据、评估假设、工作底稿做出规定。第四章是报告准则，对注册资产评估师形成的评估报告做出了规定。第五章是执业责任，明确了注册资产评估师的执业责任。第六章是附则。

《资产评估准则——基本准则》重点在以下方面做出了规定：

（一）根据国际惯例重新定义资产评估

基本准则指出资产评估是"依据相关法律、法规和资产评估准则，对评估对象在评估基准日特定目的下的价值进行分析、估算并发表专业意见的行为和过程"。这一定义不同于以往我国评估行业对资产评估所下的定义，是在总结十多年来资产评估行业发展经验的基础上，对资产评估的本质属性进行的归纳和描述，并与国际评估准则和美国专业评估准则中的定义基本一致。该定义突出强调了资产评估结果是一种专业意见，对引导业内外人士正确认识资产评估作用具有重要的现实指导意义。

（二）对注册资产评估师执业提出了基本要求

基本准则要求注册资产评估师执行资产评估业务，应当遵守相关法律、法规和资产评估准则，具有良好的职业道德；勤勉尽责，恪守独立、客观、公正的原则。基本准则要求注册资产评估师具备能够胜任所执行的评估业务的专业能力，并对聘请专家和指导助理人员等行为进行了规范。

（三）对评估操作进行了原则性规范

资产评估程序是资产评估机构和从业人员在执行资产评估业务、形成资产评估结论所履行的系统性工作步骤，十多年来我国资产评估行业并未对评估程序进行系统地规范。基本准则第一次对评估程序做出了规定，要求注册资产评估师执行资产评任务，应当根据业务具体情况履行适当的评估程序，并列出明确评估业务基本事项等八个资产评估基本程序。评估程序的规定有利于规范注册资产评估师的执业行为，切实保证评估业务质量。同时，恰当履行资产评估程序也是资产评估机构和人员防范执业风险，合理保护自身权益的重要手段。

基本准则遵循国际惯例，引进了价值类型的概念。价值类型概念和理论对资产评估十分重要，已逐步为世界各国评估界普遍接受，并成为各国评估准则和评估实践的基础。基本准则改变了十多年来我国在评估实践中不采用价值类型的做法。价值类型的意义在于指出同一资产可能具有不同内涵的价值，注册资产估师应当避免使用未经定义的、笼统的价值概念；注册资产估师应当在与委托方进行充分讨论之后，根据评估目的选取合适的价值类型；注册资产评估师应当对选用的价值类型进行明确定义和说明。明确价值类型有利于更好地服务于委托方，避免评估报告使用者将一些不常用的或具有特殊内涵和定义的价值类型误认为是常用的价值类型，以引导评估报告使用者正确理解、合理使用评估结果，同时也有利于降低注册资产评估师的执业风险。

基本准则针对我国评估行业在评估方法运用方面存在的问题，结合评估理论研究成果和国外评估行业的通行做法，对评估方法的运用重点做出了规定。由于受理论研究滞后、实践经验不足以及相关条件不完备等因素的局限，在评估实践中我国评估人员长期主要采用成本法，而忽视市场法和收益法的运用。随着社会主义市场经济体制的发展与完善，我国经济发展的市场化程度越来越高，市场体系也在逐步完善，为运用多种评估方法创造了条件，而日益多元化的评估报告使用者也对“成本法一贯制”的做法提出了强烈批评。国外评估行业的实践已经证明，三种基本评估方法本身并无优劣，不能简单认为哪种评估方法就比其他方法好，重要的是注册资产评估师应当根据具体情况判断，选择与具体评估项目相适应的一种或多种评估方法；对同一项目而言，在评估目的既定的情况下，注册资产评估师首先应当考虑尽可能使用三种基本方法，根据所确定的价值类型、项目具体情况，特别是数据资料的完备程度选择评估方法，并对评估方法选择的合理性进行说明；如果选择一种以上评估方法，应当对分别得出的结论进行综合分析，合理确定评估结论。为此，基本准则要求注册资产评估师熟知、理解并恰当运用市场法、收益法和成本法三种基本评估方法；应当根据评估对象、价值类型、资料收集情况等相关条件，分析三种资产评估基本方法的适用性，恰当选择评估方法，形成合理评估结论。

评估假设是资产评估业务的重要要素之一，假设的合理性直接关系到结论的合理性和可用性。评估假设的合理和规范在我国一直未引起足够的重视，评估实践中已经出现一些滥用假设、采用不合理假设的现象。基本准则明确要求注册资产评估师执行资产评估业务，应当合理使用评估假设，并在评估报告中披露评估假设及其对评估结论的影响。

（四）对评估信息披露环节进行规范

在评估披露要求方面，基本准则要求注册资产评估师应当在执行必要的评估程序后，编制并由所在资产评估机构出具评估报告；应当在评估报告中提供必要信息，使评估报告使用者能够合理理解评估结论；可以根据评估业务具体情况以及委托方和其他评估报告使用者的需求，确定评估报告繁简程度。

（五）明确执业责任

基本准则第一次明确提出注册资产评估师应当对评估结论的合理性承担责任。这一正面规定体现了评估行业对社会公共利益的维护。注册资产评估师不应当以评估方法的选择、评估假设的选择等为由，逃避对评估结论合理性所应当承担的责任。同时合理性的概念也体现了资产评估的特点，有利于合理维护注册资产评估师的利益，即社会公众和评估报告使用者不应当要求注册资产评估师对评估结论的所谓“准确性”与成交价格的一致性承担保证责任。

为合理区分注册资产评估师与相关当事人的责任，基本准则指出遵守相关法律、法规和资产评估准则，对评估对象在评估基准日特定目的下的价值进行分析、估算并发表专业意见，是注册资产评估师的责任；提供必要的资料并保证所提供资料的真实性、合法性、完整性，恰当使用评估报告是委托方和相关当事方的责任；评估结论不应当被认为是对评估对象可实现价格的保证。

针对我国评估实践中大量出现的要求注册资产评估师对评估对象法律权属承担责任的诉讼，基本准则指出注册资产评估师执行资产评估业务，应当关注评估对象的法律权属，并在评估报告中对评估对象法律权属及其证明资料来源予以必要说明。注册资产评估师不得对评估对象的法律权属提供保证。

三、中国资产评估职业道德准则

《资产评估职业道德准则——基本准则》是财政部于 2004 年 2 月 25 日发布的，2004 年 5 月 1 日起实施。基本准则是评估师针对各种资产类型、对各种评估业务进行评估的基本规范，包括 6 章共 32 条，分别从基本要求、专业胜任能力、与委托方和相关当事方的关系、与其他注册资产评估师的关系等方面对注册资产评估师职业道德行为进行了规范。第一章是总则，主要由准则的目的和适用范围构成。第二章是对注册资产评估师职业道德提出的基本要求。第三章是对注册资产评估师专业胜任能力的规定。第四章规定了注册资产评估师与委托方和当事方的关系。第五章规定了注册资产评估师与其他注册资产评估师的关系。第六章是附则。

《资产评估职业道德准则——基本准则》在以下方面做出了规定：

（一）注册资产评估师遵纪守法的要求

注册资产评估师在具体评估过程中应做到：（1）要独立地进行专业判断，不得以委托方或相关当事方预先设定的价值量作为评估结果；（2）不得利用工作之便为自己或他人谋取不正当利益；（3）应当遵守保密守则，除法律、法规和有关制度另有规定外，未经委托方书面许可，不得对外提供在执业过程获知的各种商业秘密和相关业务资料；（4）不应同时在两家以上评估机构执业，也不得以个人名义从事资产评估业务活动；（5）对参与评估人员的工作进行指示、督促和复核，保证评估人员执行执业标准、程序和遵守职业道德规范；（6）要维护评估行业的职业形象，不得从事与注册资产评估师身份不符或可能损害其职业形象的活动；（7）在每个具体的工作过程形成能够支持评估结论的工作底稿，并按照有关规定管理和保存好评估工作档案；（8）要自觉接受中国资产评估协会的管理，积极履行对资产评估行业协会的义务等要求。

（二）注册资产评估师恪守独立、客观、公正的要求

1. 恪守独立性原则要求。独立性原则是指注册资产评估师在执业过程中，应当在实质上和形式上独立于外部组织和所服务对象。独立性包括实质上的独立和形式上的独立。实质上的独立是指注册资产评估师与服务对象之间没有利害关系。形式上的独立是指注册资产评估师在为委托方提供服务时所表现的在社会公众或第三者面前呈现出一种独立于委托方的形象。实质上和形式上的独立是注册资产评估师能够客观、公正表达意见和取得社会公众信任的保证。即注册资产评估师在资产评估执业过程中，不论在承揽业务，还是在接受业务以及在执行业务的各个不同具体环节中，都要始终保持独立的身份和独立的地位，不受包括委托方在内的任何他人的干预。

要保证注册资产评估师在执业过程中恪守独立性原则，应该注意以下几个方面：一是要避免注册资产评估师与委托方或与被评估资产有关单位或个人之间存在利害关系，只有这样才能真正得到实质上的独立。所以，不论在承揽业务、接受业务，还是在执行业务的过程中，注册资产评估师都应主动回避与之存在利害关系的评估业务。二是要保持在社会公众面前独立于委托方的身份，只有这样才能获得社会公众的信任。三是要在委托方配合的具体过程中把握好独立性，不能片面理解独立性。资产评估工作不是在真空中工作，它需要在委

托方的积极配合下才能顺利开展和完成。因此，要防止对委托方提供的客观、真实、正确的资料、意见都不肯接受的错误行为。独立性应表现为：在广泛与委托方接触和自己深入了解和掌握情况的基础上，认真听取委托方的意见，经过全面分析和思考后，独立对评估业务做出判断的意见。

2. 恪守客观性原则要求。客观性原则是指注册资产评估师在执业过程中应当以客观事实为依据，实事求是，尽可能地排除人为的主观因素，真实地反映、分析、判断和处理评估业务，不以个人好恶或成见影响工作结果。在资产评估的执业过程中，注册资产评估师应当始终站在客观立场上，坚持以客观事实为依据的科学态度，开展和完成资产评估工作，尽量避免用个人主观臆断来替代客观实际。

注册资产评估师要保证在执业过程中恪守客观性原则，应该注意以下几点：一是在执行资产评估业务时应公平、理智，摆脱利益冲突的影响；二是应当基于客观的立场，以客观事实为依据，实事求是，真实地反映资产现状，充分考虑市场条件，并通过占有尽可能多的资料数据的方式，对被评估资产做出分析、判断、预测，在此基础上出具基于客观立场、以客观事实为依据的评估报告；三是在执行资产评估业务时，应当排除个人感情、成见或偏见的影响。

3. 恪守公正性原则要求。公正性原则是指注册资产评估师在执业时，应当具备正直、诚实的品质，公平正直地对待有关利益各方，杜绝牺牲一方利益而使另一方受益的行为。它要求注册资产评估师在资产评估的执业过程中，应始终不偏不倚，公平地对待资产评估业务中的利益相关方。要保证注册资产评估师执业过程恪守公正性原则，应该注意以下几点：（1）要恪守独立性、客观性原则。离开独立性和客观性原则，要做到公正性是不可能的。没有独立性，注册资产评估师的分析、判断能力和行为就容易受到外来的干扰，从而影响其公正性；同样，没有客观性，注册资产评估师在技术标准上都会缺乏依据和保证，评估执业过程只能凭主观臆断，其结果也不可能公正。（2）要求注册资产评估师正确处理好服务与报酬的关系。在为委托方提供业务服务时，不提倡“义务劳动”，也不得利用执业过程掌握的资料和确定评估价值量大小的专业技术权利为自己和所在机构谋取正当收费以外的私利，造成影响客观、公正的后果。（3）要在委托合同签订、资产清查、产权认定、评估价值的确定和收取服务报酬等过程中建立和健全必要的监督和约束制度，并尽量消除评定价值与服务收费之间的因果关系，不得因为多收费而使评估价值升高或降低，防止各种影响公正的不良行为发生。

（三）注册资产评估师在承接业务、评定价值、评估结论披露等具体执业过程中的职业道德要求

1. 不得以个人的名义进行评估业务的承揽工作。这是资产评估职业的特

点和资产评估职业胜任能力的职业道德规范所决定的。一方面，资产评估业务是涉及经济、财会、工程技术、法律等多学科的各个领域，光靠一个人的知识水平是远远不够的，因此，资产评估必须由多个专业人士共同进行；另一方面，目前资产评估机构管理是根据不同的能力水平实行不同的从业资格管理。如在目前存在从事证券业务资产评估资格管理和一般资产评估资格管理，以个人名义进行承揽评估业务则明显违背职业道德中的职业胜任能力规范的要求。当然，这不仅要求注册资产评估师不得以个人的名义承揽资产评估业务，也要求注册资产评估师不得以个人的名义接受和开展资产评估业务，还要求注册资产评估师不得同时在两家或两家以上资产评估机构执业。

2. 在承揽和接受业务时，与委托方或相关当事方存在利害关系时，应主动回避。这既是注册资产评估师在执业过程中应当恪守的独立、客观、公正原则在承接业务过程的具体道德规范，也是保持社会公信力的客观要求。

3. 在接受资产评估业务时，应实事求是地与委托方签订规范的委托合同（协议）。这一方面是要规范委托与受托方，明确委托方和受托方各自的权利和义务，保证资产评估顺利进行；另一方面是注册资产评估师职业道德规范中恪守客观性原则和具备能力胜任原则的具体要求。在签订委托合同时，注册资产评估师应当实事求是，根据具备的执业能力，把提供评估服务的有关内容写入合同条款，不得采用欺诈、利诱、强迫等不正当手段招揽业务。

4. 注册资产评估师进行价值评定时，应当严格执行资产评估执业标准和执业程序，不得随意降低执业标准，不得随意删减、简化执业程序。资产评估执业标准是资产评估行业根据资产评估活动的特征和实践制定的，用来规范资产评估行为的行业执行标准。它通常包括资产评估业务技术标准和资产评估人员的行为标准。资产评估执业程序是指资产评估过程的全部工作规程和工作顺序。在资产评估评定过程中，严格执行资产评估执业标准和执业程序是保证资产评估工作质量，使资产评估结论能够客观、公正的重要措施。在这一过程中，随意降低资产评估执业标准和随意缩减执业程序都会降低评估工作质量，将直接影响评估结论的客观性和公正性，从而违背注册资产评估师的基本职业道德规范。

5. 注册资产评估师进行价值评估时，应当独立进行专业判断，不得以委托方或相关当事方预先设定的价值量作为评估结果。这是注册资产评估师职业道德规范中，恪守独立性和公正性原则在价值评定过程中的具体要求。在这一过程中，注册资产评估师若以委托方或相关当事方预先设定的价值量作为评估结果，不仅失去了注册资产评估师的独立性的立场，而且也失去了注册资产评估师应有的专业人士的专业判断能力。其后果必然要损害非委托方或其他相关当事方的利益，严重违背注册资产评估师独立性和公正性的基本职业道德规范。

6. 注册资产评估师进行价值评定时，应当使用合理的假设。假设对任何学科都是重要的，相应的理论观点和方法都是建立在一定假设的基础之上，当然，任何学科的假设都必须建立在科学合理的基础之上，资产评估学科也不例外。在价值评定过程中，假设对资产的价值量影响很大。对同一资产做出不同假设，得出的评估价值量也会出现明显地差异，而且有些假设可能导致错误的结论。所以，注册资产评估师在进行价值评定时，不得采用不合理的假设。

7. 注册资产评估师进行价值评定时，应当获取足够的相关资料和数据，并应当对获取的资料、数据和评估有关事宜进行充分分析。要对资产的价值做出评定，就必须要有评定的依据，评定依据必须建立在获取足够的相关资料和数据的基础上，并对其与评估有关事宜进行充分分析和判断后才能形成。因此，在价值评定过程中，要求注册资产评估师应当对评估对象进行勘查，收集足够的相关资料和数据，并对所获取的资料、数据和影响评估价值的有关因素进行充分地分析和判断，以足够的资料和数据来支持资产评估结论。

8. 注册资产评估师进行价值评定时，应当对参与评估人员的工作进行指示、督促和复核，保证评估人员执行执业标准、程序和遵守职业道德规范。资产评估是一个涉及面广、多专业综合的学科，因此，对一项资产评估业务，它在客观上就需要多人参与，共同完成。这就要求在价值评定过程中，注册资产评估师不光本身要严格执行评估执业标准、程序和职业道德规范，还要担负保证参与评估的其他人员执行执业标准、程序和遵守职业道德规范的责任。

9. 注册资产评估师进行价值评定时，有时还需要利用有关专家协助工作。资产评估涉及的评估对象多种多样，各种不同的评估对象有不同的特性。注册资产评估师的专业知识面再宽也不可能全部熟悉各种不同的评估对象；为了保证对不熟悉的资产评估对象的评估质量，客观上就需要聘请相关专家，利用专家的专业特长来协助评估工作。注册资产评估师应当采取必要的措施来保证该专家的专业水平与该资产价值有关的专家工作意见的合理性和可信度，并对协助其评估工作的专家工作结果负起相应的责任。

10. 注册资产评估师执行资产评估业务过程中，应当在每个具体的工作过程形成评估工作底稿。评估工作底稿是用来反映评估过程有关资料、数据内容的文字记录。它是为最终完成评估任务、归档和随时准备提供验证做好准备的主要资料依据和来源。同时，资产评估工作底稿也是用来证明注册资产评估师是否执行资产评估执业程序，是否遵守有关职业道德条款的重要依据。因此，注册资产评估师在执行资产评估业务时，应当自觉形成工作底稿，并妥善加以管理。

11. 在进行评估结论披露时，应当根据相关法律、法规和资产评估准则出具评估报告。资产评估报告既是资产评估机构和人员完成对资产作价意见，提交给委托方的公正性的报告，也是评估机构和人员履行评估合同情况的总结，还是评估机构为资产评估项目承担相应法律责任的重要证明文件。因此，如果注册资产评估师不根据相关法律、法规和资产评估准则出具评估报告，不仅会影响报告的合法性，也会影响委托方的权益，还会给评估机构和注册资产评估师带来相应的责任。这就要求注册资产评估师应当遵纪守法，恪守独立、客观、公正的原则，以真实的内容来出具资产评估报告，不得出具含有虚假、不实、有偏见的或具有误导性的分析或结论的资产评估报告。

12. 在进行评估结论披露时，应当在评估报告中充分披露评估所依据的假设、限制条件和评估相关的必要信息。这是因为，一方面，资产的价值量与其经济用途、所处的自然条件、相关的经济、人文社会环境和未来的前景等都有着十分密切的关系，同一资产在不同经济用途、不同自然、人文社会、经济环境和不同未来前景的条件下，其价值体现也都不同，在有些条件限制下，资产的价值量甚至无法实现。因此，注册资产评估师应当在资产评估报告中充分披露评估所依据的假设和限制条件以及与评估有关的各种信息。另一方面，资产评估报告是资产评估机构和注册资产评估师以独立的中介人的身份向委托方和有关方面报告对资产作价的专业意见。为了充分体现其独立、客观、公正的立场和专业业务知识水平，注册资产评估师就应该把与资产价值有关的信息充分地披露出来，以便报告使用者和有关方面能够合理理解评估结果。

13. 在进行评估结论披露时，应当引导报告使用者恰当使用评估报告。由于资产的价值受评估目的、依据的假设和时间等因素限制，所以，每项资产评估价值量只有在一定的假设前提、评估目的、时效等具体的限制条件下才能实现，离开这些限制条件，情况就会发生变化。出于职业责任和专业知识水平能力，注册资产评估师应当在出具的资产评估报告中，正确引导报告使用者恰当使用评估报告，避免误导而造成评估报告不当使用的情况发生。

14. 在进行评估结论披露时，不应在自己未参与或不了解项目的评估报告上签署名字，也不得允许他人以本人名义签署评估报告。注册资产评估师在资产评估报告上签署名字，这既是注册资产评估师在评估披露过程中的一项权利，也是一项义务。它表明注册资产评估师对该项资产评估发表了专业意见，同时也包含了该注册资产评估师对该项评估结果应承担相应的责任。注册资产评估师在自己未参与项目的评估报告上签署名字，在严重违背独立、客观、公正的职业道德规范的同时，也给自己带来了巨大的责任风险。允许他人以本人名义签署评估报告，不仅同样严重违背独立、客观、公正的职业道德规范和给自己带来巨大的责任风险，而且也严重违反法律规定。所以，要求注册资产评估师在评估披露时，既不得签署本人未参与项目的评估报告，也不得允许他人以本人名义签署评估报告。

此外，在完成评估任务的整个过程中，不得向委托方或相关当事方索取约定服务费之外的不正当利益。资产评估是一种有偿的社会中介服务，注册资产评估师在完成评估业务后，向委托方出具资产评估报告并收取合理的评估服务费都是正当的行为。但是，在这一过程中，如果注册资产评估师向委托方或相关当事方索取服务费之外的不正当利益，就会违背注册资产评估师独立、客观、公正的职业道德规范，并会在不同的程度上损害注册资产评估师的职业荣誉和形象。

（四）注册资产评估师专业胜任能力的要求

注册资产评估师职业道德规范中的专业胜任能力要求包括两个方面的内容：一是指从事资产评估业务的人应当先经过专门教育和培训，获取了评估方面的专业知识、专业训练，并取得评估的实践经验，具备从事资产评估业务的分析、判断和表达能力，才能进入这一行业从事评估活动；二是指已进入资产评估行业从事资产评估业务的注册资产评估师在承揽、接受和进行资产评估业务时，一般只能在其专业技能和时空安排等方面能够胜任的范围内进行，对超越其专业技能和时空安排等胜任能力的业务应当放弃、拒绝或采取恰当的措施加以解决。

要保证注册资产评估师的专业胜任能力，就应该注意以下几个方面：一是应当经过专门教育和培训，具备相应的专业知识和经验。即在接受资产评估业务之前，应该接受与评估资产相关的专业知识的教育、专业训练和实践，通过相应的执业资格的考试、考核，具备相应实践经验。二是应当接受后续教育，继续学习相关专业理论知识，保持和提高专业胜任能力。注册资产评估师除了要自觉接受规定的后续教育外，还应该通过各种途径不断地学习相关的专业理论知识，及时了解和掌握相关的政策法规。三是注册资产评估师在承揽、接受和进行资产评估业务时，一般只能在其专业技能和时空安排等方面能够胜任的范围内，对超越其专业技能和时空安排等胜任能力的业务应当放弃、拒绝或采取恰当的措施加以解决。

（五）注册资产评估师与委托方和相关当事方关系的要求

1. 对资产评估业务质量的责任要求。对资产评估业务质量的责任要求主要是指注册资产评估师从事资产评估业务的过程中有严格遵守资产评估技术规范的责任，认真执行资产评估有关准则、评估程序和评估质量控制标准，做好资产评估业务的各项具体工作。

2. 对委托方的责任要求。对委托方责任要求主要是指注册资产评估师在从事资产评估过程中，应当坦诚地对待委托方，在不违背其他当事人和公众利益的前提下，尽最大努力，竭诚为委托方提供评估有关的专业服务，维护委托方的合法权益并与委托方保持相互信任的关系，具体应当做到按时按质完成委托的资产评估业务；坚持保密原则，做好为委托方保密的工作；竭诚为委托方服务。

3. 在完成评估任务的整个过程中，不得向委托方或相关当事方索取约定服务费之外的不正当利益。这里所说的服务费用以外的不正当利益，主要是指不正当的经济利益。它是指约定服务费用以外的其他酬金，如佣金、回扣、好处费、介绍费等。

4. 提示委托方恰当使用评估报告，并声明不承担相关当事人决策失误的责任。在进行评估结论披露时，注册资产评估师应当提示报告使用者恰当使用评估报告。由于资产的价值受评估目的、依据的假设和时间等因素限制，所以，每项资产评估价值量只有在一定的假设前提、评估目的、时效等具体的限制条件下才能实现，离开这些限制条件，情况就会发生变化。出于职业责任和专业知识水平能力的要求，注册资产评估师应当在出具的资产评估报告中，应正确引导报告使用者恰当使用评估报告，避免误导而造成对评估报告使用不当的情况发生。

注册资产评估师在向委托方提交评估报告时，应向委托方提示评估报告是为资产业务提供意见。该专业估价意见并不是直接对被评估资产的使用、处置等活动提供决策，而只是为委托方提供的由当事人作为决策所需的价值的参考。其最终的成交价还取决于当事人的决策动机、谈判协作关系和谈判技巧等综合因素。所以，注册资产评估师只对专业估价意见本身合乎职业规范要求负责，而不对资产业务定价决策负责。因此，在提交评估报告时，注册资产评估师要向委托方声明其不承担相关决策的责任。

5. 对社会的责任的要求。对社会的责任要求主要是指注册资产评估师在从事资产评估业务时，不得损害社会公众利益。这里的社会公众利益是相对于委托方利益而言的其他利益。它包括国家利益、公众利益、其他组织和非委托方公民的合法权益。社会责任要求注册资产评估师在执业过程中，不得迁就委托方，满足其不合理要求；不得为了委托方利益损害国家利益、公众利益和其他组织、公民的合法权益。

（六）注册资产评估师之间关系的要求

这种关系是指注册资产评估师在从事资产评估业务过程中，应当做好与同行之间的沟通与协作，以诚相待，保持良好的工作关系，共同维护和增进本行业的职业信誉和形象。其具体要求包括注册资产评估师之间要求以诚相待，保持良好的工作关系，做好与同行之间的沟通与协作，不得相互贬损或诋毁，要共同维护和增进本行业的职业信誉和形象；不得以恶意降低收费等不正当竞争手段争揽评估业务。

四、资产评估具体准则

具体准则包括体现过程控制的程序性准则和体现不同资产类型、不同评估要求的实体性准则。

（一）程序性准则

中国资产评估协会已经发布的程序性准则有4个：《资产评估准则——评估报告》、《资产评估准则——评估程序》、《资产评估准——业务约定书》、《资产评估准则——工作底稿》。

1.《资产评估准则——评估报告》。2007年11月28日，中国资产评估协会发布《资产评估准则——评估报告》。评估报告准则分为总则、基本要求、评估报告的内容、附则共4章30条，从2008年7月1日起施行。评估报告是反映评估工作、传递评估结论、帮助委托方实现经济行为的载体。评估报告准则对评估报告的内容提出具体要求，使其能够反映评估方法的运用过程，并且在内容和形式上符合委托方的要求，与以前的相关规定相比，评估报告准则是一个普遍适用的准则，对不同类型评估业务中评估报告的共同要求做出了规定。

2.《资产评估准则——评估程序》。2007年11月28日，中国资产评估协会发布《资产评估准则——评估程序》。评估程序准则分为总则、基本要求、评估程序要求、附则共4章33条，从2008年7月1日起施行。程序准则按照基本准则的精神，根据资产评估的专业特点，从整个资产评估项目的组织与操作入手，涵盖评估业务组织与操作的整个系统性过程，并做出原则性的规定，满足评估实践的需求，对评估执业予以规范和引导。

3.《资产评估准则——业务约定书》。2007年11月28日，中国资产评估协会发布《资产评估准则——业务约定书》。业务约定书准则分为总则、业务约定书的签订、业务约定书的内容、业务约定书的变更、违约责任和争议解决、附则共6章23条，从2008年7月1日起施行。准则重点结合评估行业特点，在合同法基础上，对评估行业需要重点关注的相关事项进行规范，对规范业务约定书的签订、履行等行为，明确签约各方的权利和义务，维护社会公共利益和资产评估各方当事人合法权益具有重要意义。

4.《资产评估准则——工作底稿》。2007年11月28日，中国资产评估协会发布《资产评估准则——工作底稿》。工作底稿准则分为总则、基本要求、工作底稿的内容、工作底稿的编制和管理、附则共5章21条，从2008年7月1日起施行。工作底稿既是评估过程的轨迹记录，也是支持评估结论的重要分析、计算过程和评估资料的汇集，可以反映注册资产评估师遵守准则、履行评估程序的情况。建立和完善工作底稿编制和管理的规范，有利于指导和规范评估机构执业的操作流程，强化评估程序的控制和实施，明确参与评估业务有关人员的专业责任，树立责任意识，培养专业精神，提高执业质量，提升行业的公信力。

（二）实体性准则

中国资产评估协会现已发布的实体性准则有3个：《资产评估准则——无形

资产》（2 部）、《资产评估准则——机器设备》、《资产评估准则——不动产》。

1.《资产评估准则——无形资产》。2001 年 7 月 23 日，财政部发布《资产评估准则——无形资产》，自 2001 年 9 月 1 日起施行。该准则共 6 章 22 条，分别从定义、基本要求、评估要求、披露要求方面对无形资产评估业务进行了规范。

2008 年 11 月 28 日，中国资产评估协会发布《资产评估准则——无形资产》。无形资产准则包括总则、基本要求、评估对象、操作要求、评估方法、披露要求、附则共 7 章 34 条，从 2009 年 7 月 1 日起施行。新发布的《资产评估准则——无形资产》是响应国家知识产权战略启动的准则项目。这次发布的无形资产评估准则是在评估准则体系统一规划下制定的。与 2001 年的准则相比，有以下主要变化：（1）体现了公司法、商标法、著作权法、拍卖法、破产法、物权法等法律法规变化的要求；（2）按评估准则体系的要求，准则体例采用实体性具体评估准则的体例，准则语言、格式进一步规范化；（3）吸收了无形资产评估实践和理论研究的最新成果，丰富了准则内容；（4）注重对知识产权资产的评估，体现市场需求；（5）科学界定无形资产内涵，创新无形资产定义；既关注了无形资产的法律属性，又关注了无形资产的经济属性；既包括可辨认无形资产，又包括不可辨认无形资产；既有单项无形资产，也有组合无形资产；（6）将销售网络、客户关系等新型无形资产纳入规范范围。

2.《资产评估准则——机器设备》。2007 年 11 月 28 日，中国资产评估协会发布《资产评估准则——机器设备》。机器设备准则分总则、基本要求、操作要求、评估方法、披露要求、附则共 6 章 28 条，2008 年 7 月 1 日起施行。机器设备准则第一章的内容包括制定机器设备准则的目的、依据、准则适用范围、机器设备定义；第二章介绍了注册资产评估师在执行机器设备评估业务前所需具备、掌握的有关政策、知识的基本要求；第三章说明了注册资产评估师在执行机器设备评估业务时的一些操作要求；第四章是注册资产评估师在执行机器设备评估业务时恰当选择评估方法及各种方法在使用时注意的问题；第五章是注册资产评估师在评估结束出具评估报告时的有关信息披露要求。

准则要求注册资产评估师在执行机器设备评估业务时，应当考虑机器设备所依存资源的有限性、所生产产品的市场竞争及市场寿命、所依附土地和房屋建筑物使用期限、国家的法律法规以及环境保护和能源等产业政策对机器设备价值的影响。

《资产评估准则——机器设备》同时规定，注册资产评估师执行机器设备评估业务时，应当对机器设备进行现场逐项调查或抽样调查，确定设备是否存在、明确机器设备存在状态并关注其权属。

3.《资产评估准则——不动产》。2007 年 11 月 28 日，中国资产评估协会发布《资产评估准则——不动产》。不动产准则包括总则、基本要求、操作要求、评估方法、企业价值评估中的不动产评估、披露要求、附则共 7 章 45 条，从 2008 年 7 月 1 日起施行。该准则借鉴国际及国外评估组织关于不动产评估的相关规定，突出资产评估业务特点，体现不动产评估的最新需求，除对一般的不动产评估做出要求，对企业价值评估中的不动产评估也做出专门规定。在具体的评估方法上充分借鉴我国现行房地产估价规范和土地估价规程的有关内容，根据新发布的《物权法》要求规范相关评估行为。

不动产准则根据物权法关于住宅用地土地使用权自动续期的有关规定，在准则中，对原有做法做出了调整和更新，明确在确定住宅用途建筑实体性贬值时，应当考虑土地使用权自动续期的影响。当土地使用权自动续期时，应当根据建筑物的经济寿命年限确定其贬值额，以指导和规范执业行为。

不动产准则安排专门章节对企业价值评估中的不动产评估进行了规定，其中包括企业拥有不动产的形式与对应的财务核算科目、企业经营方式及不动产实际使用方式对不动产价值的影响、企业价值评估类型对不动产评估相关条件和假设的影响等相关内容。

（三）资产评估指南

评估指南是对特定目的评估业务以及某些重要事项的规范。中国资产评估协会现已发布的资产评估指南有两个：《以财务报告为目的的评估指南》、《企业国有资产评估报告指南》。

1.《以财务报告为目的的评估指南》。2007 年 11 月 9 日，中国资产评估协会发布《以财务报告为目的的评估指南（试行）》。该指南分为总则、基本要求、评估对象、价值类型、评估方法、披露要求、附则共 7 章 45 条，从 2007 年 12 月 31 日起施行。指南明确提出了注册资评估师服务于以财务报告为目的的业务领域，既包括注册资产评估师对财务报告中各类资产和负债的公允价值或特定价值进行分析、估算，也包括注册资产评估师参照本指南开展与价值估算相关的议定程序等相关业务。指南规定，以财务报告为目的评估业务中，根据项目具体情况、会计准则和委托方的要求，评估对象可以是各类单项资产、负债，也可以是资产组或资产组组合，并重点明确了在企业合并、资产减值、投资性房地产和金融工具领域的评估对象以及需要在评估过程中重点关注的事项。

2.《企业国有资产评估报告指南》。2008 年 11 月 28 日，中国资产评估协会发布《企业国有资产评估报告指南》。该指南共 8 章 45 条，指南从方便评估师执业角度出发，充分考虑了国有资产评估项目监管的要求，分别从总则、标题文号声明和摘要、正文、附件、评估明细表、评估说明、出具与装订、附则八个方面对国有资产评估报告进行了规范。《企业国有资产评估报告指南》增加了收益法、市场法运用的要求和指导，根据新的企业会计准则，调整了评估明细表的格式和内容，澄清实践中的一些模糊做法，最大限度地体现可操作性，针对实践中两种方法评估结论差异原因的复杂性，强化评估范围、委托评估资产分析等方面内容，将一些重复的内容进行了合并，调整。

（四）资产评估指导意见

指导意见是针对评估业务中的某些具体问题的指导性文件。中国资产评估协会现已发布的资产评估指导意见有6个：《企业价值评估指导意见》、《金融不良资产评估指导意见》、《珠宝首饰评估指导意见》、《注册资产评估师关注评估对象法律权属指导意见》、《资产评估价值类型指导意见》、《专利资产评估指导意见》。

1.《企业价值评估指导意见（试行）》。2004年12月30日，中国资产评估协会发布《企业价值评估指导意见（试行）》。该指导意见共6章49条，分别从基本要求、评估要求、评估方法、评估披露等方面对企业价值评估业务进行了规范，从2005年4月1日起施行。这是我国第一个关于企业价值评估的准则性文件。《企业价值评估指导意见》明确了企业价值评估的定义，即指注册资产评估师对评估基准日特定目的下企业整体价值、股东全部权益价值或部分权益价值进行分析、估算并发表专业意见的行为和过程。该指导意见进一步要求注册资产评估师根据评估对象的不同，谨慎区分企业整体价值、股东全部权益价值和股东部分权益价值，并在评估报告中明确说明。

2.《金融不良资产评估指导意见（试行）》。2005年3月21日，中国资产评估协会发布《金融不良资产评估指导意见（试行）》。该指导意见共8章49条，分别从基本要求、价值类型、价值评估要求、价值分析要求、披露要求等方面对金融不良资产评估业务进行了规范，从2005年7月1日起施行。《金融不良资产评估指导意见》重点对以金融不良资产处置为目的的资产评估业务进行了规范。该指导意见从评估行业角度对金融不良资产进行了定义，其外延包括银行持有的次级、可疑及损失类贷款，金融资产管理公司收购或接管的金融不良债权以及其他非银行金融机构持有的不良债权；将金融不良资产评估业务的评估对象分为两大类，一类是债权资产，另一类是用以实现债权清偿权利的实物类资产、股权类资产和其他资产；将金融不良资产评估业务分为“以金融不良资产处置为目的的价值评估业务”和“以金融不良资产处置为目的的价值分析业务”。

3.《珠宝首饰评估指导意见》。2003年1月28日，中国资产评估协会发布《珠宝首饰评估指导意见》。该指导意见分为引言、基本要求、评估要求、评估方法、评估披露、评估档案、附则共7章36条，从2003年3月1日起施行。该指导意见从基本要求、评估要求、评估方法、评估披露、评估档案等方面对珠宝首饰评估业务进行了规范。

4.《注册资产评估师关注评估对象法律权属指导意见》。2003年1月28，中国资产评估协会发布《注册资产评估师关注评估对象法律权属指导意见》。该指导意见共13条，自2003年3月1日起实施。该指导意见明确规定注册资产评估师和委托方、相关当事人在评估对象法律权属方面的责任：即委托方和相关当事人应当提供评估对象法律权属等基础资料，并对其真实性、合法性和完整性承担责任；注册资产评估师执行资产评估业务是对资产价值进行估算并发表专业意见，对评估对象法律权属发表意见超越了注册资产评估师的执业范围；注册资产评估师不得对评估对象的法律权属提供保证。该指导意见对注册资产评估师在承接业务、执业和披露等不同环节关注评估对象法律权属做出了相应的规定。

5.《资产评估价值类型指导意见》。2007年11月28日，中国资产评估协会发布《资产评估价值类型指导意见》。该指导意见分为引言、价值类型及其定义、价值类型的选择和使用、附则共4章27条，从2008年7月1日起施行。价值类型指导意见明确资产评估价值类型包括市场价值和市场价值以外的价值类型。市场价值以外的价值类型包括投资价值、在有价值、清算价值、残余价值等。注册资产评估师在选择和使用价值类型时，应当充分考虑评估目的、市场条件、评估对象自身条件、价值类型与评估假设的关系等因素。价值类型指导意见有利于充分体现评估结论的经济内涵，合理反映资产的价值。

6.《专利资产评估指导意见》。2008年11月28日，中国资产评估协会发布《专利资产评估指导意见》。该指导意见包括引言、基本要求、评估对象、操作要求、披露要求、附则共6章38条，从2009年7月1日起施行。该指导意见是一部没有国际先例的，专门指导专利资产评估的规范文件。《专利资产评估指导意见》明确了专利资产评估的对象，详细界定了评估对象的范围，规范了专利资产的评估，给广大专利资产评估的从业人员提供科学的指导，进而为科学、合理地确定专利资产的价值提供了依据。该指导意见在规范注册资产评估师和评估机构评估执业行为的基础上，为注册资产评估师和评估机构明确执业责任，履行执业义务，合理防范执业风险提供了重要依据，有利于维护专利资产评估各方当事人的合法权益。

五、中国资产评估准则体系构建

从2000年至今，我国的准则建设取得了突破性进展，但随着市场经济的不断发展，准则建设也将会有很长的路要走。

1. 积极推进在建准则项目。目前，中国资产评估协会在建的准则项目包括森林资源资产评估准则、以出资为目的的评估指南等准则项目。

2. 要面向市场，制定市场所需新准则。根据理论和实践发展，研究制定金融和行政事业单位评估准则、税基评估准则、公共资产评估准则。在已有研究工作的基础上，启动专业胜任能力等职业道德具体准则项目，为构建行业核心文化价值体系奠定制度基础。配合资本市场发展，启动上市公司资产评估相关准则项目。加大商标权评估、计算机软件评估研究，争取启动相关准则制定工作，组织并完善知识产权准则体系，为国家知识产权促进工程服务。

3. 完善体系、规范原有准则项目。从完善评估准则体系和规范原有评估业务的角度，需完善以出资为目的的评估指南、以诉讼为目的的评估指南，根据准则体系建设需要，适时启动珠宝首饰评估准则的修订工作。

通过上述工作，评估准则建设和行业的规范化程度将会再上一个大的台阶。建立起符合我国市场发展和评估行业实际需要的与国际准则趋同的完善的中国资产评估准则体系。

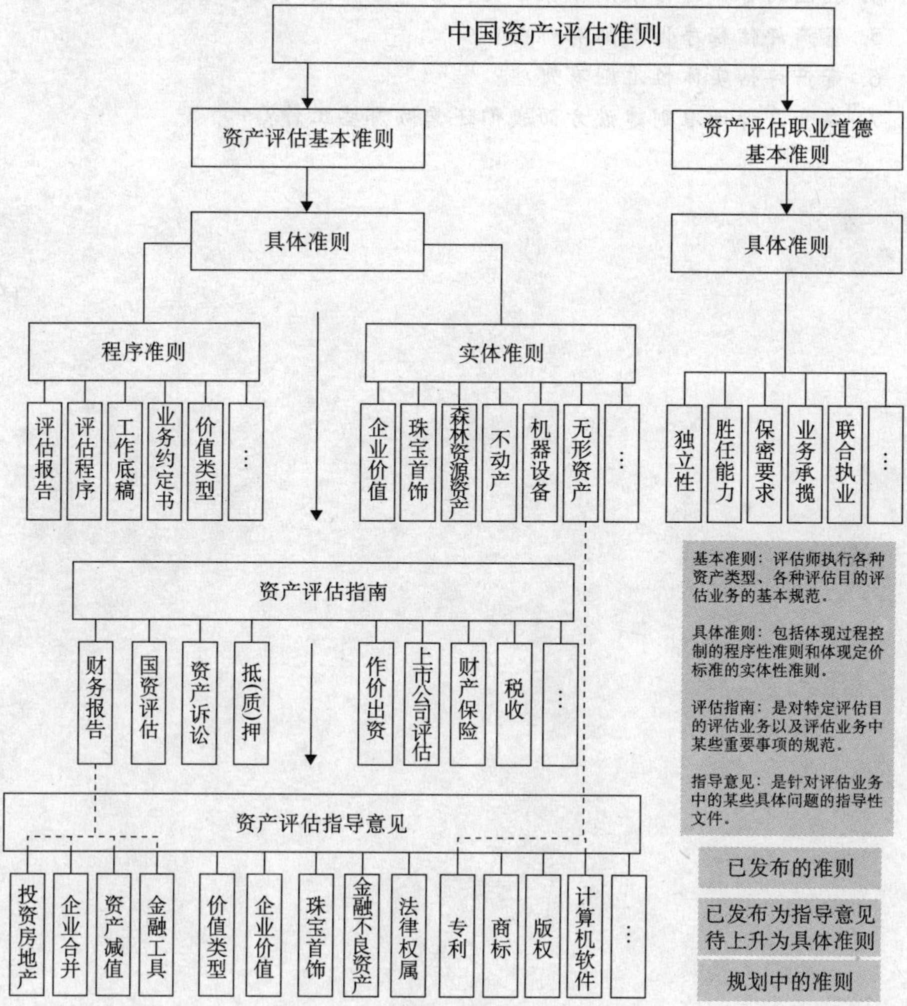

图 7-6 中国资产评估准则体系的构建[①]

① 本图来自：http：//www. chinaacc. com/。

思 考 题

1. 《资产评估准则——基本准则》对评估师提出的要求及责任有哪些?
2. 国际准则委员会成立的宗旨是什么?
3. 《国际评估准则》由哪几部分组成?各部分各有什么作用?
4. 我国的资产评估准则体系如何?各部分之间的关系怎样?
5. 资产评估程序性准则有哪些?
6. 资产评估实体性准则有哪些?
7. 在资产评估准则建设方面我们还需做哪些工作?

第八章 资产评估的程序

本章学习目的

1. 了解资产评估程序的概念和主要环节。
2. 熟悉资产评估程序的主要步骤。
3. 掌握资产评估业务约定书的内容。
4. 掌握资产评估工作底稿的含义、内容、编制和管理。

第一节 概 述

一、基本概念

根据财政部颁布的《资产评估准则——评估程序》的规定，资产评估程序是指资产评估机构和人员执行资产评估业务、形成资产评估结论所履行的系统性工作步骤。

资产评估程序由具体的工作步骤组成，不同的资产评估业务由于评估对象、评估目的、资产评估资料收集情况等相关条件的差异，评估人员可能需要执行不同的资产评估具体程序或工作步骤。但由于资产评估业务的共性，各种资产类型、各种评估目的的资产评估业务的基本程序是相同或相通的。资产评估基本程序的实施，可以有效地指导评估人员开展各种类型的资产评估业务。因此加强对资产评估基本程序的研究和规范是非常必要的。

我国评估界从不同角度对评估程序有着不同的理解，从狭义的角度而言资产评估程序开始于资产评估机构和人员接受委托，终止于向委托人或相关当事人提交资产评估报告书。广义的资产评估程序开始于承接资产评估业务前的明确资产评估基本事项环节，终止于资产评估报告书提交后的资产评估文件归档管理。

根据不同的分类标准，资产评估程序可以有不同的分法。资产评估具体程序或工作步骤的划分取决于资产评估机构和人员对各种资产评估工作步骤共性的归纳。资产评估业务的性质、复杂程度也是影响资产评估具体程序划分的重要因素。根据工作步骤的重要性，资产评估程序通常包括以下主要环节（参见图8-1）。

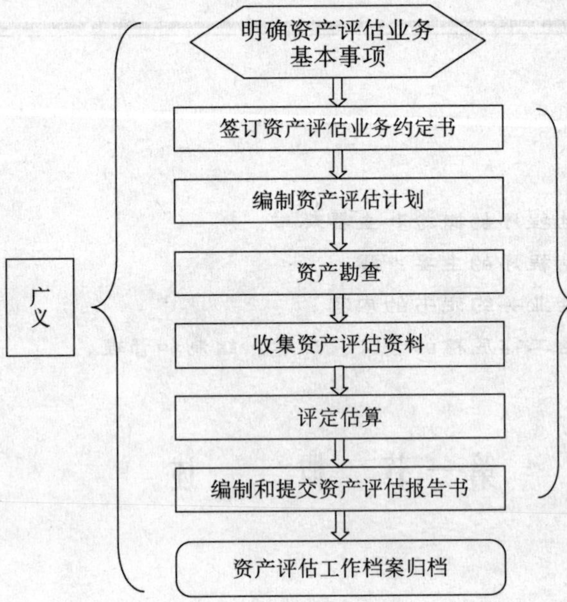

图8-1　资产评估程序概念图解

资产评估程序应当以资产评估机构和人员为主体，反映为执行资产评估业务、形成资产评估结论所必须和必要履行的系统性工作步骤。

1. 明确资产评估业务基本事项；
2. 签订资产评估业务约定书；
3. 编制资产评估计划；
4. 资产勘查；
5. 收集资产评估资料；
6. 评定估算；
7. 编制和提交资产评估报告书；
8. 资产评估工作档案归档。

二、评估程序的重要性

（一）资产评估程序是规范资产评估行为、提高资产评估业务质量和维护资产评估服务公信力的重要保证

资产评估机构和人员接受委托，不论执行何种资产类型、何种评估目的的资产评估业务，都应当履行必要的资产评估程序，按照工作步骤有计划地进行

资产评估。这样做不仅有利于规范资产评估机构和人员的执业行为，而且能够有效地避免由于机构和人员水平不同而导致的在执行具体资产评估业务中可能出现的程序上的重要疏漏，切实保证资产评估业务质量。恰当的资产评估程序对于提高资产评估机构业务水平乃至资产评估行业整体业务水平具有重要意义。另一方面，作为一项专业性较强的中介服务工作，评估人员履行严格的评估程序也是赢得客户和社会公众信任、提高评估行业社会公信力的重要保证。

（二）资产评估程序是相关当事方评价资产评估服务的重要依据

由于资产评估结论是相关当事方进行决策的重要参考依据之一，因此资产评估服务必然引起许多相关当事方的关注，包括委托人、资产占有方、资产评估报告使用人、相关利益当事人、司法部门、证券监督及其他行政监督部门、资产评估行业主管协会以及社会公众、新闻媒体等。资产评估程序不仅为资产评估机构和人员执行资产评估业务提供了必要的指导和规范，也为上述相关当事方提供了评价资产评估服务的重要依据，也是委托人、司法和行政监管部门及资产评估行业协会监督资产评估机构和人员、评价资产评估服务质量的主要依据。

（三）资产评估程序是资产评估机构和人员防范执业风险保护自身合法权益、合理抗辩的重要手段之一

近年来，资产评估行业已经进入高法律风险发展阶段，针对注册资产评估师和评估机构的各种诉讼呈上升趋势，司法实践对评估行业的影响日益重要。在评估责任界定过程中，评估程序是否得到完整、正确履行是一项非常重要的判定依据。在既往的评估诉讼案例中，绝大部分案例都与注册资产评估师执行评估程序不当有关，或是没有完整地履行评估程序，或是在评估程序执行过程中存在重大失误。从各国的实践来看，由于资产评估工作的专业性，无论是当事人还是司法部门由于在举证、鉴定方面存在较大难度等原因，都倾向于追究资产评估机构和人员在履行必要资产评估程序方面的疏漏和责任，而避免在专业判断方面下结论。随着我国资产评估实践的发展，资产评估委托人和相关当事方、政府和行业监管部门也从早期对资产评估结论的“高低”、“对错”的简单二元判断，开始逐步转为重点关注资产评估机构和人员在执行业务过程中，是否恰当履行了必要的资产评估程序。因此，恰当履行资产评估程序是资产评估机构和人员防范执业风险的主要手段，也是在产生纠纷或诉讼后，合理保护自身权益、合理抗辩的重要手段。

国外评估行业对评估程序十分重视。目前，在《国际评估准则》、美国《专业评估执业统一准则》、英国皇家特许测量师学会的《评估指南》和香港的《资产评估指南》等评估准则中都没有设立独立的评估程序准则，但是，这并不表明国际评估准则和各国评估准则不重视对评估程序的规范。相反，在各国评估准则的各项具体评估准则中，都以大量的篇幅和文字对评估程序进行系统论述和规范。比如，《国际评估准则》的“准则1——以市场价值为基础的评估”、“准则2——以非市场价值为基础的评估”，美国《专业评估执业统一准则》的不动产（准则1）、动产（准则7）、企业价值与无形资产（准则9）等各准则中都涉及了大量对评估程序的规范与要求。由此可见，国际评估界高度重视评估程序问题，只是把评估程序的要求分散表述于具体的评估准则之中。与我国评估行业不同，在英美等评估行业发展较为成熟的国家，对评估程序的研究已经十分深入，评估程序的划分、思路等内容在学习评估知识、考取评估专业资格的过程中已经被充分掌握。如在美国评估学会的经典评估教材中，早就将评估程序作为单独一章予以讲授。这是国外评估行业将评估程序规范融入具体评估准则，不单独制定评估程序准则的重要原因。

三、执行资产评估程序的要求

鉴于资产评估程序的重要性，资产评估机构和人员在执行资产评估程序环节中应当符合以下要求：

1. 资产评估机构和人员应当在国家和资产评估行业规定的范围内，建立、健全资产评估程序制度。由于资产评估机构和人员专业胜任能力、经验各自不同，所承接的主要业务范围和执业风险也各有不同，各资产评估机构应当结合本机构实际情况，在资产评估基本程序的基础上进行细化等必要调整，形成本机构资产评估程序制度，并在资产评估执业过程中切实履行，不断完善。

2. 资产评估机构和人员执行资产评估业务，应当根据具体资产评估项目的情况和资产评估程序制度，确定并履行适当的资产评估程序，不得随意简化或删减资产评估程序。资产评估机构和人员应当而且仅当在执行必要资产评估程序后，形成和出具资产评估报告书。

3. 资产评估机构应当建立相关工作制度，指导和监督资产评估项目经办人员及助理人员实施资产评估程序。

4. 如果由于资产评估项目的特殊性，资产评估机构和人员无法或没有履行资产评估程序中的某个基本环节，如在损害赔偿评估业务中评估对象已经毁失，无法进行必要的现场勘查，或受到限制无法实施完整的资产评估程序，资产评估机构和人员应当考虑这种状况是否会影响到资产评估结论的合理性，并在资产评估报告书中明确披露这种状况及其对资产评估结论可能具有的影响，必要时应当拒绝接受委托或终止资产评估工作。

5. 资产评估机构和人员应当将资产评估程序的组织实施情况记录于工作底稿，并将主要资产评估程序执行情况在资产评估报告书中予以披露。

第二节　资产评估程序的具体步骤

一、明确资产评估业务的基本事项

明确资产评估业务基本事项是资产评估程序的第一个环节，包括在签订资产评估业务约定书以前的一系列基础性工作，对资产评估项目风险评价、项目承接与否以及资产评估项目的顺利实施具有重要意义。由于资产评估专业服务的特殊性，有必要强调资产评估程序，甚至在资产评估机构接受委托前就已开始。资产评估机构和人员在接受资产评估业务委托之前，应当采取与委托人等相关当事人讨论、阅读基础资料、进行必要初步调查等方式，与委托人等相关当事人共同明确以下资产评估业务基本事项（参见图8－2）。

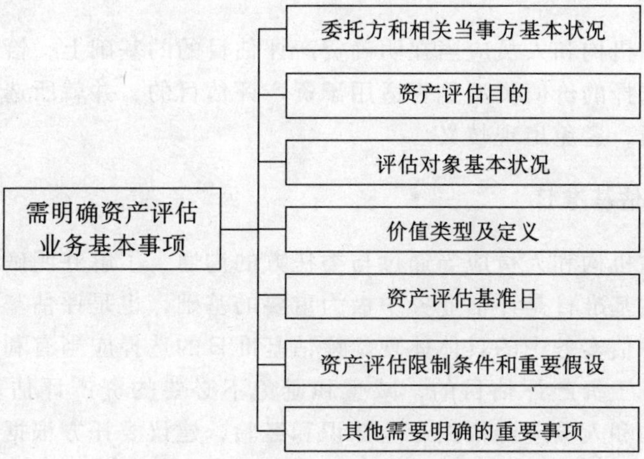

图8－2　资产评估业务基本事项

（一）委托方、产权持有者和委托方以外的其他评估报告使用者

资产评估机构和人员应当了解委托方、资产占有方等相关当事方的基本状况。在不同的资产评估项目中，相关当事方有所不同，主要包括资产占有方、资产评估报告使用方、其他利益关联方等。委托人与相关当事方的关系也应当作为重要基础资料予以充分了解，这对于理解评估目的、相关经济行为以及防范恶意委托等十分重要。在可能的情况下，评估机构和评估人员还应要求委托人明确资产评估报告的使用人或使用人范围以及资产评估报告的使用方式。明

确评估报告使用者范围，一方面有利于评估机构和评估人员更好地根据使用者的需求提供良好服务，同时也有利于降低评估风险。

（二）评估目的

资产评估机构和人员应当与委托方就资产评估目的达成明确、清晰的共识，并尽可能细化资产评估目的，说明资产评估业务的具体目的和用途，避免仅仅笼统列出通用资产评估目的的简单做法。

（三）评估对象和评估范围

资产评估机构和人员应当了解评估对象及其权益基本状况，包括其法律、经济和物理状况，如资产类型、规格型号、结构、数量、购置（生产）年代、生产（工艺）流程、地理位置、使用状况、企业名称、住所、注册资本、所属行业、在行业中的地位和影响、经营范围、财务和经营状况等。资产评估机构和人员应当特别了解有关评估对象权利的受限状况。

（四）价值类型

资产评估机构和人员应当在明确资产评估目的的基础上，恰当确定价值类型，确信所选择的价值类型是否适用于资产评估目的，并就所选择价值类型的定义进行沟通，避免出现歧义。

（五）评估基准日

资产评估机构和人员应当通过与委托方的沟通，了解并明确资产评估基准日。资产评估基准日是评估业务中极为重要的基础，也是评估基本原则之一的时点原则在评估实务中的具体体现。评估基准日的选择应当有利于资产评估结论有效地服务于资产评估目的，减少和避免不必要的资产评估基准日期后事项。评估机构和人员应当根据专业知识和经验，建议委托方根据评估目的、资产和市场的变化情况等因素合理选择评估基准日。

（六）评估报告使用限制和重要假设

资产评估机构和人员应当在承接评估业务前，充分了解所有对资产评估业务可能构成影响的限制条件和重要假设，以便进行必要的风险评价，并更好地为客户服务。

（七）评估报告提交时间及方式

资产评估报告的提交时间和方式，主要由资产评估机构和资产评估业务委托方相互商量后确定的。当然，时间的确定必须首先能够满足资产评估业务的完成时间和质量要求。评估报告的提交，应该以纸质报告为主。

（八）评估服务费总额、支付时间和方式

评估服务费总额、计价货币种类、支付时间和方式，应当在业务约定书中明确并明确评估服务费总额未包括的其他费用及其承担方式。

因委托方原因造成评估业务中止时，评估机构可以要求委托方按照已完成的工作量支付相应的评估服务费。业务约定书可以约定业务约定书解除后评估服务费收取或者退回的比例或金额。

评估服务费的计算以当地资产评估协会的管理规定为依据，评估机构和委托方自愿为根本，以合理公平为标准，不能向业务约定书委托方要挟提高价格，也不能为承揽资产评估业务而压低行业收费。评估服务费的支付时间和方式以评估方和委托方商量而定。

（九）委托方与注册资产评估师工作配合和协助等其他需要明确的重要事项

根据具体评估业务的不同，评估机构和人员应当在了解上述基本事项的基础上，了解其他对评估业务的执行可能具有影响的相关事项。

资产评估机构和人员在明确上述资产评估基本事项的基础上，应当分析下列因素，确定是否承接资产评估项目：

1. 评估项目风险。评估机构和人员应当根据初步掌握的有关评估业务的基础情况，具体分析资产评估项目的执业风险，以判断该项目的风险是否超出合理的范围。

2. 专业胜任能力。评估机构和人员应当根据所了解的评估业务的基础情况和复杂性，分析本机构和评估人员是否具有与该项目相适应的专业胜任能力及相关经验。

3. 独立性分析。评估机构和人员应当根据职业道德要求和国家相关法规的规定，结合评估业务的具体情况分析资产评估机构和人员的独立性，确认与委托人或相关当事方是否存在现实或潜在利害关系。

二、签订资产评估业务约定书

资产评估业务约定书是指评估机构与委托方签订的，明确评估业务基本事项，约定评估机构和委托方权利、义务、违约责任和争议解决等内容的书面合同①。

---

① 中国资产评估协会2007年11月颁布的《资产评估准则——业务约定书》。

根据我国资产评估行业的现行规定，注册资产评估师承办资产评估业务，应当由其所在的资产评估机构统一受理，并由评估机构与委托人签订书面资产评估业务约定书，注册资产评估师不得以个人名义签订资产评估业务约定书。资产评估业务约定书应当由资产评估机构和委托人双方的法定代表人或其授权代表签订。资产评估业务约定书应当内容全面、具体，含义清晰准确，符合国家法律、法规和资产评估行业的管理规定，包括以下基本内容：

1. 资产评估机构和委托方名称；
2. 资产评估目的；
3. 资产评估对象；
4. 资产评估基准日；
5. 出具资产评估报告的时间要求；
6. 资产评估报告使用范围；
7. 资产评估收费；
8. 双方的权利、义务及违约责任；
9. 签约时间；
10. 双方认为应当约定的其他重要事项。

签订约定书以后，评估目的、评估对象、评估基准日发生变化，或者评估范围发生重大变化，评估机构应当与委托方签订补充协议或者重新签订业务约定书。

三、编制资产评估计划

为高效完成资产评估业务，资产评估机构和人员应当编制资产评估计划，对资产评估过程中的每个工作步骤以及时间和人力进行规划和安排。资产评估计划是资产评估机构和人员为执行资产评估业务拟定的资产评估工作思路和实施方案，对合理安排工作量、工作进度、专业人员调配、按时完成资产评估业务具有重要意义。由于资产评估项目千差万别，资产评估计划也不尽相同，其详略程度取决于资产评估业务的规模和复杂程度。资产评估机构和人员应当根据所承接的具体资产评估项目情况，编制合理的资产评估计划，并根据执行资产评估业务过程中的具体情况，及时修改、补充资产评估计划。

评估计划的内容涵盖现场调查、收集评估资料、评定估算、编制和提交评估报告等评估业务实施全过程。评估计划通常包括评估的具体步骤、时间进度、人员安排和技术方案等内容。评估人员在资产评估计划编制过程中应当同委托人等就相关问题进行洽谈，以便于资产评估计划的实施，并报经资产评估机构负责人审核批准。

编制资产评估工作计划应当重点考虑以下因素：

1. 资产评估目的、资产评估对象状况；
2. 资产评估业务风险、资产评估项目的规模和复杂程度；
3. 评估对象的性质、行业特点、发展趋势；
4. 资产评估项目所涉及资产的结构、类别、数量及分布状况；
5. 相关资料收集状况；
6. 委托人或资产占有方过去委托资产评估的经历、诚信状况及提供资料的可靠性、完整性和相关性；
7. 资产评估人员的专业胜任能力、经验及专业、助理人员配备情况。

四、资产勘查与现场调查

资产评估机构和人员执行资产评估业务，应当对评估对象进行必要的勘查，包括对不动产和其他实物资产进行必要的现场勘查，对企业价值、股权和无形资产等非实物性资产进行评估时，也应当根据评估对象的具体情况进行必要的现场调查。进行资产勘查和现场调查工作不仅仅是基于资产评估人员勤勉尽责义务的要求，同时也是资产评估程序和操作的必经环节，有利于资产评估机构和人员全面、客观了解评估对象，核实委托方和资产占有方提供资料的可靠性，并通过在资产勘查过程中发现的问题、线索，有针对性地开展资料收集、分析工作。由于各类资产差别很大以及评估目的不同的原因，不同项目中对评估对象进行资产勘查或现场调查的具体方式和程度也不尽相同。评估师应当根据评估项目具体情况，确定合理的资产勘查或现场调查方式，并与委托方或资产占有方进行沟通，确保资产勘查或现场调查工作的顺利进行。

五、收集资产评估资料

在上述几个环节的基础上，资产评估机构和人员应当根据资产评估项目具体情况收集资产评估相关资料。资料收集工作是资产评估业务质量的重要保证，也是进行分析、判断进而形成评估结论的基础。由于资产评估的专业性和评估对象的广泛性，不同的项目、不同的评估目的、不同的资产类型对评估资料有着不同的需求。另一方面由于评估对象及其所在行业的市场状况、信息化和公开化程度差别较大，相关资料的可获取程度也不同。因此，资产评估机构和人员的执业能力在一定程度上就体现在其收集、占有与所执行项目相关信息资料的能力上。资产评估机构和人员在日常工作中就应当注重收集信息资料及其来源，并根据所承接项目的情况确定收集资料的深度和广度，尽可能全面、翔实地占有资料，并采取必要措施确保资料来源的可靠性。根据资产评估项目的进展情况，资产评估机构和人员应当及时补充收集所需要的资料。

注册资产评估师，应当通过询问、函证、核对、监盘、勘查、检查等方式进行调查，获取评估业务需要的基础资料，了解评估对象现状，关注评估对象法律权属。①

评估资料包括查询记录、询价结果、检查记录、行业资讯、分析资料、鉴定报告、专业报告及政府文件等形式。② 资产评估机构和人员应当通过与委托人、资产占有方沟通并指导其对评估对象进行清查等方式，对评估对象或资产占有单位资料进行了解，同时也应当主动收集与资产评估业务相关的评估对象资料及其他资产评估资料。

六、评定估算

资产评估机构和人员在占有相关资产评估资料的基础上，进入评定估算环节，主要包括分析资产评估资料、恰当选择资产评估方法、运用资产评估方法形成初步资产评估结论、综合分析确定资产评估结论、资产评估机构内部复核等具体工作步骤。

资产评估机构人员应对所收集的资产评估资料进行充分分析，确定其可靠性、相关性、可比性，摒弃不可靠、不相关的信息，对不可比信息进行必要分析调整，在此基础上恰当选择资产评估方法，并根据业务需要及时补充收集相关信息。

成本法、市场法和收益法是三种通用的资产评估基本方法。理论上在任何资产评估项目中，资产评估人员都应当首先考虑三种方法的适用性。长期以来在我国资产评估实践中，绝大多数资产评估业务是以成本法为唯一使用的资产评估方法。随着我国资产评估理论和实践的发展，特别是市场发育状况及其他相关条件的发展，应当提倡资产评估人员根据评估对象、评估目的、资料收集情况等相关条件恰当选择资产评估方法，并说明选择资产评估方法的理由。对宜采用两种以上资产评估方法的评估项目，应当使用两种以上资产评估方法。

资产评估人员在选择恰当的资产评估方法后，应当根据评估基本原理和规范要求恰当运用评估方法进行评估，形成初步评估结论。采用成本法，应当合理确定完全重置成本和各相关贬值因素；采用市场法，应当合理确定参照物的信息资料，根据评估对象与参照物的差异进行必要调整；采用收益法，应当合理预测未来收益，合理确定收益期和折现率等相关参数。

资产评估人员在形成初步资产评估结论的基础上，需要对信息资料、参数的数量、质量和选取的合理性等进行综合分析，以形成资产评估结论。当采用

① 《资产评估准则——评估程序》第十九条。

② 《资产评估准则——评估程序》第二十三条。

两种以上资产评估方法时，资产评估人员应当在初步结论的基础上，综合分析评估方法的相关性和恰当性、相关参数选取的合理性，形成资产评估结论。

资产评估机构应当建立内部复核制度，对资产评估结论进行必要的复核工作。

七、编制和提交资产评估报告书

资产评估机构和人员在执行必要的资产评估程序、形成资产评估结论后，应当按有关资产评估报告的规范编制资产评估报告书。资产评估报告书主要内容包括：委托方和资产评估机构情况，资产评估目的，资产评估结论价值类型，资产评估基准日，评估方法及其说明，资产评估假设和限制条件等内容。资产评估机构和人员可以根据资产评估业务性质和委托方或其他评估报告使用者的要求，在遵守资产评估报告书规范和不引起误导的前提下，选择恰当的资产评估报告详略程度。

资产评估机构和人员应当以恰当的方式将资产评估报告书提交给委托人。在提交正式资产评估报告书之前，可以与委托人等进行必要的沟通，听取委托人、资产占有方等对资产评估结论的反馈意见，并引导委托人、资产占有方、资产评估报告使用者等合理地理解资产评估结论。在此过程中，资产评估机构和人员必须保证其自身的独立性和评估结论的独立性，不能为迎合委托方的不合理要求而影响了评估结论的独立性和客观性。

八、资产评估工作档案归档

资产评估机构和人员在向委托人提交资产评估报告书后，应当将资产评估工作档案归档。资产评估机构和人员应当将在资产评估工作中形成的、与资产评估业务相关的有保存价值的各种文字、图表、声像等资料及时予以归档，并按国家有关规定对资产评估工作档案进行保存、使用和销毁。将这一环节列为资产评估基本程序之一，充分体现了资产评估服务的专业性和特殊性，不仅有利于评估机构应对今后可能出现的资产评估项目检查和法律诉讼，也有利于资产评估机构总结、完善和提高资产评估业务水平。

另外，在资产评估程序执行中资产评估机构和人员应当在国家和资产评估行业规定的统一资产评估程序的基础上，建立、健全本机构资产评估程序制度；资产评估执业人员应在充分掌握资产评估程序实质的基础上，根据评估对象的具体情况，在不影响资产评估质量的前提下，对资产评估程序中的某些规定做适当的调整或具体化；为保证切实履行资产评估程序，资产评估机构内部应建立相应的管理机制和监督制度。

第三节 资产评估业务约定书

1999年6月，中国资产评估协会发布了《资产评估业务约定书指南》，规范评估机构和注册资产评估师签订业务约定书行为。随着评估行业管理体制的变迁、评估行业的发展和评估业务的扩展，评估机构和注册资产评估师日益成为评估行业的风险主体，评估业务中新的风险点也不断出现，需要进一步明确相关各方的责任义务等内容也随之增加，原有的《资产评估业务约定书指南》已经不适应评估业务发展的需要。为促进评估机构和注册资产评估师提高风险意识，指导评估机构和注册资产评估师合理界定评估业务各方当事人的权利、义务，相关部门需要对资产评估业务约定相关行为做出进一步规范。各国评估界及相关评估准则中对业务约定书的处理方式差异较大。《国际评估准则》和美国的《专业评估执业统一准则》，没有对业务约定书进行规定。但《欧洲评估准则》和英国皇家特许测量师学会的《评估指南》对业务约定书有专门规定。这种差异体现了各国评估准则体系设计思想的差异，并不影响业务约定书及其规范的重要性。

一、资产评估业务约定书的含义

根据《中华人民共和国合同法》和《资产评估准则——基本准则》，为规范业务约定书的签订、履行等行为，明确签约各方的权利和义务，维护社会公共利益和资产评估各方当事人的合法权益，《资产评估准则——业务约定书》明确了资产评估业务约定书的定义。资产评估业务约定书是指评估机构与委托方签订的，确认资产评估业务的委托与受托关系，明确委托目的，被评估资产范围及双方权利、义务、违约责任和争议解决等内容相关重要事项的书面合同。①

二、业务约定书的签订和效力

根据我国2008年开始实施的《资产评估准则——业务约定书》规定，注册资产评估师承办资产评估业务，应当由其所在的资产评估机构统一受理。评估机构应当在决定承接评估业务后与委托方签订业务约定书。业务约定书应当

① 2008年7月1日施行的《资产评估准则——业务约定书》。

由评估机构的法定代表人或合伙人签字并加盖评估机构公章。

第一，评估机构应当具有与所承接评估业务相适应的执业资格。

第二，注册资产评估师不得以个人名义签订资产评估业务约定书。

三、业务约定书的内容

根据《资产评估准则——业务约定书》的规定，资产评估业务约定书应当内容全面、具体，含义清晰准确，符合国家法律、法规和资产评估行业的管理规定，包括以下基本内容：

1. 评估机构和委托方的名称、住所；
2. 评估目的；
3. 评估对象和评估范围；
4. 评估基准日；
5. 评估报告使用者；
6. 评估报告提交期限和方式；
7. 评估服务费总额、支付时间和方式；
8. 评估机构和委托方的其他权利和义务；
9. 违约责任和争议解决；
10. 签约时间。

业务约定书应当约定，未征得评估机构同意，评估报告的内容不得被摘抄、引用或者披露于公开媒体，法律、法规规定以及相关当事方另有约定的除外。

1. 业务约定书载明的评估目的应当唯一，表述应当明确、清晰。

2. 注册资产评估师应当与委托方进行沟通，根据评估业务的要求和特点，在业务约定书中以适当方式表述评估对象和评估范围。

3. 业务约定书载明的评估基准日应当唯一，以年月日表示。

4. 业务约定书应当明确评估报告使用者。如果存在委托方以外的其他评估报告使用者，业务约定书应当明确约定。业务约定书应当约定，评估报告仅供委托方和业务约定书约定的其他评估报告使用者使用，法律、法规另有规定的除外。

业务约定书应当约定，注册资产评估师和评估机构对委托方和其他评估报告使用者不当使用评估报告所造成的后果不承担责任。

四、业务约定书的履行和变更

业务约定书签订后，注册资产评估师按照约定内容进行评估工作。随着情况的变化，在完成评估业务前，签约各方发现相关事项约定不明确，或者履行评估程序受到限制需要增加、调整约定事项的，注册资产评估师应考虑变更的理由是否适当。如果双方达成一致意见，可以协商对业务约定书相关条款进行变更，并签订补充协议或者重新签订业务约定书。

业务约定书签订后，评估目的、评估对象、评估基准日发生变化，或者评估范围发生重大变化，评估机构应当与委托方签订补充协议或者重新签订业务约定书。

五、业务约定书权利和义务的终止

审计执业中，注册会计师可以根据具体情况出具无保留意见、保留意见和无法表示意见审计报告。我国评估行业长期以国有资产评估为主，评估所要达到的目的就是给出一定的评估结论，因此不存在不发表价值意见的可能和需要。在评估行业不断发展，业务领域不断开拓，委托方要求日趋多样化的情况下，评估业务执行过程中可能会出现受到限制无法完整实施评估计划等事先无法预料的情况，如委托方限制评估机构到现场进行必要的调查、资产勘查。在这种情况下，注册资产评估师继续执行业务、出具评估报告不仅增大了自身的法律风险，而且有可能对公共利益或相关当事方的利益造成损害。为维护公共利益和自身合法权益，注册资产评估师应当做出专业判断，必要时可能需要中止或终止业务约定书。

业务约定书应当约定，委托方应当为注册资产评估师执行评估业务提供必要的工作条件和协助；委托方应当根据评估业务需要，负责注册资产评估师与相关当事方之间的协调；委托方或者产权持有者应当对其提供的评估明细表及相关证明材料以签字、盖章或者其他方式进行确认。业务约定书可以约定，当评估程序所受限制对与评估目的相对应的评估结论构成重大影响时，评估机构可以中止履行业务约定书；相关限制无法排除时，评估机构可以解除业务约定书。

六、违约责任和争议解决

业务约定书应当约定签约各方的违约责任。签约各方因不可抗力无法履行业务约定书的，根据不可抗力的影响，部分或者全部免除责任，法律另有规定的除外。业务约定书，应当约定业务约定书履行过程中产生争议时争议解决的方式和地点。

根据《资产评估准则——基本准则》第二十三条的规定，遵守相关法律、法规和资产评估准则，对评估对象在评估基准日特定目的下的价值进行分析、估算并发表专业意见，是注册资产评估师的责任；提供必要的资料并保证所提供资料的真实性、合法性、完整性，恰当使用评估报告是委托方和相关当事方的责任。

另外，《资产评估准则——业务约定书》规定，业务约定书应当明确评估服务费总额、计价货币种类、支付时间和方式，并明确评估服务费总额未包括的其他费用及其承担方式。因委托方原因造成评估业务中止时，评估机构可以要求委托方按照已完成的工作量支付相应的评估服务费。

评估业务约定书是评估工作底稿的重要组成部分，资产评估师应将其整理后，归入评估档案，妥善保管。

七、评估业务约定书参考格式

资产评估业务约定书①

内蒙古 KK 评约字［ ］第 号

甲方：××××

乙方：内蒙古 KK 评估有限公司

甲方因 （评估目的）需进行资产评估，委托乙方作为评估机构，乙方同意接受甲方的委托。甲、乙双方遵照国家有关法律法规的规定，经协商一致，订立本约定书。

一、评估目的

本次评估的目的为：……。

二、评估对象和评估范围

本次评估的对象为：……。

评估范围包括：……。

三、评估基准日

根据本次评估目的的需要，评估基准日确定为： 年 月 日。

四、评估报告使用

除法律、法规另有规定外：

本次评估形成的《资产评估报告书》仅供甲方办理 （业务）时提交 （部门）使用。

未征得乙方同意，评估报告的内容不得摘抄、引用或者披露于公开媒体。因甲方和其他报告使用者不当使用评估报告所产生的后果，乙方不承担责任。

未征得甲方书面许可，乙方及其注册资产评估师不得将评估报告的内容向

① 资料来源：http：//gzaa. com. cn/guide/enterprise。

第三方提供或公开。

五、评估报告的提交

甲方向乙方提供评估申报表及相关批文、资产权属证明以及相应的资料；乙方收到甲方提供的全部评估申报资料并确认无误后15日（不含法定假日）内完成甲方委托的评估工作，并向甲方提供正式的评估报告书。若因不可抗力因素需延长或提前完成评估工作，甲、乙双方需另行协商。

六、收费标准及付款方式

1. 收费标准：根据国家规定及本项目之特定目的，经协商收取服务费总额　　元（大写）。

2. 付款方式：自本约定书签字生效后甲方预付　　元，其余款项在乙方提交报告的同时一次性付清。

七、甲方的义务和权利

1. 按约定的日期为乙方提供与评估相关的文件、资料，并对提供的文件、资料的真实性、准确性和合法性负责；

2. 乙方评估人员到甲方现场工作，甲方应提供必要的办公条件，并给予协助；

3. 乙方在评估工作中需要甲方配合的，特别是在进行现场勘察或资产清查核实工作时，甲方应指定相应专业的技术人员及其他有关人员积极配合，使评估工作顺利进行；

4. 甲方应为乙方在工作过程中协调企业内部及评估有关的外部管理部门的关系创造良好的条件。

5. 甲方对乙方评估人员中涉及与甲方有利害关系的人员有权提出回避。

八、乙方的义务和权利

1. 在执业过程中，坚持独立、客观、公正的原则进行评估，认真执行有关法律和法规，对出具的报告书负相应的法律责任；

2. 遵守职业道德，对甲方提供的内部资料和评估结果，严守秘密；

3. 乙方按约定时间提交报告书。若因甲方不能按规定时间提供材料，乙方有权延长交付报告书时间；

4. 在评估过程中，若因甲方原因提出重大更改，需要乙方返工，双方应另行协商加收评估费用和延长出具报告书时间。

九、违约责任

1. 如因乙方原因终止履行本约定，其所收费用应退还甲方；如因甲方原因终止本约定书，乙方有权终止服务并且按照已经完成的工作量收取相应的评估服务费用。

2. 甲乙双方如因一方违反本约定书，应根据“合同法”的有关规定，向对方支付违约金，违约金按评估服务费的10%支付；造成经济损失的，还应进行赔偿。

十、争议的解决

因本约定书或执行本约定书产生的任何争议，应当由甲乙双方协商解决，如果协商不成，应将争议提交仲裁委员会仲裁，仲裁结果对双方均有约束力。

十一、本约定书一式二份，甲、乙双方各一份，经双方行政负责人签字并加盖公章后生效。本约定书自乙方提交报告书并由甲方付清余款时废止。如遇特殊情况，其未尽事宜需经双方协商议定。

甲方（盖章）：××××	乙方（盖章）：内蒙古 KK 评估有限公司
负责人：	负责人：
经办人：	经办人：
电话：	电话：
传真：	传真：
地址：	地址：
邮编：	邮编：
年 月 日	年 月 日

第四节 资产评估工作底稿

一、工作底稿的含义

（一）资产评估工作底稿的内涵

资产评估工作底稿是指注册资产评估师在执行评估业务形成的，反映评估程序实施情况、支持评估结论的工作记录和相关资料。我国资产评估管理部门早在 1996 年颁布的《资产评估操作规范意见》中明确定义："资产评估工作底稿是从评估机构接受评估业务委托开始至完成全部评估工作为止的全过程中，评估人员所取得或编制的反映资产评估项目全貌和评估结论形成过程及根据的各种文件、资料。"

通过这个定义，我们可以明确地知道评估工作底稿的内容、实质和范围，即评估机构或评估过程全貌的评估工作底稿。其内容应该包括评估人员所取得的或编制的反映资产评估程序、评估项目组织管理、评估对象状况、评估方法和依据、主要问题的分析处理等各种记录、凭证、核实材料及其他文件资料。从另一角度讲，它包括评估计划制定、评估实施阶段和评估报告阶段所形成和取得的一切评估工作记录和资料，是对约定事项的承担与规划、评估计划的实施和总结、评估意见的形成与表达等所做的全面反映。简而言之，资产评估工作底稿是评估过程的记录，是形成评估结论的依据。

工作底稿在评估工作过程中有着重要的作用和现实意义：

1. 依据作用。评估工作底稿是反映评估过程全貌，得出评估结果，撰写评估报告的直接依据。

评估结果的取得，取决于评估人员在整个评估过程中耐心细致地工作，科学认真的态度，包括对一切有用资料的收集和整理，对有关技术经济指标、重要参数、有关价格信息资料的判断与运用等，在此基础上，运用科学的评估方法，得出客观公正的评估结果，从而为撰写一份优质的评估报告提供良好的基础。

2. 证据作用。评估工作底稿是评估机构和评估人员加强自我保护、规避风险的必要手段。

当评估结果向委托方公开或被利用进行交易后，有可能会受到委托方或交易其他方的质疑，甚至有可能会发生法律纠纷。此时评估机构或评估人员就可查阅有关工作底稿，提供评估结果得出所需要的证据和依据，从而避免承担不必要的法律责任。

3. 内部质量控制作用。评估工作底稿是评估机构控制评估人员工作标准和质量，保证评估报告客观公正的重要手段。

评估结果反映了评估工作的全过程，因此评估人员工作内容和质量都能通过底稿反映。评估机构通过对工作底稿的要求和检查，既能检验核实评估结果，确定评估结果成立的方法是否按照规范执行；又能评价评估人员的工作质量，作为评估人员业绩考核的重要依据。它是资产评估机构实行自我管理、自我约束的重要手段。

4. 外部监督管理作用。评估工作底稿是管理部门对评估机构和注册资产评估师执业监督的重要依据。

资产评估管理部门对评估机构和注册资产评估师监督管理的内容和手段是多方面的，但是监督二者执业行为是否符合规范要求，评估工作是否科学公正是其中最重要的方面。而对评估工作底稿的审查是监管的重要手段之一。因为评估工作底稿反映了评估工作的全过程。评估结果是否真实有效，能在工作底稿中找到答案，评估工作是否认真负责，也主要看工作底稿是否科学完整。监管部门通过审查，可以发现问题，如评估工作底稿是否全面、重点是否突出，各项技术经济指标、重要参数、市场价格信息等资料运用得是否合理，评估方法是否科学等，从而对评估是否规范、客观，内部质量控制是否有效有一个全面的考核。

此外，评估工作底稿也是未来评估业务和其他评估人员学习的参考资料。

现实中，常见的误区：一是认为评估报告草稿即是工作底稿；二是认为企业提供的被评估资产的资料汇总即是工作底稿。

（二）资产评估工作底稿的分类

资产评估工作底稿按照不同标准，有以下分类，第一，按取得来源分为：内部工作底稿和外部工作底稿。内部工作底稿指评估机构自行制作、编写的工作记录和工作底稿。外部工作底稿是指来源于评估机构的外部或是由外部编写的文件资料。如政府部门、证券交易机构、媒体、行业协会或管理机构等部门。第二，按形式分为：纸质（表格、文字、图形）、磁带、磁盘、胶片或其他有效的信息载体。无纸化的工作底稿应制作备份。从目前实际情况要求，有些无纸化工作底稿应转化为纸质的，才能确认来源（尤其是需要盖章的）。第三，按内容分为：（根据中评协颁布的工作底稿评估准则征求意见稿），将资产评估工作底稿分为管理类工作底稿、业务类工作底稿（也称操作类）和备查类工作底稿三种类型。

1. 管理类工作底稿是指注册资产评估师在执行评估业务过程中，为承接、计划、控制和管理评估业务所形成的工作记录及相关资料。管理类工作底稿是注册资产评估师在评估业务受理阶段、计划阶段、实施阶段和评估报告阶段为接洽、计划、控制和总结整个资产评估工作，最终获得评估结论所形成的工作记录。管理类工作底稿一般由项目负责人编制，其内容主要包括：

（1）业务受理阶段。包括：项目洽谈记录、前期调查情况记录、项目风险分析评价、评估协议。

（2）评估计划阶段。包括：委估企业或资产的基本情况调查、评估计划或方案（明确评估基本方法、评估程序和进度、安排评估人员及分工）、要求委托方提供的资料清单。

（3）评估实施阶段。包括：评估计划或方案的实施和调整记录，重大事项讨论决定记录。

（4）评估报告阶段。包括：评估报告文本、报告和底稿三级审核与修改记录、评估委托方、评估机构和注册资产评估师承诺函、委托方反馈意见、主管部门审核意见（如国资部门评估确认通知书）、评估质量内部评价记录等。

2. 业务类工作底稿是指注册资产评估师在履行现场调查、收集评估资料和评定估算程序时所形成的工作记录及相关资料，一般由评估执业人员编制和取得，主要包括：

（1）委估资产清单。由委托方或资产占有方提供，包括在评估范围内的各项资产和负债的汇总表和明细表；评估基准日资产负债表与损益表；

（2）产权证明。由委托方或资产占有方提供，如房地产证、土地批租合同、投资协议、资产购置发票等；

(3) 现场核实记录。核实资产数量、勘察资产质量和使用状况记录，如存货抽查记录、房屋建筑物现场勘查记录、机器设备性能检测记录等；各类资产的技术资料，如生产工艺、设备设计使用说明等；

(4) 市场与价格信息记录。市场调研与询价记录，各类技术标准、税费标准；

(5) 评估方法、计算预结论记录。各类资产、负债评估的方法，分析计算说明、评估结果明细汇总表。

3. 备查类工作底稿是注册资产评估师在评估过程中取得的不直接作为评估依据但作为评估项目的背景资料具有备查作用的工作底稿。如企业宣传资料、行业背景资料、重要的法律文件、合同，经济行为的批文、引用的其他报告等。

4. 目前评估工作中常见的工作底稿有：

(1) 委托方与资产占有方概括；

(2) 评估委托协议书；

(3) 评估委托方、评估机构和注册资产评估师承诺函；

(4) 委托方提供的所有会计资料；

(5) 委托方提供的资产所有权证资料以及资产核销的有效证明文件，项目批复、可行性报告、合同和协议、章程等；

(6) 有关建筑工程图纸资料；

(7) 评估方案程序说明；

(8) 资产抽查和实地勘察记录；

(9) 作为作价依据的法规、制度文件、技术经济标准、价格标准、价格资料、询价纪录等；

(10) 资产及负债清查核实及调整情况说明；

(11) 各类资产与负债清查评估明细表；

(12) 对资产评估结论有重要影响的未决定事项说明；

(13) 期后事项及其他特殊事项的有关材料和情况说明、声明；

(14) 重大事项研究讨论的情况记录；

(15) 三级审核记录及确认时修改、调整记录；

(16) 核准、备案文件及核准时修改调整情况；

(17) 项目完成后反馈信息等。

二、工作底稿的内容

1. 管理类工作底稿通常包括以下内容：

(1) 评估业务基本事项的记录；

（2）业务约定书；

（3）评估计划；

（4）评估业务执行过程中重大问题处理记录；

（5）评估报告的审核记录。

2. 业务类工作底稿的内容因评估目的、评估对象和评估方法等不同而有所差异，通常包括以下内容：

（1）现场调查记录与相关资料，包括：委托方提供的资产评估申报资料，现场勘查记录，函证记录，主要或者重要资产的权属证明材料，与评估业务相关的财务、审计等资料，其他相关资料；

（2）收集的评估资料，包括：市场调查及数据分析资料，相关的历史和预测资料，询价记录，其他专家鉴定及专业人士报告，委托方及相关当事方提供的说明、证明和承诺，其他相关资料；

（3）评定估算过程记录，包括：重要参数的选取和形成过程记录，价值分析、计算、判断过程记录，评估结论形成过程记录，其他相关资料。

工作底稿的主要内容因被评估资产的类型和方法而异，但无论形式如何，其基本内容包括：

（1）工作底稿名称；

（2）委估单位名称；

（3）委估资产名称；

（4）评估基准日和评估清查日期；

（5）账面价值；

（6）清查评估程序；

（7）评估方法；

（8）评估结论；

（9）评估标示及其说明（应保持前后一致）；

（10）索引号及页次（便于查找；相互引用时，应交叉注明索引号）；

（11）编制者姓名及编制日期；

（12）复核者姓名及复核日期；

（13）附件名称；

（14）其他应说明事项。

评估工作底稿中由委托方、其他第三者提供或代为编制的资料，除应注明资料来源外，还应实施必要的复核程序，形成相应的资料。

三、工作底稿的编制

在评估业务完成后，评估人员应当及时整理工作底稿并归档。注册资产评估师主要主持并监督该工作的完成。注册资产评估师收集委托方和相关当事方提供的与评估业务相关的资料作为工作底稿，应当由提供方在相关资料中签字、盖章或者以其他方式进行确认。工作底稿应当反映内部审核过程。审核人在审核工作底稿时，应当书面表示审核意见并签字。注册资产评估师应根据评估业务特点和工作底稿类别，编制工作底稿目录和索引号。

（一）资产评估工作底稿编制的原则

1. 完整性原则。评估工作底稿反映整个评估过程的全貌，特别对评估结果的形成依据都有详细的记录，同时它也是鉴定评估机构和评估人员评估质量和执业水平的重要依据。因此，评估工作底稿的编制，必须内容完整，按规定的要求进行编制，不能重复，也不得遗漏。

2. 真实性原则。评估人员在评估底稿编制的过程中，编制的内容必须是真实可靠的，不能提供虚假的数据和资料，要实事求是，真实地反映评估过程的全貌。主要表现在两方面：

一是所获得资料的真实可靠。评估人员所获取的资料一方面来源于委托方提供的资料，评估人员要对之进行必要的审核，审核所提供资料的真实性、合理性和合法性；另一方面来自于评估人员在评估过程中自己搜集的资料，如在评估人员实地勘察或实地抽查时所获取的资料等，必须是真实的。

二是计算依据的真实可靠。计算依据的取得，一方面来自于评估人员所掌握的数据信息资料，如主要的技术经济指标、参数以及市场询价资料等，另一方面也来源于评估人员的评估经验。如成新率、折现率的确定等。这就要求评估人员所运用的一切评估依据，要有说服力，要有代表性，更具有可比性，以保证评估结果的真实性。

3. 重要性原则。评估人员在编制评估工作底稿时，要注意繁简得当，突出重点。对同一种资产的评估，其底稿也应随着评估精度要求的不同而不同。如在企业整体资产评估中，对运输设备的评估，一般对典型设备作重点评估，编制详细底稿，对其他类似设备则相对简化作类比评估，底稿设计可简略，如现场勘察底稿可省略，在评估明细表中反映勘察主要结果。而如果是单独对运输设备评估，则每一台设备都应编制详细底稿。

4. 科学性原则。评估工作底稿的编制必须是科学的，主要包括两个方面：一是评估方法的采用与评估依据的取得必须是科学的。评估方法必须与评估目的相匹配，评估依据必须能反映评估资产的真实价格。二是评估工作底稿的编制方法必须是科学的。按照科学方法所编制的评估工作底稿既能较为全面地反映整个评估过程，又具有可操作性。

5. 统一性原则。评估工作底稿的格式、采用的标识要统一。首先格式要规范。注册资产评估师在编制工作底稿时，一般可按照资产评估管理部门要求的格式进行，如没有，则可按照自己统一制定的格式编制，尽量做到格式规范化。其次采用的标识要一致，每张工作底稿上若使用同一评估标识，其含义应前后一致。

（二）按照底稿的作用可将其分为管理类、业务类和备查类工作底稿

1. 管理类评估工作底稿的编制。管理类工作底稿按评估管理程序分为协议、计划、实施和报告阶段的工作底稿。我们以下简单列出管理类工作底稿的索引目录。

表 8－1　管理类工作底稿索引目录

序　号	工作底稿名称	索引号
1	评估项目基本情况表	A1
2	评估项目风险评价表	A2
3	评估协议书	A3
4	评估计划表	A4
5	客户提供材料清单	A5
6	重大事项请示与协调	A6
7	资产评估报告底稿（正文、说明、汇总表）	A7
8	机构内部三级审核意见	A8
9	客户反馈意见	A9
10	主管部门审核意见	A10

（1）协议阶段工作底稿。协议阶段主要是评估机构与委托方就评估项目进行洽谈，评估机构初步了解委托方和资产占有方的基本情况，双方就评估目的、要求、范围、时间和收费事项进行商谈，在衡量有关风险可以接受的情况下，与委托方最终达成评估协议。这一阶段的工作底稿主要有评估项目情况表、评估项目风险评价表和评估协议书。

（2）计划阶段工作底稿。评估计划阶段主要是在前期调查资产占有单位和委估资产概况的基础上，由项目负责人制定评估计划，为履行评估协议书而拟定评估工作的总体思路和实施方案。计划阶段的工作底稿包括评估计划和客户提供资料清单。

（3）评估实施和报告阶段工作底稿。进入评估实施阶段，评估工作主要是对各类资产进行清查、核实与评估，大量形成的事务类评估工作底稿。进入报告阶段后，评估人员整理工作底稿，草拟评估报告。报告和工作底稿同时进行三级复核，并留下复核记录。评估结论和报告草稿经客户认可后，评估师出具正式报告。此阶段的工作底稿则为资产评估报告底稿（正文、说明、汇总表）、机构内部三级审核意见、客户反馈意见和主管部门审核意见。

2. 业务类评估工作底稿的编制。业务类评估工作底稿主要是在评估各项具体资产时编制，用来反映评估对象、程序、方法和评估结果。由于资产特性不同，选择的评估方法不同，评估程序也不尽相同，所以底稿是按资产类别、评估方法不同分别设计的。在实际工作中，编制的工作底稿形式使用最多的是表格加附件式，即表格上反映评估程序的基本内容，表格的附件反映相关的证明文件、计算依据。每张工作底稿设计的评估目的、程序可以独立以文字形式体现，也可以以表格形式简略反映。具体底稿反映的评估程序、方法应根据现行资产评估管理的规范意见执行。

企业资产评估工作底稿一般按资产类别划分为：流动资产及负债、长期投资、机器设备、房屋建筑物、土地使用权、无形资产和整体资产等七大类。单项资产评估可以取其中对应科目的底稿。业务类评估工作底稿（B 表示业务类工作底稿）具体类别和索引见表 8－2。

表 8－2　　　　业务类工作底稿

序　号	工作底稿名称	索引号
1	货币资金——现金评估工作底稿	B1－1
	现金盘点表	B1－1－1
	货币资金——银行存款评估底稿	B1－2
	银行对账单	B1－2－1
	银行存款余额调节表	B1－2－2
	银行函证单	B1－2－3
	货币资金——其他货币资金评估底稿	B1－3
2	短期投资——股票投资评估底稿	B2－1
	短期投资——债券投资评估底稿	B2－2
	短期投资——其他投资评估底稿	B2－3
3	应收票据评估底稿	B3
4	应收账款（其他应收款、预付账款）评估底稿	B4
5	存货——原材料评估底稿	B5－1
	存货——在产品（自制半成品）评估底稿	B5－2
	存货——产成品（库存商品）评估底稿	B5－3
	存货——低值易耗品评估底稿	B5－4
6	待摊费用（长期待摊费用）评估底稿	B6
7	待处理流动资产评估底稿	B7
8	长期投资——股票投资评估底稿	B8－1
	长期投资——债券投资评估底稿	B8－2
9	机器设备评估底稿	B9

续表

序　号	工作底稿名称	索引号
10	房屋建筑物评估底稿	B10
11	在建工程——设备评估底稿	B11－1
	在建工程——土建评估底稿	B11－2
12	土地使用权评估底稿	B12
13	其他无形资产评估底稿	B13
14	短期借款评估底稿	B14
15	应付票据评估底稿	B15
16	应付账款（预售账款、其他应付款）	B16
17	应付工资评估底稿	B17
18	应付福利费评估底稿	B18
19	未缴税金评估底稿	B19
20	预提费用评估底稿	B20
21	应付利润评估底稿	B21
22	其他未缴款评估底稿	B22
23	长期借款评估底稿	B23
24	应付债券评估底稿	B24
25	资产评估结果汇总表	B25
26	企业整体收益法评估工作底稿	C

四、工作底稿的管理

评估准则要求，注册资产评估师应在评估报告日后90日内，及时将工作底稿与评估报告等一起归入评估业务档案，并由所在评估机构按照国家有关档案管理的法律、法规及评估准则的规定妥善管理。评估业务档案自评估报告日起至少保存10年。国家法律、法规另有规定的，依照其规定。对于电子文档或者其他介质的评估业务档案，评估机构应当采取适当措施保证信息的完整性和有效性。评估机构不得在规定的保存期内对已完成归档的评估业务档案删改或者销毁。

（一）评估工作底稿的复核

评估机构应当建立工作底稿三级复核制度，即形成项目负责人、总评估师、法人代表审核的三级复核制度，在出具评估报告前应对工作底稿的内容是否齐全、引用的数据资料是否真实、评估方法是否科学等方面进行复核，以保证评估质量，降低评估风险。

1. 项目负责人一级复核。一级复核应在评估现场进行，或在工作底稿整理、评估结果汇总前详细审核全部工作底稿：

（1）检查评估程序是否按计划进行，如未执行或调整，是否有充分理由（小结计划的合理性，调整的及时性）；

（2）各类底稿是否按规定编制，具体评估程序是否按要求操作（具体复核每一张工作底稿，判断底稿是否完整，每项评估工作是否执行完规定程序）；

（3）判断评估过程中收集的资料是否真实可靠，形式是否符合要求，评估依据是否充分必要（具体复核每一张底稿，判断资料来源是否真实可靠，形式上是否符合要求，如客户提供的有关资料是否盖章等；判断每项资产评估的依据是否充足）；

（4）判断评估方法、评估结论是否合理（具体判断每项资产的评估方法是否是特定条件下的最优选择，评估结果的可信度如何，精度是否满足客户要求）；

（5）评估范围是否正确，不重不漏（部分类别的资产评估对象之间可能有交叉重叠，综合判断是否存在重复评估或遗漏评估）；

2. 总评估师二级复核。二级复核是对项目负责人复核后的工作底稿进行重点复核。复核内容包括：

（1）评估计划及其调整是否经核准，是否按要求执行；

（2）对评估项目的重点进行详细复核：复杂的产权归属，重要参数的确定，市场信息的运用上进行重点审核；对重要资产的工作底稿审核；

（3）对重要事项的处理是否妥当进行审核；

（4）评估报告的内容、格式是否符合国家规定，报告内容与底稿相关内容是否一致，是否符合逻辑。

3. 法人代表（法人授权代表）三级复核。三级复核是对二级审核过的工作底稿重点复核和必要的抽查。复核内容包括：

（1）分析重大问题的处理是否恰当；

（2）判断评估结果是否恰当；

（3）评估报告是否符合规范，对重大问题是否作了恰当地披露。

复核过程实行复核记录和签名制度。各级复核人员在复核工作底稿时，如发现评估工作底稿上存在问题或评估计算、资料来源等方面有问题，应以书面形式表示复核意见，如修改工作底稿或追加、重新执行若干评估程序，并签名和签署日期，指示有关人员予以答复、处理，并形成相应的记录。

（二）评估工作底稿的档案管理

资产评估档案是经系统整理汇总，按项目分类保存的反映资产评估全过程和评估成果的文件资料的汇总。评估工作底稿是评估档案的重要组成部分，评估档案是评估工作底稿的最终归宿。完善的评估档案管理有利于保存工作底稿，维护评估涉及的商业秘密。

评估工作底稿完成后，应由专人将评估工作底稿分类整理，作为项目资料归档，以确保评估工作底稿的安全与完整。

评估档案包括正式的评估报告和评估工作底稿。评估工作底稿一般分管理类、业务类和备查类三类底稿归档。管理类工作底稿一般按评估阶段管理，包括协议阶段、计划阶段、实施阶段和报告阶段的主要工作记录。业务类工作底稿一般按评估对象分别整理。在企业资产评估中，首先区分是企业整体资产评估还是单项资产评估，整体资产评估又按不同方法分为三类底稿，一类是按重置成本法评估的，通常底稿按资产负债表科目的内容划分，备抵科目除外；第二类是收益法评估底稿；第三类是市场法评估底稿。单项资产评估则可利用整体资产评估重置成本法中对应的资产评估底稿。

在按上述方法对评估工作底稿进行分类整理后，应有专人按项目归卷后及时送交归档，应归档的资料如缺少，要做好记录，限期补齐。档案管理人员应对评估档案编号，登记造册，整齐放存，以便查询。另外，对已经归档的评估工作底稿不得修改、更换，若原工作底稿内容必须补齐修正，应另备专题报告，经机构负责人批准后方可进行，并将专题报告和批复归入底稿。

档案的保管期限根据国家法律法规、行业管理规定和评估项目具体情况来确定。

1. 评估目的为发行股票、股票上市交易以及涉及财产纠纷时，该项目的档案须保存 10 年以上；

2. 其他评估目的的档案保存 5 年以上；

3. 当评估目的在评估有效期内未能实现时，档案保存 2 年以上；

4. 对于保管期限满的评估档案，评估机构可以决定将其销毁。销毁时应根据有关档案管理规定履行必要的手续。

（三）评估工作底稿的保密与查阅

评估工作底稿中往往涉及被评估单位的商业秘密，为了维护委托方和评估机构的利益，应建立评估工作底稿的保密与查阅制度。评估单位一般不得将工作底稿、评估档案提供给委托单位以外的人员查看，但符合条件的可以查阅工作底稿。

1. 因工作需要，评估机构内部需查阅工作底稿的，在履行内部档案管理手续后，可以查阅；

2. 法院、检察院及其相关部门，按规定办理了有关手续后，可以查阅；

3. 有关管理部门审核评估项目，要求查阅工作底稿的可以查阅；

4. 资产评估行业管理部门对执业情况进行检查时，可以查阅；

5. 其他需要查阅的，需经委托方和资产占有方的同意。

思 考 题

1. 为什么说资产评估程序具有重要作用？

2. 如何看待资产评估程序与评估工作质量之间的关系？

3. 什么是资产评估程序？其重要性表现在哪些方面？

4. 资产评估的具体程序有哪些？执行资产评估程序的基本要求有哪些？

5. 资产评估业务约定书包括哪些主要内容？

6. 资产评估工作底稿的分类和各自的内容是什么？

7. 在资产评估程序中，首先要明确资产评估业务基本事项，其中包括明确（ ）。

A. 资产的价值类型及定义　　B. 资产评估业务约定书格式

C. 资产评估计划类型　　D. 资产评估过程中的具体步骤

8. 评估计划应当重点考虑的因素包括（ ）。

A. 评估基准日　　B. 评估收费

C. 评估目的　　D. 评估对象的性质

E. 评估对象的结构

9. 资产评估业务约定书一般应包括哪些基本内容？

第九章　评估报告

本章学习目的

1. 准确理解评估报告的概念和基本要素。
2. 掌握评估报告书的基本内容、格式、撰写步骤、编制要求。
3. 熟悉资产评估报告书的格式内容和案例研究。
4. 了解评估报告历史、作用、主要类型、审核要点及利用情况。

第一节　概　述

资产评估现场工作完成后就要向资产委托方出具评估报告，评估报告不仅是资产评估结果的重要表现形式，而且是资产评估过程的总结文件。它的载体表现为资产评估工作及代表资产评估结果效力的法律要件，正如 Karl Cheng（卡尔·陈）所说的“资产评估报告不仅是一个报告，它更是一个工作规则”，这正说明了评估报告在整个资产评估工作中重要性。

一、评估报告历史回顾

（一）第一阶段（1991～1996年），评估报告书初步形成阶段

1991年国务院以91号令颁布的《国有资产评估管理办法》，对在经济活动中引入产权管理机制，保护国有资产的权益发挥着重要作用。为了加强对资产评估工作的管理，规范评估报告，提高资产评估质量，根据国务院第91号令发布的《国有资产评估管理办法》和国家国有资产管理局发出的《国有资产评估管理办法施行细则》，《关于评估报告书的规范意见》诞生了。该意见对资产评估报告书明确了以下内容：

1. 资产评估报告书是评估机构完成评估工作后提交给委托方的公正性的工作报告，是评估机构履行评估合同的成果，也是评估机构为资产评估项目承担法律责任的证明文件。

2. 资产评估报告书由委托单位的主管部门签署意见后，报送国有资产管理部门审核、验证、确认。

3. 资产评估报告书要严格遵守国家有关保密的规定。若资产评估经济行为涉及外方（如对外发行股票、中外合资合作）必须向外方提供评估报告时，可以提供资产清单和评估价值，不得提供委托方资产的账面原值、账面净值等原始资料。

4. 资产评估报告书需向外方提供时，可以按照国际惯例对资产评估报告的格式要求撰写，但同时向国有资产管理部门报送的报告书仍应按“办法”、“细则”和该规范意见撰写。

5. 资产评估报告书必须依照客观、公正、实事求是的原则撰写，如实反映评估工作的情况。调查取证的资料要真实可靠，不得提供伪证。

6. 资产评估报告书必须由评估机构独立撰写，不受资产评估委托方或其主管单位以及政府部门或其他经济行为当事人的干预。

7. 资产评估报告书的内容要准确、简练，结构要严谨，文字表述要清楚肯定，不能含糊或模棱两可，以免引起异议。

8. 资产评估报告书应有委托单位的名称、评估机构的名称和印章、评估机构法人代表或其委托人和评估项目负责人的签字以及提供报告的日期。

9. 资产评估报告书要写明评估基准日，并且不得随意更改。所有在评估中采用的汇率、税率、费率、利率和其他价格标准，均应采用基准日的标准。

10. 在资产评估报告书中应写明评估的目的、范围、资产状况和产权归属。在评估目的中应写明评估属于哪类经济行为，进而说明经济行为的内容、条件、项目进展和申报审批情况；在评估范围中应说明是整体评估还是部分评估或某些单项资产的评估，资产评估的范围应按经济行为协议或意向的要求确定；资产状况应说明主要资产的现状；产权归属应说明资产占有单位拥有产权的情况和限制条件。

11. 资产评估报告书应说明评估工作遵循的原则和依据的法律法规，还要简述评估的工作过程；评估报告要写明评估的方法，并概要说明各类资产选用的方法。

12. 资产评估报告书要写明资产评估中资产计价使用的货币种类。一般情况下应以人民币计价，如经济行为必须使用其他币种时，可以以其他币种计价，但需在评估结果中注明所折合的人民币价值。

13. 资产评估报告书应有明确的评估价值结果。评估价值可以用文字表示，也可以列表表述。评估结果应有资产原值、资产净值、重置价值、评估价值、评估价值对净值的增减值和增减率等内容。

14. 资产评估报告书还应有齐全的附件，包括：评估机构资格证书复印件，被评估单位产权证明文件（如房产、土地证明等），整体评估应有评估基准日的会计报表，必要时还需加附与评估有关的会计凭证、调查报告、技术鉴定书、各类经济合同等其他文件资料。

为进一步规范资产评估立项、确认管理工作，提高工作效率，保证资产评估质量，根据《国有资产评估管理办法》（国务院1991年第91号令）和《国有资产评估管理办法施行细则》的规定精神，1995年，原国家国有资产管理局制定和颁布了《关于资产评估立项、确认工作的若干规范意见》。该意见对资产评估工作明确了以下内容：

1. 明确资产评估立项、确认单位。根据《国有资产评估管理办法》（国务院1991年第91号令）及其施行细则的规定，国有资产管理行政主管部门负责办理资产评估立项和评估结果确认。归属中央管辖的国有资产占有单位的资产评估立项和评估结果确认由国家国有资产管理局办理。归属地方各级管辖的国有资产占有单位的资产评估立项和评估结果确认，一般由同级国有资产管理行政主管部门办理；其中，重大的、亿元以上的资产评估项目和经国家计委批准立项的中外合资、合作项目的评估，须报国家国有资产管理局备案，必要时，由国家国有资产管理局审批立项和确认评估结果。向社会公开发行股票并上市交易以及境外发行股票、境外上市交易和其他重要的资产评估项目，由地方国有资产管理行政主管部门初审，国家国有资产管理局办理审批立项和评估结果确认。按照国家规定允许境外或国外资产评估机构参加评估的资产评估项目，需在申报资产评估立项的同时，报国家国有资产管理局对欲承接该项评估业务的境外或国外资产评估机构进行审批。根据资产评估项目的具体情况，国有资产管理行政主管部门必要时可委托下一级（国有资产占有单位所在地）国有资产管理行政主管部门或占有单位的上级主管部门办理资产评估立项、评估结果确认。

2. 确定了资产评估立项申报单位。资产评估立项原则上应由国有资产占有单位申报。国内联营、股份经营等项目的各出资方应分别向同级国有资产管理行政主管部门申报立项、评估各自出资的资产。也可由各出资方同级国有资产管理行政主管部门的共同上级国有资产管理行政主管部门一并办理该项目的评估立项。已开办的联营企业按其主体单位（或出资额最大的国有资产占有单位）的归属关系、企业集团按其核心企业的归属关系、国有股控股的股份制企业按持股额最大的国有资产占有单位的归属关系、中方总出资占控股地位的中外合资企业按中方出资额最大的国有资产占有单位的归属关系，向相应国有资产管理行政主管部门申报资产评估立项，也可向各国有资产占有单位同级国有资产管理行政主管部门的共同上级国有资产管理行政主管部门申报该项目的评估立项。国有股不占控股地位的股份制企业和中方总出资不占控股地位的中外合资、合作企业，在发生如下情形之一时须按规定进行资产评估，并由待转让国有股的最大持股者、或待转让国有产权的最大持有者向相应国有资产管理行政主管部门申报资产评估立项和评估结果确认：（1）公开发行股票并上市交易；（2）境外发行股票、境外上市交易；（3）非上市股份公司将全部国有股权转让给本企业非国有股股东或给本企业外的非国有单位；中外合资、合作企业将全部国有产权转让给外方或非国有单位；（4）非上市股份公司将部分国有股权转让给本企业非国有股股东；中外合资、合作企业将部分国有产权转让给本企业的外方或其他非国有单位；（5）非上市股份公司单独将部分国有股权或中外合资、合作企业将部分国有产权转让给本企业外的非国有单位，而其他非国有股权或产权并不同时转让；（6）非上市股份公司将部分国有股权或中外合资、合作企业将部分国有产权随同非国有股权或产权一起转让给非国有股权或产权持有者的关联单位；（7）法律法规另行规定必须进行资产评估和立项、确认的情形。除前述情形之外，应由董事会批准进行资产评估的，可以不办理资产评估立项、确认。

3. 明确了资产评估立项工作步骤。

（1）国有资产占有单位提交资产评估立项申请书和附件，上级主管部门签署意见，并向同级国有资产管理行政主管部门申报资产评估立项；按有关规定，有的还需转报上级国有资产管理行政主管部门直至国家国有资产管理局。

（2）国有资产管理行政主管部门或受其委托的主管部门审查立项申请，下达准予立项通知书或不予立项通知。按有关规定，有的还需报上级国有资产管理行政主管部门直至国家国有资产管理局备案。在国家和地方单列的单位以及无上级主管部门的单位，直接向国有资产管理行政主管部门报批立项。按照国家规定允许境外或国外资产评估机构参与评估的资产评估项目，应在申报资产评估立项的同时，由境外或国外评估机构向国家国有资产管理局提出承接该项资产评估业务的申请，并附报有关材料；国有资产占有单位也同时提出拟委托该评估机构进行本项目资产评估的申请，经其上级主管部门和同级国有资产管理行政主管部门签署意见，报国家国有资产管理局审批。

4. 明确了资产评估立项申请书的主要内容。资产评估立项申请书的主要内容包括：资产占有单位名称、隶属关系、所在地点、评估目的和范围、资产账面总量、申报日期等，立项申请可以制成表格形式。附报材料主要有：该项经济情形有关申报和批准文件；有关资产的类型、账面值、产权归属等的简单说明。

5. 明确了资产评估立项申请审查合格标准。资产评估立项申请审查合格标准为以下两项内容：

（1）立项申请手续完备、材料齐全；

（2）该项经济情形符合《国有资产评估管理办法》及其施行细则等法律、法规和有关政策规定。

6. 明确了资产评估立项审查时间。国有资产占有单位的上级主管部门应在收到立项申请后的十日内签署意见，并向国有资产管理行政主管部门申报资产评估立项。国有资产管理行政主管部门应在收到资产评估立项申请后的十日内将是否准予立项的通知书下达给申报单位的主管部门。国家国有资产管理局在收到境外或国外机构承接该项资产评估业务的申请和国有资产占有单位委托该机构进行评估的申请后的十日内，审查申报材料是否齐全、手续是否完备，并通知补报材料、补办手续；在材料齐全、手续完备后的十五日内，分别情况作出同意或要求补充说明、不同意的决定，并通知上级主管部门。国家国有资产管理局作出了不同意决定的，国有资产占有单位要另行挑选境外或国外评估机构，重新向国家国有资产管理局申报。国有资产占有单位收到立项通知书后，方可聘请由国有资产管理行政主管部门授予资格的资产评估机构对所涉及到的全部资产进行评估；收到批准文件后，方可聘请境外或国外评估机构进行资产评估；收到资产评估机构提交的评估报告书后，向批准评估立项的国有资产管理行政主管部门提出资产评估结果确认申请。

7. 明确了资产评估结果确认工作步骤。资产评估结果确认工作步骤如下：

（1）国有资产占有单位提出评估结果确认申请，并附报评估报告书和有关资料（包括境外或国外评估机构的评估报告书），国有资产占有单位的上级主管部门签署意见。

（2）国有资产管理行政主管部门或受其委托的上级主管部门以及其他机构对评估报告书进行审核验证。

（3）国有资产管理行政主管部门或其委托的主管部门下达资产评估结果确认通知书，或分别情况作出要求修改评估报告书、重新评估或者不予确认的决定，并通知申报单位及其上级主管部门。

按要求修改评估报告书或重新评估后，国有资产管理行政主管部门重新进行审核验证和确认。

8. 明确了资产评估结果确认申请书的主要内容。资产评估结果确认申请书包括：资产占有单位名称、隶属关系、评估目的、评估范围、起止日期、评估基准日、评估结果以及资产占有单位（委托方）对资产评估机构工作的简要评价意见等。确认申请可制成表格形式，附报的评估报告书应符合《国有资产评估管理办法》及其施行细则和《关于评估报告书的规范意见》的要求，准确报告评估结果，全面阐述评估结果的适用条件，具体说明取得评估结果的过程、依据和方法。

9. 明确了资产评估确认时间。国有资产占有单位的上级主管部门一般应在收到确认申请后 20 日内签署意见，并转报国有资产管理行政主管部门；国有资产管理行政主管部门一般应在收到确认申请后的十日内审查申报材料是否齐全、手续是否完备，并通知补报材料、补办手续；在材料齐全、手续完备后的 30 日内提出审核验证意见，下达资产评估结果确认通知书或分别情况作出要求补充说明、修改、重新评估或者不予确认的决定，并通知申报单位及其上级主管部门。受国有资产管理行政主管部门委托进行审核验证和确认的上级主管部门以及其他机构也按本规定执行。

10. 确定了资产评估审核验证合格基本标准。资产评估审核验证合格基本标准包括如下12项内容：

(1) 已办理资产评估立项；

(2) 资产评估机构具有国有资产管理行政主管部门授予的资产评估资格，境外或国外资产评估机构具有国家国有资产管理部门授予进行该项目资产评估的资格，从事证券业务资产评估还需具有国家国有资产管理部门和中国证券监督管理委员会联合颁发的“证券业务资产评估许可证”。资产评估机构的选择、委托符合《国有资产评估管理办法》及其施行细则等有关法规政策的规定；

(3) 被评估的所有各项资产（包括房屋建筑物、机器设备、土地使用权、商标、专利技术、专有技术等），均由具有前述评估资格的评估机构的在册人员具体负责进行评估，评估人员符合有关规定要求；

(4) 评估目的明确，评估范围与经济情形所涉及资产的范围一致，并符合政策规定；

(5) 资产、负债的清查核实工作全面、仔细、准确；

(6) 评估过程、步骤符合规定要求；

(7) 评估依据充分、合理，包括引用法律、法规、政策准确、适当；选用资料、数据、参数真实、可靠、适用；

(8) 评估基准日选择适宜；

(9) 各项资产选用评估方法合理、适宜，计算准确，价值影响因素考虑周全；

(10) 评估结果客观、公正、合理，适用条件明确、适宜；

(11) 资产评估说明全面、充分；

(12) 评估报告书内容完整、正确，附件资料齐全。

11. 明确了资产评估审核验证意见书的主要内容。资产评估审核验证意见书应该具备如下主要内容：

(1) 国有资产占有单位名称、隶属关系等简要情况；

(2) 资产评估机构名称、情况；

(3) 评估目的、范围，经济情形简要情况；

(4) 评估基准日、评估起止时间；

(5) 评估方法；

(6) 评估结果，包括总资产、净资产评估值，各类资产评估值和汇总以及与账面值的比较；

(7) 对评估报告的总体评价；

(8) 其他需说明的内容。

12. 明确了资产评估的确认条件。符合如下条件者，国有资产管理行政主管部门予以确认：

（1）确认申报符合本规范意见的要求；

（2）申报材料完备、手续齐全；

（3）审核验证合格；

（4）资产评估机构工作认真仔细、独立、客观、公正；

（5）满足其他必要的条件。

13. 明确了资产评估结果确认通知书的主要内容。资产评估结果确认通知书应该包括如下内容：

（1）国有资产占有单位名称及其上级主管部门；

（2）资产评估机构名称；

（3）评估目的、范围；

（4）总资产、净资产评估值及各类资产评估值；

（5）评估基准日；

（6）确认日期及盖章。审核验证意见作为资产评估结果确认通知书的附件一起下达。国有资产管理行政主管部门作出不予确认或要求修改评估报告书、重新进行资产评估的决定时，须明确说明原因，指出问题所在。

14. 其他。国有资产占有单位、资产评估机构如果对国有资产管理行政主管部门下达的评估立项、确认通知或作出的不予立项、不予确认、要求修改评估报告、重新进行资产评估的决定有异议时，经同级国有资产管理行政主管部门协调无效，可以自收到确认通知之日起 15 日内向上级国有资产管理行政主管部门申请复议。资产评估结果确认通知书下达后，该项资产评估工作方告结束，该项经济情形方可报批生效。经国有资产管理行政主管部门确认的资产评估结果，作为确定有关资产价值的底价或作价依据。该资产评估结果自评估基准日起一年内有效。有效期内，当资产数量发生变化时，根据不同情况可由原资产评估机构或资产占有单位按原评估方法做相应调整；当国家经济政策、企业资产和经营情况或外部经济环境发生重大变化，并对评估结果产生较大影响时，应由原资产评估机构做相应调整，调整后还需视具体情况报国有资产管理行政主管部门备案或审核确认。超过一年有效期，原资产评估无效，须重新进行资产评估立项、聘请评估机构进行评估、办理审核确认。为满足境外上市企业评估结果有效期短于一年的要求，需对评估结果进行调整或重新评估的，报国有资产管理行政主管部门备案或审核确认。

（二）第二阶段（1996～2006 年），资产评估报告制度的完善阶段

1996 年 5 月 7 日，原国家国有资产管理局转发了中国资产评估协会制定的《资产评估操作规范意见（试行）》。这是我国颁布的第一个资产评估业务

操作方面的规范。该规范不仅规范资产评估业务内容，而且对评估报告书做了具体规范。该规范意见规定：资产评估报告书包括正文和附件两部分，并就正文和附件内容作了规定。对于“涉及国有资产占有单位的资产评估项目，须按国有资产管理行政主管部门的规定由委托方报送审核评估报告、确认资产评估结果。资产评估机构还要报送‘评估报告书送审专用材料’。”

1998 年 2 月 19 日，中国资产评估协会印发《评估报告签字制度（试行）》规定：凡中国境内执业的资产评估机构，在接受客户委托，完成评估项目后所出具的评估报告书，应有资产评估机构法定代表人（合伙制机构为合伙人，以下简称合伙人）和至少两名注册资产评估师签字；未经资产评估机构法定代表人（合伙人）和注册资产评估师签字的评估报告为无效报告；注册资产评估师只能在本人参与评估的综合性资产评估项目和单项资产评估项目的评估报告书上签字；注册资产评估师不得允许他人以本人名义签字；注册资产评估师对签署的评估报告书的真实性、客观性、公正性负责，并承担相应的法律责任。

1999 年 3 月 2 日，财政部颁布《资产评估报告基本内容与格式的暂行规定》。该规定对资产评估报告概念、基本内容、格式作出具体详细规定，完善了资产评估报告的体系内容。2001 年 12 月 31 日，国务院办公厅转发了财政部《关于改革国有资产评估行政管理方式加强资产评估监督管理工作的意见》的文件，2005 年 8 月 25 日，国务院国资委颁布《企业国有资产评估管理暂行办法》，进一步明确了资产评估报告核准制和备案制的管理职责。

（三）第三阶段（2006 年至今），评估报告准则体系的全面建立

2007 年 12 月中国资产评估协会发布了《资产评估准则——评估报告》，对评估报告的概念、内容、格式和要求作出原则性规定，初步建立评估报告准则体系。《资产评估准则——评估报告》普遍适用于各种资产类型和各种所有制形式的资产评估业务，其制定思路是以规范评估报告内容为主，不涉及评估报告的具体形式。根据《资产评估准则——评估报告》的要求，为体现国有资产评估项目监管单位对国有评估报告的要求，中评协在财政部相关司局和国务院国资委产权局的指导下，对国有评估报告的内容和格式进行研究，制定了《企业国有资产评估报告指南》。中国资产评估协会根据现行的国有资产监管体制，参考国有资产法的立法思路，经征求相关国有资产评估项目监管部门的意见，将国有评估报告准则规划 3 个方面的评估报告：一是《企业国有资产评估报告指南》，以规范国资委系统、财政部系统管理的经营性非金融企业的国有资产评估报告；二是《金融企业国有评估报告指南》，以规范金融企业国有资产的评估报告；三是《行政事业单位国有评估报告指南》，以规范行政事业单位国有资产的评估报告。

总之，随着国有资产监督管理体制由立项备案制到核准备案制的变化，国

有资产评估项目管理方式和内容的调整，新企业会计准则的发布，评估报告准则的发布，原有关于国有资产评估报告格式与内容的规定与评估实践不相适应，中评协积极与相关国有资产监督管理部门沟通，启动了企业国有资产评估报告指南项目，以反映监管部门要求，体现评估实践的发展成果。

但从评估报告历史发展情况分析可以看出：一是规范评估报告缺乏理论依据；二是以统一格式代替规范内容存在问题：尽管从资产评估行政管理角度来看，有利于评估报告的验证确认工作，但却忽略了资产评估内在的规律；另外从规范评估报告的发展历史分析可以发现，不管评估报告形式、格式的规定如何变化，对评估结果取得的依据和前提条件分析的要求越来越重视，对注册资产评估师的责任越来越明确，这是评估报告规范的未来趋向。

二、评估报告的概念

评估报告是指资产评估机构（资产评估事务所）和注册资产评估师按照国家颁布法律法规及资产评估准则的有关规定，在实施了相应资产评估程序，采取正确评估方法，完成评估工作后向委托方提交的说明评估过程和结果的书面文件，旨在说明资产评估的目的、依据、程序、方法和结果等基本情况。我国资产评估报告也称资产评估报告书或评估报告，它是按照《资产评估准则——评估报告》和《企业国有资产评估报告指南》的要求，依据一定格式和内容来反映资产评估目的、程序、标准、依据、方法、结果及适用条件等基本情况的书面报告。而《国际评估准则（IVS）》和《美国专业评估执业统一准则（USPAP）》对评估报告的规定都是从报告类型与报告要素来进行规范的，而我国目前对评估报告的要求则是从基本内容与格式来进行规范的。《资产评估准则——评估报告》中关于评估报告定义指出："评估报告是指注册资产评估师及所在机构根据资产评估准则的要求，在履行必要评估程序后，对评估对象在评估基准日特定目的下的价值发表的、由其所在资产评估机构出具的书面专业意见"，是最新对资产评估工作结果及过程的报告制度。从中我们不难看出：评估报告是一个过程报告。它的报告主体是注册资产评估师和资产评估机构。报告客体是评估对象在评估基准日特定目的下的价值。报告依据是资产评估系列准则要求，且要履行必要的资产评估程序。其目的是对评估对象在评估基准日特定目的下的价值发表的、出具的书面专业意见。因此，不符合《资产评估准则——评估报告》条款要求产生的评估结论不是有效的评估结果，其形成的报告也不能称其为评估报告。即使由资产评估机构和注册资产评估师出具的报告，如果不是按照《资产评估准则——评估报告》的要求出具的，也不能称为评估报告。注册资产评估师在执行资产评估业务时，应当遵守《资产评估准则——评估报告》编制和出具评估报告，在执行与价值估算相关的其他业务时，可以参照评估报告准则出具相关价值分析报告和其他专业意见，但此类报告并不是评估报告，不得以“评估报告”名义出具，以免给委托方和报告使用者造成误解。

根据《企业国有资产评估报告指南》规定，注册资产评估师根据国有资产评估管理的有关规定执行资产评估业务，编制和出具评估报告应该遵循《企业国有资产评估报告指南》的规定，金融企业和行政事业单位国有评估报告另行规范。

综上所述，所谓评估报告是指注册资产评估师和其所在评估机构依据我国颁布实施的有关资产评估法律法规及准则体系要求，在履行了必要的评估程序后，对评估对象在评估基准日特定评估目的下的价值签署的专业意见法律文书。

三、评估报告的基本要素

评估报告的基本要素主要包括评估报告主体、评估报告客体和评估报告内容三大部分。具体内容如下：

（一）评估报告主体：中国注册资产评估师和资产评估机构

1. 中国注册资产评估师。中国注册资产评估师是指经全国统一考试合格，取得《注册资产评估师执业资格证书》，并经注册登记的资产评估人员。它的英文简称为 CPV（Certified Public Valuer）。它在评估报告中的主要职责是：应当清晰、准确地陈述评估报告内容，不得使用误导性的表述；应当在评估报告中提供必要信息，使评估报告使用者能够合理理解评估结论；在执行资产评估业务时，可以根据评估对象的复杂程度、委托方要求，合理确定评估报告的详略程度，如果在履行必要评估程序受到限制，且无法排除，经与委托方协商需要出具评估报告的，应当在评估报告中说明评估程序受限情况及其对评估结论的影响，并明确评估报告的使用限制；评估报告应当由两名以上注册资产评估师签字盖章，并由资产评估机构盖章；有限责任公司制资产评估机构的法定代表人或者合伙制资产评估机构负责该评估业务的合伙人应当在评估报告上签字。

2. 资产评估机构。资产评估机构是指取得从事资产评估业务资质，并经工商部门注册登记，具有独立法人资格，依照国家有关法规和取得相关评估数据资料，按照特定目的，遵循评估原则，依照相关程序，选择适当的价值类型，运用科学方法，对资产价值进行评定和估算的专门机构。它在评估报告中的主要职责是：评估报告应当由资产评估机构盖章；有限责任公司制资产评估机构的法定代表人或者合伙制资产评估机构负责该评估业务的合伙人应当在评估报告上签字。注册资产评估师签字与资产评估机构法定代表人（合伙人）签字所承担的责任是不同的。注册资产评估师签字时对签署的评估报告的真实性、客观性、公正性负责，并承担相应的法律责任；资产评估机构法定代表人（合伙人）签字，表示其对该项目资产评估机构所承担连带法律责任的承担。

资产评估机构的组织形式：根据2005年5月11日财政部22号令《资产评估机构审批管理办法》第八条规定："资产评估机构组织形式为合伙制或者有限责任公司制。"2005年10月12日建设部142号令《房地产估价机构管理办法》第八条规定，房地产估价机构应当由自然人出资，以有限责任公司或合伙企业形式设立。2006年7月，中国土地估价师协会第三届第二次理事会讨论的《土地评估中介机构管理办法（第六稿）》第八条规定，土地评估中介机构的组织形式应为有限责任公司（下称"公司制"）或合伙制企业（下称"合伙制"），土地评估中介机构应当由自然人投资或出资设立并按机构组织形式承担相应法律责任。2006年8月27日，全国人大常委会通过的《中华人民共和国合伙企业法》于2007年6月1日起实施。新的合伙企业法将"特殊的普通合伙"和"有限合伙"这两个概念纳入其中。其中规定：本法所称合伙企业是指自然人、法人和其他组织依照本法在中国境内设立的普通合伙企业和有限合伙企业。因此，对于公司制资产评估机构来说，法定代表人签字与否，只要资产评估机构盖章，法定代表人都应承担责任。但对于合伙制资产评估机构来说，只有资产评估机构盖章，并不能明确合伙人的责任。特别是实行有限责任合伙制的资产评估机构，负责该项目的合伙人承担的责任，与其他合伙人承担的责任也是不一样的。因此，该条中除了要求资产评估机构盖章，同时要求法定代表人签字（公司制资产评估机构）和负责该项目的合伙人签字（合伙制资产评估机构）。

（二）评估报告客体：被评估对象价值，一般表现为资产或财产价值

评估报告客体是被评估的资产或财产价值，它是资产评估的具体对象，也称为评估对象。或者指评估对象在评估基准日特定目的下的价值，其价值类型主要有非市场价值、市场价值、投资价值、在用价值、清算价值和残余价值。非市场价值指除市场价值以外价值；市场价值（或市场公允价值）是指自愿买方和自愿卖方在各自理性行事且未受任何强迫的情况下，评估对象在评估基准日进行正常公平交易的价值估计数额；投资价值是指评估对象对于具有明确投资目标的特定投资者或者某一类投资者所具有的价值估计数额，亦称特定投资者价值；在用价值是指将评估对象作为企业组成部分或者要素资产按其正在使用方式和程度及其对所属企业的贡献的价值估计数额；清算价值是指在评估对象处于被迫出售、快速变现等非正常市场条件下的价值估计数额；残余价值是指机器设备、房屋建筑物或者其他有形资产等的拆零变现价值估计数额。

(三)评估报告内容:评估报告核心,一般是指评估报告书基本内容

根据《企业国有资产评估报告指南》的规定,评估报告的内容主要由标题、文号、声明、摘要、正文、附件、评估明细表和评估说明八项内容构成。

第一部分:标题

评估报告书标题反映资产评估工作全貌,一般用总括性语言表示,通常用“××单位资产转让评估报告书”表示。

第二部分:文号

评估报告书文号一般包括报告评估类型、评估机构简称、评估时间及评估报告编号等内容。如:××评报字[年]第×××号。

第三部分:声明

根据《资产评估准则——评估报告》规定,评估报告的声明应当包括如下内容:

1. 注册资产评估师恪守独立、客观和公正的原则,遵循有关法律、法规和资产评估准则的规定,并承担相应的责任;

2. 提醒评估报告使用者关注评估报告特别事项说明和使用限制;

3. 其他需要声明的内容。

评估报告书声明还应当有如下具备内容:

1. 评估报告陈述的事项是真实和准确的;

2. 对评估所依据的信息来源进行了验证,并确信其是可靠和适当的;

3. 评估报告的分析和结论是在恪守独立、客观和公正原则基础上形成的,仅在假设和限定条件下成立;

4. 与被评估无形资产及有关当事人没有任何利害关系;

5. 利用了专家的工作,并对专家工作的结果负责(如果没有利用专家工作,则不用声明);

6. 评估报告只能用于评估特定目的评估,因使用不当造成的后果与签字注册资产评估师及其所在资产评估机构无关。

第四部分:摘要

根据《资产评估准则——评估报告》的要求,评估报告摘要应当提供评估业务的主要信息及评估结论。资产评估机构出具每份评估报告书正文之前须表达该报告书关键内容的摘要用来让各有关方面了解该评估报告书的主要信息。该摘要与评估报告正文一样具有同等法律效力。其中:主要信息包括资产评估机构法定代表人、评估报告负责人(中国注册资产评估师)、评估报告审核人(中国注册资产评估师)、评估机构、评估报告签发日及联系方式等。该摘要还须与评估报告书正文表示结果一样,不得含有误导性内容,并采取提醒使用者阅读全文,报告摘要应当简明扼要,概括精辟。

第五部分：正文

评估报告书正文一般应该包括序言、评估报告使用者简介、评估目的、评估对象与范围、价值类型及定义、评估基准日、评估依据、评估方法、评估实施过程及情况、评估假设、评估结论、特别事项说明、评估报告使用限制性说明、评估报告日、有关执业注册资产评估师和评估机构及法定代表人签章。

1. 序言：评估报告书正文的序言应当写明该评估报告委托方全称、受托评估项目和资产评估总体情况。

2. 评估报告使用者简介：评估报告使用者包括委托方、产权持有者和委托方以外的其他评估报告使用者。其中产权持有者信息通常包括：企业名称、类型与组织形式；企业历史状况；企业主要产品或服务；市场和客户状况；企业管理状况；季节或周期因素对企业运营的影响；企业运营常规流程；企业主要资产状况，包括有形资产、无形资产以及主要负债；企业发展前景；企业、股权等以往市场交易情况；相关竞争状况影响企业生产经营的宏观经济因素；影响企业生产经营的行业发展前景；其他需要说明的企业状况。

3. 评估目的：评估报告书载明的评估目的应当唯一，表述应当明确、清晰。资产评估目的应当写明本次资产评估是为满足委托方什么需要及对应的经济行为类型，并简要说明该经济行为是否经过批准，若已经过批准，应将批准文件名称、批准单位、批准日期和文号写出，评估报告目的应该以双方签订的委托书上载明的目的为依据。

4. 评估对象和评估范围：评估报告书中总体上应当载明评估对象和评估范围，并具体描述评估对象的基本情况，通常包括法律权属状况、经济状况和物理状况，且评估范围应该具体明确。在具体评估业务中，注册资产评估师应当在评估报告中明确说明评估对象、评估对象的存在状况、权利状况和受到的限制，执行资产评估业务，应当关注评估对象的法律权属，并在评估报告中对评估对象法律权属及其证明资料来源予以必要说明，但不得对评估对象的法律权属提供保证。在这部分中应该写明资产评估范围与类型、评估前账面价值，若评估资产为多家产权单位时，应该说明各产权单位各自所占比例及对应的资产类型和金额。

5. 价值类型及其定义：评估报告应当明确价值类型及其定义，并说明选择价值类型的理由。注册资产评估师在执行资产评估业务，选择和使用价值类型，应当充分考虑评估目的、市场条件、评估对象自身条件等因素；在选择价值类型时，应当考虑价值类型与评估假设的相关性；而评估方法是估计和判断市场价值和市场价值以外的价值类型评估结论的技术手段。某一种价值类型下的评估结论可以通过一种或者多种评估方法实现；注册资产评估师所执行的资产评估业务对市场条件和评估对象的使用等并无特别限制和要求时，通常应当选择市场价值作为评估结论的价值类型。确定市场价值时，应当知晓同一资产在不同市场的价值可能存在差异。当评估业务针对的是特定投资者或者某一类投资者，并在评估业务执行过程中充分考虑并使用了仅适用于特定投资者或者某一类投资者的特定评估资料和经济技术参数时，注册资产评估师通常应当选择投资价值作为评估结论的价值类型。评估对象是企业或者整体资产中的要素资产，并在评估业务执行过程中只考虑了该要素资产正在使用的方式和贡献程度，没有考虑该资产作为独立资产所具有的效用及在公开市场上交易等对评估结论的影响。注册资产评估师通常应当选择在用价值作为评估结论的价值类型。当评估对象面临被迫出售、快速变现或者评估对象具有潜在被迫出售、快速变现等情况时，注册资产评估师通常应当选择清算价值作为评估结论的价值类型。当评估对象无法或者不宜整体使用时，注册资产评估师通常应当考虑评估对象的拆零变现，并选择残余价值作为评估结论的价值类型。

（1）注册资产评估师在执行以抵（质）押为目的的资产评估业务时，应当根据担保法等相关法律、法规及金融监管机关的规定选择评估结论的价值类型；相关法律、法规及金融监管机关没有规定的，可以根据实际情况选择市场价值或者市场价值以外的价值类型作为抵（质）押物评估结论的价值类型。

（2）注册资产评估师在执行以税收为目的的资产评估业务时，应当根据税法等相关法律、法规的规定选择评估结论的价值类型；相关法律、法规没有规定的，可以根据实际情况选择市场价值或者市场价值以外的价值类型作为课税对象评估结论的价值类型。

（3）注册资产评估师在执行以保险为目的的资产评估业务时，应当根据保险法等相关法律、法规和契约的规定选择评估结论的价值类型；相关法律、法规或者契约没有规定的，可以根据实际情况选择市场价值或者市场价值以外的价值类型作为保险标的物评估结论的价值类型。

（4）注册资产评估师在执行以财务报告为目的的资产评估业务时，应当根据会计准则等相关规范关于会计计量的基本概念和要求，恰当选择市场价值或者市场价值以外的价值类型作为评估结论的价值类型。会计准则等相关规范涉及到的主要计量属性及价值定义包括公允价值、现值、可变现净值、重置成本等。在符合会计准则计量属性规定的条件时，会计准则下的公允价值等同于资产评估指导意见下的市场价值；会计准则涉及的现值、可变现净值、重置成本等可以理解为资产评估下的市场价值或者市场价值以外的价值类型。

注册资产评估师在执行上述特定评估业务时，资产评估结论的价值类型可能会受到相关法律、法规或者契约的约束，这些评估业务的评估结论应当按照相关法律、法规或者契约等的规定选择评估结论的价值类型；相关法律、法规或者契约没有规定的，可以根据实际情况选择市场价值或者市场价值以外的价值类型，并予以定义，并在评估报告中披露。

6. 评估基准日：评估报告应当载明评估基准日，并与业务约定书约定的评估基准日保持一致。评估报告应当说明选取评估基准日时重点考虑的因素。但评估基准日可以是现在时点，也可以是过去或者将来的时点。这部分应该明确选取资产评估基准日理由和成立条件，说明资产评估基准日对资产评估结果的影响程度，另外，还要对采取非基准日价格标准作出说明，评估基准日一般由委托方确定，但应尽可能与评估目的实现日接近。

7. 评估依据：评估报告应当说明评估所遵循的法律依据、准则依据、权属依据及取价依据等。评估师对评估采取特殊依据应该在评估报告中说明。

8. 评估方法：评估报告应当说明所选用的评估方法（成本法、市场法和收益法）及其理由。注册资产评估师执行资产评估业务，应当根据评估对象、价值类型、资料收集情况等相关条件，分析三种资产评估基本方法的适用性，恰当选择评估方法，形成合理评估结论，在评估报告中披露评估方法运用实施过程和情况时，通常应当包括下列内容：

（1）选择评估方法的过程和依据；

（2）评估方法的运用和逻辑推理计算过程；

（3）重要参数的获取来源和形成过程；

（4）对初步评估结论进行综合分析，形成最终评估结论的过程。

9. 评估程序实施过程和情况：评估报告书应当说明评估程序实施过程中现场调查、资料收集与分析、评定估算等主要内容。即反映资产评估机构自接受委托方资产评估开始至提交评估报告的全过程，包括接受委托过程中取得评估目的、评估对象、评估范围、评估基准日和初步拟定评估方案的过程，在资产清查过程中指导资产占有方清查、收集准备评估资料、检查验证过程、评估中现场检测和鉴定、评估方法选择、市场调查与分析过程、评估汇总和评估结论分析形成过程、评估报告起草审核及提交过程，但不得随意删减基本评估程序。

10. 评估假设：评估报告应当披露评估假设及其对评估结论的影响。注册资产评估师选择价值类型，应当考虑价值类型与评估假设的相关性；注册资产评估师在执行具体评估业务时，应当在评估报告中披露所有影响评估分析、判断和结论的评估假设和限定条件，并就其对评估结论的影响进行必要说明；应当科学合理使用评估假设，并在评估报告中披露评估假设及其对评估结论的影响；应当合理使用评估假设，并在评估报告中披露评估假设及其对评估结论的影响。

11. 评估结论：这部分是评估报告正文中的重要内容，应该完整地描述资产评估机构对资产评估结果发表的结论，对被评估对象资产评估结果的账面价值、调整后账面价值、评估价值级增减幅度进行详细表述，同时，还应当对没有纳入资产评估汇总表内的资产情况进行说明。注册资产评估师应当在评估报告中以文字和数字形式清晰说明评估结论，通常评估结论应当是确定的数值，但经与委托方沟通，评估结论可以使用区间值表达。

12. 特别事项说明：评估报告的特别事项说明包括：产权瑕疵未决事项、法律纠纷等不确定因素、重大期后事项及在不违背资产评估准则基本要求的情况下，采用的不同于资产评估准则规定的程序和方法及注册资产评估师应当说明特别事项可能对评估结论产生的影响，并重点提示评估报告使用者予以关注。特别事项说明具体表现在：

（1）注册资产评估师在企业整体价值评估中应当在评估报告中除披露是否考虑了控股权和少数股权等因素产生的溢价或折价外，还应当在评估报告中披露是否考虑了流动性对评估对象价值的影响。

（2）注册资产评估师应当明确告知委托方和相关当事方：注册资产评估师执行资产评估业务的目的是对评估对象价值进行估算并发表专业意见，对评估对象法律权属确认或发表意见超出注册资产评估师的执业范围。注册资产评估师不得明示或暗示具有对评估对象法律权属确认或发表意见的能力，不得对评估对象的法律权属提供保证。注册资产评估师应当在评估报告中描述评估对象法律权属及其资料来源、查验情况，并说明评估对象法律权属对评估结论的影响。注册资产评估师应当在评估报告中对评估对象法律权属的瑕疵状况予以充分披露。

（3）注册资产评估师以设定产权为前提对委托方不具有所有权的资产进行评估，应当对评估对象法律权属和设定产权前提予以充分披露，并明确说明设定产权状况与实际法律权属状况存在重大差别。

13. 评估报告使用限制说明：评估报告的使用限制说明通常包括：

（1）评估报告只能用于评估报告载明的评估目的和用途；

（2）评估报告只能由评估报告载明的评估报告使用者使用；

（3）未征得出具评估报告的资产评估机构同意，评估报告的内容不得被摘抄、引用或披露于公开媒体，法律、法规规定以及相关当事方另有约定的除外；

（4）评估报告的使用有效期；

（5）因评估程序受限造成的评估报告的使用限制等。

14. 评估报告日：评估报告载明的评估报告日通常为注册资产评估师形成最终专业意见的日期。

15. 注册资产评估师签字盖章、资产评估机构盖章和法定代表人或者合伙人签字。在这部分中应该写明出具评估报告的机构名称并加盖公章，还要由资产评估机构法人代表和至少两名注册资产评估师签名并盖章。

第六部分：附件

评估报告附件主要包括：

（1）评估对象所涉及的主要权属证明资料；

（2）委托方和相关当事方的承诺函；

（3）资产评估机构及签字注册资产评估师资质、资格证明文件；

（4）评估对象涉及的资产清单或资产汇总表。

第七部分：资产评估明细表

根据《企业国有资产评估指南》的有关规定，评估报告还应当提供资产评估明细表。资产评估明细表包括委托方提供的各类型资产清查明细表，具体包括资产或负债的账面价值，经过调整后的账面价值、评估价值、增减幅度及说明等内容。

第八部分：评估说明

评估报告事项说明通常包括产权瑕疵、未决事项、法律纠纷等不确定因素、重大期后事项、评估报告在不违背资产评估准则基本要求的情况下，采用的不同于资产评估准则规定的程序和方法等方面的内容。在评估报告中，注册资产评估师应当说明如下事项：

1. 资产评估特别事项可能对评估结论产生的影响，并重点提示评估报告使用者予以关注；

2. 应当在评估报告中披露是否考虑了控股权和少数股权等因素产生的溢价或折价；

3. 应当在评估报告中披露是否考虑了流动性对评估对象价值的影响；

4. 应当明确告知委托方和相关当事方，中国注册资产评估师执行资产评估业务的目的是对评估对象价值进行估算并发表专业意见，对评估对象法律权属确认或发表意见超出注册资产评估师执业范围；

5. 不得明示或暗示具有对评估对象法律权属确认或发表意见的能力，不得对评估对象的法律权属提供保证；

6. 应当在评估报告中描述评估对象法律权属及其资料来源、查验情况，并说明评估对象法律权属对评估结论的影响；

7. 应当在评估报告中对评估对象法律权属瑕疵状况予以充分披露；注册资产评估师以设定产权为前提对委托方不具有所有权的资产进行评估，应当对评估对象法律权属和设定产权前提予以充分披露，并明确说明设定产权状况与实际法律权属状况存在的重大差别。

四、评估报告作用

资产评估行业的生命力在于资产评估工作本身的科学性和规范性。因此，该行业的公信力决定了评估报告具有以下几个方面的主要作用：

1. 对资产价值判断行为具有公正和建议作用，可以作为利益相关方资产作价的重要依据。中国注册资产评估师对被评估资产提供较为全面、客观的价值判断和专业意见，是委托方进行资产作价的重要依据。评估报告是资产评估机构遵照相关法律、法规和资产评估准则的要求，在实施了必要的评估程序对特定评估对象价值进行估算后，编制并由该资产评估机构向委托方提交的反映其专业意见的书面文件。该作价意见不代表任何当事人一方的利益，是一种独立的专家估价意见，具有较强的公正性和客观性，因而可以作为被评估资产作价的重要参考依据。

2. 全面反映资产评估工作情况，明确资产利益相关方的法律责任。评估报告是资产评估机构的产品，是反映和体现资产评估工作情况、明确委托方、资产评估机构及有关方面责任的依据。评估报告是用文字的形式，按照一定的格式和内容要求，对被评估资产的评估目的、假设、程序、标准、依据、方法、结果等基本情况进行说明和总结的工作成果，并对评估结果的适用方向和范围提出要求和限定。它一方面体现了资产评估机构满足委托方了解和掌握被评估资产价值的需要，另一方面反映和体现了受托的资产评估机构与执业人员的权利和义务，并以此来明确委托方、受托方及有关方面的法律责任。

3. 体现资产评估机构执业能力，反映资产评估机构执业质量与水平的重要标准。评估报告是行业自律管理组织及有关部门审核资产评估机构执业质量和水平的重要标准，国家有关行政管理部门可以通过审核评估报告，有效地对资产评估机构的业务开展情况进行监督和管理，是不断完善资产评估管理的重要手段。因此，评估报告体现了资产评估机构和评估人员职业道德水平、执业能力以及评估质量高低和资产评估机构内部管理机制的完善程度。

4. 评估报告是建档立库的重要资料、反映资产评估过程的工作总结。资产评估机构和评估人员对所采用的调查资料、搜集的原始数据和有关数据资料进行加工处理，完成资产评估任务之后，都必须按照有关档案管理的规定，将评估过程中所收集的资料、工作记录以及资产评估过程的有关工作底稿进行归档，以便进行评估档案的管理和使用。同时，由于评估报告是对整个评估过程的总结，其内容还包括了各个具体环节收集的有关资料和相关记录。评估档案归集的不仅仅是评估报告底稿，还包括编写评估报告过程中用到的各种有关数据、工作底稿和评估报告制度中形成的有关文字记录等重要信息来源。因此，评估报告是建立评估档案、归集评估档案资料的重要信息来源。

5. 评估报告既是计算资产评估劳动报酬的主要依据，也是资产评估结果得以验证确认的重要依据。评估报告是资产评估结果得以验证确认的最主要依据，也是资产评估机构履行评估协议和向委托方或有关方面收取评估费用的依据。因此，评估报告是计算资产评估劳动报酬的主要依据。

第二节　评估报告书的编制

一、评估报告书的类型

评估报告书的类型与资产评估机构向委托方或客户表达或披露评估信息的内容和繁简程度直接相关。评估报告根据不同划分标志，可分为不同类型(详见表9-1)。

表9-1　评估报告书类型划分表

划分标志	评估报告书类型		
披露内容详简	完整型评估报告书		简明型评估报告书
符合准则要求	正常型评估报告书		限制型评估报告书
评估性质	一般评估报告书		评估复核报告书
评估范围	整体评估报告书		单项评估报告书
评估用途	产权变动评估报告书		产权不变评估报告书
评估对象	资产评估报告书	房地产评估报告书	土地估价报告书

(一) 按评估报告披露内容详简划分为完整型评估报告书与简明型评估报告书

1. 完整型评估报告书。完整型评估报告书是指注册资产评估师和其所在机构向委托方或客户提供详细信息资料的评估报告。它除了包含《资产评估准则——评估报告》关于评估报告要求具备的基本内容外，还应该包括如下内容：

(1) 评估范围和评估对象的基本情况，评估目的的表述应当清晰、具体，不得引起误导；

(2) 评估程序实施过程和情况，并重点说明：

①评估业务承接过程和情况；

②进行资产勘查、收集评估资料的过程和情况；

③分析、整理评估资料的过程和情况；

④选择评估方法的过程和依据、评估方法的基本原理、相关参数的选取和运用评估方法进行计算、分析、判断的过程；

⑤对初步评估结论进行综合分析，形成最终评估结论的过程。

2. 简明型评估报告书。简明型报告书是指注册资产评估师和资产评估机构在保证不误导评估报告使用者的前提下，向委托方或客户提供简明扼要信息资料的评估报告。在简明报告中资产评估机构和注册资产评估师应当简要说明：

（1）评估范围和评估对象的基本情况，评估目的的表述应当清晰、具体，不得引起误导；

（2）评估程序实施过程和情况。

（二）按是否符合资产评估准则要求情况划分为正常型评估报告书和限制型评估报告书

1. 正常型评估报告书。正常型评估报告书是指注册资产评估师和其所在资产评估机构出具评估报告书完全符合资产评估系列准则的要求，对评估报告使用者并无其他特殊限制性使用要求，对资产评估利益相关方无限制评估报告。如：完整型评估报告和简单型评估报告。

2. 限制型评估报告书。限制型评估报告书是指注册资产评估师和其所在机构在保证不误导评估报告使用者的前提下，向委托方提供资产评估信息资料的评估报告。限制型评估报告书出具的也可能是完整或简明的评估报告，不受限制的评估也有可能出具限制性评估报告；根据美国的《专业评估执业统一准则》，限制型评估是指根据背离条款所进行的并且其结果受背离条款影响的估计价值的过程或行为。但如果相关准则中只有效力条款，而没有偏离度的话，限制性评估成立的偏离度，就没有标准。因此，在我国现有评估准则体系下，应慎用或不用限制性评估的概念。限制型评估报告仅限制特定评估使用者使用，其他任何使用限制型评估报告的人都视为非期望使用者。需要明确的是，委托方与报告使用者是两个相近但不同的概念。委托方是报告使用者，但报告使用者不仅包括委托方，还包括委托方以外的报告使用者。限制型评估报告的本质是仅供委托方使用，而其他评估报告使用者既包括委托方，也包括委托方以外的报告使用者。明确报告使用者，可以保护注册资产评估师的权益，降低风险。

（三）按评估报告的性质划分为一般评估报告书和评估复核报告书

1. 一般评估报告书。一般评估报告书是指注册资产评估师和其所在资产评估机构接受资产评估业务委托，向资产评估委托方提供关于被评估资产估价意见的书面报告，如：完整型评估报告和简单型评估报告。

2. 评估复核报告书。评估复核报告书是指注册资产评估师和其所在机构对一般评估报告的充分性、恰当性、合理性、合法性发表复核意见的书面报告。它是注册资产评估师对评估报告进行复核和再次评估的报告。它相当于我国国有资产评估确认工作，只不过评估报告复核由专业注册资产评估师完成；而一般国有资产评估确认工作由政府有关资产监管部门完成。

（四）按资产评估范围划分为整体评估报告书和单项评估报告书

1. 整体评估报告书。整体评估报告书是指注册资产评估师和其所在评估机构对委托方提供企业整体资产进行评估所出具的评估报告。整体评估报告是完整型评估报告，对企业整体资产获利能力进行评价，计算企业价值。资产评估价值包括企业资产价值、负债价值和净资产价值。企业整体资产评估一般应该包括企业商誉，企业商誉有正商誉和负商誉之分。

2. 单项评估报告书。单项评估报告书是指注册资产评估师和其所在评估机构对委托方每一项或部分资产或多项单项资产进行评估而出具的评估报告书。单项资产评估在评估时注册资产评估师不一定考虑它的负债。企业单项资产评估值与整体资产评估值之间差异就会产生商誉。商誉也可能为正商誉，也可能为负商誉。

（五）按评估用途划分为产权变动评估报告书和产权不变评估报告书

1. 产权变动评估报告书。产权变动评估报告书是指注册资产评估师和其所在评估机构对委托方为资产出售、转让、拍卖和重组等产权变动行为进行评估所出具的评估报告书。这类评估报告在产权权属方面必须清晰。评估基准日和评估报告有效期必须在评估报告书中有明确规定，资产产权会随着资产转移而转移，需办理资产转移手续。

2. 产权不变评估报告书。产权不变评估报告书是指注册资产评估师和其所在评估机构对委托方为资产抵押、资产保险及资产课税和以财务报告为目的评估等产权不发生变动时所出具的评估报告书。这类评估报告不涉及到产权变动情况，在评估中相对要简单一些。评估基准日和评估报告有效期必须在评估报告书中有明确规定，资产产权不会随着资产转移而转移，不需办理资产转移手续。

（六）按评估对象划分为资产评估报告书、房地产评估报告书、土地估价报告书

1. 资产评估报告书。资产评估报告书是指注册资产评估师及其所在评估机构对委托方资产为评估对象进行资产评估所出具的评估报告。这里的“资产”是指企业和行政事业单位的资产，既包括有形和无形资产，也包括实体资产和虚拟资产、动产和不动产等等。

2. 房地产评估报告书。房地产评估报告书是指注册资产评估师及其所在评估机构对委托方提供以不动产为评估对象进行评估所出具的评估报告。这里的“房地产”主要包括房屋及建筑物和其所附属机器设备等。

3. 土地估价报告书。土地估价报告书是指注册资产评估师及其所在评估机构对委托方提供以土地为评估对象进行评估所出具的评估报告。这里所说的“土地”包括“熟地”和“毛地”的估价。

二、评估报告书的撰写步骤

评估报告书的撰写是资产评估工作中的一个非常重要的环节，也是资产评估机构完成评估工作的一道重要关键工序。其撰写工作一般应该包括整理评估工作底稿、汇总评估明细表、注册资产评估师对评估初步结果的分析和评价、草拟评估初稿、征求评估委托方意见、编写正式的评估报告书、评估报告书的审核签发和送达、评估档案归集与保管等八个步骤（详见表9－2）。

表9－2　评估报告书撰写步骤

步　骤	主要内容	具体工作
1	整理评估工作底稿	整理底稿
2	汇总评估明细表数据	计算有关数据
3	分析讨论评估数据	分析性复核
4	草拟评估报告初稿	撰写初稿
5	与委托方交换意见	征求委托方意见
6	编制正式评估报告	修改完善报告
7	评估报告书签发与递交	签发与送达报告书
8	评估工作底稿归集与保管	建立评估档案

评估报告书具体撰写步骤如下：

第一步：整理评估工作底稿。

某项资产评估业务现场工作结束后，有关评估人员必须着手对工作底稿进行整理，按资产的不同性质进行分类；同时对有关询证函、被评估资产的背景材料、技术鉴定情况和价格取证等有关资料进行归集和登记，对现场未予确定的事项，还必须进一步落实和查核。这些现场工作底稿和有关资料都是编制评估报告书的基础。在第一步工作中，资产评估人员应该根据资料与评估目的相关性原则进行取舍，防止遗漏，在资产评估工作底稿整理过程中，强调一个“全”字。

第二步：汇总评估明细表。

评估人员在完成对现场的工作底稿整理后，应该着手对评估明细表的数字进行汇总与计算。具体做法是：先进行明细表汇总，然后进行分类汇总，最后是对整个评估结果的汇总。如果资产评估机构采用了计算机技术，应用计算机软件汇总则更简便；如果没有采用计算机软件汇总，在资产评估数字汇总过程中应反复核对各有关表格的数字的关联性和表格栏目之间数字的勾稽关系，防止出错。因此，在第二步工作中，评估人员应该具备一定的评估专业知识，在汇总过程中，强调一个“准”字。

第三步：对评估初步结果的分析和评价。

评估人员对评估明细表的数字进行汇总后，得到的是评估的初步结果。注册资产评估师就应对初步的评估值进行分析和评价，就公允性、准确性和相关性并结合资产评估目的和评估各项条件就评估基准日资产的价值，比较资产评估结果的初步数据，分析复核记录估算结果的工作底稿，对存在不合理的数据和资料要进行必要地调整，经讨论后确定最终的资产评估结果。因此，在第三步工作中，资产评估人员应该熟悉该项评估业务，在分析与评价过程中强调一个“实”字。

第四步：撰写评估报告书初稿。

资产评估相关数据确定后，注册资产评估师就要根据《资产评估准则——评估报告》的要求，结合该评估项目的具体情况严格按评估报告准则的要求撰写初步评估报告，若评估对象属于国有资产，注册资产评估师应该按照《企业国有资产评估报告指南》的内容撰写评估报告初稿，对照资产业务委托书的内容，经过评估小组讨论后形成该项目评估报告初稿。因此，在第四步工作中，评估师应该结合评估报告准则的内容，强调一个“精”字。

第五步：征求评估委托方意见。

对评估初步结果与评估委托方和相关方人员进行沟通，寻求资产委托方和相关方的理解与支持，若各方都认同，评估师开始编写评估报告书；若各方存在异议，工作人员则应分析疑义存在的原因，并说明评估结果形成的依据；若资产评估过程和结果确实存在缺陷，在坚持独立、客观、公正的前提下，评估人员应认真分析委托方提出的问题和建议，考虑是否应该修改评估报告书，经补充修改完善后，最终形成评估报告书。

第六步：编写正式评估报告书。

在完成征求资产委托方意见的基础上，注册资产评估师负责修改完善评估报告书，提交资产评估组讨论，充分听取各评估人员意见后，对评估报告书存在的遗漏、疏忽和错误之处进行修正，待修正完毕后形成正式评估报告书。

第七步：评估报告书的审签与送达。

注册资产评估师就项目负责人撰写的正式评估报告书进行审核，对正式评估报告书一般应该实施三级审核，首先由负责该项目的项目经理（注册资产评估师）审核签字并盖章，再送资产评估机构技术负责人（注册资产评估师）复核签字并盖章，最后送资产评估机构负责人（注册资产评估师）审定并加盖机构公章。正式评估报告书签章以后即可连同评估说明及评估明细表一同装订一式几份送交委托方。如果委托方没有表示异议，就标志着整个评估服务工作已经结束。资产评估机构可以根据事先签订的委托协议，向委托单位收取约定金额的资产评估费用。另外，对中外合资、合作项目的评估报告书及有关资料的送交，应按专门规定办理，在此不作说明。

第八步：评估底稿归集与保管。

正式的评估报告书经委托方签收后，评估人员应该及时将该资产评估项目形成工作底稿及其他档案资料收集整理，交评估机构档案管理人员存档保管。有条件的资产评估机构则要形成信息化档案资料，供以后类似项目评估参考使用。

三、评估报告书的编制要求

（一）编制基本要求

评估报告书编制的基本要求是指在评估报告制作过程中各主要环节和方面的技能和技巧要求，具体包括：文字表达方面、格式和内容方面、评估报告书的复核及反馈方面的技能与技巧要求。具体体现在：

1. 文字表达方面的技能与技巧。评估报告书不仅是一份对被评估资产价值有咨询性和公正性作用的文书，而且也是一份用来明确资产评估机构和评估人员工作责任的文字依据。所以它的文字表达要求既要清楚、准确，又要提供充分的依据说明，还要全面地叙述整个项目评估的过程。其文字表达必须准确，不得使用模棱两可的措辞。其陈述既要简明扼要，又要把有关问题说明白，不得带有任何诱导、恭维和推荐性的陈述。当然，在评估报告书文字表达方面应该严格按照《资产评估准则——评估报告》和《企业国有评估报告指南》的要求，特别是涉及到评估责任条款应该表达清楚，防止误解。

2. 格式和内容方面的技能与技巧。对评估报告书格式和内容方面必须严格遵循《资产评估准则——评估报告》和《企业国有资产评估报告指南》要求或其他指导意见实施要求执行，在撰写过程中，需考虑委托方具体情况，在不违反准则基础上，做到格式合规，内容完整。

3. 复核及反馈方面的技能与技巧。对资产评估工作底稿、评估说明、资产评估明细表和资产报告书正文的文字、格式及内容的复核和反馈，有关错误、遗漏等问题在出具正式报告书之前可以得到修正。因为，第一，对资产评估人员来说，资产评估工作是一项必须由多个评估人员同时作业的中介业务。每个评估人员都有可能因能力、水平、经验、阅历及理论方法的限制而产生工作疏忽，所以对评估报告书初稿进行复核就成为必要。第二，就对资产评估的情况熟悉程度来说，大多数资产委托方和占有方对委托评估资产的分布、结构、成新度等具体情况总是会比资产评估机构和资产评估人员更熟悉。因此，在出具正式评估报告之前，必须征求委托方意见，收集反馈意见很有必要。第三，对评估报告应该严格履行多级复核和交叉复核的制度，明确复核人的职责，防止流于形式的复核也有必要，特别是，对委托方或资产占有方意见的反馈信息，资产评估机构应谨慎对待，应本着独立、客观、公正的态度去接受其反馈意见。

4. 在撰写评估报告书时，除满足上述三项基本条件外，注册资产评估师还应该注意以下内容：

（1）坚持实事求是原则，切忌出虚假评估报告。评估报告书必须建立在真实、客观的基础上，不能脱离资产实际情况，更不能无中生有。评估报告拟订人应是参与该项目并较全面了解该项目情况的主要评估人员，最好是取得注册资产评估师资格的人员。

（2）坚持前后一致性原则，切忌表里不一。评估报告书文字、内容前后要一致，摘要、正文、评估说明、评估明细表内容与格式甚至数据要一致，不能出现不一致的情况，避免产生评估报告风险带来的诉讼问题。

（3）坚持及时性原则，防止违约事项发生。资产评估机构在完成资产评估工作后，资产评估人员应按资产评估业务约定书的约定时间及时将报告书送交委托方，防止违约事实发生，给评估机构带来不必要的损失。

（4）坚持保密性原则，防止评估结果泄密。资产评估机构应该严格做好委托方资产的保密工作，特别是对资产评估涉及到委托方的商业秘密和技术秘密，要加强保密工作，防止泄密带来不必要纠纷，产生评估风险。

（5）坚持例外处理原则，防止程序缺失。在资产评估工作中，对外商投资项目涉及对中方资产评估机构出具的评估报告，必须严格按照国家的有关规定办理资产评估工作，防止程序缺失。

四、评估报告书的基本格式

评估报告书的基本格式一般应该由标题、文号、评估声明、摘要、正文、结尾、附件和评估明细表及评估说明等部分组成。

（一）标题

评估报告标题应当简明清晰，一般采用“企业名称 + 经济行为关键词 + 评估对象”，如“××企业抵押房地产评估报告书”。在标题下面陈列资产评估机构名称、参与评估的人员名单、评估报告书目录。

（二）文号

评估报告文号包括评估机构特征字、种类特征字、年份、报告序号。如：

××评报字［年］第×××号。

（三）评估声明

注册资产评估师应当声明遵循法律法规，恪守资产评估准则，并对评估结论合理性承担相应的法律责任。评估报告声明应当提醒评估报告使用者关注评估报告特别事项和使用限制等内容。评估报告声明应当置于评估报告摘要之前。

（四）摘要

评估报告摘要应当简明扼要地反映经济行为、评估目的、评估对象和评估范围、价值类型、评估基准日、评估方法、评估结论及其使用有效期、对评估结论产生影响的特别事项等关键内容。评估报告摘要应当采用下述文字提醒评估报告使用者阅读全文："以上内容摘自评估报告正文，欲了解本评估项目的详细情况和合理理解评估结论，应当阅读评估报告正文。"评估报告摘要应当置于评估报告正文之前。

（五）正文

正文是评估报告书编写的主体和核心部分，评估报告正文应当包括如下内容：

1. 绪言：绪言一般采用包含下列内容的表述格式：

"×××（委托方全称）：

×××（评估机构全称）接受贵单位（公司）的委托，根据有关法律、法规和资产评估准则、资产评估原则，采用×××评估方法（评估方法名称），按照必要的评估程序，对×××（委托方全称）拟实施×××行为（事宜）涉及的×××（资产——单项资产或者资产组合、企业、股东全部权益、股东部分权益）在××××年××月××日的××价值（价值类型）进行了评估。现将资产评估情况报告如下"。

2. 委托方、被评估单位（或者产权持有单位）和业务约定书约定的其他评估报告使用者概况：评估报告正文应当介绍委托方、被评估单位（或者产权持有单位）和业务约定书约定的其他评估报告使用者的概况。其中应该包括：（1）委托方和业务约定书约定的其他评估报告使用者概况一般包括名称、法定住所及经营场所、法定代表人、注册资本及主要经营范围等；（2）企业价值评估中，被评估单位（或者产权持有单位）概况一般包括：名称、法定住所及经营场所、法定代表人、主要经营范围、注册资本、公司股东及持股比例、股权变更情况及必要的公司产权和经营管理结构、历史情况等；近三年资产、财务、经营状况；委托方和被评估单位（或者产权持有单位）之间的关系（如产权关系、交易关系）。(3) 单项资产或者资产组合评估，被评估单位（或者产权持有单位）概况一般包括名称、法定住所及经营场所、法定代表人、注册资本及主要经营范围等。(4) 委托方与被评估单位（或者产权持有单位）为同一企业，按对被评估单位的要求编写。(5) 存在交叉持股的，应当列示交叉持股图并简述交叉持股关系及是否属于同一控制的情形。(6) 存在关联交易的，应当说明关联方、交易方式等基本情况。

3. 评估目的：评估报告应当说明本次资产评估的目的及其所对应的经济行为，并说明该经济行为获得批准的相关情况或者其他经济行为依据。

4. 评估对象和评估范围：评估报告应当对评估对象进行具体描述，以文字、表格的方式说明评估范围。企业价值评估中，应当说明下列内容：

(1) 委托评估对象和评估范围与经济行为涉及的评估对象和评估范围是否一致，不一致的应当说明原因，并说明是否经过审计；

(2) 对企业价值影响较大的单项资产或者资产组合（如房地产开发企业中存货、工业企业的生产线及厂房等）的法律权属状况、经济状况和物理状况；

(3) 企业申报的账面记录或者未记录的无形资产类型、数量、法律权属状况等；

(4) 企业申报的表外资产的类型、数量；

(5) 引用其他机构出具的报告结论所涉及的资产类型、数量和账面金额（或者评估值）。

单项资产或者资产组合评估，应当说明委托评估资产的数量（如土地面积、建筑物面积、设备数量、无形资产数量等）、法律权属状况、经济状况和物理状况等。

5. 价值类型及其定义：评估报告应当说明市场价值及其定义，选择市场价值以外的价值类型，应当说明选择理由及其定义。

6. 评估基准日：评估报告应当说明评估基准日及确定评估基准日所考虑的主要因素，包括下列主要内容：

(1) 本项目评估基准日是××××年××月××日；

(2) 确定评估基准日所考虑的主要因素（如经济行为的实现、会计期末、利率和汇率变化等）。

7. 评估依据：评估报告应当说明本次评估业务所对应的经济行为、法律法规、评估准则、权属、取价等依据。具体包括如下内容：

(1) 经济行为依据应当为有效批复文件以及可以说明经济行为及其所涉及的评估对象与评估范围的其他文件资料；

(2) 法律法规依据通常包括与国有资产评估有关的法律、法规等；

(3) 评估准则依据包括本评估项目中依据的相关资产评估准则和相关规范；

(4) 权属依据通常包括国有资产产权登记证书、基准日股份持有证明、出资证明、国有土地使用证（或者土地使用权出让合同）、房屋所有权证、采矿许可证、勘查许可证、林权证、专利证（发明专利证书、实用新型专利证书、外观设计专利证书）、商标注册证、著作权（版权）相关权属证明、船舶所有权登记证书、船舶国籍证书、机动车行驶证、有关产权转让合同、其他权属证明文件等；

(5) 取价依据通常包括企业提供的财务会计、经营方面的资料，国家有关部门发布的统计资料、技术标准和政策文件以及评估机构收集的有关询价资料、参数资料等；

(6) 其他参考依据。

8. 评估方法：评估报告应当说明所选用的评估方法以及选择评估方法的理由。以持续经营为前提，采用两种以上方法进行企业价值评估，应当分别说明两种评估方法选取的理由以及评估结论确定的方法。

9. 评估程序实施过程和情况：评估报告应当说明自接受评估项目委托起至出具评估报告的主要评估工作过程，一般包括以下内容：

(1) 接受项目委托，确定评估目的、评估对象与评估范围、评估基准日，拟定评估计划等过程；

(2) 指导被评估单位清查资产、准备评估资料，核实资产与验证资料等过程；

(3) 选择评估方法、收集市场信息和估算等过程；

(4) 评估结果汇总、评估结论分析、撰写报告和内部审核等过程。

10. 评估假设：评估报告应当披露评估假设及其对评估结论的影响。

11. 评估结论：评估报告应当以文字和数字形式清晰说明评估结论。评估结论应当是确定的数值。具体包括如下内容：

(1) 采用资产基础法进行企业价值评估，应当以文字形式说明资产、负债、所有者权益（净资产）的账面价值、评估价值及其增减幅度，并同时采用评估结果汇总表反映评估结论。

(2) 单项资产或者资产组合评估，应当以文字形式说明账面价值、评估价值及其增减幅度。

(3) 采用两种以上方法进行企业价值评估，除单独说明评估价值和增减变动幅度外，应当说明两种以上评估方法结果的差异及其原因和最终确定评估结论的理由。

(4) 存在多家被评估单位的项目，应当分别说明评估价值。

12. 特别事项说明：评估报告应当说明评估程序受到的限制、评估特殊处理、评估结论瑕疵等特别事项及期后事项，通常包括下列内容：

(1) 引用其他机构出具的报告结论的情况，并说明已了解所引用报告结论的取得过程，承担引用报告结论的相关责任；

（2）权属资料不全面或者存在瑕疵的情形；

（3）评估程序受到限制的情形；

（4）评估资料不完整的情形；

（5）评估基准日存在的法律、经济等未决事项；

（6）担保、租赁及其或有负债（或有资产）等事项的性质、金额及与评估对象的关系；

（7）评估基准日至评估报告日之间可能对评估结论产生影响的事项；

（8）本次资产评估对应的经济行为中，可能对评估结论产生重大影响的瑕疵情形。

评估报告应当说明对特别事项的处理方式、特别事项对评估结论可能产生的影响，并提示评估报告使用者关注其对经济行为的影响。

13. 评估报告使用限制说明：评估报告使用限制通常包括下列事项：

（1）评估报告只能用于评估报告载明的评估目的和用途；

（2）评估报告的全部或者部分内容被摘抄、引用或者披露于公开媒体，需评估机构审阅相关内容，法律、法规规定以及相关当事方另有约定的除外；

（3）评估结论的使用有效期；

（4）因评估程序受限造成的评估报告的使用限制。

14. 评估报告书日期：评估报告应当载明评估报告日。评估报告日通常为注册资产评估师形成最终专业意见的日期。

15. 签字盖章：评估报告正文应当由两名以上注册资产评估师签字盖章，并由评估机构盖章。有限责任公司制评估机构的法定代表人或者合伙制评估机构负责该评估业务的合伙人应当在评估报告上签字。声明、摘要和评估明细表上一般不需要另行签字盖章。

（六）附件

为使评估报告书正文部分内容简练、结构紧凑，对需要进一步说明的某些内容，可以选用必要的附表、附图、附文、清单等附在正文的后面，作为正文的补充。附件的篇幅一般不宜过长。一般应该包括如下具体内容：

1. 有关与被评估资产经济行为的文件；
2. 被评估企业前三年度资产负债表、利润表和现金流量表及附注；
3. 委托方和资产占有方营业执照复印件；
4. 委托方和资产占有方对被评估资产的承诺函；
5. 产权证明文件复印件；
6. 资产评估人员和资产评估机构承诺函；
7. 资产评估机构资格证书复印件；
8. 资产评估机构营业执照复印件；

9. 参加本项目资产评估人员名单；

10. 资产评估业务约定书；

11. 重要合同和其他与被评估资产有关的文件复印件。

评估报告书附件内容及其所涉及的签章应当清晰、完整，相关内容应当与评估报告摘要、正文一致。评估报告附件为复印件的，应当与原件一致。按有关规定需要进行专项审计的，应当将企业提供的与经济行为相对应的评估基准日专项审计报告（含会计报表和附注）作为评估报告附件。按有关规定无需进行专项审计的，应当将企业确认的与经济行为相对应的评估基准日企业财务报表作为评估报告附件。如果引用其他机构出具的报告结论，根据现行有关规定，所引用的报告应当经相应主管部门批准（备案）的，应当将相应主管部门的相关批准（备案）文件作为评估报告的附件。

（七）资产评估明细表

单项资产或者资产组合评估、采用资产基础法进行企业价值评估，应当编制评估明细表。注册资产评估师可以根据有关规定对评估明细表的基本要求和企业会计核算所设置的会计科目编制评估明细表。评估明细表包括被评估资产负债会计科目的评估明细表和各级汇总表。被评估资产负债会计科目的评估明细表格式和内容基本要求如下：

1. 表头应当含有被评估资产的负债类型（会计科目）名称、被评估单位（或者产权持有单位）、评估基准日、表号、金额单位、页码。

2. 表中应当含有资产负债的名称（明细）、经营业务或者事项内容、技术参数、发生（购、建、创）日期、账面价值、评估价值、评估增减幅度等基本内容。必要时，在备注栏对技术参数或者经营业务、事项情况进行注释。

3. 表尾应当标明被评估单位（或者产权持有单位）填表人员、填表日期和评估人员。

评估明细表按会计明细科目、一级科目逐级汇总，并编制资产负债表（方式）的评估汇总表及以人民币万元为金额单位的评估结果汇总表。根据需要设置的各级汇总表，表尾应当标明评估人员。会计计提的减值准备在相应会计科目（资产负债类型）合计项下列示，评估增减值应当按会计计提减值准备前后分别列示。评估结果汇总表应当按以下顺序和项目内容列示：流动资产、非流动资产、资产总计、流动负债、非流动负债、负债总计、净资产等类别和项目。被评估单位为两家以上的，评估明细表应当按被评估单位（或者产权持有单位）分别自成体系。

（八）评估说明

评估说明包括评估说明使用范围声明、委托方和被评估单位（或者产权持有单位）共同编写的“企业关于进行资产评估有关事项的说明”和注册资产评估师编写的“资产评估说明”。“评估说明”应当做到内容完整、表述清晰，并充分考虑不同经济行为和不同评估方法的特点。“企业关于进行资产评估有关事项的说明”应当由委托方单位负责人和被评估单位（或者产权持有单位）负责人签字，加盖相应单位公章并签署日期。

企业编写的“企业关于进行资产评估有关事项的说明”应包括以下内容：

1. 委托方与被评估单位（或者产权持有单位）概况；
2. 关于经济行为的说明；
3. 关于评估对象与评估范围的说明；
4. 关于评估基准日的说明；
5. 可能影响评估工作的重大事项说明；
6. 资产负债情况、未来经营和收益状况预测说明；
7. 资料清单。

“资产评估说明”是对评估对象进行核实、评定估算的详细说明，应当包括：评估对象与评估范围说明；资产核实总体情况说明；评估技术说明；评估结论及分析。

（九）评估报告书装订

评估报告书一般分册装订，各册应当具有独立的目录。声明、摘要、正文和附件合订成册，其目录中应当含有其他册的目录，但其他册目录中的页码不予标注。评估说明和评估明细表分别独立成册，必要时附件可以独立成册。评估明细表一般应当按会计科目顺序装订。评估报告封底或者其他适当位置应当标注评估机构名称、地址、邮政编码、联系电话、传真、电子邮箱等内容。

第三节 资产评估报告书范本与案例

一、资产评估报告书（格式范本）

（一）资产评估报告书封面

资产评估报告书封面一般应当载明资产评估报告的标题及文号、资产评估机构全称和资产评估报告日。资产评估报告标题及文号一般在封面上方居中位置，资产评估机构名称及资产评估报告日应当在封面下方居中位置，资产评估报告应当用 A4 规格纸张印刷。

1. 名称：××企业抵押房地产评估报告书。

2. 字号：××资评报字［2008］第×××号（未在此反映的准则包括以财务报告为目的的评估指南（试行）、珠宝首饰评估指导意见、不动产和机器设备）。

3. 评估机构：××资产评估有限责任公司。

4. 报告时间：××××年×月×日。

（二）资产评估报告书目录

资产评估报告书目录

序　号	项　目	页　码
一	声明	2
二	摘要	3
三	正文	4
1	委托方、产权持有者和委托方以外的其他评估报告使用者	4
2	评估目的	5
3	评估对象和评估范围	6
4	价值类型及其定义	9
5	评估基准日	9
6	评估依据	9
7	评估方法	10
8	评估程序实施过程和情况	12
9	评估假设	15
10	评估结论	15
11	特别事项说明	16
12	评估报告使用限制说明	17
13	评估报告日	18
14	评估报告签字	18
四	附件	20
五	资产评估明细表	22
六	资产评估说明	

（三）资产评估报告书声明

资产评估报告书声明应该包括如下详细内容：

1. 评估报告陈述的事项是真实和准确的；

2. 对评估所依据的信息来源进行了验证，并确信其是可靠和适当的；

3. 评估报告的分析和结论是在恪守独立、客观和公正原则基础上形成的，仅在假设和限定条件下成立；

4. 与被评估无形资产及有关当事人没有任何利害关系；

5. 利用了专家的工作，并对专家工作的结果负责（如果没有利用专家工作，则不用声明）；

6. 评估报告只能用于载明的评估目的，因使用不当造成的后果与签字注册资产评估师及其所在评估机构无关。

（四）资产评估报告书摘要

资产评估报告书摘要应当提供评估业务的主要信息及评估结论，见表 9－3 所示。

表 9－3　　资产评估报告书摘要

项　　目	具体内容
资产评估机构法人代表	×××
资产评估报告书负责人	××中国注册资产评估师
资产评估报告书审核人	××中国注册资产评估师
资产评估公司名称	××资产评估有限责任公司
资产评估报告书日期	二○○八年×月×日
资产评估机构其他信息	电话：　　传真：　　邮编：
资产评估结论	人民币（大写）：

（五）资产评估报告书正文

××企业不动产抵押评估报告书

××评报字［2008］第×××号

正文

1. 委托方、产权持有者和委托方以外的其他评估报告书使用者：

委托方（略）。

产权持有者（略）。

委托方以外的其他评估报告书使用者（略）。

注册资产评估师应当根据评估项目的具体情况，在评估报告书中对被评估企业的基本情况进行说明，通常包括：

（1）企业名称、类型与组织形式（略）。

（2）企业历史状况（略）。

(3) 企业主要产品或服务（略）。

(4) 市场和客户状况（略）。

(5) 企业管理状况（略）。

(6) 季节或周期因素对企业运营的影响（略）。

(7) 企业运营常规流程（略）。

(8) 企业主要资产状况，包括有形资产、无形资产以及主要负债（略）。

(9) 企业发展前景（略）。

(10) 企业、股权等以往市场交易情况（略）。

(11) 相关竞争状况（略）。

(12) 影响企业生产经营的宏观经济因素（略）。

(13) 影响企业生产经营的行业发展前景（略）。

(14) 其他需要说明的企业状况（略）。

2. 评估目的。资产评估报告书载明的评估目的应当唯一，表述应当明确、清晰。

3. 评估对象与范围。资产评估报告书中应当载明评估对象和评估范围，并具体描述评估对象的基本情况，通常包括法律权属状况、经济状况和物理状况。

(1) 评估对象：不动产。

(2) 评估范围：企业准备用于抵押的产权属于本企业全部不动产。

4. 价值类型及定义。评估报告书应当明确价值类型及其定义，并说明选择价值类型的理由（略）。

5. 评估基准日（略）。

评估基准日一般由委托方确定，评估报告书应当载明评估基准日，并与业务约定书约定的评估基准日保持一致。资产评估报告书应当说明选取评估基准日时重点考虑的因素。评估基准日可以是现在时点，也可以是过去或者将来的时点。

6. 评估依据（略）。

资产评估报告书应当说明评估遵循的法律依据、准则依据、权属依据及取价依据等。

(1) 法律依据（略）。

(2) 准则依据（略）。

(3) 权属依据（略）。

(4) 取价依据（略）。

7. 评估方法（略）。

资产评估报告书应当说明所选用的评估方法及其理由。注册资产评估师在资产评估报告书中披露评估方法运用实施过程和情况时，通常应当包括下列内容：

（1）选择评估方法的过程和依据；

（2）评估方法的运用和逻辑推理计算过程；

（3）资本化率、折现率、价值比率等重要参数的获取来源和形成过程；

（4）对初步评估结论进行综合分析，形成最终评估结论的过程。

8. 评估程序实施过程和情况。资产评估报告书应当说明评估程序实施过程中现场调查、资料收集与分析、评定估算等主要内容。

（1）明确评估业务基本事项。

委托方、产权持有者和委托方以外的其他评估报告书使用者；

评估目的；

评估对象和评估范围；

价值类型；

评估基准日；

评估报告书使用限制；

评估报告书提交时间及方式；

评估服务费总额、支付时间和方式；

委托方与注册资产评估师工作配合和协助等其他需要明确的重要事项。

注册资产评估师应当根据评估业务具体情况，对自身专业胜任能力、独立性和业务风险进行综合分析和评价，并由评估机构决定是否承接评估业务（风险评价程序）。

（2）签订业务约定书。资产评估机构在决定承接评估业务后，应当与委托方签订业务约定书。评估目的、评估对象、评估基准日发生变化，或者评估范围发生重大变化，评估机构应当与委托方签订补充协议或者重新签订业务约定书。

（3）编制评估计划。评估计划的内容涵盖现场调查、收集评估资料、评定估算、编制和提交评估报告书等评估业务实施全过程。评估计划通常包括评估的具体步骤、时间进度、人员安排和技术方案等内容。

注册资产评估师可以根据评估业务具体情况确定评估计划的繁简程度，应当根据评估业务实施过程中的情况变化进行必要调整，应当将编制的评估计划报评估机构相关负责人审核、批准。

（4）现场调查。注册资产评估师应当根据评估业务具体情况对评估对象进行适当的现场调查。

（5）收集评估资料。要求委托方提供涉及评估对象和评估范围的详细资料，注册资产评估师应当要求委托方或者产权持有者对其提供的评估明细表及相关证明材料以签字、盖章或者其他方式进行确认，应当通过询问、函证、核对、监盘、勘查、检查等方式进行调查，获取评估业务需要的基础资料，了解评估对象现状，关注评估对象的法律权属；可以根据重要程度采用抽样等方式进行调查，应当根据评估业务具体情况收集评估资料，并根据评估业务需要和评估业务实施过程中的情况变化及时补充收集评估资料；收集的评估资料包括直接从市场等渠道独立获取的资料，从委托方、产权持有者等相关当事方获取的资料以及从政府部门、各类专业机构和其他相关部门获取的资料；评估资料包括查询记录、询价结果、检查记录、行业资讯、分析资料、鉴定报告、专业报告及政府文件等形式。

(6) 评定估算。注册资产评估师应当根据评估业务具体情况对收集的评估资料进行必要分析、归纳和整理，形成评定估算的依据；应当根据评估对象、价值类型、评估资料收集情况等相关条件，分析市场法、收益法和成本法等资产评估方法的适用性，恰当选择评估方法；应当根据所采用的评估方法，选取相应的公式和参数进行分析、计算和判断，形成初步评估结论；应当对形成的初步评估结论进行综合分析，形成最终评估结论。

对同一评估对象需要同时采用多种评估方法的，应当对采用各种方法评估形成的初步评估结论进行分析比较，确定最终评估结论。

(7) 编制和提交资产评估报告书。注册资产评估师应当在执行评估程序后，根据法律、法规和资产评估准则的要求编制评估报告书；应当根据相关法律、法规、资产评估准则和评估机构内部质量控制制度，对评估报告书及评估程序执行情况进行必要的内部审核；提交正式评估报告书前，可以在不影响对最终评估结论进行独立判断的前提下，与委托方或者委托方许可的相关当事方就评估报告书有关内容进行必要沟通；完成上述评估程序后，由其所在评估机构出具评估报告书并按业务约定书的要求向委托方提交评估报告书。

(8) 工作底稿归档。注册资产评估师在提交资产评估报告书后，应当按照法律、法规和资产评估准则的要求对工作底稿进行整理，与评估报告书一起及时形成评估档案。注册资产评估师不得随意删减基本评估程序。

9. 评估假设（略）。

资产评估报告书应当披露评估假设及其对评估结论的影响。

10. 评估结论（略）。

资产评估报告书评估结论一般应该以文字和数字形式清晰说明评估结论。通常评估结论应当是确定的数值。经与委托方沟通，评估结论可以使用区间值表达。

11. 特别事项说明（略）。

注册资产评估师应当在评估报告书中声明下列内容：

(1) 资产评估报告书陈述的事项是真实和准确的；

(2) 对评估所依据的信息来源进行了验证，并确信其是可靠和适当的；

(3) 评估报告书的分析和结论是在恪守独立、客观和公正原则基础上形成的，仅在假设和限定条件下成立；

(4) 与被评估无形资产及有关当事人没有任何利害关系；

(5) 利用了专家的工作，并对专家工作的结果负责（如果没有利用专家工作，则不用声明）；

(6) 资产评估报告书只能用于载明的评估目的，因使用不当造成的后果与签字注册资产评估师及其所在评估机构无关。

12. 资产评估报告书使用限制性说明（略）。

资产评估报告书使用限制性说明一般应包括如下内容：

(1) 资产评估报告书只能用于评估报告书载明的评估目的和用途；

(2) 资产评估报告书只能由评估报告书载明的评估报告书使用者使用；

(3) 未征得出具评估报告书的评估机构同意，评估报告书的内容不得被摘抄、引用或披露于公开媒体，法律、法规规定以及相关当事方另有约定的除外；

(4) 资产评估报告书的使用有效期；

(5) 因评估程序受限造成的资产评估报告书的使用限制（是对受限结论的说明）。

业务约定书应当约定，评估报告书仅供委托方和业务约定书约定的其他评估报告书使用者使用，法律、法规另有规定的除外。

业务约定书应当约定，注册资产评估师和评估机构对委托方和其他评估报告书使用者不当使用评估报告书所造成的后果不承担责任。

业务约定书应当约定，未经委托方书面许可，注册资产评估师和评估机构不得将评估报告书的内容向第三方提供或者公开，法律、法规另有规定的除外。

业务约定书应当约定，未征得评估机构同意，评估报告书的内容不得被摘抄、引用或者披露于公开媒体，法律、法规规定以及相关当事方另有约定的除外。

业务约定书应当约定，根据《资产评估准则——基本准则》第二十三条的规定，遵守相关法律、法规和资产评估准则，对评估对象在评估基准日特定目的下的价值进行分析、估算并发表专业意见，是注册资产评估师的责任；提供必要的资料并保证所提供资料的真实性、合法性、完整性，恰当使用评估报告书是委托方和相关当事方的责任。

13. 资产评估报告书日期（略）。

资产评估报告书载明的评估报告书日通常为注册资产评估师形成最终专业意见的日期。

14. 资产评估报告书签字。资产评估机构签章、资产评估机构法定代表人签字并盖章、两名中国注册资产评估师签字并盖章，该项目资产评估人员名单。

（六）附件（略）
（七）评估明细表（略）
（八）评估说明（略）

二、资产评估报告书案例

封面

1. 名称：××××投资股份有限公司转让资产评估报告书。
2. 字号：××资评报字（2008）第××××号。
3. 评估机构：××××资产评估有限公司。
4. 报告时间：二〇〇八年六月三十日。

目录

××××投资股份有限公司转让资产评估报告书目录

一、声明

（一）本转让资产评估报告陈述的事项是真实和准确的；

（二）本转让资产评估报告对评估所依据的信息来源进行了验证，并确信其是可靠和适当的；

（三）本转让资产评估报告的分析和结论是在恪守独立、客观和公正原则基础上形成的，仅在假设和限定条件下成立；

（四）本转让资产评估报告与被评估无形资产及有关当事人没有任何利害关系；

（五）本转让资产评估报告只能用于载明的评估目的，因使用不当造成的后果与签字注册资产评估师及其所在评估机构无关。

二、摘要

本摘要与资产评估报告书正文具有同等法律效力。本摘要内容全部摘自资产评估报告书，欲了解本评估项目的全面情况，应认真阅读资产评估报告书全文。

我司接受贵司的委托，为其拟转让部分资产的目的，对所涉及的××××投资股份有限公司××国际大酒店（以下简称：××大酒店）的资产及负债进行了评估。

资产评估的范围是××大酒店的资产及负债，具体包括流动资产、非流动资产以及与资产相关的负债。

本项目评估基准日为2008年6月30日。

本次评估采用成本法进行。具体各项资产评估方法为：对流动资产中的货币资金以核实后账面金额确定其评估值；往来款项以预计可收回的金额确定评估值；存货中的原材料以采购成本金额确定评估值，在用低值易耗品采用重置成本法进行评估；固定资产采用重置成本法进行评估；土地使用权采用市场比较法进行评估；各种负债以实际需支付的金额确定评估值。经评估计算，在评估基准日2008年6月30日，××大酒店的资产评估结果如下：

1. 资产：账面价值6807.52万元，调整后账面值6807.52万元，评估价值11492.75万元，评估增值4685.23万元，增值率68.82%。

2. 负债：账面价值1640.46万元，调整后账面值1640.46万元，评估价值1640.46万元，评估增值0.00万元，增值率0.00%。

3. 净资产：账面价值5167.06万元，调整后账面值5167.06万元，评估价值9852.29万元，评估增值4685.23万元，增值率90.68%（评估结论详细情况见资产评估汇总表）。

资产评估结果汇总表　　单位：人民币万元

项　　目	账面价值	调整后账面价值	评估价值	增减值	增值率%
流动资产	813.44	813.44	878.23	64.79	7.96
非流动资产	5994.07	5994.07	10614.52	4620.45	77.08
资产合计	6807.52	6807.52	11492.75	4685.23	68.82
流动负债	1640.46	1640.46	1640.46	0.00	0.00
非流动负债	0.00	0.00	0.00	0.00	0.00
负债合计	1640.46	1640.46	1640.46	0.00	0.00
净资产	5167.06	5167.06	9852.29	4685.23	90.68

提请资产评估报告的使用者在使用本次资产评估结果时，应特别关注评估报告正文所述特别事项对资产评估价值的影响。按现行规定，本评估报告需经有权部门备案或核准后生效。评估结论的有效期为基准日后一年，即2008年6月30日至2009年6月29日。本摘要与评估报告书正文具有同等法律效力。

评估机构法定代表人：××

项目负责人：××

注册资产评估师：××

注册资产评估师：××

评估机构：××××资产评估有限公司

报告时间：二〇〇八年八月二十五日

三、正文

××××投资股份有限公司转让资产评估报告书

××资评报字（2008）第××××号

××××投资股份有限公司：

我司接受贵司的委托，根据国家有关资产评估的规定，本着客观、独立、公正、科学的原则，对××××投资股份有限公司××国际大酒店（以下简称：××大酒店）的资产及负债进行评估。本次评估目的是评定××大酒店的资产与负债的市场价值，为其转让资产提供价值参考依据。评估基准日为2008年6月30日。本司评估人员按照必要的评估程序对委估资产与负债实施了权属核实、市场调查与询证、评定估算，对××大酒店的资产与负债价值在评估基准日所表现的市场价值作出了公允反映，出具了评估报告书。现将评估结果报告如下：

（一）委托方、产权持有者和委托方以外的其他评估报告使用者

1. 委托方：本次资产评估业务的委托方为××××投资股份有限公司。

2. 产权持有者：产权持有者为××××投资股份有限公司。

3. 其他评估报告使用者：其他评估报告使用者为拟购买××大酒店资产与负债的购买者及法律法规规定的其他相关部门。

（二）评估目的

本次资产评估的目的，是提供××大酒店的资产与负债在评估基准日时的市场价值，为××××投资股份有限公司拟转让该项资产的经济行为提供作价参考依据。

（三）评估对象和评估范围

本次评估的对象为××大酒店的资产及负债，评估对象涉及的资产范围为××大酒店的所有资产和负债，××大酒店的具体情况如下：

1. 公司概况

××大酒店是××××投资股份有限公司下属的四星级旅游酒店，为非独立法人的营业机构，财务单独核算，于1991年12月对外营业，2002年经全面装潢改造，升级为四星级酒店。

××大酒店的经营范围：许可经营项目：住宿、餐饮服务；城市及近郊区出租汽车营运；文化娱乐，理发、美容、浴洗服务。一般经营项目：代售飞机票服务；工艺品、日用品批发及零售。

2. 评估基准日具体资产和负债情况

（1）流动资产，账面价值为8134441.73元。主要构成如下：

A. 应收账款账面价值为2420919.17元，主要为应收其他单位的消费款。

B. 预付账款账面价值为1260402.01元，主要为预付的施工费。

C. 其他应收款账面价值为481541.79元，主要为与其他单位的往来及备用金等。

D. 存货账面价值为3971578.76元，主要为原材料和周转材料等。

（2）固定资产账面原值为110234260.84元，账面净值为46990593.01元，包括建筑物、机器设备和车辆等。建筑物的账面原值为93299905.46元，账面净值为42639077.79元，主要为酒店的两栋营业用房及其附属用房、构筑物等。机器设备及车辆的账面原值为16934355.38元，账面净值为4351515.22元，主要为维持酒店运营所必需的设备及车辆等使用的。

（3）无形资产账面价值为12950118.11元，为酒店所占用的土地使用权。

（4）负债账面价值为16404557.09元，为公司应付其他单位的货款、预收的服务费、应交的各项税费和应付的其他款项。

（四）价值类型及其定义

资产评估的价值类型取决于评估特定的目的、市场条件和评估对象的使用状况。本次评估的目的主要为转让资产提供作价依据，而资产的转让是通过市场条件实现的，因此本次资产评估采用的价值类型为市场价值。

所谓市场价值是指自愿买方和自愿卖方在各自理性行事且未受任何强迫的

情况下，评估对象在评估基准日进行正常公平交易的价值估计数额。

（五）评估基准日

评估基准日的选取本着与拟发生经济行为的实现日尽可能接近之原则，经相关各方商定，本次资产评估基准日为2008年6月30日，在评估中所采用的价格，均为评估基准日有效的价格标准。

（六）评估依据

1. 法律依据：

（1）国务院［1991］91号令《国有资产评估管理办法》；

（2）原国家国有资产管理局国资办发［1992］第36号《国有资产评估管理办法施行细则》；

（3）中国资产评估协会发布的《企业国有评估报告指南》；

（4）原国家国有资产管理局国资办发［1996］23号关于转发《资产评估操作规范意见（试行）》的通知；

（5）国务院国有资产监督管理委员会令第12号《企业国有资产评估管理暂行办法》（2005年8月25日颁布）；

（6）国资委产权［2006］274号《关于加强企业国有资产评估管理工作有关问题的通知》；

（7）《中华人民共和国公司法》；

（8）《企业会计准则》及国家有关财务会计的法律、法规；

（9）《中华人民共和国城市房地产管理法》；

（10）《房地产估价规范》（GB/T50291－1999）；

（11）《中华人民共和国营业税暂行条例》、《中华人民共和国土地增值税暂行条例》、《中华人民共和国企业所得税法》。

2. 准则依据：

（1）资产评估准则——基本准则；

（2）资产评估职业道德准则——基本准则；

（3）资产评估准则——业务约定书；

（4）资产评估准则——评估程序；

（5）资产评估准则——不动产；

（6）资产评估准则——机器设备；

（7）资产评估准则——无形资产；

（8）资产评估准则——工作底稿；

（9）资产评估准则——评估报告；

（10）中国注册资产评估师关注评估对象法律权属指导意见；

（11）资产评估价值类型指导意见；

（12）企业价值评估指导意见。

3. 行为依据：

(1) ××××投资股份有限公司董事会关于资产转让等相关事宜的决议；

(2) ××××资产评估有限公司与广西飞达投资股份有限公司签订的评估业务委托书。

4. 权属依据：

(1) ××大酒店的营业执照、章程、验资报告等资料；

(2) ××大酒店提供的房屋所有权证书或相关证明文件；

(3) ××大酒店提供的车辆行使证；

(4) ××大酒店提供的土地使用权证。

5. 取价依据：

(1) 资产占有方提供的有关工程图纸与工程结算等资料；

(2) 广西区建设厅与广西区物价局联合发布的《广西区建设工程材料价格信息》；

(3) 国家及广西区有关部门颁布的有关建筑工程专业收费的文件；

(4) 广西区建设厅颁发的《广西区建筑与装饰工程计价表（2004)》；

(5) 广西区建设厅颁发的《广西区建筑工程概算定额（2005)》；

(6) 广西区建设厅颁发的《广西区建筑工程概算指标（1988)》；

(7) 广西区建设厅颁发的《广西区建筑工程造价估算指标（2002)》；

(8) 南宁市国土管理局网站公布的近期土地出让成交信息；

(9) 中国机械工业出版社出版的《2008 年机电产品价格信息》；

(10) 中国联合汽车销售信息中心出版的2008 年《全国汽贸商情》(周刊)；

(11) 慧聪广告信息有限公司出版的2008 年《慧聪商情》；

(12) ××大酒店提供的会计报表及财务账册；

(13) ××大酒店提供的产品销售价格及销售合同；

(14) 本所收集、整理的其他有关资料。

(七) 评估方法

根据《资产评估准则——基本准则》的规定：资产评估的基本方法包括市场法、收益法和成本法，《企业价值评估指导意见》也规定对企业价值进行评估时，应当根据评估对象、价值类型、资料收集情况等相关条件，分析收益法、市场法和成本法三种基本方法的适用性，恰当选用一种或多种资产评估基本方法。

针对本次特定目的下的评估对象进行分析，评估对象涉及的被评估企业为一家四星级酒店，由于受所处位置、行业定位、市场开发和自身经营等的影响，近几年以来的经营业绩一直很不理想，其历史业绩未能合理地反映其资产的实际收益水平，因而对公司的未来收益和风险难以进行合理的预测和估计，不适合用收益法对被评估企业的整体资产进行评估。而若采用市场法进行评估，则由于国内产权交易市场发育尚不完善，难以从市场上获得同类或相近的交易案例，无法取得合理参考数据，进而确定评估价值，因此也不适合采用市场法评估。综上因素考虑，从满足评估内在目的和审慎的原则考虑，本次评估采用成本法进行评估。所谓成本法就是指在合理评估企业各项资产价值和负债的基础上确定评估对象价值的评估思路。其基本计算公式为：资产价值 = 全部各单项资产评估值之和 − 全部负债。

（八）评估程序实施过程和情况

根据国家有关部门关于资产评估的规定和会计核算的一般原则，按照签订的资产评估业务委托书所约定的事项，评估人员实施了对资产占有单位提供的法律性文件与会计记录以及相关资料的验证核实；对资产占有单位提交的资产清单进行了必要的产权查验；对资产进行了现场勘察与核对，并取得了相关的产权证明文件；进行了必要的市场调查和交易价格的比较；评估人员认为有必要实施的其他资产评估程序。资产评估的详细过程如下：

1. 接受委托及准备阶段。在接受委托之后，评估人员开始资产评估方案的准备工作。根据拟评估资产的总体情况设计资产评估方案、编制资产评估调查提纲并拟订资料清单。

（1）确定了有关的资产评估人员，并与委托方的相关工作人员就本次资产评估的目的、评估范围、委托评估主要资产的特点等影响资产评估方案的问题进行了认真讨论。

（2）根据委托评估资产特点，有针对性地布置评估申报明细表，并设计主要资产调查表，对有关配合人员进行业务培训，填写资产评估清查明细表。

（3）评估方法的选择。依据本次评估的目的和受本次评估资料条件的限制，本次采用成本法对相关资产及负债进行评估。

（4）评估资料的准备：收集和整理评估对象行业资料和有关规定。

2. 现场清查阶段。

（1）评估对象真实性和合法性的查证。根据资产占有单位提供的资产和负债申报明细表，评估人员针对实物资产和货币性资产、债权和债务，采用不同的核查方式进行查证，以确认资产的客观存在。

对货币资金，评估人员通过查阅日记账，审核银行对账单及银行存款余额调节表等方式进行调查；

对债权和债务，评估人员采取核对总账、明细账、抽查凭证，发询证函等方式确定资产和负债的真实性。

对存货，通过抽查盘点的方式确认其存在的真实性。

对固定资产中的建筑物、机器设备与车辆，评估人员首先进行了必要的产权查验。其次，评估人员根据企业申报的明细表，对各项资产进行逐一清查。

（2）建筑物现状、机器设备与车辆运行状态的调查。对于建筑物、机器设备运行状态的调查采用重点和一般相结合的原则，主要通过查阅建筑物使用、改造、维修记录，查阅机器设备的运行、维修记录，在各部门相关管理人员的配合下现场观察建筑物现状、机器设备运行状态，根据现场调查记录填写建筑物、机器设备调查表。在现场勘察的基础上向有关管理人员进行了调查，全面分析已掌握的情况，并作进一步完善，以便对资产的历史与现状作更全面的了解，从而综合评定各项资产的经济性、技术先进性等指标。

(3) 资产和负债账面价值构成的调查。根据各类资产和负债的特点，通过分析复核历史数据的方式验证其账面价值构成的合理性和合规性。重点核查存货计价成本要素的完整性、固定资产账面价值的准确性、工程决算以及债权和债务账面数的完整性和准确性，并查阅了有关会计凭证和会计账簿、工程建造合同、重大设备购置合同。

3. 评定估算阶段。各类资产评定估算过程和方法如下：

(1) 流动资产，我们根据不同资产类别的特点，分别采用现行市价标准或重置成本标准确定其评估值。

A. 应收款项：评估人员在对应收款项核实无误的基础上，首先借助于历史资料和现在调查了解的情况，具体分析应收款数额、欠款时间和原因、款项回收情况、欠款人资金、信用、经营管理现状等。其次，在核实会计资料的基础上，评估人员在确定该等款项未来可收回金额时，按照发生时期长短，采用账龄分析法分析产生损失的可能性。评估人员按账龄长短不同，分别对2~3年、3~4年、4~5年、5年以上的款项预估坏账损失率，进而计算出可能发生的坏账损失合计值，作为对该等款项总额的抵减得出其评估值。对于有确凿证据证明无法收回的应收款项，评估值确定为零。

B. 预付账款：评估人员查阅了相关购买合同、供货协议，了解了评估基准日至评估现场作业日期间已接受的服务和收到的货物情况，对预付账款中，未发现对方单位有破产、撤销或不能按合同规定按时提供劳务或货物等情况，以调整后账面值确定评估值。对费用性质的项目，经核实确定后评估为零。

C. 存货：列入评估范围的存货主要为原材料和周转材料。

评估人员首先核对了资产清查评估明细表与明细账的金额；然后，对存货进行了盘点，并详细了解了存货的品质状况和适销、适用情况。对不同的存货分别采用以下评估方法：列入评估范围的原材料包括酒店近期购进的材料物资，账面金额为实际成本，外购存货根据清查核实后的数量乘以现行市场购买价，再加上合理的运杂费、损耗、验收整理入库费及其他合理费用，得出各项资产的评估值。周转材料主要为酒店各类床上用品及维持酒店运营的低于固定资产标准的物品等等，评估人员采用重置成本法评估，根据清查数量，估算的各项物品的重置价值、成新率，计算确定其评估值。

(2) 非流动资产，包括建筑物、机器设备与车辆、土地使用权。

A. 建筑物：采用重置成本法进行评估，评估价值=评估原值×成新率。根据清查盘点结果，针对每一建筑物的具体情况，以《广西区建筑工程概算指标（1988）》中类似建筑物的综合造价，经适当调整后确定委估房屋建筑物的综合造价，然后考虑必要的专业费用、配套规费、建设单位管理费用以及资金成本等，据以确定评估原值；再根据建筑物使用及维护保养情况，采用直接观察法结合耐用年限法综合确定成新率；最终根据评估原值和成新率计算确定评估值。

B. 机器设备与车辆：采用重置成本法进行评估，评估价值评估原值×成新率。根据清查盘点结果，以稳定的市场价格作为现行市价，加计必要的运杂费、安装调试费和其他合理费用构成评估原值；车辆在现行市价的基础上加计了车辆购置税及办证杂费作为车辆评估原值。通过现场勘察机器设备运行状况，同时考虑设备的维护保养情况、现有性能、常用负荷率以及所处的环境等，再结合设备的耐用年限等因素进行综合评定成新率。对运输车辆，根据国家关于车辆报废的年限和里程标准，按孰低原则计算车辆的成新率。

C. 土地使用权：采用市场比较法进行评估。市场比较法是根据市场中的替代原理，将委估地块与具有替代性的，且交易时间临近评估基准日的类似地块进行比较，对类似地块的交易时间、交易情况、区域因素、个别因素等作适当修正后计算比准价格，据以确定委估地块的评估值。

（3）负债：我们在清查核实的基础上，主要根据评估目的实现后资产占有方实际需要承担的数额确定相关负债的评估价值。

4. 评估结果的分析和评估报告的撰写阶段。

针对各评估人员测算的结论，组织人员分析认定资产评估结论的合理性并与委托单位和被评估企业就评估情况进行沟通交流。按照资产评估规范化要求，组织各专业组成员编制相关资产的评估说明及报告。评估结果、相关资产评估说明及报告按公司规定程序进行三级复核，全部审核意见反馈回项目组，评估人员在此基础上进行进一步修订。最后由评估人员完成并提交报告。

（九）评估假设

由于资产评估实际上是一种用模拟的市场来判断资产价值的行为。面对不断变化的市场以及不断变化着的影响资产价值的种种因素，借助于适当的假设将市场条件及影响资产价值的各种因素暂时“凝固”在某种状态下，以便注册资产评估师进行价值判断是必须的。本评估项目分为基本假设和特定假设，分述如下：

1. 基本假设。

（1）交易假设。假定所有待评估资产已经处在交易过程中，评估师根据待评估资产的交易条件等模拟市场进行估价。交易假设是资产评估得以进行的一个最基本的前提假设。

（2）继续使用假设。假设××大酒店的资产以目前的方式及规模继续使用。

（3）公开市场假设。假定在市场上交易的资产，或拟在市场上交易的资产，资产交易双方彼此地位平等，彼此都有获取足够市场信息的机会和时间，以便对资产的功能、用途及其交易价格等做出理智的判断。

（4）宏观经济环境稳定的假设。除已出台的政策以外，在可预见的将来，我国的宏观经济政策平稳，税收、利率、物价水平等基本稳定，行业政策按照发展规划实施，“十一五”计划顺利实施，整个国民经济持续稳定、健康发展的态势不变。

（5）对于本评估报告中评估结论所依据而由委托方及资产占有方提供的信息资料是可信的。

（6）对于本评估报告中价值估算所依据的资产使用方式所需由国家各级政府部门、权威机构、社会组织等签发的一切执照、使用许可证、同意函或其他法律性或行政性授权文件假定已经或可以随时获得或更新。

2. 特定假设。

（1）××大酒店所遵循的我国有关现行法律、法规、政策、规章及其经营所在地的政治、社会经济环境无重大改变；

（2）××大酒店所需生产资料的价格无重大变化，并且将不会严重短缺；

（3）××大酒店目前遵循的税收制度和有关的税收优惠政策无重大改变；

（4）本次评估测算各项参数取值均未考虑通货膨胀因素；

（5）无其他人力不可抗拒及不可预见的因素所造成的重大不利影响。

（十）评估结论

经评估计算，在评估基准日2008年6月30日，××大酒店的资产评估结果如下：

1. 资产：账面价值6807.52万元，调整后账面值6807.52万元，评估价值11492.75万元，评估增值4685.23万元，增值率68.82%。

2. 负债：账面价值1640.46万元，调整后账面值1640.46万元，评估价值1640.46万元，评估增值0.00万元，增值率0.00%。

3. 净资产：账面价值5167.06万元，调整后账面值5167.06万元，评估价值9852.29万元，评估增值4685.23万元，增值率90.68%（评估结论详见表9-4资产评估汇总表）。

（十一）特别事项说明

1. 截至评估基准日，××大酒店有部分房屋建筑物尚未办理房屋产权证，详见房屋建筑物清查评估明细表。

2. 由于××大酒店建筑物所占用的土地使用权面积与××××投资股份有限公司的办公楼所占用的土地使用权面积未进行分割，本次评估，根据

表 9－4　　资产评估结果汇总表　　单位：人民币万元

项　目	账面价值	调整后账面价值	评估价值	增减值	增值率%
流动资产	813.44	813.44	878.23	64.79	7.96
非流动资产	5994.07	5994.07	10614.52	4620.45	77.08
资产合计	6807.52	6807.52	11492.75	4685.23	68.82
流动负债	1640.46	1640.46	1640.46	0.00	0.00
非流动负债	0.00	0.00	0.00	0.00	0.00
负债合计	1640.46	1640.46	1640.46	0.00	0.00
净资产	5167.06	5167.06	9852.29	4685.23	90.68

××××投资股份有限公司对××大酒店建筑物与办公楼所占用的土地面积进行的分割，办公楼所占用的土地面积为3496.80平方米，××大酒店建筑物所占用的土地面积为17571.90平方米，截至评估时，××××投资股份有限公司正在向土地管理部门申请办理土地使用权分割手续。至评估基准日，××××投资股份有限公司已将该地块抵押给中国工商银行南宁市高新支行，抵押期限为2003年12月25日至2008年12月25日。提请评估报告的使用者在使用本次资产评估结果时，应特别关注上述事项对资产评估价值的影响。

（十二）评估报告使用限制说明

1. 评估报告只能用于评估报告载明的评估目的和用途；

2. 评估报告只能由评估报告载明的评估报告使用者使用；

3. 未征得出具评估报告的评估机构同意，评估报告的内容不得被摘抄、引用或披露于公开媒体，法律、法规规定以及相关当事方另有约定的除外；

4. 评估报告的使用有效期限一般为基准日后一年以内，即自2008年6月30日至2009年6月29日为止；

5. 评估基准日后，评估结果有效期以内，若××大酒店资产和相关负债的数量发生变化，应根据本报告的评估方法对资产额进行相应调整。若资产价格标准发生变化，并对资产评估值产生明显影响时，委托方应及时聘请评估机构重新确定评估值。

6. 遵守相关法律、法规和资产评估准则，对评估对象价值进行估算并发表专业意见，是注册资产评估师的责任；提供必要的资料并保证所提供资料的真实性、合法性和完整性，恰当使用评估报告是委托方和相关当事方的责任。

7. 注册资产评估师对评估对象的法律权属状况给予了必要的关注，但不对评估对象的法律权属作任何形式的保证。

（十三）评估报告日

本评估报告报告日为2008年8月25日。

（十四）评估报告签字

评估机构法定代表人：××

项目负责人：××

注册资产评估师：××

注册资产评估师：××

评估机构：××××资产评估有限公司

报告日期：二〇〇八年八月二十五日

四、附件

（一）××大酒店评估基准日的财务审计报告；

（二）××大酒店营业执照复印件；

（三）××大酒店承诺函；

（四）××××资产评估有限公司资产评估人员和评估机构的承诺函；

（五）××××资产评估有限公司资产评估资格证书复印件；

（六）××××资产评估有限公司营业执照复印件；

（七）××××资产评估有限公司参加本评估项目的人员；

（八）注册资产评估师××和注册资产评估师××资格证书复印件；

（九）××××大酒店有关房屋、土地及车辆产权证明文件；

（十）××××大酒店截至2008年6月30日资产负债表、利润表和现金流量表（略）。

五、资产评估明细表（略）

第四节　资产评估报告书的复核利用与档案管理

一、评估报告复核

评估报告复核，一般来说具有广义和狭义两种含义。广义上评估报告复核包含外部复核和内部复核，狭义上评估报告复核只包含内部复核。所谓外部复核是指资产评估机构对其他资产评估机构出具评估报告进行评判分析和再评估的活动和过程。它服务于特定的评估当事人，对某个特定评估报告的真实性、合法性和评估结果的合理性进一步做出判断和评价，并出具符合《资产评估准则——报告准则》规定评估复核报告。外部评估复核毕竟不同于一般被认为鉴证意义的评估，它的核心往往是从评估技术的角度来核实评估目的实现日与基准日之间的差异，并且需要结合评估目的转变情况在更大的范围内考虑委估对象的价值。所谓内部复核是指受托的资产评估机构完成对资产评估工作后，为保证评估报告的质量，由受托评估机构对评估报告评估目的、评估基准日、评估假设、评估依据、评估范围及评估结果等内容进行三级复核。实施复核责任人是评估项目负责人、部门经理、法定代表人，进行复核后要在评估报告上签字并盖章以示负责。在此，重点讨论评估报告内部三级复核的权责问题。

（一）项目负责人

项目负责人依据《资产评估准则——评估程序》规定，着重从评估工作底稿角度复核评估报告，具体要求：

1. 根据《资产评估准则——评估程序》规定，从总体上复核评估报告正文编制是否达到以下要求：内容是否完整，应列入报告的各项内容是否都已分别叙述清楚，有没有错漏；附件有无短缺；改正报告中文字上的差错或其他遗漏等。

2. 回顾项目开展评估的全过程，通过复核评估工作底稿来复核评估报告，审视评估整体工作是否客观、公正、科学，是否全部符合程序准则规定，如果发现有疏忽不妥之处，要及时弥补。

3. 重点复核评估方法、评估过程和评估结果，对评估报告所列各类资产、负债以及总资产、净资产的评估依据、评估价值进行复核，保证评估结果的科学性、准确性、客观性、公正性、有效性。

（二）部门经理

评估机构相关部门经理根据《资产评估准则——评估报告》规定，重点复核评估报告内容是否完整、资产权属是否清晰、评估结果是否公允。具体要求：

1. 部门经理要在项目负责人初步复核的基础上，对已初步修正的评估报告再次就以上复核内容进行重点复核。

2. 要结合审核评估说明对评估报告的复核，保持评估报告正文与评估说明的一致性，防止出现错漏之处。

3. 部门经理审核的关键是保证评估结果的公允性。要从保证评估结果的可靠性、准确性出发，着重审核评估报告所列各项数据，即报告最后向委托方报告项目的评估价值公允性。在审核中，必要时应对评估报告所列各项数据重新计算复核，以求万无一失。

（三）法定代表人

资产评估机构法定代表人要把握好评估报告的最后一道关。评估机构法定代表人要在项目负责人、部门经理审核的基础上，重点应从资产评估政策、原则、准则、业务规程等方面执行与其评估结果的科学性上把关。具体包括：

1. 复核评估报告是否符合合法性原则。

（1）委托方的委托依据、所提供的文件和材料是否充分、可靠；

（2）开展评估的全过程是否符合评估准则要求；

（3）评估结果的获得是否符合国家和政府主管部门的法律、法令和法规精神；

（4）评估报告书是否体现了在该项目评估中恪守职业道德、坚持原则、秉公执业的形象。

2. 要对涉及评估报告实质性内容进行复核。包括进一步复核报告所表述的评估目的是否清晰；评估范围和对象是否确切；评估过程和步骤是否合乎要求；评估原则和评估依据是否正确；评估基准日的选择是否可行；特别是评估结果是否切合实际，有无不妥当或考虑不周的地方；对评估报告所列各类资产和负债以及总资产、净资产的评估价值是否科学、正确；资产的增值或减值是否合理等。

3. 签署评估报告最终意见。评估机构法定代表人要对评估报告从总体上做最后复核，签署评估报告最终意见。一般来说，只要资产评估机构法定代表人签署了同意意见后，评估报告经过两名以上注册资产评估师和所在资产评估机构法定代表人签字并加盖公章后，评估报告才具有法律效力。

二、评估报告使用

评估机构正式出具评估报告后，评估报告才能使用。具体使用者包括评估委托方、评估管理方和其他相关部门等。至于评估报告引用其他专业评估报告和利用专家成果的法律责任，目前我国还没有出台与此相关的评估法规，但我们认为，如果采取有偿方式利用的，错误与遗漏应追溯提供专业评估报告机构和专家，所造成损失应该由提供方负责，引用方免责；如果采取无偿方式利用的，错误与遗漏应由出具评估报告的机构负责，所造成损失应该由引用方承担，提供方免责。

（一）评估委托方对评估报告的使用

评估委托方在收到评估机构送交的正式评估报告后，可以依据评估报告所揭示的评估目的和评估结论，合理使用评估结果。具体用途如下：

1. 可以作为资产的作价基础。具体评估目的有：

（1）以非货币资产对外投资；

（2）合并、分立、清算；

（3）除上市公司以外的原股东比例变动；

（4）除上市公司以外的整体或部分产权（股权）转让；

(5) 资产转让、置换、拍卖;

(6) 整体资产或者部分资产租赁给非国有单位;

(7) 确定涉讼资产价值;

(8) 国有资产占有单位收购非国有资产;

(9) 国有资产占有单位与非国有资产单位置换资产;

(10) 国有资产占有单位接受非国有资产单位以实物资产偿还债务;

(11) 法律、行政法规规定的其他需要进行评估的事项。

2. 可以作为会计核算依据。评估委托方根据评估报告所揭示的评估目的使用评估报告的同时,应根据评估报告结果进行会计记录或调整有关财务账项。

3. 可以作为履行委托评估协议和支付评估费用的主要依据。当评估委托方收到资产评估机构的正式评估报告后,在没有异议的情况下,应根据委托评估协议,将评估结果作为计算支付评估费用的依据,履行支付费用的承诺及其他有关承诺的协议。

4. 评估报告及有关资料也是有关当事人因资产评估纠纷向纠纷调处部门申请调处的申诉资料之一。为此,评估委托方在使用评估报告及有关资料时,必须注意如下五个问题:

(1) 只能按评估报告所揭示的评估目的使用报告,一份评估报告只允许按一个用途使用。

(2) 只能在评估报告的有效期内使用报告,超过评估报告有效期,资产评估结果无效。

(3) 在评估报告有效期内,资产评估数量发生较大变化时,应由原资产评估机构或者由资产占有单位按评估方法做相应调整后才能使用。

(4) 涉及国有资产产权变动的评估报告及有关资料必须经主管国有资产管理部门或授权部门批准或备案后方可使用。

(5) 评估报告及有关资料作为会计记录和调整企业账项使用的,必须由有权部门批准或认可后方能有效。

(二) 评估管理方对评估报告的使用

资产评估管理方主要包括对资产评估进行行政管理的主管部门和资产评估行业自律管理的资产评估协会。具体表现在:

1. 评估报告是资产评估管理方实现对评估机构行政管理和行业自律管理的重要途径。资产评估管理机构通过评估报告及有关资料的使用,可以了解评估机构从事评估工作的业务能力和组织管理水平。由于评估报告是反映资产评估工作过程的工作报告,资产评估管理机构通过对评估报告及相关资料的检查与分析,评估管理机构能评价该机构的业务能力和组织管理水平。

2. 资产评估管理方通过利用评估报告，可以加强对资产评估结果的质量监管。资产评估管理方通过对评估报告书进行核准或备案，能够对评估机构的评估结果质量的好坏做出客观的评价，从而能够有效实现对评估机构和评估人员的管理。

3. 资产评估管理方通过利用评估报告为国有资产管理提供重要的数据资料。如果被评估资产属于国有资产，则资产评估管理方通过对评估报告的统计与分析，可以及时了解国有资产占有和使用状况以及增减值变动情况，为进一步加强国有资产管理服务。

（三）其他相关部门对评估报告及相关资料的使用

除了资产评估管理方可运用评估报告及相关资料外，还包括政府管理部门也需要运用评估报告及相关资料。这些部门包括证券监督管理部门、保险监督管理部门、工商行政管理、税务、金融和法院等。证券监督管理部门对评估报告的使用，主要表现在对申请上市的公司有关申报材料招股说明书的审核过程以及对上市公司的股东配售发行股票时申报材料配股说明书的审核过程。

根据我国相关法律规定，公开发行股票公司信息披露至少要列示以下各项资产评估情况：

1. 按资产负债表大类划分的公司各类资产评估前账面价值及固定资产净值。

2. 公司各类资产评估净值。

3. 各类资产增减值幅度。

4. 各类资产增减值的主要原因。

此外，还应简单介绍资产评估时采用的主要评估方法。公开发行股票的公司采用非现金方式配股，其配股说明书的备查文件必须附上评估报告及相关资料。

除此之外，证券监督管理部门还可运用评估报告和相关资料，加强对取得证券业务评估资格的评估机构及有关人员的业务管理；保险监督管理部门、工商行政管理部门、税务、金融和法院等部门也都能通过对评估报告及相关资料的利用来达到实现其管理职能的目的。

三、评估档案建立

（一）基本要求

评估资料的归档是评估业务档案收集工作的重要环节。在归档过程中，评估资料应保证齐全、完整和准确。

1. 归档范围：各种产权证明、业务约定书、项目建议书、工作底稿、工作计划、核算资料及表格、合同及章程、评估报告书、评估软件及照片等。

2. 归档时间：归档时间是指评估机构将评估过程中收集的材料整理后向机构档案管理员移交的时间。档案管理员在执行归档时间时，注意明确评估档案的具体归档时间，确定评估材料在评估机构保存的时间，并列入评估业务档案管理制度，以便于操作实施。

3. 归档要求：接受委托评估项目，无论其规模大小，还是属于单项资产评估或整体资产评估，都要单独编号立卷归档。

我们认为，在归档过程中应该注意一下三方面：

(1) 形式上应按我国档案管理法规要求，做到要素齐备、格式规范、索引明确、标识一致、记录清晰；

(2) 内容繁简要恰当。业务档案的建立要与评估目的、被评估资产的规模，产权关系等要求相一致；

(3) 注明资料来源、分清责任。对搜集的资料要进行分析判断，去粗取精，去伪存真。

（二）整理和编制

评估业务档案材料的整理要符合评估工作的专业性要求，遵循资产评估专业化管理的规律。评估机构在整理工作中，应建立由项目负责人和档案管理人员共同参与的制度。

1. 组卷方法。资产评估机构应根据档案管理的有关法规和评估机构的实际情况，采用分年度制，对业务档案本着便于查找、利用的原则，进行归类整理立卷，并编制案卷目录，填写案卷封面。

2. 进行组卷。具体组卷应按照同一委托单位同一项业务或同一评估目的进行分类，还要考虑按年度分开，在每个年度内，按业务项目分类，组成一个案卷。组卷方法：第一，可以根据业务需要组成若干分册，且在每册封面上注明本卷共有多少册，此册为第几册；第二，按资产类别编制页码，案卷开首要填写“卷内文件目录”，案卷封面填写要规范、整齐，由评估机构负责人、部门经理、项目负责人签字或盖章，同时装订的密封处要加盖评估机构公章。

(1) 评估工作底稿归档：按管理类和操作类。

由于评估项目由不同评估小组分工完成，编制时工作人员可按评估工作底稿形成的特点和顺序，将评估工作底稿分为管理类工作底稿和操作类工作底稿。管理类工作底稿，由评估项目负责人编制，编制中要侧重评估项目的组织管理过程和最终结果的质量控制。操作类工作底稿则由评估项目的从业人员完成，侧重于反映执行具体评估程序和形成评估结果的情况。

具体做法是：将评估工作底稿分门别类，形成相互联系相互控制的特定索引号；在同一索引号下不同的评估工作底稿的页次应按顺序编号（顺序号）；相关项目评估的各种底稿之间应保持清晰的勾稽关系，相互引用时，应注明交叉索引号。编制者应签署姓名和日期。复核者也应在工作底稿上签署姓名和日期，编制完毕，与档案管理人员办理交接手续。

（2）评估报告按财政部【91】号文件规定的先后顺序整理编制。

出具正式评估报告后，项目负责人应按财政部【91】号文件中规定的主卷评估报告书/副卷评估说明及评估明细表格式，对封面及目录、摘要、正文、备查文件等进行顺序编制，并连同工作底稿等有关资料一并上交档案管理人员，办理完交接手续后，由档案管理人员按报告的编号顺序排列，先编制页码，开首要填写卷内文件目录，封面要有法定代表人、部门经理及项目负责人签名盖章。案卷题名要有评估机构名称，评估材料的名称，填写该卷档案的流水号及保管清册。案卷的分类排列编号要防止漏号、空号、重号和颠倒等。

（3）联合体资产评估项目评估资料的归档。

联合体资产评估项目评估资料的归档，工作底稿和评估报告及相关资料由各自分工负责的机构整理，交给评估项目的牵头机构，并留备份。具体编制可参考上述要求。

（4）咨询服务的评估报告也要求归档编制，并做到项目齐全、内容完备，以备查用。

（三）档案保管与销毁

1. 档案保管。档案保管是指根据档案的成分和状况所采取的存放和安全防护措施，包括三项工作内容：

(1) 档案的库房管理；

(2) 档案流动过程中的保护；

(3) 保护档案的技术措施。

2. 档案保管必须保证完整无缺。凡与评估项目有关的资料应全部收集归入档案。资产评估机构应当建立健全业务档案管理制度，有条件的单位还应设立档案管理工作岗位，指派专职或兼职档案管理人员，专门负责资产评估业务档案的立卷与保管，按规范要求做好评估档案的建设与管理工作。评估机构在完成评估任务后，项目负责人应及时组织和整理资料，验收合格后连同目录并在一个月内向档案保管人员登记移交。双方应办理移交手续，签署书面材料，不得拒绝归档或将档案据为已有。在档案收集整理过程中，评估机构应结合各个评估项目的具体要求，填写项目档案卷内目录、档案索引、编写页号和备考表，并按要求装订成册，放入符合条件的专柜保管，确保业务档案的安全。电子档案的保存有多种形式。从电子文件到电子档案要经过很多步骤和处理过程，档案管理人员要进行监督和实施，不仅保证数字信息的可存取性，更要确保被存取信息的真实性。

3. 档案保管期限。档案保管期限要根据国家法律法规、行业管理规定和评估项目的具体情况来确定。档案保管期限按评估目的划分，当评估目的为发行股票、股票上市交易以及涉及财产纠纷时，该项目档案须保存 10 年以上。其他评估目的档案，要保存 5 年以上。档案的保管年限应从评估基准日算起。咨询服务性评估报告的保管期限可由评估机构根据客户情况确定保管时间。具体地说，若为长期客户，时间可保留长些，其他可根据业务需要保留。应该注意的是咨询服务性评估报告问题较多，且评估报告不够规范，产权关系复杂，有的评估报告因委托方提供的资料有限，付费较少，评估机构接受任务后未能对评估范围、产权关系及其与评估目的有关的资料进行全面仔细的调查研究，工作底稿粗略，甚至没有。针对这种情况，档案管理人员应及时督促项目负责人尽量使相关资料归档。

4. 档案销毁。评估业务档案保管期满后，应及时进行鉴定，对确实没有继续保存价值的档案，在销毁前必须由档案管理人员编造清单，经法人代表和档案管理员共同在销毁清单上签字，方可销毁。评估机构应委派至少两名工作人员，负责销毁。为确保评估业务档案的保密性，杜绝评估档案流入外界，咨询服务性评估方面的资料销毁，可办理简单的内部审批手续，评估机构法定代表人签字后方可销毁。

（四）评估档案利用

评估档案利用是指对评估业务档案的借阅、复印和摘录。它分为外部查阅和内部查阅两种形式。对档案外借必须建立严格的制度，只有履行一定的审批程序，评估档案方能外借。如法院、检察院、行业主管部门及国家有关部门需查阅相关资料，同行相关专业人员经档案所有权人同意亦可查阅，但不得复印，特别是评估工作底稿和客户的有关机密文件等。涉及原客户商业机密的，查阅人必须承担保密责任。同时，因查阅者误用档案资料，造成直接经济损失或不良后果的与档案提供者无关。评估机构内部业务人员因工作需要查阅、复印或摘录相关内容，也应办理相关审批手续。

电子档案的利用比纸质档案利用更方便、快捷，且能做到档案资源共享。但这必须建立在有严格内部控制制度的基础上才能实现。

思　考　题

1. 什么是评估报告？你认为评估报告应该包含哪些基本要素？

2. 根据《资产评估准则——评估报告》的要求，评估报告应该包含哪些具体内容？你是怎样理解的？

3. 在资产评估工作中为什么要出具评估报告？应该对哪些特别事项进行说明？

4. 为什么要划分评估报告书类型？这些类型报告有什么不同之处？在什么情况下出具完整性评估报告书？

5. 通过学习后，你认为评估报告书应该如何编写？应该注意哪些问题？

6. 资产评估报告有何利用价值？不同报告使用者在使用评估报告中有什么不同之处？

7. 通过学习评估报告格式范例后，你应该如何编制一份资产评估报告书？

练 习 题

1. 我国对评估报告是从（　　）方面来进行规范的。

A. 报告类型　　B. 报告要素

C. 报告基本内容　　D. 报告格式

2. 根据我国相关规定，资产评估说明中进行资产评估有关事项说明是由（　　）提供的。

A. 委托方　　B. 受托方

C. 资产占有方　　D. 资产评估机构

3. 评估报告主体是（　　）。

A. 注册资产评估师　　B. 资产评估机构

C. 资产委托方　　D. 资产接受方

4. 评估报告是资产评估机构为资产评估项目承担（　　）的证明文件。

A. 法律责任　　B. 道德责任

C. 刑事责任　　D. 民事责任

5. 评估报告可以分为（　　）类型评估报告。

A. 完整评估报告　　B. 限制评估报告

C. 简明评估报告　　D. 估价咨询报告

6. 评估报告的基本要素是指各类评估报告都应包含的基本内容，下列属于评估报告基本内容有（　　）。

A. 评估报告类型　　B. 评估目的

C. 评估结论　　D. 评估报告日

7. 评估报告书编制要经过（　　）步骤来完成。

A. 五个　　B. 六个

C. 七个　　D. 八个

8. 评估报告书编制要求主要是指在评估报告制作过程中的技能与技巧方面要求，具体包括了（　　）方面要求。

A. 文字表达　　B. 报告格式

C. 报告复核与反馈　　D. 评估目的

9. 评估报告书的格式一般由（　　）部分组成。

A. 标题　　B. 字号

C. 正文　　D. 附件

10. 能够对评估报告书进行复核并在报告书上签字的人员有（　　）。

A. 注册资产评估师　　B. 项目负责人

C. 项目复核人　　D. 法定代表人

11. 按资产评估对象划分，资产评估报告可分为（　　）。

A. 整体评估报告书　　B. 房地产估价报告书

C. 单项评估报告书　　D. 土地估价报告书

12. 资产评估报告书正文包括（　　）。

A. 评估机构资质复印件　　B. 评估结论分析

C. 评估报告使用范围　　D. 评估报告有效期

第十章　资产评估案例分析

一、成本法案例分析：机器设备评估

华泰制造有限责任公司（简称华泰公司）因资产重组，拟将锻压车间的一台双盘摩擦压力机转让，现委托诚信评估事务所对该设备的价值进行评估，评估基准日为2008年8月31日。评估师根据掌握的资料，经调查分析后，决定采用成本法评估。

（一）概况介绍

1. 基本情况：

设备名称：双盘摩擦压力机

规格型号：J53－300

制造厂家：晋惠机械厂

启用日期：2003年8月

账面原值：180000元

账面净值：100000元

2. 用途及特点：

（1）用途。该设备是普通多用途锻压设备，用于华泰公司（被评估设备所属厂家）锻压车间手术器械成型模锻、挤压、精压、切边、弯曲、校正等作业。

（2）特点。该设备结构紧凑、动力大、刚性强、精度高、万能性强、采用液压操纵装置，可进行单次打击和连续自动打击。

3. 结构及主要技术参数：

（1）结构主要包括：机架、滑块、飞轮与主轴（其上安装两个大摩擦轮）四个部分；液压操纵、刹紧、退料及缓冲四个装置；还有电器设备（主机电和油泵电机）。

（2）主要技术参数：

公称压力：3000KN

打击能量：2000KJ

最大行程：400mm

最小封闭高度：不得小于300mm

液压系统工作油压：2－3Mpa

（二）估算重置价值

1. 估算购置价格。经向原制造厂家——晋惠机械厂询价得知，相同规格型号的J53—300型双盘摩擦压力机单台报价（2008年8月31日，即评估基准日）为人民币188000元。

2. 估算重置价值：

（1）购置价格 = 188000元

（2）运杂费 = 购置价格 × 运杂费率 = 188000 × 5% = 9400（元）

（3）基础费 = 购置价格 × 基础费率 = 188000 × 5% = 9400（元）

（4）安装调试费：根据生产厂家承诺该项费用免收；

（5）资金成本：因该机可在不到一个月时间内完成安装调试工作，故资金成本不计；

重置价值 = 购置价格 + 运杂费 + 基础费 + 安装调试费 + 资金成本

= 188000 + 9400 + 9400 + 0 + 0

= 206800（元）

（三）确定综合成新率

1. 确定经七项调整因素修正使用年限法的成新率：

（1）根据《全国资产评估价格信息》1999年第一期刊出的“机器设备参考寿命年限专栏”，取锻压设备规定使用（经济）年限为17年；

（2）确定已使用（实际）年限为5年（启用日期2003年8月—评估基准日2008年8月）；

（3）确定七项调整因素综合修正系数 a = 0.99

①制造质量 a1—1.10（A机械厂制造，质量优良）；

②利用程度 a2—1.00（2班/日作业，利用程度正常）；

③维护保养 a3—1.00（正常）；

④修理改造 a4—1.00（无修理改造）；

⑤故障情况 a5—1.00（无故障）；

⑥运行状态 a6—1.00（正常）；

⑦工作环境 a7—0.90（高温、灰尘、振动）；

（4）确定已使用（经济）年限5.05（5 ÷ 0.99）年；

（5）确定尚可使用（经济）年限为11.95（17 − 5.05）年；

（6）确定经七项调整因素修正使用年限法的实际成新率；

实际成新率 = 尚可使用（经济）年限/规定使用（经济）年限 × 100%

= 11.95/17 × 100%

= 70%（取整）

2. 确定现场勘查综合技术鉴定成新率。

序号	项目	标准权重分值	细　目	技术鉴定分值
1	机架部分	(20)		(14)
		8	(1) 机身、横梁无变形裂纹;	8
		4	(2) 机身、横梁拉紧螺栓、横梁中部螺母及下部法兰盘均紧固;	3
		6	(3) 压力机的四导轨面有轻度磨损;	3
		2	(4) 表面漆皮全部脱落。	0
2	滑块、飞轮部分	(18)		(14)
		4	(1) 螺杆与飞轮切向键连接牢固;	4
		6	(2) 飞轮轮缘摩擦块有中度磨损;	4
		8	(3) 螺杆下端踵片与滑块内推力轴承有中度磨损与疲劳点蚀。	6
3	主轴部分	(10)		(8)
		5	(1) 主轴轴承轻度磨损;	4
		5	(2) 主轴上两摩擦轮与飞轮接触处有轻度磨损。	4
4	液压操纵装置	(18)		(14)
		2	(1) 操纵轻便、灵活可靠;	2
		7	(2) 因该机已工作五年，故驱动滑块上下运动与主轴左右运动的油缸与活塞有轻度磨损，溢流阀阀体与阀芯也有磨损;	5
		7	(3) 油压系统工作油压尚可保证在 2—3Mpa 范围;	6
		2	(4) 个别部分管子或管子接头处有渗漏油现象。	1
5	刹紧装置	(10)		(6)
		3	(1) 制动拉紧钢带上的摩擦带中度磨损;	1.5
		3	(2) 螺杆上的刹紧轮表面中度磨损;	1.5
		4	(3) 刹紧操纵机构制动板，推动杆及杠杆铰接处轻度磨损。	3
6	退料装置	(5)		(5)
		3	(1) 两根与滑块连接的拉杆完好;	3
		2	(2) 退料装置座上的顶杆稍有变形，基本完好。	2

续表

序号	项目	标准权重分值	细　目	技术鉴定分值
7	缓冲装置	(4)		(3)
		4	硬质耐油橡胶缓冲圈局部撞击破损，但尚未失效。	3
8	电气润滑设备	(15)		(11)
		7	(1) 主电机与油泵电机运转正常但轴承轻度磨损；	5
		5	(2) 电器元件与接线轻度老化；	4
		3	(3) 润滑管道有轻度积污堵塞。	2
9	合计	100		75

经现场观测技术鉴定，其成新率为75%。

3. 确定综合成新率：

综合成新率 = 七项调整因素系数修正使用年限法成新率 ×40% + 现场勘查技术鉴定成新率 ×60%

= 70% ×40% + 75% ×60%

= 73%

（四）确定评估价值

评估价值 = 重置价值 × 综合成新率

= 206800 × 73%

= 150964（元）

（五）案例分析

1. 该案例在估算购置价格时采用了市场询价法。对于市场上有销售定价的设备，可以采用询价法估算其购置价格。在具体询价时应注意以下原则：

(1) 必须是评估基准日的价格；

(2) 必须采用具有权威性的、贸易量大的贸易单位的价格；

(3) 尽可能向原设备制造厂家询价。

结合实际情况，该案例就是向原设备制造厂家—晋惠机械厂询价的，所以被估设备的购置价格合理性较高。

2. 被估设备属于国产机器设备，其重置价值通常由购置价格、运杂费、基础费、安装调试费和资金成本五项构成。其中：

(1) 运杂费是从生产厂家到安装使用地点所发生的装卸、运输、采购、保管、保险及其他有关的费用。它的计算方法有两种：一是根据设备的生产地点、使用地点以及重量、体积、运输方式，根据铁路、公路、船运、航空等部门的运输计费标准计算；二是按设备价格的一定比例作为设备的运杂费率，以此来计算设备的运杂费。该案例采用的是后一种方法。对于运杂费率的确定，国家有专门的机械行业运杂费率表。具体的运杂费率由评估师结合费率表和距离（从生产厂家到安装使用地点）、设备的尺寸、重量及相关因素确定。

(2) 设备的基础是为安装设备而建造的特殊构筑物。设备的基础费是指建造设备基础所发生的人工费、材料费、机械费及全部取费。可以按照设备价格的一定比例作为设备的基础费率，以此来计算设备的基础费。通常，设备的基础费率按设备所在行业颁布的概算指标中规定的标准取值，该案例即是如此。

(3) 安装调试费是指设备在安装的过程中所发生的所有人工费、材料费、机械费及全部取费。它可以按设备购置价格的一定比例计算得出，这个比例通常可以按所在行业概算指标中规定的设备安装费率来确定。在该案例中，根据厂商的承诺，安装被估设备免收安装调试费，即该项费用由设备生产厂家承担，使用者需负担的安装调试费为0。

(4) 成新率是表示设备新旧程度的比率。估测机器设备的成新率通常有三种方法：使用年限法、观测分析法和修复费用法。其中，技术鉴定法是观测分析法中较为科学的具体方法，主要是根据机器设备的内在技术状态来确定成新率，这比用看外观和访问用户得出的资料来确定成新率更加可靠和准确。该案例是先用使用年限法和技术鉴定法分别得出被评估设备的成新率，再加权平均得出综合成新率。尽管这种加权平均方法的使用、具体权重的确定可能缺乏牢靠的科学依据，但这种方法的使用却可以降低成新率出现大的偏差的概率。此外，在使用年限法确定成新率过程中，结合被评估机器设备的特点和具体使用情况，对实际使用年限做出相应的调整，这是必要的。

二、市场法案例分析：房地产评估

（一）评估对象及用途

评估对象为金沙大厦部分房地产，包括地上 F2 整层、F3 层局部（F305、F306、F312）和 F4 层局部（F410 - F411），总建筑面积 7747.19 平方米，分摊的土地面积 1161.5 平方米。评估基准日为 2008 年 4 月 20 日。

1. 房地产权利状况。评估对象中土地使用权及房屋所有权属于 × ×金沙大厦有限公司所有。土地为国有出让用地，土地用途为写字楼用地，土地使用期限自 2002 年 7 月 3 日起至 2052 年 7 月 2 日止，产权文件见《中华人民共和国国有土地使用证》（市国用［97］字第 × ×号）、《 × ×市建设用地规划许可证》（［92］市规地字 × ×号）、《 × ×市建设工程规划许可证》（［96］规建字××号)、《××市建设工程开工证》(京建开字［97］第××号)、《××市建设工程竣工验收备案表》(编号总××)、《××市商品房外销预售许可证》(X房市外证字第××号)。委估房地产产权清晰，无纠纷。

2. 被评估土地概况。被评估宗地为××区南闸市口1－X号地，坐落于××区××街与××街交汇处。宗地总面积为17535平方米，总建筑面积为117691.83平方米。项目总容积率为6.71，收益容积率为6.67。宗地四至为：东邻××大厦；南隔区间道路与××区××职业中心相邻；西隔道路与××委员会相邻；北隔绿化带与××街相临。该物业所处地理位置优越繁华，大厦附近主要为高档办公楼及大型商场、银行等。土地性质为国有出让地，宗地开发程度达到七通一平（即给水、排水、电力、电讯、热力、燃气、道路均已接通，场地平整），属于一类地价区，地质状况良好。

3. 被评估房屋建筑物状况。

(1) 主体结构。××大厦于2003年9月开工建设，2006年9月竣工投入使用。大厦地下3层，地上15层（局部16层），总建筑面积117691.83平方米。建筑物为框架剪力墙结构，筏板基础，地下埋深17.2米，B1层层高6.6米，B2层层高4.5米，B3层层高3.8米，地上标准层层高3.7米，建筑总高度68.1米，沿街檐口高度46.7米。大厦正中为30米×27米、高68米的中空大厅，沿中厅四周为环型走廊，东西两侧各层对称设计有S型平台。中厅上空为高低错落的采光顶面。

(2) 功能分区。B3层为平战结合使用的人防、车库，B2层为地下车库，B1层为会议厅、职工餐厅及设备用房和附属用房；首层为银行、邮电局、商务中心等综合服务设施，F2～F15层为办公写字楼，F16层为设备专用层。

(3) 物业设施。楼内设有19部电梯、东西各三部消防疏散梯、中央空调、电视监控、消防报警、自动喷淋灭火、楼宇自控、计算机管理等25个系统。大厦内可提供办公及餐饮服务；提供优良的物业管理；有地上及地下停车场；大厦设置了监控系统，楼内有100多个摄像机，对大厦的各出入口、公众聚集地、电梯轿厢、侯梯厅、车库、大厅等部位进行严密的监控管理；大厦的楼宇自控系统采用美国江森公司的METASYS管理系统，集中管理，分散控制，对整个大厦的中央空调系统、变配电系统、车库、电梯、保安监控、背景广播等进行综合调控；大厦19部垂直电梯，选用瑞士SCHINDLER专利预分配系统，可对电梯进行预选分配，使最长等待时间不超过20秒；另外大厦还有国际先进的综合布线及通讯系统、卫星天线及闭路电视系统、停车场管理系统、消防广播系统、给排水系统、空调系统、双电源供电系统等。大厦功能齐全，智能化水平达到了国际先进标准。

(4) 装修装饰。大厦外墙主要为以不锈钢点连接的大面积通透玻璃幕墙，底部为黑金砂磨光花岗岩，局部配以白色铝合金和铝板幕墙；大厦中厅地面为高级磨光花岗岩，柱面为进口铝扣板，环廊均为1.2米高不锈钢扶手加玻璃栏板配以金属条腰带；首层大厅中央设有英国著名抽象派大师Richard Deacon设计的水景雕塑；中厅顶部为种植花园层及高低错落的采光棚；大厦四周为近万平方米的绿地；各层公共部分采用花岗岩地面，白色或黑色大理石墙面，柱面采用高级铝扣板，石膏板无缝吊顶，各层间均设有防火卷闸，所有房间靠天井侧为磨砂玻璃隔墙，楼内所用装饰材料均有防火性能。其中B1层设有总建筑面积为1052.45平方米的国际会议中心和小会议厅和员工餐厅。其中国际会议中心：高级地毯地面，精选进口胡桃木墙面，石膏板造型顶，顶部被均匀地分成四部分，每部分均装有大型水晶灯，整个会议大厅可由遥控卷闸分为四个小会议厅。会议中心设有可供60个人同时使用的三种语音同声翻译系统，有进口蓝屏幕背板，遥控投影幕，设有电气自动调节系统、手机、BP机无线覆盖系统等。小会议厅：可作商务谈判使用。大理石地面，广式壁布，石膏造型吊顶；内设贵宾休息室、陈设有湖、岛、泉艺术雕塑，装修高档。

4. 评估用途。本次评估对象为大厦写字楼F2整层，建筑面积6038.47平方米，分别租赁给××保险有限公司筹备组、××开发投资总公司等单位使用；F3层局部（F305、F306、F312），建筑面积1029.93平方米，分别租赁给××论坛组委会、××学会等单位使用；F4层局部（F410~F411），建筑面积678.79平方米，为××集团公司使用。评估对象分摊的土地面积为1161.5平方米。

（二）选取比较实例

案例A：××金融大厦

位于市××大街156号，西面紧邻××大厦。由××房地产有限公司开发，写字楼用途。全现浇钢筋混凝土剪力墙结构，总占地面积为18287.0平方米，总建筑面积为98077.26平方米。该项目竣工于2004年7月，交通便捷、位置优越，通水（上、下）、通电、通讯、通燃气、通热力、通路和场地平整，公共配套设施齐备。2008年4月现房交易价格为3960美元/平方米。

案例B：××企业大厦

位于市××大街与××街交接处，与××大厦一街相隔。由××有限公司开发，写字楼用途。全现浇钢筋混凝土墙结构，总占地面积约为14500平方米，总建筑面积约为90000平方米。交通便捷、位置优越；通水（上、下）、通电、通讯、通燃气、通热力、通路和场地平整，公共配套设施齐备。2008年4月现房平均交易价格为：3660美元/平方米。

案例C：××环保大厦

位于市××内大街，东面与××大厦隔路相临。由××公司开发，写字楼用途。全现浇钢筋混凝土剪力墙结构。交通便捷，通水（上、下）、通电、通讯、通燃气、通热力、通路和场地平整，公共配套设施齐备。2008 年 4 月现房成交平均价格为 3700 美元/平方米。

评估对象因素比较见下表

比较因素		××大厦	××金融大厦	××企业大厦	××环保大厦
交易价格（美元/平方米）			3960.00	3660.00	3700.00
交易情况		正常	正常	正常	正常
交易期日		2008.4	2008.4	2008.4	2008.4
区域因素	地理位置	××大街158号	××大街156号	××大街与××街交界处	××大街与××街交界处
	基础设施状况	完备	完备	完备	完备
	公共设施状况	配套齐全	配套齐全	配套较齐全	配套较齐全
	环境质量	好	好	好	好
	交通便捷度	便捷	便捷	较便捷	较便捷
	繁华程度	繁华	繁华	繁华	繁华
个别因素	配套服务设施	齐备	齐备	齐备	齐备
	装修程度	高档	高档	较高档	较高档
	使用功能	齐全	齐全	较齐全	较齐全
	物业管理措施	完备	完备	较完备	较完备
	结构类型	框架剪力墙	框架剪力墙	框架剪力墙	框架剪力墙
	成新程度	全新	较新	较新	较新

（三）因素修正

1. 交易情况修正。由于所选取的三个比较案例，均为自由竞争市场上的平均价，设评估房地产为 100，则 A、B、C 三案例修正系数分别为：100、100、100。

2. 交易期日修正。评估对象评估基准日与比较案例的交易日期一致，设评估房地产修正系数为 100，确定 A、B、C 三案例修正系数分别为：100、100、100。

3. 区域因素修正。评估师所选取的三个比较案例位于同一供求圈内，根据所处地理位置、基础设施保证度、公共设施保证度、交通便捷度、环境质量、繁华程度等确定区域因素修正系数。可比房地产区域因素修正计算结果见下表。

物业名称		权重	××大厦	××金融大厦	××企业大厦	××环保大厦
分值		1	100	100	97.90	98.95
区域条件	所处地理位置	0.2	100	100	94	97
	基础设施保证度	0.15	100	100	100	100
	公共设施保证度	0.15	100	100	100	100
	环境质量	0.15	100	100	96	98
	交通便捷度	0.15	100	100	98	99
	繁华程度	0.2	100	100	100	100

4. 个别因素修正。个别因素修正主要考虑结构布局、设备、建材及装修、物业管理设施、成新程度等因素进行比较见下表。

名　称		权重	××大厦	××金融大厦	××企业大厦	××环保大厦
分值		1.00	100.00	99.30	92.90	92.95
物业条件	装修条件	0.25	100	100	92	93
	使用功能	0.20	100	99	93	92
	结构布局、设备、建材等	0.20	100	99	90	92
	配套服务设施	0.10	100	100	95	93
	物业管理设施	0.10	100	100	97	95
	成新程度	0.15	100	98	94	94

5. 修正结果见下表。

物业名称	××大厦	××金融大厦	××企业大厦	××环保大厦
房地产售价（美元/平方米）		3960.00	3660.00	3700.00
交易情况	100	100.00	100.00	100.00
交易日期	100	100.00	100.00	100.00
区域条件	100	100.00	97.90	98.95
个别条件	100	99.30	92.90	92.95
比准价格（美元/平方米）		3981	3925	3936

比准价格=可比实例价格×(评估对象交易条件分值/可比实例交易条件分值)×(可比实例交易时间因素分值/评估时点时间因素分值)×(评估对象区域因素分值/可比实例区域因素分值)×(评估对象物业条件分值/可比实例物业条件分值)

计算待估房地产的评估价格：所选三个案例计算出的比准价格比较接近，所以取三个比准价格的算术平均值作为待估房地产的评估价格，则××大厦写字楼单位建筑面积的评估价格为：

单位价格 =(3981 +3925 +3936)/3 =3947（美元/平方米）

（三）评估值的确定

评估基准日美元兑人民币的汇率为 1∶6.9773，折合人民币单价为 27539 元/平方米。

写字楼的可售建筑面积为 7747.19 平方米，故总评估值为：

27539 ×7747.19 =213349865.41（元），取整为：21349.87 万元。

三、收益法案例分析：无形资产评估

飞鸽自行车有限公司（简称飞鸽公司）拟将公司拥有的飞鸽系列注册商标转让给雄鹰公司，现委托某评估公司进行评估。

（一）被评估资产概况

本次评估的对象是飞鸽公司拥有的飞鸽系列注册商标，共 20 件。本次评估的目的是资产转让，评估基准日为 2008 年 3 月 31 日。

飞鸽公司是一家国有独资公司，其主要产品是飞鸽牌和飞翔牌自行车。其中飞鸽系列注册商标由飞鸽公司拥有，飞翔系列注册商标由 M 公司授权飞鸽公司使用。

飞鸽公司拥有的飞鸽系列注册商标是老牌的国产名牌，有着悠久的历史。飞鸽公司的前身飞鸽自行车制造厂始建于 1959 年，专业生产自行车已近 50 年。1968 年，该厂就向商标主管当局申请注册了飞鸽商标，1985 年，再次在车身及零部件上注册了飞鸽商标。飞鸽牌自行车以其卓越的产品质量为广大消费者所熟悉和喜爱，在中国市场上占有极高的声誉。

自 1980 年起，飞鸽自行车制造厂向包括印度尼西亚在内的一百多个国家和地区出口飞鸽牌自行车，赢得外商和客户的喜爱。飞鸽自行车制造厂还先后在美国、英国、马来西亚、泰国、中国香港等四十几个国家和地区注册了飞鸽商标，使之得到了广泛的国际保护。长期的商业使用，优良的产品品质和广泛的国际注册，已使飞鸽商标在国内外建立了良好的信誉。1991 年 12 月，飞鸽商标被国家工商行政管理局商标局认定为驰名商标，给予特殊的保护。

飞鸽系列注册商标作为市著名商标，曾多次被评为国家级、部级、市级的优秀产品，享有极高的声誉和知名度。例如：1997 年飞鸽牌自行车被评为市优质出口商品；2002 年飞鸽商标被评为市著名商标。

飞鸽系列注册商标在其长期的发展中，积累形成了牢固而扎实的竞争优势。在技术上，从 20 世纪 80 年代起，飞鸽自行车制造厂一直掌握着产品的核心优势，通过不断的工艺改革、技术创新和设备的更新改造，保持着行业中技术领先的竞争优势。

近年来，随着人民生活水平不断提高，汽车进入普通家庭，自行车在国内市场上销量大幅度缩减，再加上假冒产品的冲击，飞鸽公司效益开始下降，并出现连续亏损。由于大量民营企业采取假冒手段谋取品牌价值，飞鸽品牌价值受到严重影响。要使品牌价值持续发展，厂家必须立足于产品的更新，开发中高档多功能自行车，以提高产品的技术含量，并借助现有品牌优势，开发内销市场，拓展外贸出口。但由于飞鸽公司缺乏资金实力，已无能力谋求这一发展。而雄鹰公司有意在不断发展中高档多功能自行车，结合电动自行车行业的资金实力与普通自行车行业的品牌优势，进一步做大品牌。同时为振兴本地自行车制造业，根据国际上自行车的发展趋势和政府的战略发展目标，市政府准备将电动自行车和普通自行车行业整合为一体，以充分发挥这两个行业各自的优势。因此，经董事会决议，飞鸽公司拟将公司拥有的飞鸽系列注册商标转让给雄鹰公司。

经清查核实，除注册号为×××××××的商标注册证已遗失外，其余19件商标均有商标注册证，注册人为飞鸽公司。因此，飞鸽公司委托评估的飞鸽系列注册商标为飞鸽公司合法拥有的注册商标，享有国家规定的注册商标专用权。这些商标均无账面记录，无账面价值。委托评估的商标为正常使用中的商标，曾向并正向多家企业提供使用许可。

（二）评估依据

本次评估主要依据以下资料进行：

1. 飞鸽公司营业执照；
2. 企业2006年、2007年和2008年3月的财务报表（资产负债表、利润表）；
3. 企业2006年和2007年的审计报告；
4. 飞鸽公司国有资产占有产权登记表；
5. 飞鸽牌商标评估董事会决议；
6. 企业会计制度及有关情况一览表；
7. 企业概况简介和历史沿革；
8. 企业各类资质证书（飞鸽公司及飞鸽牌自行车荣誉证书）；
9. 飞鸽系列商标注册证，共19件；
10. 许可外发定牌生产合同；
11. 车身定牌收购合同；
12. 车头定牌配套合同；
13. 车胎定牌配套合同；
14. 有关假冒产品对本市自行车行业的影响；

15. 其他与被评估资产相关的资料。

（三）评估方法

本次评估采用收益法进行。收益法是指通过预测被评估无形资产经济寿命期内各年的预期收益，并用适当的折现率折现求和，得出评估基准日的现值，以此确定被评估无形资产价格的一种方法。收益法的基本原理是资产的购买者为购买资产而愿意支付的货币量不会超过该项资产未来所能带来的期望收益的折现值。收益法的适用前提条件为：（1）被评估资产必须是能够用货币衡量其未来期望收益的单项或整体资产；（2）产权所有者所承担的风险也必须是能用货币来衡量的。

收益法的计算公式为：

$$P = \sum_{i=1}^{n} \frac{R_i}{(1+r)^i}$$

式中：P——被评估资产的评估值；

R_i——未来第 i 年资产的预期收益；

r——折现率；

n——预期收益年限。

（四）评估过程

由收益法公式可知，重点在于确定收益期限、预期收益和折现率三个参数。

1. 收益期限的确定。商标权具有时间性、地域性，在有效期内受法律保护。我国商标法规定，注册商标的保护期限为核准注册日起的 10 年，注册商标有效期满，需要继续使用的，可以在期满前 6 个月内申请续展注册。按照上述规定，通常认为商标专用权的寿命期限是无限年期。

2. 预期收益的确定。

（1）考虑的因素和假定前提。本次评估中对商标未来收益的预测考虑了下列因素：被评估商标的应用历史；被评估商标曾收取过的使用权费；市场对飞鸽系列注册商标的认知程度和在社会上的知名度；商标原持有人飞鸽公司从事有关产品生产的历史、水平、业绩以及在行业中的知名度；雄鹰公司受让商标所有权后对其利润的影响；商标所有权按约定的条件转让后，原持有人飞鸽公司将停止在自行车产品上使用该商标。

本次评估还作了如下的假定：被评估商标按现时用途继续使用；商标受让方具有与原商标持有人相当的技术力量，能持续有效地保证使用受让商标的产品达到或超过原产品的质量水平；商标受让方具有与原商标持有人相当的营销能力，市场销售情况符合正常的发展趋势。

（2）商标使用费的确定飞鸽系列和飞翔系列注册商标曾经或现在正在收取的商标使用费情况如下：

外贸出口。为了满足飞鸽牌自行车出口的需要，稳定和拓展国外市场，不断提高产品的市场竞争力。飞鸽公司与宏大进出口公司在认可和遵循飞鸽公司《关于进出口公司向外收购自行车机头的实施意见》的基础上，协商后签定协议规定：飞鸽公司按宏大进出口公司实际收购飞鸽牌自行车数量，按每台5元标准收取牌誉费。宏大进出口公司确保全年向飞鸽公司下达飞鸽牌自行车要货订单40万台，若全年要货数量不足40万台，不足部分按每台5元标准向飞鸽公司进行赔偿。宏大进出口公司若对飞鸽公司飞鸽牌自行车的要货量全年超过40万台，超出部分飞鸽公司免收牌誉费，同时再按每台5元的标准向宏大进出口公司返还牌誉费。

飞鸽公司与甲厂等五家企业签订自行车车头配套协议书，规定每件收取商标使用费0.50元。

飞鸽公司与乙厂等六家企业签订自行车车胎配套协议书，规定每件收取商标使用费0.50元。

内贸销售。飞鸽公司与甲厂等六家企业签订自行车车头配套协议书，规定每户每年提供一定数量的飞鸽和飞翔品牌的机架配套，每户每年一次性收取商标使用费5万元。

飞鸽公司与乙厂等六家企业签订自行车车胎配套协议书，规定每户每年提供一定数量的飞鸽和飞翔品牌的台板配套，每户每年一次性收取商标使用费5万元。

飞鸽公司2006年下半年开始进行大力度的调整。2007年飞鸽公司产销飞鸽牌和飞翔牌自行车95.6万台，其中内贸销售44.2万台，外贸出口51.4万台。2001年起，飞鸽公司以新的经营思路调整经营计划，即公司所属工厂只生产40万台，人员从1200人压缩到300人，并通过转制形成独立的法人实体，要求扭亏为盈，自负盈亏。同时选择和部署了五个定牌生产收购点，通过技术工艺监督、质量标准把关等，每个点收购13万台左右自行车，共计65万台左右。连同转制后的生产工厂的生产量，全年计划产量105万台，从而形成以自身生产基地为基础和依托、充分利用商标价值和效应、进行品牌运作和经营的经营格局。

据此可预测2008年飞鸽公司计划生产收购总量105万台自行车，其中用于内贸销售45万台，外贸出口60万台。飞鸽品牌产品主要用于出口，在国际市场上知名度高于飞翔品牌，而飞翔品牌产品则主要用于国内市场销售。根据有关资料的分析，可以估计飞鸽品牌产品占飞鸽公司外贸出口的2/3，内贸销售的1/3。

在外贸出口方面，根据飞鸽公司与宏大进出口有限公司签订的协议，可以将飞鸽品牌产品的外贸出口定为40万台，则外贸出口的年飞鸽商标牌誉费为40×（5+0.5+0.5）=240（万元）。

在内贸销售方面，飞鸽公司每年向配套厂家每户一次性收取商标使用费5万元，这是配套厂家使用飞鸽商标和飞翔商标的费用，应在飞鸽商标和飞翔商标之间分配。因此内贸销售的年飞鸽商标牌誉费为12×5×1/3=20（万元）。

总计为240+20=260（万元）。

3. 折现率的选取。

（1）与折现率有关的统计平均数字。

全国上市公司2006年度平均净资产收益率	8.2355%
全国工业类上市公司2006年度平均净资产收益率	8.1409%
1年期定期存款利率	2.25%
1年期短期贷款利率	5.85%

（2）折现率。根据最近公布的上市公司的财务数据统计，2007年度全国所有上市公司平均净资产收益率为8.2355%。其中工业企业的平均净资产收益率为8.1409%。

在确定折现率时，不仅要考虑普遍意义上的投资风险，还应当考虑具体企业所存在的个别风险，例如经营风险（产品适销情况、企业之间的竞争等）、财务风险。此外，还应适当考虑买卖双方的利益分配。所以将其他风险报酬率定为7%。

但是，飞鸽系列注册商标还有一种风险，那就是受到假冒伪劣产品的冲击。自2005年以来，假冒飞鸽牌自行车开始进入市场，且愈演愈烈。目前市场上的假冒产品已超过了飞鸽公司正宗产品的总产销量，致使飞鸽公司产品近年来不断萎缩，短短三年内，内销产品从140万台左右跌落到40余万台，出口产品从80万台以上跌落到50余万台。尽管公司组织了专门打假队伍，投入大量经费，四处打假，但治标不治本，收效甚微。所以考虑到这一点，再增加3%的企业特有风险报酬率。

本次评估中，考虑了上述诸多因素后，以全国工业类企业的平均净资产收益率8.1409%为基础，再加上10%的风险报酬率作为折现率，即所确定的折现率为18.14%，取整后为18%。

4. 收益现值的计算。

综上所述，飞鸽公司的飞鸽系列注册商标权价值计算如下：

P=260÷18%=1444（万元）

（五）案例分析

该案例在以下几个方面值得特别关注：

1. 评估对象的确定。在商标权评估中，评估对象的确定应以产权为依据，被评估商标应是资产占有方拥有的商标。在该案例中，虽然飞鸽公司同时生产飞鸽牌和飞翔牌自行车，并且根据市政府行业整合计划，飞鸽系列注册商标和飞翔系列注册商标都将转让给雄鹰公司。但是，飞鸽公司只拥有飞鸽系列注册商标，飞翔系列注册商标是由狮麟公司授权飞鸽公司使用的。因此，在评估中只能以飞鸽公司拥有的飞鸽系列注册商标作为评估对象，而不能将狮麟公司拥有的飞翔系列注册商标纳入评估范围，尽管飞翔系列注册商标目前由飞鸽公司使用。

2. 收益的划分。根据飞鸽公司和甲厂等企业签订的自行车车头配套协议书以及和乙厂等企业签订的自行车车胎配套协议书，每年由这些企业向飞鸽公司提供一定数量的飞鸽牌和飞翔牌车头或车胎配套，飞鸽公司则每年每户一次性收取商标使用费 5 万元。由于该商标使用费是因使用飞鸽牌和飞翔牌商标而产生的，而本次评估的对象只是飞鸽系列注册商标，不包括飞翔系列注册商标，因此要将该商标使用费在飞鸽品牌和飞翔品牌之间进行划分。本案例是根据有关资料分析，确定飞鸽品牌和飞翔品牌在公司产品销售中的份额，并以此为依据进行划分。

由此可见，在商标权评估确定收益时，首先要注意该收益是否仅由被评估商标产生，是否存在其他影响因素。如果收益是由被评估商标和其他因素共同作用产生的，则应选择合适的方法在被评估商标和其他影响因素之间进行划分。

3. 折现率的确定。折现率的确定是收益法评估中的关键问题，也是一个难题。本案例在考虑了一般的风险报酬率外，还特别考虑了飞鸽系列注册商标的独特风险，即假冒伪劣产品冲击对公司收益的影响，这是可取的。但这样操作存在两个方面的问题：一是能否保证在确定一般风险报酬率时未考虑假冒伪劣产品对公司收益的冲击，是否有可能出现对风险重复计量的问题。二是这样操作显得比较随意，缺乏严谨性。

四、成本法与收益法案例分析：房地产评估

海天公司是一家大型商贸公司，因融通资金需要，委托诚信评估事务所对其所属的×商场进行评估。2008 年 5 月进行评估。

（一）评估对象简介

×商场坐落于 W 市最繁华的商业街区，是 W 市经商的黄金地带。建筑物共 24 层，其中地下 1 层，地上 23 层（裙楼 5 层，主体塔楼 18 层）。大厦的裙楼自 2000 年开始运营，以招商出租营业场所为主要方式。第一层为日用百货区，二、三层是服装、鞋帽、床上用品区，四层为家具区，五层为舞厅、台球

等娱乐区，地下室按人防工程设计施工，现为停车场和其他出租经营。主体塔楼为写字间设计，外部为面砖贴面、铝合金窗、玻璃幕墙已经安装完工，电梯已完成采购，但内部装修尚未开始。大厦自营业以来，一直是W市经营较好的商家之一。

诚信评估事务所的评估师，按照必要的程序，在对委托评估的资产实施了必要的现场勘查、市场调查与询证的基础上对被评估资产做出了评估。

（二）评估思路与方法的选取

评估对象为经营性房地产，但其主体塔楼内装修尚未完工，因此对裙楼运用收益法评估，对塔楼运用重置成本法评估（注：塔楼部分按形象进度，考虑成本构成要素，采用成本法计算，此处不再详列，仅介绍裙楼的评估过程）。

（三）纯收益的求取

1. 总收益。预计在今后一段时间内W市经济发展状况与前几年相比不会有大的变化，所以各年租金按前3年实际发生额的平均数计算调整。具体情况是：

（1）一至四层为商业经营区，实际的租金收入由于各楼层经营品种不同而有所差别。一层经营日用百货等盈利水平低的商品，租金相对较低；二、三层经营鞋帽、服装等盈利水平高的商品，租金收入较高；四层经营家具，租金收入偏低。按照最佳效用原则和贡献原理，一至四层的租金收入应从一层至四层递减。因此，将各层的实际收入水平调整为客观收入，即：每月平均租金收入一层为67元/平方米；二层为60元/平方米；三层为46元/平方米；四层为38元/平方米。调整后的整体租金收入与调整前不发生变化。

（2）四层现有部分面积用于办公，考虑也可出租营业，故四层的租金收入按四层总面积计算。

（3）五层在未来一段时间内，预计仍按现在用途使用。但是，按目前的收入水平测算，费用大于收入，所以五层用成本法评估。

（4）共享大厅暂作出租营业使用。为客观反映其收益水平，比照裙楼将其收入调整为67元/平方米，商场豪华装修部分价值，按成本法另行计算。

（5）地下室分为两部分。一部分为停车场，另一部分尚未出租。尚未出租部分比照停车场收入按其80%计算。

（6）通过以上分析计算调整，确定各部分租金收入为：一层2455416元；二层2299680元；三层3081264元；四层2555880元；地下室386064元；共享大厅2999724元。合计13778028元。

2. 总费用。合计包括管理费、房屋保险费、维修费、税金和不可预见费五部分，经分析计算摊销到每层分别为：一层980925元；二层952113元；三层1096707元；四层999520元；共享大厅1081622元；地下室71422元。合计为5182309元。

3. 纯收益。为总收益与总费用的差，一层1474491元；二层1347567元；三层1984557元；四层1556369元；共享大厅1918102元；地下室314642元。合计8595748元。

（四）折现率的确定

取国债5年期利率折成复利率，再加风险利率确定折现率为5.057%。

（五）折现期

土地使用权剩余年限为其折现期，即34年。这样可以得到年金系数为：

$[1-1/(1+5.057\%)34]\times1/5.057\%=16.079$

（六）评估结果

依据上述资料得出被评估资产的评估值：

1. 裙楼评估值15480万元，其中一层2371万元；二层2166万元；三层3191万元；四层2502万元；五层1302万元（按成本法评估）；共享大厅3442万元；地下室506万元。

2. 塔楼评估值2888万元（按成本法评估得到）。

3. 资产总评估值为18868万元。

（七）案例分析

评估对象属于商业性房地产，其主要特点是能够获得收益，其价值集中体现在它的获益能力上，所以收益法是商业性房地产评估最为常用的方法。但评估对象中的塔楼尚未装修完工，目前尚无收益，且评估目的为融资需要，因此本案例分别采用收益法和成本法对裙楼和塔楼进行评估，并加和求得房地产总价值，评估思路和方法选取都是正确的。

收益法应用的关键是对评估对象年纯收益的估算和折现率的选用，因此，运用收益法进行房地产评估时，必须在获得相关可靠信息的基础上，准确地预测评估对象的年纯收益并采用合理的方法测算出折现率，才能对评估对象客观合理的价格做出正确的判断。虽然收益法的理论和步骤是唯一的，但在具体操作过程中又要根据收益性房地产的不同类型区别对待。

收益性房地产可划分为出租型和商业、生产经营型两类。本案例中的房地产是出租型房地产，应根据租赁合同计算纯收益。诚信评估事务所根据调查研究，预计在今后一段时间内W市经济发展状况与前几年不会有大的变化，将租金收入按前3年的租金实际发生额的平均数计算调整，技术方法合理，测算过程正确，评估结果符合实际情况。而且，商场现有的经营格局，并未反映出房地产最佳使用状况，以致使本应该获利高的楼层获利低，本应该获利较低的楼层获利反而偏高。评估师按照最佳效用原则和贡献原理，将各楼层的实际收入水平调整为客观收入水平，并据此评估出各层的价格，既能满足房地产产权分割变动的需要，又能如实反映评估房地产的真实价格。而且×商场目前的整体收益水平基本代表了未来收益水平，因此调整后的整体租金收入与调整前不发生变化，这样就不会因对各楼层租金的调整影响被评估房地产的整体价格。

出租型房地产的纯收益是按租金收入扣除维修费、管理费、保险费和税金来计算的。本案例计算总费用时，未把大厦的年折旧费包括在内，这一点是正确的。在实际评估工作中，有很多评估师在用收益法评估房地产价格时把折旧费包括在总费用中，这种做法是错误的。因为如果扣除折旧，就已不是房地产的价格了。本案例中，扣除了一项不可预见费，这是因为建筑物主体与附属设备的使用年限不同，在经营期限内需要考虑设备重置发生的费用（如电梯、空调），另外还存在重新装修的可能，将这些费用列为不可预见费，体现了谨慎原则。

折现率的确定是运用收益法较为棘手的问题。本案例的折现率是用国债5年期利率折成复利率，加风险利率来确定的。这种确定方法是比较合理的。一般来说，折现率包括三方面内容：无风险利率、风险报酬率和通货膨胀率。在目前条件下，根据通货膨胀对收益额影响的弱相关性和不完全性，确定折现率可以不考虑通货膨胀率。这样，折现率通常用无风险利率加上风险报酬率来确定。无风险利率是投资者投资应获得的最低报酬率，国外评估机构通常以政府长期国债作为无风险利率。因此，本案例采用5年期国债复利率加风险利率确定折现率是可行的。

总体来看，本案例评估思路合理，选用方法适当，评估测算过程正确，评估结果符合市场实际情况。但也有以下几点值得注意的问题：

1. 本案例具备采用成本法的条件，应将成本法作为其中一种评估方法求出一个值，再与收益法相联系，最后综合确定评估值，或用成本法来验证评估结果。

2. 计算纯收益时应考虑空置率和租金损失，如果没有空置和租金损失，应予以说明。

3. 评估中未说明租金收入是否存在租约限制。如果有租约限制，租约期内的租金宜采用租约所确定的租金，而不是采用正常客观的租金。因为，如果某些评估对象附带租约，当该评估对象的产权发生转移时，依照有关法规规定应保持这些租约继续有效。评估师对这类房地产进行评估时，应注意考虑这些因素的影响。

五、行业诚信案例与分析

（一）案例解读

得胜资产评估事务所2000年在某省设立，主营评估业务，2001年在北京成立总所，原地方所注册为分所，2002年采取“借牌子”、“过门子”等方法，获取了证券资格。该评估机构的评估资格证在2003年后就没有进行过年检。

成立当初，为了争揽业务，该机构推出了所谓“成本套餐”，即收费少一点，人员少派点，底稿少编点。在人手紧张、业务繁忙时期，依然“来者不拒”，同时承揽多家大型项目的评估，并集中了一批无证券资格的机构和人员进行“兵团作战”，外聘“专家”水平参差不齐。在评估过程中，该机构对不同项目的假设都大同小异，评估前提假设、评估环境假设、使用范围假设、利用效果假设都近似，甚至在评估环境假设中的行业竞争分析都有相似的描述。

W公司刚注册商标，委估其未来的市场范围、可能带来的收益。得胜资产评估事务所只对W公司提供的许多“未来”项目进行评估。同时，该机构在三天时间内为W公司“炮制”出一份作价4.93亿元的虚高评估报告。评估过程既未到相关部门核实土地权属、征地费用、土地等级等一系列涉及资产评估的重要依据，也未取得评估土地所在地政府有关当地土地基准地价文件，仅凭W公司提供的A公司的一宗土地《国有土地使用证》复印件和另一宗土地的“国有土地使用证正在办理之中的证明”复印件等，就“凭经验”采用基准地价法对A公司2080亩土地（其中包括部分国家文物保护区范围内的土地）进行所谓的“估算”并出具报告。W公司据此向金融机构骗贷1.66亿元。由于报告时间紧，来不及进行实物现场全面核查，该机构直接在特别事项说明中表述“实物资产未进行核实，以账面值作为评估结果”。

（二）案例分析

该案例的问题主要表现在以下几方面：

1. 评估师执业水准不高，评估程序简单。评估师为赶时间、赶进度或因收费低而“拍脑门”得出评估结果，在评估报告中借“特别事项说明”将责任完全或部分推卸给上市公司或会计师等其他中介机构；评估报告中设定过多的假设条件，且过于理想化，导致评估结果脱离相关资产的实际情况，影响对被评估对象实际价值的判断；评估机构未履行勤勉尽责义务，执行的评估程序不完备。得胜资产评估事务所未曾进驻评估资产所在地进行尽职调查就做出了评估，这违反了财政部资产评估准则中有关“现场调查”的规定。

2. 评估师选择和运用的评估方法不合理，缺乏应有的执业谨慎。评估方法是影响评估结论的关键性因素，而资产评估现行法规在这方面规定得较为原则，评估师为满足客户需要而人为选用不适当评估方法的动机较强。在具备选择两种评估方法条件的情况下，评估师只选择对客户最有利的一种方法；甚至在不具备条件的情况下，误用评估方法人为造成资产大幅增值，导致上市公司的资产出现大量“泡沫”，为大股东掏空上市公司打开了方便之门。由于评估方法中存在弹性，即使虚假评估被发现，评估师也总能找借口为自已脱责。在该案例中，评估机构很容易用“顾客没有提供准确数据和资料”、“评估方法采用不当”等理由推卸责任。

3. 质量意识淡薄。目前一些评估机构，只重视市场开拓，忽视了自身质量控制，导致了工作底稿编制混乱、风险控制缺失、三级复核流于形式、评估依据不充分等一系列问题。得胜资产评估事务所成立总所后，主要的业务还在地方分所，按照总所统一管理、集中控制的要求地方分所的业务报告由总所审核、盖章出具。在实际操作中，总所很难实施质量监督，分所的报告书寄送到总所后，总所只能审核报告，无法复核具体的工作底稿和评估资料，以至于“只见报告，不核底稿”，质量复核流于形式。该机构将评估的科学性变成了模版式的套用，变成了数字游戏。如此相同的假设，不是从客观上出发而是迎合客户的需要，违背了评估师公正、客观的执业要求。

4. 评估行业的独立性未引起足够重视。在资产评估业集中度较低的情况下，评估事务所与当地政府机关还存在千丝万缕的联系，地方保护严重，上市公司重大重组中资产评估多由当地评估事务所承担。特别是土地评估，在取消特殊资格管理后，评估事务所往往屈从于客户，评估随意性很大，不利于各评估机构的公平竞争、独立性的保持及执业质量的保证。此外，有的上市公司重大资产重组中聘请的会计师、评估师为同一机构，明显缺乏独立性。得胜资产评估事务所的评估资格证在2003年后就再也没有进行过年检，因此不具备评估资格，属于监管不到位。

5. 评估事务所的诚信机制缺失。在利益驱动下主观先行地倒置程序来做评估。如此种种将会导致评估风险扩大，更深层次的影响则是它所形成的“现实性”思想非常不利于评估师政治、业务素质的提高。目前，评估事务所服务收费的回扣、分成比例已从最初的“意思一下”上升到40%~50%，有的甚至高达80%；委托方甚至事先与评估事务所商量好评估价格，或与银行先谈好价格，再找评估事务所进行评估。

六、综合案例与分析

京江数码移动传媒有限公司（简称数码公司）成立于2008年6月，注册资本为人民币10000万元，专注于地面数字电视高新技术的产业化、工程化和市场化工作，是集营运、开发、生产、系统集成的工程与设计于一体的实业公司。恒通公司为上市公司，拟收购数码公司股权，遂聘请诚信资产评估事务所对数码公司所拥有的整体资产进行评估。评估师根据数码公司的具体经济情况和所处的行业环境，结合评估目的和方法的特点，选择收益法进行评估，确定评估基准日为2008年12月31日。评估过程如下：

（一）收益法适用性判断

评估师从企业总体情况、本次评估目的和企业目前的财务状况分析三方面对本评估项目能否采用收益法做出适用性判断。

1. 根据公司整体资产状况判断。数码公司的主要经营模式是，一方面与各地广电部门合资成立移动传媒公司，通过移动传媒运营，与广电部门共同分享利益；另一方面为公司参股投资的平台及其他平台提供地面数字电视系统的完整解决方案、系统集成及配套供应相应的软硬件产品。根据对数码公司企业概况和所处行业的分析，评估师认为本次评估所涉及的数码公司的资产具有以下几个特征：

（1）被评估资产是经营性资产，产权明确，具备持续经营条件。

（2）被评估资产是能够用货币衡量其未来收益的整体资产。

（3）被评估资产承担的风险能够用货币衡量。

因此，数码公司整体资产采用收益法评估，在理论上是可行的。

2. 根据评估目的判断。本次评估目的是恒通公司拟收购数码公司股权这一经济行为，对数码公司的企业价值进行评估。企业价值的评估结论，将作为交易各方的价值参考依据。因为本次评估目的是股权收购，相关交易各方更关心的是数码公司整体资产的投资价值，关心资产的未来获利能力和预期收益，并愿意在该时点上支付与预期收益折现的现值相对应的价格。因此评估师认为采用收益法能体现数码公司整体资产的获利能力，更能体现该公司的价值。

3. 根据公司前期财务会计报表判断。根据数码公司提供的2008年度会计报表，公司于2008年6月成立，处于开创期，大规模的营业活动还未展开，收入还未大幅度提升，公司精力主要放在开拓全国各地市场和地方广电部门参股成立移动传媒公司，以此带动硬件设备和系统集成的收入增长。截至评估基准日，我国地面数字电视国家标准尚未确立。可以预计，一旦地面数字电视国家标准确立，各地的电视台马上就会大规模投资，届时数码公司所参股的移动传媒公司如果采用系统集成服务及相应的软硬件，公司的营业收入将有一个飞速的增长。

综合以上三方面因素的分析，评估师认为尽管数码公司目前的财务状况不佳，但公司处于一个发展前景光明的产业中，随着产业政策的明朗化，数码公司前期的市场开拓工作将使公司具有一定的先发优势，公司的经营收入也将会出现飞跃，其收益也是可以预期的，因此评估数码公司整体资产适合采用收益法。

（二）公司概况及背景分析

1. 公司概况。数码公司成立于2008年6月，初始注册资本为人民币2000万元。鉴于公司业务快速拓展的需要，经过增资，现注册资本为人民币10000万元。数码公司以董事会为最高权力机构，由7人组成，监事为1人，董事长为公司的最高负责人，下设行政人事部、计划财务部、投资发展部、研发部、生产部、外协部等部门，并设有营销培训中心和工程中心。公司员工主要由博士后、博士、硕士、留学归国人员等数字电视行业的精英组成，在经营管理、产品开发、工程技术和市场开拓等方面都组成了优秀的团队，充分体现出其优秀的人才经营优势。

数码公司是一家高科技公司，主要从事地面数字电视广播系统的建立，完成地面数字电视系统的集成、参加地面数字电视的业务营运、进行数字电视系列产品的研制和生产。目前，公司着力与各地广电部门合资成立移动传媒公司，构建一张移动传媒的网络。目前已经参股成立四家移动传媒公司，并为公司投资的平台及其他平台提供地面数字电视系统的相关软硬件产品共五大类。

2. 运用波特5力模型分析公司目前面临的环境。波特5力模型由麦克尔·波特（Michael Porter）于20世纪80年代初提出，对企业战略制定产生全球性的深远影响，用于竞争战略的分析，可以有效地分析客户的竞争环境。五种力量模型将大量不同的因素汇集在一个简便的模型中，以此分析一个行业的基本竞争态势。5力模型确定了竞争的五种主要来源，即供应商和购买者的讨价还价能力、潜在进入者的威胁、替代品的威胁以及来自同一行业的公司间的竞争。一种可行战略的提出首先应该包括确认并评价这五种力量，不同力量的特性和重要性因行业和公司的不同而变化，如下图所示：

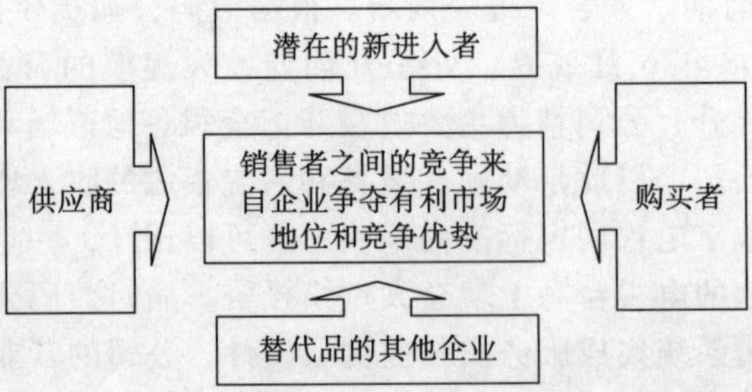

就数码公司而言，可以从下面五个方面分析公司所处的环境。

（1）现有企业间的竞争。由数字电视取代模拟电视是当今科技发展的一个必然趋势。数字电视按传输方式的不同也可分为三种，即卫星直播、地面电视广播和有线电视广播。目前世界上尚没有一套统一的数字电视信道传输国际标准，只有欧洲、美国和日本制定了相应比较成熟的标准。在我国，数字电视标准的制定权争夺异常激烈，也因为涉及国家信息安全方面的问题而受到格外的重视。目前，具有我国知识产权的地面数字电视传输标准有方案1、方案2和方案3三大方案。数码公司的产品是基于方案1的。

（2）政策期望发展目标。我国计划2015年关闭模拟播出，地面无线传输将在近年内完成数字化改造。我国的广播电视事业有很强的公益性特点，加强广播电视覆盖率是保证“让党中央的声音传遍千家万户”的重要手段。因此地面无线广播是相当重要的一环。随着数字电视的发展，地面无线传输也将适时跟进。地面无线传输可以实现数字电视的移动接收，对于小城镇、农村及边远地区有着重要的意义。所以，国家确定地面数字电视标准将不采用任何一个国外传输标准。

（3）公司行业地位优势。在产品及服务方面，数码公司定位于投资运营各地的地面（移动）数字电视平台、为公司投资的地面数字电视平台及其他平台提供数字电视系统解决方案、为公司投资的地面数字电视平台及其他平台提供数字电视相关软硬件产品。公司目前已经参股或控股了四家移动数字电视公司，现有系统产品五大类；在网络覆盖方面，由于公司在方案1产业化中的市场先入优势、研发优势和股东背景优势，公司在当地地面（移动）数字电视系统的建设中将占据较大优势；在经营平台策略优势方面，公司定位于投资运营各地的地面（移动）数字电视平台、为公司投资的地面数字电视平台及其他平台提供数字电视系统解决方案、为公司投资的地面数字电视平台及其他平台提供数字电视相关软硬件产品；在移动电视传媒优势方面，移动电视为人们提供了一个消磨时间、了解最新资讯、增长知识的良好机会。移动电视，主要是指采用数字电视地面传输技术播出，接收终端安装在公交电汽车、地铁、城铁、出租车、商务车和其他公共场所，以满足移动人群的收视需求的电视系统。

（4）潜在加入企业的竞争威胁。首先，行业技术壁垒。数码公司没能掌握基于方案1的机顶盒芯片等发射、传输和终端接收设备的核心技术，在整个产业链中主要从事平台运营和系统集成，预计技术领先期约为3～6个月；其次，行业政策壁垒。我国移动电视准入政策涉及到地面数字电视频率申请问题、车载移动数字电视信号标准问题等，这些问题影响了移动电视在我国广泛推广；第三，替代技术。目前世界上尚没有一套统一的数字电视信道传输国际标准，方案1在提出的时候考虑到广电（要传输高清晰度电视和单频网组网）和产业发展两方面的要求；第四，供应商的议价能力。公司的发射和传输设备等地面数字设备的供应商较少，市场也较透明，因此，与供应商议价的空间很小，设备的采购成本不易降低；第五，购买方的议价能力。基于方案1与方案

2 的机顶盒产品技术差别不大，目前使用何项技术和相关的产品，决定权在于各地的广电部门。因此，公司的产品议价能力有限（买方可能会转向其他标准和产品）。公司与几个省市的广电局和电视台签订了独家经营协议，在同等条件下，优先使用数码公司提供的系统集成方案。但有竞争力的系统方案解决提供商也为数不少，提价的可能性不大。

（三）企业历史经营状况分析

从数码公司提供的2008 年度会计报表看，尽管数码公司目前的财务状况不佳，但公司处于一个发展前景光明的产业中，随着产业政策的明朗化，公司前期的市场开拓工作将使其具有一定的先发优势，公司的经营收入也将会出现较大的增长。

数码公司 2008 年度的利润表数据　　单位：元

项　目	2008 年度
营业收入	37735.84
减：营业成本	48321.60
营业税金及附加	90.56
营业利润	-10676.32
减：营业费用	844190.38
管理费用	3450271.68
财务费用	-38814.00
营业利润	-4266324.38
利润总额	-4388434.72
减：所得税	0.00
净利润	-4388434.72

数码公司 2008 年度财务状况和主要财务指标　　单位：万元

项　目	2008 年度
资产总额	19647.40
负债总额	86.24
净资产总额	19561.16
销售毛利率	-2.83%
净资产收益率	-2.24%

（四）企业未来情况预测

1. 营业收入预测。数码公司的产品和服务涉及以下平台：方案 1 的地面数字电视业务、酒店视频点播系统（HVOD）、方案 1 的移动交互平台、数码公司数据广播系统、地面数字电视路测系统、广告制作发布业务。

（1）方案1的地面数字电视业务。数码公司形成了一套完整的基于方案1的地面数字电视系统的解决方案，并能为客户提供相关的软硬件产品及系统集成。公司目前已在a、b、c等地完成了工程施工，并且成功开播，在方案1的地面数字电视全系统施工建设方面积累了一定经验。

目前数码公司在基于方案1的产品的用户先从其参股的各地移动传媒公司开始，根据其与当地广电部门签订的合营协议，在同等条件下，优先选用由数码公司提供的数字电视工程整体方案，即相应的数字电视设备及软件系统集成服务。因此，在下列假设条件下：即数码公司提供全套数字电视解决方案，相应的软硬件系统集成都由数码公司总包负责，相应的工程、销售总收入全部计入数码公司，2009年对其成立的7家移动传媒公司进行供货，2010年除原7家外再增加其按商业计划书所列最晚于2009年底成立的6家传媒公司进行数字化电视设备供货，按2011～2014年分别进行预测。

至评估基准日纳入本评估报告所列范围的各地已成立的移动传媒公司和拟成立的移动传媒公司如下表：

序号	成立情况	名　　称	数码公司参股比例
1	已成立	A移动传媒有限公司	30%
2	已成立	B移动传媒有限公司	20%
3	已成立	C移动传媒有限公司	75%
4	已成立	D移动传媒有限公司	40%
5	已成立	E移动传媒有限公司	14%
6	已成立	F移动传媒有限公司	20%
7	拟成立	G移动传媒有限公司（暂定名）	20%
8	拟成立	H移动传媒有限公司（暂定名）	30%
9	拟成立	I移动传媒有限公司（暂定名）	20%
10	拟成立	J移动传媒有限公司（暂定名）	40%
11	拟成立	K移动传媒有限公司（暂定名）	20%
12	拟成立	L移动传媒有限公司（暂定名）	33%
13	拟成立	M移动传媒有限公司（暂定名）	49%

其中：序号1～6的移动传媒公司已正式成立，其余7家仍处于谈判签约、设立公司的不同阶段，尚未最终经工商登记注册成立。但根据公司商业计划书的进度，最晚不迟于2009年年底成立，即最晚2010年就要正式采购设备，准备开播。

由于方案1的地面数字电视硬件设备分别有发射、传输、接收、系统集成等几个环节，故评估分别对2009～2014年的各环节的硬件设备的可能需求量进行预测，再乘以预计销售价格。随着地面数字电视国家标准的出台，各地电视台的建设大规模展开，预计数码公司能占据一定的市场份额，向非参股的地方电视台提供方案1的软硬件及系统集成。预计2012年、2013年、2014年分别能向3、5、10个地方电视台提供数字电视设备，两部分相加得到方案1地面数字电视业务的预测营业收入。

数码公司方案1的地面数字电视业务营业收入预测如下：

A移动传媒有限公司

单位：千元

		2009年			2010年			2011年		
		数量	单价	金额	数量	单价	金额	数量	单价	金额
发射环节设备	数字发射机、激励器、集成发射天馈线	2	2000.00	2000.00	4	1800.00	7200.00	6	1800.00	10800.00
传输环节设备	单频网适配器、GPS接收机、光发射机、光接收机、MPEG－2编码器、复用器	2	1000.00	2000.00	4	900.00	3600.00	6	900.00	5400.00
接收环节设备	公交车DMB－T机顶盒、显示器、天线、辅件	300	16.36	4908.00	500	14.72	7362.00	500	14.72	7362.00
	出租车DMB－T机顶盒、显示器、天线、辅件	500	5.00	2500.00	500	5.00	2500.00	500	5.00	2500.00
系统集成服务	系统解决方案、工程建设和维护			614.08			1176.12			1716.12

		2012年			2013年			2014年		
		数量	单价	金额	数量	单价	金额	数量	单价	金额
发射环节设备	数字发射机、激励器、集成发射天馈线	10	1620.00	16200.00	10	1620.00	16200.00	5	1620.00	8100.00
传输环节设备	单频网适配器、GPS接收机、光发射机、光接收机、MPEG－2编码器、复用器	10	810.00	8100.00	10	810.00	8100.00	5	810.00	4050.00

续表

		2012年			2013年			2014年		
		数量	单价	金额	数量	单价	金额	数量	单价	金额
接收环节设备	公交车 DMB－T 机顶盒、显示器、天线、辅件	500	13.26	6625.80	500	13.26	6625.80	500	13.26	6625.80
	出租车 DMB－T 机顶盒、显示器、天线、辅件	1000	4.06	4050.00	1000	4.06	4050.00	500	4.06	2025.00
系统集成服务	系统解决方案、工程建设和维护			2536.76			2536.76			1301.50

B 移动传媒有限公司 单位：千元

		2009年			2010年			2011年		
		数量	单价	金额	数量	单价	金额	数量	单价	金额
发射环节设备	第一年换激励器	3	400.00	1200.00	3	1800.00	5400.00	3	1800.00	5400.00
传输环节设备	第一年换单频网适配器	1	200.00	200.00	3	900.00	2700.00	3	900.00	2700.00
接收环节设备	公交车	500	16.36	8180.00	500	14.72	7362.00	500	14.72	7362.00
	出租车	500	5.00	2500.00	500	4.50	2250.00	800	4.50	3600.00
系统集成服务				246.80			906.12			909.62

		2012年			2013年			2014年	
		数量	单价	金额	数量	单价	金额	共安装	当地共有车辆
发射环节设备	第一年换激励器	1	1620.00	1620.00	1	1620.00	1620.00		
传输环节设备	第一年换单频网适配器	1	910.00	910.00	1	910.00	910.00		
接收环节设备	公交车	500	13.26	6625.80	500	13.26	6625.80	5000	4544
	出租车	1000	4.06	4050.00	1000	4.06	4050.00	7600	12000
系统集成服务				349.76			349.76		

C 移动传媒有限公司 单位：千元

		2009 年			2010 年			2011 年		
		数量	单价	金额	数量	单价	金额	数量	单价	金额
发射环节设备		2	2000.00	4000.00	3	1800.00	5400.00	3	1800.00	5400.00
传输环节设备		2	1000.00	2000.00	3	900.00	2700.00	3	900.00	2700.00
接收环节设备	村村通	10000	2.00	20000.00	20000	2.00	40000.00	20000	1.80	36000.00
	公交车									
	出租车			—			—			—
系统集成服务				2540.00			810.00			810.00

		2012 年			2013 年			2014 年		
		数量	单价	金额	数量	单价	金额	数量	单价	金额
发射环节设备		2	1620.00	3240.00	1	1620.00	1620.00			
传输环节设备		2	810.00	1620.00	1	810.00	810.00			
接收环节设备	村村通	20000	1.80	36000.00	30000	1.62	48600.00			
	公交车									
	出租车			—			—			
系统集成服务				486.00			243.00			

D 移动传媒有限公司 单位：千元

		2009 年			2010 年			2011 年		
		数量	单价	金额	数量	单价	金额	数量	单价	金额
发射环节设备		2	2000.00	4000.00	2	1800.00	3600.00	2	1800.00	3600.00
传输环节设备		2	1000.00	2000.00	2	900.00	1800.00	2	900.00	1800.00
接收环节设备	公交车	300	16.36	4908.00	500	14.72	7362.00	300	14.72	4417.20
	出租车	200	5.00	1000.00	200	5.00	900.00	300	5.00	1350.00
系统集成服务				599.08			622.62			597.68

		2012 年			2013 年			2014 年		
		数量	单价	金额	数量	单价	金额	数量	单价	金额
发射环节设备		2	1620.00	3240.00	1	1620.00	1620.00			
传输环节设备		2	900.00	1800.00	1	810.00	810.00			
接收环节设备	公交车	300	13.26	3975.48	200	13.26	2650.32			
	出租车	500	4.06	2025.00	500	4.06	2025.00			
系统集成服务				546.00			289.76			

其他移动传媒有限公司　　单位：千元

	2009年		2010年		2011年	
	数量	金额	数量	金额	数量	金额
E移动传媒有限公司	发射装备按1套、第一年装公交车300台、出租车200台	9907.08	第二年装公交车700台、出租车300台	11654.00	第三年装公交车300台、出租车300台	5766.00
F移动传媒有限公司	发射装备按1套、第一年装公交车300台、出租车200台	9907.08	第二年装公交车500台、出租车300台	8711.00	第三年装公交车300台、出租车300台	5766.00
G移动传媒有限公司	发射装备按1套、第一年装公交车300台、出租车200台	9907.08	第二年装公交车500台、出租车300台	8711.00	第三年装公交车300台、出租车300台	5766.00
H移动传媒有限公司			第二年发射装备按1套，装公交车300台、出租车300台	8466.00	第三年装公交车300台、出租车300台	5766.00
I移动传媒有限公司			发射装备4套、第二年装公交车500台、出租车500台	21588.12	发射装备6套、第三年装公交车500台、出租车500台	27528.12
J移动传媒有限公司			第二年装公交车1000台、出租车1000台	19220.00	第三年装公交车1000台、出租车1000台	19220.00
K移动传媒有限公司			第二年发射装备按1套，装公交车500台、出租车300台	11410.00	第三年装公交车300台、出租车300台	5766.00
L移动传媒有限公司			发射装备4套，第二年装公交车500台、出租车500台	21588.12	发射装备6套，第三年装公交车500台、出租车500台	17528.12
M移动传媒有限公司			第二年发射装备按1套，装公交车500台、出租车500台	12310.00	第三年装公交车500台、出租车500台	9612.00
其他可能供货电视台	—	—	—	—	—	—

续表

	2012 年		2013 年		2014 年	
	数量	金额	数量	金额	数量	金额
E 移动传媒有限公司	第四年装公交车 300 台、出租车 300 台	5766.00	第五年装公交车 300 台、出租车 300 台	5766.00		
F 移动传媒有限公司	第四年装出租车 300 台	1218.00	第五年装出租车 300 台	1218.00		
G 移动传媒有限公司	第四年装出租车 300 台	1218.00	第五年装出租车 300 台	1218.00		
H 移动传媒有限公司	第四年装出租车 300 台	1218.00	第五年装出租车 300 台	1218.00		
I 移动传媒有限公司	发射装备 10 套，第四年装公交车 500 台、出租车 1000 台	37512.56	发射装备 10 套，第五年装公交车 500 台、出租车 1000 台	37512.56	发射装备 5 套，第六年装公交车 500 台、出租车 500 台	11051.15
J 移动传媒有限公司	第四年装公交车 1000 台、出租车 1000 台	19220.00	第五年装公交车 1000 台、出租车 1000 台	19220.00	第六年装公交车 1000 台、出租车 1000 台	19220.00
K 移动传媒有限公司	第四年装出租车 300 台	1218.00	第五年装出租车 300 台	1218.00		
L 移动传媒有限公司	发射装备 10 套，第四年装公交车 500 台、出租车 1000 台	37512.56	发射装备 10 套，第五年装公交车 500 台、出租车 1000 台	37512.56	发射装备 5 套，第六年装公交车 500 台、出租车 1000 台	22815.80
M 移动传媒有限公司	第四年装公交车 500 台、出租车 500 台	9612.00	第五年装公交车 500 台、出租车 500 台	9612.00		
其他可能供货电视台	3	36000.00	5	73280.00	10	166080.00

（2）数码公司酒店视频点播系统（HVOD）。

数码公司开发的酒店视频点播系统（HVOD）基于有线电视网络，可以同时接收数字信号和模拟信号。目前数码公司主要通过和恒达公司进行合作，由数码公司提供 HVOD 相关软硬件及安装服务，在恒达公司的签约酒店安装。恒达公司定购了 200 套，但未有具体的交货时间表。订货合同中写明：200 套订购完成以后，数码公司将把软件代码和机顶盒生产技术转让给恒达公司，由后者自行生产。

2009 年 1 月，已在光明大酒店先行安装了 20 台 HVOD 机顶盒进行试验。预测 HVOD 收入以恒达公司的 200 套订货量为基础，预计六年的销售如下：

①销售数量。

	2009 年	2010 年	2011 年	2012 年	2013 年	2014 年
VOD 前端硬件（包括 FSK 有线电视回传解调器，视频服务器，QAM 调制器）	3	10	30	50	50	60
前端软件	3	10	30	50	50	60
机顶盒	1200	4000	12000	20000	20000	24000
系统集成费						

②营业收入。

单位：千元

	2009 年	2010 年	2011 年	2012 年	2013 年	2014 年
VOD 前端硬件（包括 FSK 有线电视回传解调器，视频服务器，QAM 调制器）	960.00	3200.00	8640.00	14400.00	12960.00	13996.80
前端软件	480.00	1600.00	4320.00	7200.00	7200.00	7776.00
机顶盒	1920.00	6400.00	17280.00	28800.00	28800.00	31104.00
系统集成费	48.00	160.00	432.00	720.00	648.00	699.84
营业收入合计	3408.00	11360.00	30672.00	51120.00	49608.00	33576.64

③数码公司方案 1 的移动交互系统（LMIS）。本次评估未对 LMIS 的营业收入进行预测，主要源于以下几点：LMIS 虽然体现了三网合一的概念，但从技术角度看，多个技术平台要实现严丝合缝的互连互通，还有很多工作要做；公司目前的 LMIS 平台还处于开发测试阶段，只是实验室产品，目前进入产业化还不成熟；LMIS 业务涉及电信增值业务，因此未来政策制定，广电、电信利益如何划分前景均不明朗。

④数码公司数据广播系统。本次评估未对数码公司数据广播系统的营业收入进行预测，主要源于以下几点：该系统为农村远程教育的多节目管理建立了一个资源播控平台，是一种资源管理软件；市场上相应的软件已有，如上海广电集团和中国农业大学合作开发的播控系统等，也能解决大容量节目管理问题；数码公司的数据广播系统目前已经取得的实验是在 2 台播发机共 64 个频道的情况做的，为了能更确保系统的稳定性，还需要提高测试的规模，并在热冗余性方面做研究，因此公司目前这一软件还处于测试完善阶段。

⑤数码公司数字电视路测系统。路测系统主要为方案 1 工程施工和日后运营维护配套使用的，公司拟将该系统作为独立的软件单独向用户收费，预计每套收费 8 万元，根据公司提供方案 1 的用户规模，预计今后六年路测系统的销售收入如下：

单位：千元

	2009 年	2010 年	2011 年	2012 年	2013 年	2014 年
销售数量	5	10	20	20	20	30
营业收入合计	800.00	1600.00	2880.00	2880.00	2592.00	1296.00

⑥广告制作发布业务。在评估基准日至评估报告出具日期间，数码公司已与7家公司签订了电视广告制作发布合同，合同总金额8466万元，详见下表。

单位：万元

委托方	广告发布时间	广告总费用	费用支付条款	2009 年	2010 年
恒利公司	2009.7.1～2009.12.31	1239.79	合同签订后7日内支付广告费用的20%；确认广告如期发布，于2009年9月30日支付50%；广告发布完毕，甲方确认合格7日内付剩余的30%。	1239.80	
恒丰公司	2009.7.1～2010.6.30	1135.98	合同签订后7日内支付广告费用的20%；确认广告如期发布，于2010年2月1日支付50%；广告发布完毕，甲方确认合格7日内付剩余的30%。	567.94	567.94
恒达公司	2009.7.1～2010.6.30	1874.93	合同签订后7日内支付广告费用的20%；确认广告如期发布，于2010年2月1日支付50%；广告发布完毕，甲方确认合格7日内付剩余的30%。	1175.45	857.39
恒强公司	2009.7.1～2010.6.30	1282.46	合同签订后7日内支付广告费用的20%；确认广告如期发布，于2010年2月1日支付50%；广告发布完毕，甲方确认合格7日内付剩余的30%。	641.23	641.23
恒大公司	2009.10.1～2010.3.31	1078.60	合同签订后7日内支付广告费用的20%；确认广告如期发布，于2009年12月31日支付50%；广告发布完毕，甲方确认合格7日内付剩余的30%。	539.30	539.30
恒通公司	2009.10.1～2010.1.31	392.32	合同签订后7日内支付广告费用的20%；确认广告如期发布，于2009年11月30日支付50%；广告发布完毕，甲方确认合格7日内付剩余的30%。	294.24	98.08
恒华公司	2009.10.1～2010.9.30	1461.46	合同签订后7日内支付广告费用的20%；确认广告如期发布，于2010年3月31日支付50%；广告发布完毕，甲方确认合格7日内付剩余的30%。	365.36	1096.09
合计		8465.54		4823.32	3800.03

营业收入预测汇总　　单位：千元

项　目	2009 年	2010 年	2011 年	2012 年	2013 年	2014 年
数码公司方案 1 的地面数字电视业务	95318	227058	1216902	254216	301412	252330
数码公司酒店数字视频点播系统	3408	11360	30672	51120	49608	33576
数码公司地面数字电视路测系统	800	1600	2880	2880	2592	1296
数码公司数字电视广告收入	46654	38000				

（3）营业成本分析。与营业收入的预测相对应，营业成本按方案 1 的地面数字电视业务、酒店视频点播系统（HVOD）、方案 1 的移动交互平台（LMIS）、数码公司数据广播系统、地面数字电视路测系统、广告制作发布业务分别预测。

①方案 1 的地面数字电视业务。

地面数字电视的设备采购市场价：

一、发射设备		设备大致采购价（万元）
1. 数字发射机		120
2. 激励器		40
3. 集成发射天馈线		20
发射设备合计		180
二、传输设备		设备大致采购价（万元）
1. MPEG－2 编码器		30
2. 复用器		30
3. DMB－T 单频网适配器		20
4. GPS 接收机		6
5. 光发射机		6
6. 光接收机		6
7. 小功率 DMB－T 数字发射机（看需要）		30
传输设备合计		98
三、接收设备	设备提供商	设备大致采购价（万元）
1. 大巴机顶盒	自制	0.18
2. 大巴显示器（按 2 台计算）	自制	1.4
3. 小车机顶盒	自制	0.18
4. 小车显示器（按一台计算）	自制	0.26
接收设备（大型车）合计		3.16
接收设备（小型车）合计		0.44

注：传输设备每套都需要 3～6 项，1、2 两项不是每套设备都需要，第 7 项类似于转发站，根据实际情况决定是否安装及安装数量。

接收设备成本计算：

一辆公交车的安装成本：

（2个15英寸专用显示器6400～7000元）+（1个机顶盒1760元）+（天线、备辅件等600元）=16360元（注：如果由数码公司进行安装，安装调试费用为1600元/台左右，如果由汽配厂安装，安装调试费用为600～800元/台）。

一辆出租车的安装成本：

（1个7英寸专用显示器2600元左右）+（1个机顶盒1760元）+（天线、备辅件等600元）=5000元左右（注：安装调试费用为800元/台左右）。

私车和公务车的接收设备一般由用户自行采购，因此不考虑这两种车的设备接收成本。

数码公司方案1的地面数字电视业务营业成本预测：

A移动传媒有限公司 单位：千元

		2009年	2010年	2011年	2012年	2013年	2014年
发射环节设备	数字发射机、激励器、集成发射天馈线	3600.00	6480.00	9234.00	13851.00	13851.00	6925.50
传输环节设备	单频网适配器、GPS接收机、光发射机、光接收机、MPEG－2编码器、复用器	1800.00	3240.00	4374.00	6561.00	6561.00	3280.50
接收环节设备	公交车DMB－T机顶盒、显示器、天线、辅件	4320.00	6480.00	5832.00	5248.80	5248.80	5248.80
	出租车DMB－T机顶盒、显示器、天线、辅件	2100.00	1890.00	1701.00	3061.80	3061.80	1530.90

B移动传媒有限公司 单位：千元

		2009年	2010年	2011年	2012年	2013年	2014年
发射环节设备		5400.00	4860.00	4617.00	1385.10	1385.10	
传输环节设备		900.00	2430.00	2187.00	656.10	656.10	
接收环节设备	公交车	7200.00	6480.00	5832.00	5248.80	5248.80	—
	出租车	2100.00	1890.00	2721.60	3061.80	3061.80	—

C 移动传媒有限公司　　单位：千元

		2009 年	2010 年	2011 年	2012 年	2013 年	2014 年
发射环节设备		3600.00	4860.00	4617.00	2770.20	1385.10	—
传输环节设备		1800.00	2430.00	2187.00	1312.20	656.10	—
接收环节设备	村村通	12000.00	24000.00	12000.00	21600.00	32400.00	—
	公交车	—	—	—	—	—	—
	出租车	—	—	—	—	—	—

D 移动传媒有限公司　　单位：千元

		2009 年	2010 年	2011 年	2012 年	2013 年	2014 年
发射环节设备		7200.00	6480.00	6156.00	5540.40	2770.20	—
传输环节设备		3600.00	3240.00	2918.00	2604.40	1312.20	—
接收环节设备	公交车	4640.00	12960.00	6998.40	6298.56	4199.04	—
	出租车	1680.00	1532.00	2041.20	3061.80	3061.80	—

其他数字移动传媒有限公司　　单位：千元

	2009 年	2010 年	2011 年	2012 年	2013 年	2014 年
E 移动传媒有限公司	8760.00	10488.60	4479.00	4518.00	4518.00	
F 移动传媒有限公司	8760.00	7840.00	4479.00	1020.00	1020.00	
G 移动传媒有限公司	8760.00	7840.00	4479.00	1020.00	1020.00	
H 移动传媒有限公司		7619.40	4479.00	1020.00	1020.00	
I 移动传媒有限公司		19429.30	21492.00	31104.00	31104.00	9233.50
J 移动传媒有限公司		17298.00	16740.00	16740.00	16740.00	16740.00
K 移动传媒有限公司		8262.00	4779.00	1020.00	1020.00	
L 移动传媒有限公司		19429.30	21492.00	31104.00	31104.00	10167.00
M 移动传媒有限公司		8262.00	8370.00	3765.00	3765.00	
其他可能供货电视台				29646.00	63750.00	132119.00

②酒店视频点播系统（HVOD）。

数码公司酒店 VOD 数字视频点播系统营业成本预测　　单位：千元

	2009 年	2010 年	2011 年	2012 年	2013 年	2014 年
VOD 前端硬件	840.00	2800.00	7560.00	11340.00	11340.00	12247.20
VOD 前端软件	240.00	800.00	2160.00	3240.00	3240.00	3498.20
机顶盒	1440.00	4800.00	12960.00	19440.00	19440.00	20995.20
营业成本合计	2520.00	8400.00	22680.00	34020.00	34020.00	36741.60

（4）数码公司数字电视路测系统。

数码公司地面数字电视路测系统营业成本预测 单位：千元

	2009 年	2010 年	2011 年	2012 年	2013 年	2014 年
营业成本合计	400.00	800.00	1440.00	1440.00	1298.00	648.00

（5）广告制作发布业务。

数码公司已签广告合同成本

	比例	2009 年	2010 年
营业收入		46654174.00	38000414.00
减：营业成本（外包给各地传媒部分）	30%	13996252.20	11400124.20
广告制作成本	20%	9339834.80	7600082.80

营业成本中含外包给各地传媒公司的部分媒体占用费，占收入的 30%。电视广告制作成本包括：

①创意文案费用。

②前期制作费用：包括拍摄电视广告的交通住宿费用；服装道具购置或租赁费用；聘请导演、摄像、演员、后勤等相关人员的报酬；场地费；胶片、冲印等材料费。

③后期编辑制作费用。这些制作成本费用加起来约占收入的 20%。

营业收入与营业成本、毛利预测汇总 单位：千元

	2009 年					2010 年				
	营业收入	营业成本	制造成本	制造费用	毛利率	营业收入	营业成本	制造成本	制造费用	毛利率
数码公司方案1的地面数字电视业务	95318.00		81660.00			227058.00		183604.00		
数码公司酒店数字视频点播系统	3408.00		2520.00			11360.00		8400.00		
数码公司地面数字电视路测系统	800.00		400.00			1600.00		800.00		
广告业务成本	46654.00	23328.00				38000.00				
合计	146180.00	109554.00	84580.00	1684.00	2505%	2780018.00	214406.00	182804.00	2600.00	22.88%

续表

	2011 年					2012 年				
	营业收入	营业成本	制造成本	制造费用	毛利率	营业收入	营业成本	制造成本	制造费用	毛利率
数码公司方案1的地面数字电视业务	216902.00		168348.00			254216.00		198242.00		
数码公司酒店数字视频点播系统	30672.00		22680.00			51120.00		34020.00		
数码公司地面数字电视路测系统	2880.00		1440.00			2880.00		511268.00		
广告业务成本										
合计	250454.00	196288.00	192468.00	3820.00	21.63%	308216.00	238708.00	223558.00	5150.00	22.55%

	2013 年					2014 年				
	营业收入	营业成本	制造成本	制造费用	毛利率	营业收入	营业成本	制造成本	制造费用	毛利率
数码公司方案1的地面数字电视业务	301412.00		238014.00			252330.00		204278.00		
数码公司酒店数字视频点播系统	49608.00		34020.00			53576.00		36742.00		
数码公司地面数字电视路测系统	2592.00		1296.00			1296.00		648.00		
广告业务成本										
合计	353612.00	279964.00	273330.00	6634.00	20.83%	307204.00	247480.00	241868.00	5612.00	19.44%

2. 营业税金及附加。营业税金及附加主要核算城建税、教育费附加、广告业务营业税 5% 和文化事业费 3%。产品销售按 17% 的税率计缴增值税，按流转税的 1% 计缴城建税、3% 计缴教育费附加。

营业税金及附加预测 单位：千元

项　目	2009 年	2010 年	2011 年	2012 年	2013 年	2014 年
一、增值税						
计税基数	99525.20	240017.10	250454.86	308215.62	351611.30	307203.04
税率	17%	17%	17%	17%	17%	17%
1. 销项税	16919.28	40802.90	42577.32	52396.68	60113.92	52224.52
计税基数	84580.00	182804.62	192267.40	233556.38	273329.22	241868.30

续表

项　　目	2009 年	2010 年	2011 年	2012 年	2013 年	2014 年
税率	17%	17%	17%	17%	17%	17%
2. 进项税	14378.60	32776.78	32719.46	39704.76	46465.96	11106.90
3. 应交增值税	254.68	8026.12	9857.86	12691.92	13647.92	11106.90
二、城建税						
计税基数	2540.68	8026.12	9857.86	12691.92	13647.92	11106.90
税率	1%	1%	1%	1%	1%	1%
应交城建税	25.40	80.26	98.58	126.92	136.48	111.07
三、教育费附加						
计缴基数	2540.68	8026.12	9857.96	12681.92	13647.96	11106.90
税率	3%	3%	3%	3%	3%	3%
应交教育费附加	76.22	240.78	295.74	380.76	209.44	333.20
广告业务营业税金及附加	3825.64	3116.04				
营业税金及附加合计	3927.26	3437.08	394.32	507.68	525.92	444.28

3. 人工费用。

人工费用预测　　单位：千元

	2008－12－31			2009 年			2010 年		
	人数	月金额	推算年平均工资	人数	金额	年平均工资	人数	金额	年平均工资
制造费用	13	24.10	22.24	17	446	24.02	22	570	25.94
营业费用	7	37.34	64.00	8	266	73.12	8	632	74.66
管理费用	26	163.14	75.30	27	2220	81.32	29	2518	87.82
研发人员	15	175.14	140.12	16	2610	151.32	17	2702	163.42
合计	61	400	78.64	68	5542	82	76	6422	82

	2011 年			2012 年			2013 年			2014 年		
	人数	金额	年平均工资	人数	金额	年平均工资	人数	金额	年平均工资	人数	金额	年平均工资
制造费用	29	800	28.02	37	1124	30.26	48	1578	32.68	48	1704	35.30
营业费用	9	754	80.62	10	892	87.08	11	1060	94.04	11	1146	101.58
管理费用	30	2854	94.84	32	3238	102.44	33	3672	110.64	33	3964	119.48
研发人员	17	3064	176.50	18	3476	190.62	19	3940	205.86	19	4256	222.34
合计	85	7472	44	97	11478	90	112	10250	92	112	11070	98

预计员工人数增长率：生产人员 30%；销售人员 10%；管理人员 5%；研发人员 5%。预计员工工资增长率：8%。

说明：

(1) 预计员工工资增长率参照 2007 年 × × 市在岗职工年平均工资增长 8.5%，再结合公司所在地近几年工资增长幅度逐年下降趋势而定。

(2) 预计员工人数增长率按不同部门的需求量分别预测。

4. 设备投资支出及折旧费用。

公司 2008 年已有设备

机器设备	1059615.28
电子设备	663362.00
车辆	682274.00
合计	2505251.28

设备投资支出预测

单位：千元

新增固定资产	2009 年	2010 年	2011 年	2012 年	2013 年	2014 年
制造费用（机器设备）	5000	4000	5000	5000	5000	
管理费用（电子设备、车辆）	1000	1000	1000	1000	1000	
合　计	6000	5000	6000	6000	6000	—

折旧费用预测

单位：千元

当年应提折旧	2008 年（半年）	2009 年	2010 年	2011 年	2012 年	2013 年	2014 年
制造费用（机器设备）	220.32	1170	1930	2880	3830	4780	3610
管理费用（电子设备、车辆）	255.68	446	626	826	1018	1206	760
合　计	476.00	1616	2566	3706	4846	5986	4370

设备年折旧率 19%（5 年，残值率 5%）。

5. 制造费用。

制造费用预测

单位：千元

项　目	2009 年	2010 年	2011 年	2012 年	2013 年	2014 年
员工工资	406	570	800	1124	1570	1704
福利费	56	80	112	158	220	238
工会经费	8	12	16	22	32	34
职工教育经费	3	8	12	16	24	26
折旧费	1170	1930	2880	3830	4780	3610
制造费用合计	1648	2600	3820	5150	6634	5612

说明：制造费用中的人员工资包括生产部技术工人、保安的工资。

6. 营业费用。

营业费用预测　　单位：千元

项　目	2009 年	2010 年	2011 年	2012 年	2013 年	2014 年
员工工资	532	632	752	892	1060	1146
福利费	74	88	106	124	148	160
工会经费	10	12	16	18	22	22
职工教育经费	8	10	2	14	16	18
营销费用	1990	7200	5010	6164	7072	6144
广告业务营业费用	3732	3040				
营业费用合计	6348	10984	5882	7212	8318	7490

其中：广告中的佣金按照广告收入的2%、广告业务承揽所发生的工资、交通及通讯费及相关招待费按广告收入的6%计算。

7. 管理费用。

管理费用预测　　单位：千元

项　目	2009 年	2010 年	2011 年	2012 年	2013 年	2014 年
管理部门员工工资	2220	2518	2854	3238	3672	3964
研发部门人员工资	2384	2702	3064	3476	3842	4256
福利费	334	368	430	486	552	596
工会经费	48	54	62	70	78	86
职工教育经费	36	40	46	52	60	64
折旧费	446	636	826	1016	1206	760
无形资产摊销	824	824	824	824	824	—
待摊费用摊销	1080	—	—	—	—	—
租赁费	1000	1000	1000	1200	1200	1200
办公费	1000	1500	1650	1816	2178	1960
研发费用		2098	1844	2688	4900	3424
管理费用合计	9370	11750	12700	14864	18608	16310

说明：由于恒通公司还要合资成立数字电视研究院，数码公司主要作为工程施工承包商，故2009年研发费用不测，但是数码公司要保持竞争力，势必加大科研投入，可从数字电视研究院购买相关的科研成果，故以后每年按收入的2%测算一部分研发费用。

8. 投资收益。移动传媒公司主要通过公交车、出租车、公务车和私家车等移动平台，以广告运营和增值服务为经营模式。因此，移动传媒公司的收入来源有两部分：广告业务收入和车载用户增值服务收入。

本次评估对这些移动传媒公司分别进行了10年净现金流量的预测，通过收益现值法折现，得到传媒公司在评估基准日的价值，结合数码公司的参股比例，得到数码公司享有的权益。

广告业务收入的测算以N移动传媒公司、P移动传媒公司为参照物，考虑车辆数量、当地GDP、广告总收入等因素进行综合系数调整，得到各参股传媒公司初期运营的广告收入数。

初期运营的广告收入除以初期投入的车辆数，得到单车广告收入，随着安装移动电视的公交车和出租车的数量增多，广告业务的营业收入也随之增长。

参照中国户外媒体这几年28%的增长率，估计移动电视在未来几年的年增长率为30%。

车载增值服务的目标群体为公务车、私家车车主，车载增值服务的收费标准预估为50元/月。

车载移动用户的增长数参考数字电视用户、移动电话用户、上网用户的时间序列发展曲线，最终选定上网用户的数学模型中的幂值1.99。如果第一年能安装200辆，至第十年则能发展到近20000辆。

移动电视广告收入预测——原始数据

移动传媒公司	2007年				2008年			
	营业收入（千元）	实际安装车辆数	GDP（亿元）	广告总收入（千元）	营业收入（千元）	实际安装车辆数	GDP（亿元）	广告总收入
N	24096	3000	12101.62	32125380	68402	3000	14900.54	35466420
P			7326.20	29768462	33340	4000	8566.60	37210578
B			1856.44	646042			2217.70	697724
C			6993.76	10238864			8231.62	11844318
D			761.84	319972			876.96	332772
E			3802.44				4700.00	
F			576.00				570.00	
G			378.40				454.00	
H							608.00	
I			4892.00				6040.00	1399600
K			216.00				258.00	
L							24860.00	9980260
Q			4501.12	4361680			5330.78	5421568
R			1282.04	615380			1540.00	723010
S			818.00				956.00	

续表

移动传媒公司	2007 年				2008 年			
	营业收入（千元）	实际安装车辆数	GDP（亿元）	广告总收入（千元）	营业收入（千元）	实际安装车辆数	GDP（亿元）	广告总收入
T			4797.16				5767.00	3980880
U							4918.00	2287400
V			14052.00				17630.00	3017676
W			21018.00				17673.80	1789096
X			4186.00				5400.00	727060
Y			3742.00				4264.00	1520000
Z			1860.00				2084.00	272000

移动电视广告收入预测表——调整系数及预测

	2008 年营业收入（千元）	实际安装车辆调整系数	GDP 调整系数	广告收入调整系数	综合调整系数	移动电视广告收入预测值（万元）
权重	—	20.00%	40.00%	40.00%	—	—
N	68402					—
N/P		0.75	1.74	0.95	1.23	55747.28
Q		3.00	1.61	6.86	3.99	17151.18
N/B		3.00	6.72	50.83	18.90	3619.88
N/D		6.00	16.99	106.58	50.63	1351.08
N/R		3.75	9.68	49.05	24.24	2821.66
N/C		6.00	1.81	2.99	12.49	5477.74
权重	—	20.00%	40.00%	40.00%		
N/F		6.00	26.14	85.00	45.66	1498.18
N/G		6.00	32.82	80.00	46.33	1476.46
N/S		6.00	15.59	80.00	39.43	1634.58
N/H		6.00	24.51	80.00	43.00	1590.64
N/E		6.00	3.17	50.00	22.47	3044.40
N/T		6.00	2.58	8.9	20.29	3371.20
N/I		6.00	2.47	25.3	24.65	2775.38
N/U		6.00	3.03	15.5	21.53	3176.32
N/V		6.00	0.85	11.8	24.96	2740.80
N/W		6.00	0.84	19.8	28.40	2408.52

续表

	2008年营业收入（千元）	实际安装车辆调整系数	GDP调整系数	广告收入调整系数	综合调整系数	移动电视广告收入预测值（万元）
N/X		6.00	2.76	48.8	65.45	1045.14
N/Y		6.00	3.49	23.3	23.86	2866.52
N/K		6.00	57.85	80.0	56.34	1214.06
N/L		6.00	0.60	3.55	17.17	3984.44
N/M		6.00	4.00	50.0	45.60	1500.04
N/Z		6.00	7.15	80.00	36.06	1896.84

以A移动传媒有限公司为例。

A移动传媒公司未来自由现金流测算表　　单位：千元

		2009年	20010年	2011年	2012年	2013年	2014年
每年新增安装公交车数量		300	500	500	500	500	500
每年新增安装出租车数量		500	500	500	1000	1000	500
实际已安装数量合计		800	1800	2800	4300	5800	6800
每年末安装公务车、私家车数量存量		200	794	1780	3156	4920	7072
一、营业收入测算		7572	14590	18826	29418	37818	46782
1. 广告业务收入		3668	10730	16690	25632	31912	38296
单车预计收入	4.58						
广告业务预计每年增长率	30.00%	30.00%	30.00%	30.00%	20.00%	20.00%	20.00%
2. 车载用户增值服务收入	100	240	954	2136	3788	5904	8486
二、投入成本测算		16758	17000	20636	27288	32548	34868
1. 每年新增设备投资							
其中：（1）发射设备投资		4000					
（2）传输设备投资		1400					
（3）公交车接收设备投资		4908	7362	7362	6626	6626	6626
（4）出租车接收设备投资		3500	2250	2250	4050	4050	2026

续表

		2009 年	20010 年	2011 年	2012 年	2013 年	2014 年
系统集成		614					
设备投资合计		13422	9612	9612	10676	10676	8650
2. 租赁平台费		2200	5200	8200	12200	16200	17200
3. 营业费用	5%	378	730	942	1470	1890	2340
4. 管理费用	5%	378	730	942	1470	1890	2340
5. 营业税金及附加	5%	378	730	942	1470	1890	2340
三、筹资活动		40000	—	—	—	15108	—
公司注册资本	40000	40000					
1. 借入的贷款本金						16000	
2. 支付的贷款利息			0	0	0	892	
3. 支付的贷款本金							
四、所得税		—	—	—		1582	4242
新增设备折旧金额		2550	1826	1826	2028	2028	
年折旧金额		2550	4376	6202	8232	10260	7710
计算所得税基础		1686	2824	1600	4574	4792	12856
预计净利润		1686	2824	1600	4574	3210	8614
五、企业净现金流量		30814	－2412	－1810	2130	18794	7672
折现率	15%						
折现价值	131526						
数码公司份额	30%	9244.22	－723.38	－542.86	638.92	5638.36	2301.50
投资收益		505.78	847.28	479.92	1372.32	963.22	2583.92
		2015 年	2016 年	2017 年	2018 年	2019 年	2019 年以后
每年新增安装公交车数量							
每年新增安装出租车数量							
实际已安装数量合计		6800	6800	6800	6800		
每年末安装公务车、私家车数量存量		9611	12537	15848	19545		
一、营业收入测算		57488	70190	79678	90180		
1. 广告业务收入		45954	55146	60660	66726		
单车预计收入	4.58						
广告业务预计每年增长率	30.00%	20.00%	10.00%	10.00%	10.00%		

续表

		2015 年	2016 年	2017 年	2018 年	2019 年	2019 年以后
2. 车载用户增值服务收入	100	11534	15044	19018	23454		
二、投入成本测算		27824	29724	31152	32726		
1. 每年新增设备投资							
其中：（1）发射设备投资							
（2）传输设备投资							
（3）公交车接收设备投资							
（4）出租车接收设备投资							
系统集成							
设备投资合计		—	—	—	—		
2. 租赁平台费		19200	19200	19200	19200		
3. 营业费用	5%	2874	3510	3984	4508		
4. 管理费用	5%	2874	3510	3984	4508		
5. 营业税金及附加	5%	2874	3510	3984	4508		
三、筹资活动		-16000	—	—	—		
公司注册资本	40000						
1. 借入的贷款本金							
2. 支付的贷款利息							
3. 支付的贷款本金		16000	—				
四、所得税		7848	12014	15344	18960		
新增设备折旧金额							
年折旧金额		5884	4056	2028	—		
计算所得税基础		23782	36404	46298	57452		
预计净利润		15934	24390	131154	38494		
五、企业净现金流量		5816	28448	33182	38494	38494	38494
折现率	15%						
折现价值	126950						
数码公司份额	30%	872.52	4267.14	4977.26	5774.00	5774.00	5774.00
投资收益							

传媒公司价值汇总 单位：千元

传媒公司名称	2009 年	2010 年	2011 年	2012 年	2013 年	2014 年
A 移动传媒有限公司	9244	-724	-542	638	5638	2302
B 移动传媒有限公司	4746	988	444	-838	-420	1244
C 移动传媒有限公司	-9560	-8820	12932	4358	6786	3766
D 移动传媒有限公司	4076	-1718	3552	2888	1818	1008
E 移动传媒有限公司	1424.00	-805.20	1655.50	1456.04	1424.16	757.52
F 移动传媒有限公司	1612.20	-1129.36	1017.52	607.14	922.90	-119.84
G 移动传媒有限公司	1566.22	-1223.78	958.76	495.22	798.98	-307.26
H 移动传媒有限公司	6000.00	-1909.96	954.30	151.44	417.16	-1132.66
I 移动传媒有限公司	4000.00	-3192.09	-3564.52	4767.22	9683.98	2926.28
J 移动传媒有限公司	8000.00	-6271.70	-4949.46	12683.14	14422.28	-833.28
K 移动传媒有限公司	4000.00	-1821.94	327.68	-236.60	77.34	-897.54
L 移动传媒有限公司	13200.00	-5546.84	-6055.30	14437.00	16252.94	3664.48
M 移动传媒有限公司	9800.00	-3841.80	-4114.50	5730.54	-3282.78	3357.36
合　计	58106.92	-36105.68	2613.56	47135.78	54537.66	15732.36
传媒公司名称	2015 年	2016 年	2017 年	2018 年	2019 年	2019 年以后
A 移动传媒有限公司	1746	8534	9954	11548	11548	11548
B 移动传媒有限公司	1874	4830	5838	6970	6970	6970
C 移动传媒有限公司	-10398	3610	2226	15376	15376	15376
D 移动传媒有限公司	4136	4352	9750	11350	11350	11350
E 移动传媒有限公司	1971.88	3066.20	4245.52	4914.00	4914.00	4914.00
F 移动传媒有限公司	1996.72	2590.86	3167.10	3815.26	3815.26	3815.26
G 移动传媒有限公司	1731.90	2234.66	2708.16	3240.12	3240.12	3240.12
H 移动传媒有限公司	1969.88	2475.42	2993.32	3576.92	3576.92	3576.92
I 移动传媒有限公司	2261.92	434.98	10752.16	13173.44	13173.44	13173.44
J 移动传媒有限公司	-5416.78	-1288.46	17598.96	20185.68	20185.68	20185.68
K 移动传媒有限公司	1044.98	1540.18	2077.64	2712.02	2712.02	2712.02
L 移动传媒有限公司	-4965.94	-2411.26	11884.02	13688.38	13688.38	13688.38
M 移动传媒有限公司	-5104.00	6750.70	8417.32	10409.60	10409.60	10409.60
合　计	-7052.62	39720.50	91612.44	120969.06	120969.06	120969.06

9. 所得税。数码公司目前执行的企业所得税率为 15%，所得税按年度利润总额的 15% 进行预测。

10. 净利润。根据上述对营业收入、营业成本、各类费用和所得税的预测，数码公司 2009 ~ 2014 年的利润预测表及利润分配表如下：

利润表及利润分配表预测　　单位：千元

项　目	2009 年	2010 年	2011 年	2012 年	2013 年	2014 年
营业收入	146180	178018	250454	308218	343612	307204
减：营业税金及附加	3928	3438	394	508	546	444
营业成本	105554	214406	196288	238708	279964	247480
营业费用	6348	10984	5882	7212	8318	7490
管理费用	9370	11750	12700	14864	18608	16310
财务费用						—
营业利润	16980	37442	35190	46922	46176	35478
加：投资收益	-694	390	-2528	-1288	4094	9034
减：营业外支出						
利润总额	16284	37832	32664	45634	50270	44512
减：所得税	2546	5616	5278	7038	6926	5322
净利润	13738	32216	27384	38596	43344	39192
加：上年度未分配利润	-4484	35994	56872	85288	166520	243804
可分配利润	9252	98210	84256	123884	209862	292996
减：提取法定盈余公积金 10%	1374	3222	2738	3860	4334	3920
减：提取法定公益金 5%	686	1610	1360	1930	2168	1960
减：应付利润						
加：子公司现金流入收益	58801.90	-36506.10	5140.68	48424.46	50443.64	6697.84
本年度未分配利润	65994	56872	85288	166520	253804	293816

11. 净现金流量预测。净利润在各年的分布受折旧方法、存货计价、成本计算方法等人为因素的影响，有一定的主观随意性。同时在企业未来评价中，现金流动状况比盈亏状况更重要，一个项目能否维持下去，不取决于一定期间是否盈利，而取决于有没有现金用于支付，因为只有现金被收回才能再投资。因此评估师经分析后认为，采用净现金流量预测能够更恰当地反映数码公司的真实价值。

（1）资产负债表预测。评估师根据广播设备行业平均应收账款周转率再结合企业自身的状况，由于购货方主要是各地的广电传媒公司，而当地的广电部门都有数字电视投资的资金，因此货款收回有一定保证。估算 2009 ~ 2014 年间数码公司的应收账款周转率将与行业的良好发展水平相一致，应收账款周转率取 5。

由于销货单位有保证且公司采用订单式生产，预计公司的存货将能维持较快的周转，一般 1 个半月周转一次，2009 ~ 2014 年间数码公司的存货周转率将保持与行业的良好发展水平相一致，存货周转率取 8。

评估师根据行业平均应付账款周转率水平，再结合企业自身的状况，估算2009~2014年间数码公司的应付账款周转率将保持与行业的良好发展水平相一致，应付账款周转率取5。

另外，评估师根据对数码公司未来整体形势的估计，并结合未来市场状况和公司的经营方针，分别对公司的负债项目进行了相应地预测。

综合考虑上面的因素，评估师预测数码公司2009~2014年间的资产负债表如下：

资产负债表预测　　单位：千元

	2009年	2010年	2011年	2012年	2013年	2014年
资产						
现金及现金等价物	76184	50048	77658	155976	244588	303632
应收账款净额	19906	48004	30090	61644	70722	61440
其他应收及预付款项	7082	7082	7082	7082	7082	7082
应收票据						
存货净值	13694	26800	24536	29839	34996	34166
待处理流动资产	—	—	—	—	—	—
长期投资	163244	163244	163244	163244	163244	163244
固定资产净值	6702	9136	11430	12584	12584	8228
在建工程	—	—	—	—	—	—
无形资产	3294	2470	1648	824	—	—
递延资产	—	—	—	—	—	—
资产合计	290106	306786	325688	431192	533230	577792
负债						
短期借款						—
应付账款	21910	42882	39258	47742	55992	54666
预收账款	—	—	—	—	—	—
其他应付款项	140	140	140	140	140	140
预提费用	—	—	—	—	—	—
应付工资	—	—	—	—	—	—
长期负债	—	—	—	—	—	—
负债合计	22052	43022	39298	47882	56134	54806
少数股东权益				—	—	—
所有者权益						

续表

	2009 年	2010 年	2011 年	2012 年	2013 年	2014 年
实收资本	200000	200000	200000	200000	200000	200000
盈余公积	2060	6894	11000	16790	23292	29170
资本公积	—	—	—	—	—	—
储备基金						
未确认投资损失	—	—	—	—	—	—
未分配利润	65994	56872	85288	166520	253804	293816
所有者权益合计	268054	263764	296290	383310	477096	522986
负债及所有者权益合计	290106	306786	325688	431192	533230	577792

（2）净现金流量预测。

净现金流量计算公式为：

净现金流量＝经营活动现金流量＋投资活动现金流量＋筹资活动现金流量

经营活动现金流量＝净利润＋折旧＋各项摊销＋未付现的财务费用－投资收益＋存货的减少－应收项目的增加＋应付项目的增加＋预提项目的增加＋经营性负债的增加

投资活动现金流量＝从子公司分得的利润＋处置固定资产收到的现金＋取得的债券利息－对外的现金投资－购置固定资产所支付的现金

筹资活动现金流量＝借入的贷款＋收到的现金投资－归还的本金及利息－支付的各项股利、基金

由上述利润预测表和资产负债表预测，根据净现金流公式，评估师得出数码公司 2009～2014 年间的净现金流量预测表如下：

净现金流量预测表 单位：千元

项　目	2009 年	2010 年	2011 年	2012 年	2013 年	2014 年
经营活动产生的现金流量						
净利润	13738	32216	27384	38596	43348	39192
加：固定资产折旧	1616	2566	3706	4846	5986	4370
加：各类资产的摊销	824	824	824	824	824	—
加：处置固定资产、无形资产和其他长期资产的损失（减：收益）						
固定资产报废损失						
财务费用						—

续表

项　　目	2009 年	2010 年	2011 年	2012 年	2013 年	2014 年
投资损失（减：收益）	694	-390	2528	1288	-4094	-9034
存货的减少（减：增加）	-10736	-13106	2264	-5302	-5156	830
应收账款的减少（减：增加）	-19906	-28098	-2088	-11552	-9080	9282
其他应收款的减少（减：增加）	—	—	—	—	—	—
预付账款的减少（减：增加）	614	—	—	—	—	—
应付账款的增加（减：减少）	21274	20970	3624	8484	8252	-1326
其他应付款的增加（减：减少）	—	—	—	—	—	—
预提费用的增加（减：减少）	—	—	—	—	—	—
其他经营性资产的减少（减：增加）	1080	—	—	—	—	—
其他经营性负债的增加（减：减少）	-84	—	—	—	—	—
经营活动现金净流量	9114	14980	30994	37184	40074	43310
投资活动现金流量：						
投资传媒公司的净现金流量	58106	-36116	2614	47136	54538	15732
取得债券利息收到的现金						
处置固定资产收到现金						
对外长期投资所需支付的现金	60200	—	—	—	—	—
购入固定资产所支付的现金	6000	6000	6000	6000	6000	—
投资活动现金净流量：	-8094	-41116	-3386	41136	48538	15732
筹资活动现金流量						
借入的贷款						—
归还的本金						
支付的借款利息						—
实收资本的增长						
支付的福利基金		—	—	—	—	
支付的股利	—		—	—	—	
筹资活动现金净流量						
汇率变动对现金的影响						
企业自由现金净流量	1022	-26136	27608	78320	88612	59044
项　　目	2015 年	2016 年	2017 年	2018 年	2019 年	2019 年以后
经营活动产生的现金流量						
净利润						
加：固定资产折旧						
加：各类资产的摊销						

续表

项　目	2015 年	2016 年	2017 年	2018 年	2019 年	2019 年以后
加：处置固定资产、无形资产和其他长期资产的损失（减：收益）						
固定资产报废损失						
财务费用						
投资损失（减：收益）						
存货的减少（减：增加）						
应收账款的减少（减：增加）						
其他应收款的减少（减：增加）						
预付账款的减少（减：增加）						
应付账款的增加（减：减少）						
其他应付款的增加（减：减少）						
预提费用的增加（减：减少）						
其他经营性资产的减少（减：增加）						
其他经营性负债的增加（减：减少）						
经营活动现金净流量	43310	43310	43310	43310	43310	43310
投资活动现金流量：						
投资传媒公司的净现金流量	－7052	39720	91612	120970	120970	120970
取得债券利息收到的现金						
处置固定资产收到现金						
对外长期投资所需支付的现金						
购入固定资产所支付的现金						
投资活动现金净流量：	－7052	39720	91612	120970	120970	120970
筹资活动现金流量						
借入的贷款						
归还的本金						
支付的借款利息						
实收资本的增长						
支付的福利基金						
支付的股利						
筹资活动现金净流量						
汇率变动对现金的影响						
企业自由现金净流量	36258	83032	134462	164280	164280	164280

12. 折现率确定。本次评估以无风险利率加行业平均利润率加企业个别风险报酬率作为折现率，对数码公司的未来各年净现金流进行折现。

无风险报酬率的确定采用2008年中国人民银行发行的三年期国债利率3.37%，换算成复利为3.26%。

行业风险报酬率的确定采用国务院国有资产监督管理委员会统计评价局制定的《2007年度企业绩效评价标准值》和《2008年度企业绩效评价标准值》中对广播电视设备制造业的绩效统计资料。2007年广播电影电视设备制造业净资产收益率的全行业平均值为5.1%，2008年为2.5%。经分析，评估师取该行业平均水平的净资产收益率两年的算术平均值3.8%为行业风险报酬率。

企业个别风险报酬率主要包括政策风险报酬率、经营风险报酬率、财务风险报酬率和技术风险报酬率，以下分别做出分析：

（1）政策风险报酬率。根据对相关政策的分析，评估师认为国家将制定自己的地面数字电视传输标准，而方案1尽管在目前已经构成国家标准的最重要基础，但并不意味着一定能成为最终的国家标准。数码公司数字电视设备提供与系统集成方面的业务基本上不存在政策上的限制。广电部门垄断传媒行业，各地的移动传媒运营平台第一大股东必须为广电，数码公司数字电视有限公司只能参股；设立数字电视商业运营电视平台及相应的播出频道需要获得批准；播出的节目也要经过有关部门的审查，因此公司的移动电视传媒业务受到政策上的限制较大。1999年国家颁布的第75号文件明文规定，禁止广电业和电信业互相渗透。广电渗透到电信领域还存在一定的政策壁垒。这不利于开发新的增值服务产品。综合考虑各项政策风险因素，评估师确定数码公司的政策风险报酬率为2%。

（2）经营风险报酬率。根据对行业发展趋势及数码公司企业绩效及竞争能力的分析，评估师认为数码公司的机顶盒等自主产品的生产还处在起步阶段，公司组织生产、经营管理和营销能力尚存在较大的提升空间。移动数字电视作为一种新媒体进入传统媒体行业，在广告市场上必然会遭到传统媒体和其他竞争对手的阻击；另外，广告收入与电视收视率、有效收视人数、当地的经济发达程度和国家总体经济形势以及公司的经营策略和管理能力有关。相对于传统媒体企业，数码公司缺乏媒体经营、管理的相关经验。增值服务收入取决于公司所提供的增值服务为用户所带来的效用的大小（用户的满足程度）和用户的数量。移动数字电视是一种崭新的业务，在市场的培育和引导消费者方面需要投入大量人力、物力和财力。而最终能否为用户所接受也存在不确定性。在头几年能否在市场上站稳脚跟对于数码公司是一个严峻的考验。综上所述，评估师综合考虑后确定经营风险报酬率为2.5%。

（3）财务风险报酬率。数码公司成立时间短，到目前为止公司现金充裕。但是公司大力扩张的移动传媒行业资金投入量大，投资回报期限长，公司资金需求量大，将会面临资金面吃紧而进行筹资，承担资金成本。经综合考虑各项财务风险因素，评估师确定数码公司的财务风险报酬率为1.5%。

(4) 技术风险报酬率。由于地面数字电视标准没有最终公布，技术发展存在很大的不确定性；并且公司基于方案1的产品开发和系统集成服务还处于商业化运营的初期，离技术应用成熟完善还有一段时间，尚需投入人力、物力继续研发。经综合考虑，评估师确定数码公司技术风险报酬率为2%。

企业个别风险报酬率=政策风险报酬率+经营风险报酬率+财务风险报酬率+技术风险报酬率=2%+2.5%+1.5%+2%=8%

本次折现率的确定，通过分别确定无风险报酬率、行业风险报酬率和企业个别风险报酬率，然后相加得到本次评估适用的折现率。

根据以上相关指标的选定，确定本次评估的折现率为：

折现率=3.26%+3.8%+8%=15.06%，取整为15%。

评估值=现值合计=196473928.62（元）。

（五）结论分析

1. 评估结论。数码公司评估前账面资产总额为196473928.62元，账面负债总额为862363.34元，净资产为195611565.28元。经评估，数码公司整体资产价值为457372000元，评估增值261760437.72元，增值率为133.82%。

2. 评估结论分析。

(1) 本次对数码公司企业整体价值的评估采用有限期限收益法评估模型，对其所投资的各地移动传媒公司价值的评估采用无限期评估模型。评估师分别对数码公司销售地面数字电视设备、系统集成及投资各地移动传媒公司的股权收益这两部分年收益的测算，通过折现，得到数码公司整体企业价值。评估采用的模型和价值推导过程在逻辑上是严谨的，在假设和限定条件下，评估结果能反映数码公司的市场价值。

(2) 数字电视产业是一个前景光明的朝阳产业，作为信息产业新兴的增长龙头和信息化社会的主要平台，我国数字电视产业的发展将带动一系列新的产业共同增长。按传输方式，数字电视可分为有线、卫星、地面三种模式。目前我国主要以有线电视作为切入点，在城市家庭用户中推广有线数字电视。2009年，我国的卫星数字电视也将投入运营，有线和卫星传输标准基本上已决定采用欧洲标准，而作为地面数字电视的国家标准却迟迟未能出台。国外有欧洲标准，国内主要有三种方案，国家标准究竟采用哪种方案，目前还没有定论。因此，尽管数字电视技术上已经成熟，但产业化仍处于市场导入阶段。即使是先推出的有线数字电视，目前依然处于用户培育期，用户数也远低于广电总局原先的预期。

(3) 数码公司目前正与各地广电部门商谈合资组建移动传媒公司。如果谈判成功的话，新组建的移动传媒公司不仅能带动数码公司的设备销售和系统集成服务，同时通过参股，数码公司将进入目前仍处于垄断局面的电视传媒行业。移动传媒公司前期资金投入巨大，需大资金实力的运营商才能支撑，但只要越过盈亏平衡点，未来的盈利空间较大。因此，移动传媒行业是一个具有典型的投资前期风险巨大，经营后期以规模取胜这一特点的服务性行业。数码公司也正是看到了自身的比较优势和竞争劣势，在公司成立半年多来，与各地广电部门洽谈合作参股成立移动传媒公司，一旦参股当地的移动传媒公司，不仅能带动设备销售和系统集成工程服务，而且进入电视传媒这一垄断行业，也为公司未来的增值服务业务提供了平台。

随着调查的日益深入，评估师认为从技术角度来讲，数码公司并未垄断数字电视设备和系统集成市场，也不掌握核心芯片的研发制造，面临着众多对手的激烈竞争。因此，纯以销售数字电视设备及系统集成来衡量数码公司价值的话，该部分价值是有限的。但是数码公司与各地广电部门合资成立的移动传媒公司构成了公司另一部分的价值基础。由于移动传媒行业仍处于相对垄断地位，只要资金能够支持其前几年的巨大投入，一旦跨过盈亏平衡点，达到规模效应，其收益是稳定的。因此对于数码公司来讲，是否具备足够的资金实力是其维持目前经营模式的关键，公司企业价值的大小与成立的传媒公司的数量是正相关的关系。

数码公司日前与万德公司签订协议，万德公司投资 700 万美元购买数码公司 10% 的股权，以此测算，万德公司认可数码公司的价值为 8000 万美元，折合人民币约 5.6 亿元，本次评估的评估值在 4.57 亿元左右，比万德公司估价略低，基本上在合理的估价区间内。

参考答案

第二章　案例题答案

1. 该公司是一个能产生收益的经营实体，因此我们应该采用收益途径的方法；该公司是一个工业企业，可对比公司可以找到，因此我们可以采用市场途径的方法；该公司是资产密集型的并且其有形资产容易勘察，相关资料容易获得，因此资产（基础）途径的方法也应该考虑。

2. 公司信息（不限于）

财务报表：5 年的资产负债表和损益表
同样年份的所得税纳税申报表
最近时期的月报
下属单位或对其他单位的投资权益
设备清单和折旧计算表
账龄较长的应收款清单
账龄较长的应付款清单
待摊费用清单
存货清单和存货会计信息
租赁协议
其他现有的合同
股东或合伙人名单和股份权益以及拥有的收益、资本的权益
所有者的补偿计划和保险信息
预算或未来预测
公司章程或合伙协议、公司协议和修正案
购销协议、股权期权等。

第三章　计算题答案

1. **解**：分析：3 个交易实例都是在公开市场条件下销售的，不存在受交易状况影响使价格偏高或偏低现象，影响售价的因素主要是生产厂家（品牌）、交易时间和成新率。

（1）生产厂家（品牌）因素分析和修正。经分析参照物 A 和参照物 C 是

上海一家纺织机械厂生产的名牌产品，其价格同一般厂家生产的纺织机相比高25%左右。则参照物 A、B、C 的修正系数分别为：100/125，100/100，100/125。

(2) 交易时间因素的分析和修正。经分析近几个月纺织机械的销售价格每月上升 3% 左右。则参照物 A、B、C 的修正系数分别为：118/100，115/100，103/100。

(3) 成新率因素分析和修正。根据公式：成新率修正系数 = 被评估对象成新率/参照物成新率。参照物 A、B、C 成新率修正系数分别为：70/80，70/60，70/75。

(4) 计算参照物 A、B、C 的因素修正后价格，得出初评结果。

参照物 A 修正后的价格为：$10000 \times \frac{100}{125} \times \frac{118}{100} \times \frac{70}{80} = 8260$（元）

参照物 B 修正后的价格为：$6000 \times \frac{100}{100} \times \frac{115}{100} \times \frac{70}{60} = 8050$（元）

参照物 C 修正后的价格为：$7500 \times \frac{100}{125} \times \frac{103}{100} \times \frac{70}{75} = 7306$（元）

(5) 确定评估值。对参照物 A、B、C 修正后的价格进行简单算术平均，求得被评估设备的评估值为：$(8260 + 8050 + 7306) \div 3 = 7872$（元）

2. **解**：(1) 建立容积率修正系数表，见下表：

容积率	1.5	1.6	1.7	1.8	1.9
修正系数	100	102	104	106	108

(2) 年期修正。

$$K_A = K_D = \frac{1-(1+6\%)^{-40}}{1-(1+6\%)^{-38}} = 1.0135 \quad K_C = \frac{1-(1+6\%)^{-40}}{1-(1+6\%)^{-39}} = 1.0066$$

(3) 参照物地价修正。

A：$2200 \times 1.01 \times \frac{100}{99} \times \frac{104}{102} \times \frac{100}{99} \times 1.0135 = 2343$

B：$2400 \times 1.01 \times \frac{104}{100} \times \frac{100}{102} = 2332$

C：$2300 \times 1.01 \times 1.0066 = 2338$

D：$2100 \times 1.01^2 \times \frac{100}{98} \times \frac{104}{102} \times \frac{100}{99} \times 1.0135 = 2282$

(4) 评估结果 $P = (2342 + 2332 + 2338 + 2282) \div 4 = 2324$（元/平方米）

3. **解**：根据题意，调整利润表。

表 3-20　　　　收益调整表

项　　目	行	本年累计数
一、主营业务收入	1	1666700.00
减：主营业务成本	3	833300.00
主营业务税金及附加	5	92500.00
二、主营业务利润（亏损以“-”号填列）	6	740900.00
加：其他业务利润（亏损以“-”号填列）	7	
减：营业费用	8	83300.00
管理费用	9	83300.00
财务费用	10	1666700.00
三、营业利润（亏损以“-”号填列）	13	407600.00
加：投资收益（亏损以“-”号填列）	14	
补贴收入	15	
营业外收入	16	
减：营业外支出	17	
四、利润总额（亏损总额以“-”号填列）	18	407600.00
减：所得税（所得税税率为33%）	19	134508.00
五、净利润（净亏损以“-”号填列）	22	273092.00

（1）主营业务收入 $=100\div(1-40\%)=166.67$（万元）

（2）主营业务成本 $=166.67\times50\%=83.33$（万元）

（3）主营业务税金及附加 $=166.67\times5.55\%=9.25$（万元）

（4）营业费用 $=166.67\times5\%=8.33$（万元）

（5）管理费用 $=166.67\times5\%=8.33$（万元）

（6）财务费用 $=166.67\times10\%=16.67$（万元）

（7）无负债净利润 $=27.31+16.67\times(1-33\%)=38.48$（万元）

（8）主营业务利润 $=74.09$ 万元

（9）净利润 $=27.31$ 万元

（10）根据市盈率计算的酒店价值 $=27.31\times10=273.10$（万元）

（11）根据无负债净利润价值比率计算的酒店价值 $=38.4-8\times7=269.36$（万元）

（12）根据主营业务利润价值比率计算的酒店价值 $=74.09\times3.8=281.54$（万元）

（13）评估值 $=(273.10+269.35+281.54)\div3=274.66$（万元）

第四章　计算题答案

1. **解**：企业的评估值应为：

$$P=\frac{25}{1+10\%}+\frac{32}{(1+10\%)^2}+\frac{32}{(1+10\%)^3}+\frac{38}{(1+10\%)^4}+\frac{40}{(1+10\%)^5}$$

$$+\frac{45}{10\%(1+10\%)^5}=403.42$$

2. **解**：地产的评估值应为：

$$P=\frac{18}{(10\%+1\%)}\times\left[1-\left(\frac{1-1\%}{1+10\%}\right)^{10}\right]=106.58$$

3. **解**：r = 3.25% + 0.9 × 5% = 7.75%

企业每股的评估值应为：

$$P=\frac{1.28}{7.75\%-5\%}=46.55$$

第五章　计算题答案

1. 重置成本 = 200 × (1 + 10%)^3 = 266.2（万元）

实体性贬值 = (重置成本 - 预计净残值) × (1 - 实体性贬值率)

= 266.2 × (1 - 6/6 + 3) = 88.73（万元）

功能性贬值 = 3 × 650 × 12 × (1 - 25%) × (p/a, 10%, 6) = 7.64（万元）

经济性贬值 = 20 × (p/a, 10%, 6) = 87.11（万元）

被评估资产价值 = 重置成本 - 实体性贬值 - 功能性贬值 - 经济性贬值

= 266.2 - 88.73 - 7.64 - 87.11 = 82.72（万元）

2. 被评估资产重置成本 = 500（万元）

实际已使用年限 = 20 × 50400/57600 = 17.5（年）

实体性贬值率 = 17.5/17.5 + 8 = 68.63%

实体性贬值额 = 500 × 68.63% = 343.15（万元）

经济性贬值额 = 5 × (1 - 25%) × (p/a, 10%, 8) = 20（万元）

被评估资产价值 = 500 - 343.15 - 20 = 136.85（万元）

3. 因竞争加剧每年收益减少额 = 100 × 10 = 1000（万元）

税后收益减少额 = 1000 × (1 - 25%) = 750（万元）

经济性贬值 = 750 × (p/a, 10%, 3) = 1865.18（万元）

第九章　练习题答案

1. CD；　2. A；　3. AB；　4. A；　5. ABC；　6. ABCD；　7. D；
8. ABC；9. ABCD；　10. ABCD；　11. AC；　12. BCD

附 录

复利系数表

1. 复利终值系数（F/P，I，n）表

n	1%	2%	3%	4%	5%	6%	7%	8%	9%	10%
1	1.0100	1.0200	1.0300	1.0400	1.0500	1.0600	1.0700	1.0800	1.0900	1.1000
2	1.0201	1.0404	1.0609	1.0816	1.1025	1.1236	1.1449	1.1664	1.1881	1.2100
3	1.0303	1.0612	1.0927	1.1249	1.1576	1.1910	1.2250	1.2597	1.2950	1.3310
4	1.0406	1.0824	1.1255	1.1699	1.2155	1.2625	1.3108	1.3605	1.4116	1.4641
5	1.0510	1.1041	1.1593	1.2167	1.2763	1.3382	1.4026	1.4693	1.5386	1.6105
6	1.0615	1.1262	1.1941	1.2653	1.3401	1.4185	1.5007	1.5809	1.6771	1.7716
7	1.0721	1.1487	1.2299	1.3159	1.4071	1.5036	1.6058	1.7138	1.8280	1.9487
8	1.8029	1.1717	1.2668	1.3686	1.4775	1.5938	1.7182	1.8509	1.9926	2.1436
9	1.0937	1.1951	1.3048	1.4223	1.5513	1.6895	1.8385	1.9990	2.1719	2.3579
10	1.1046	1.2190	1.3439	1.4802	1.6289	1.7908	1.9672	2.1589	2.3674	2.5937
11	1.1157	1.2434	1.3842	1.5395	1.7103	1.8983	2.1049	2.3316	2.5804	2.8531
12	1.1268	1.2682	1.4258	1.6010	1.7959	2.0122	2.2522	2.5182	2.8127	3.1384
13	1.1381	1.2936	1.4685	1.6651	1.8856	2.1329	2.4098	2.7196	3.0658	3.4523
14	1.1495	1.3195	1.5126	1.7317	1.9799	2.2609	2.5785	2.9372	3.3417	3.7975
15	1.1610	1.3459	1.5580	1.8009	2.0789	2.3966	2.7590	3.1722	3.6425	4.1772
16	1.1726	1.3728	1.6047	1.8730	2.1829	2.5404	2.9522	3.4259	3.9703	4.5950
17	1.1843	1.4002	1.6528	1.9479	2.2920	2.6928	3.1588	3.7000	4.3276	5.0545
18	1.1961	1.4282	1.7024	2.0258	2.4066	2.8543	3.3799	3.9960	4.7171	5.5599
19	1.2081	1.4568	1.7535	2.1068	2.5270	3.0256	3.6165	4.3157	5.1417	6.1159
20	1.2202	1.4859	1.8061	2.1911	2.6533	3.2071	3.8697	4.6610	5.6044	6.7275
21	1.2324	1.5157	1.8603	2.2788	2.7860	3.3996	4.1406	5.0338	6.1088	7.4002
22	1.2447	1.5460	1.9161	2.3699	2.9253	3.6035	4.4304	5.4365	6.6586	8.1403
23	1.2572	1.5769	1.9736	2.4647	3.0715	3.8197	4.7405	5.8715	7.2579	8.2543
24	1.2697	1.6084	2.0328	2.5633	3.2251	4.0489	5.0724	6.3412	7.9111	9.8497
25	1.2824	1.6406	2.0938	2.6658	3.3864	4.2919	5.4274	6.8485	8.6231	10.835
26	1.2953	1.6734	2.1566	2.7725	3.5557	4.5494	5.8074	7.3964	9.3992	11.918
27	1.3082	1.7069	2.2213	2.8834	3.7335	4.8823	6.2139	7.9881	10.245	13.110
28	1.3213	1.7410	2.2879	2.9987	3.9201	5.1117	6.6488	8.6271	11.167	14.421
29	1.3345	1.7758	2.3566	3.1187	4.1161	5.4184	7.1143	9.3173	12.172	15.863
30	1.3478	1.8114	2.4273	3.2434	4.3219	5.7435	7.6123	10.063	13.268	17.449
40	1.4889	2.2080	3.2620	4.8010	7.0400	10.286	14.794	21.725	31.408	45.259
50	1.6446	2.6916	4.3839	7.1067	11.467	18.420	29.457	46.902	74.358	117.39
60	1.8167	3.2810	5.8916	10.520	18.679	32.988	57.946	101.26	173.03	304.48

续表

N	12%	14%	15%	16%	18%	20%	24%	28%	32%	36%
1	1.1200	1.1400	1.1500	1.1600	1.1800	1.2000	1.2400	1.2800	1.3200	1.3600
2	1.2544	1.2996	1.3225	1.3456	1.3924	1.4400	1.5376	1.6384	1.7424	1.8496
3	1.4049	1.4815	1.5209	1.5609	1.6430	1.7280	1.9066	2.0872	2.3000	2.5155
4	1.5735	1.6890	1.7490	1.8106	1.9388	2.0736	2.3642	2.6844	3.0360	3.4210
5	1.7623	1.9254	2.0114	2.1003	2.2878	2.4883	2.9316	3.4360	4.0075	4.6526
6	1.9738	2.1950	2.3131	2.4364	2.6996	2.9860	3.6352	4.3980	5.2899	6.3275
7	2.2107	2.5023	2.6600	2.8262	3.1855	3.5832	4.5077	5.6295	6.9826	8.6054
8	2.4760	2.8526	3.0590	3.2784	3.7589	4.2998	5.5895	7.2058	9.2170	11.703
9	2.7731	3.2519	3.5179	3.8030	4.4355	5.1598	6.9310	9.2234	12.166	15.917
10	3.1058	3.7072	4.0456	4.4114	5.2338	6.1917	8.5944	11.806	16.060	21.647
11	3.4785	4.2262	4.6524	5.1173	6.1759	7.4301	10.657	15.112	21.199	29.439
12	3.8960	4.8179	5.3503	5.9360	7.2876	8.9161	13.215	19.343	27.983	40.037
13	4.3635	5.4924	6.1528	6.8858	8.5994	10.699	16.386	24.759	36.937	54.451
14	4.8871	6.2613	7.0757	7.9875	10.147	12.839	20.319	31.691	48.757	74.053
15	5.4736	7.1379	8.1371	9.2655	11.974	15.407	25.196	40.565	64.359	100.71
16	6.1304	8.1372	9.3576	10.748	14.129	18.488	31.243	51.923	84.954	136.97
17	6.8660	9.2765	10.761	12.468	16.672	22.186	38.741	66.461	112.14	186.28
18	7.6900	10.575	12.375	14.463	19.673	26.623	48.039	86.071	148.02	253.34
19	8.6128	12.056	14.232	16.777	23.214	31.948	59.568	108.89	195.39	344.54
20	9.6463	13.743	16.367	19.461	27.393	38.338	73.864	139.38	257.92	468.57
21	10.804	15.668	18.822	22.574	32.324	46.005	91.592	178.41	340.45	637.26
22	12.100	17.861	21.645	26.186	38.142	55.206	113.57	228.36	449.39	866.67
23	13.552	20.262	24.871	30.376	45.008	66.247	140.83	292.30	593.20	1178.7
23	13.552	20.362	24.891	30.376	45.008	66.247	140.83	292.30	593.20	1178.7
24	15.179	23.212	28.625	35.236	53.109	79.497	174.63	374.14	783.02	1603.0
25	17.000	26.462	32.919	40.874	62.669	95.396	216.54	478.90	1033.6	2180.1
26	19.040	30.167	37.857	47.414	73.949	114.48	268.51	613.00	1364.3	2964.9
27	21.325	34.390	43.535	55.000	87.260	137.37	332.95	784.64	1800.9	4032.3
28	23.884	39.204	50.066	63.800	102.97	164.84	412.86	1004.3	2377.2	5483.9
29	26.750	44.693	57.575	74.009	121.50	197.81	511.95	1285.6	3137.9	7458.1
30	29.960	50.950	66.212	85.850	143.37	237.38	634.82	1645.5	4142.1	10143
40	93.051	188.83	267.86	378.72	750.38	1469.8	5455.9	19427	66521	*
50	289.00	700.23	1083.7	1670.7	3927.4	9100.4	46890	*	*	*
60	897.60	2595.9	4384.0	7370.2	20555.	56348.	*	*	*	*
	* >99999									

2. 复利现值系数（P/F, i, n）表

n	1%	2%	3%	4%	5%	6%	7%	8%	9%	10%
1	0.9901	0.9804	0.9709	0.9615	0.9524	0.9434	0.9346	0.9259	0.9174	0.9091
2	0.9803	0.9712	0.9426	0.9246	0.9070	0.8900	0.8734	0.8573	0.8417	0.8264
3	0.9706	0.9423	0.9151	0.8890	0.8638	0.8396	0.8163	0.7938	0.7722	0.7513
4	0.9610	0.9238	0.8885	0.8548	0.8227	0.7921	0.7629	0.7350	0.7084	0.6830
5	0.9515	0.9057	0.8626	0.8219	0.7835	0.7473	0.7130	0.6806	0.6499	0.6209
6	0.9420	0.8880	0.8375	0.7903	0.7462	0.7050	0.6663	0.6302	0.5963	0.5645
7	0.9327	0.8606	0.8131	0.7599	0.7107	0.6651	0.6227	0.5835	0.5470	0.5132
8	0.9235	0.8535	0.7874	0.7307	0.6768	0.6274	0.5820	0.5403	0.5019	0.4665
9	0.9143	0.8368	0.7664	0.7026	0.6446	0.5919	0.5439	0.5002	0.4606	0.4241
10	0.9053	0.8203	0.7441	0.6756	0.6139	0.5584	0.5083	0.4632	0.4224	0.3855
11	0.8963	0.8043	0.7224	0.6496	0.5847	0.5268	0.4751	0.4289	0.3875	0.3505
12	0.8874	0.7885	0.7014	0.6246	0.5568	0.4970	0.4440	0.3971	0.3555	0.3186
13	0.8787	0.7730	0.6810	0.6006	0.5303	0.4688	0.4150	0.3677	0.3262	0.2897
14	0.8700	0.7579	0.6611	0.5775	0.5051	0.4423	0.3878	0.3405	0.2992	0.2633
15	0.8613	0.7430	0.6419	0.5553	0.4810	0.4173	0.3624	0.3152	0.2745	0.2394
16	0.8528	0.7284	0.6232	0.5339	0.4581	0.3936	0.3387	0.2919	0.2519	0.2176
17	0.8444	0.7142	0.6050	0.5134	0.4363	0.3714	0.3166	0.2703	0.2311	0.1978
18	0.8360	0.7002	0.5874	0.4936	0.4155	0.3503	0.2959	0.2502	0.2120	0.1799
19	0.8277	0.6864	0.5703	0.4746	0.3957	0.3305	0.2765	0.2317	0.1945	0.1635
20	0.8195	0.6730	0.5537	0.4564	0.3769	0.3118	0.2584	0.2145	0.1784	0.1486
21	0.8114	0.6598	0.5375	0.4388	0.3589	0.2942	0.2415	0.1987	0.1637	0.1351
22	0.8034	0.6468	0.5219	0.4220	0.3418	0.2775	0.2257	0.1839	0.1502	0.1228
23	0.7954	0.6342	0.5067	0.4057	0.3256	0.2618	0.2109	0.1703	0.1378	0.1117
24	0.7876	0.6217	0.4919	0.3901	0.3101	0.2470	0.1971	0.1577	0.1264	0.1015
25	0.7798	0.6095	0.4776	0.3751	0.2953	0.2330	0.1842	0.1460	0.1160	0.0923
26	0.7720	0.5976	0.4637	0.3604	0.2812	0.2198	0.1722	0.1352	0.1064	0.0839
27	0.7644	0.5859	0.4502	0.3468	0.2678	0.2074	0.1609	0.1252	0.0976	0.0763
28	0.7568	0.5744	0.4371	0.3335	0.2551	0.1956	0.1504	0.1159	0.0895	0.0693
29	0.7493	0.5631	0.4243	0.3207	0.2429	0.1846	0.1406	0.1073	0.0822	0.0630
30	0.7419	0.5521	0.4120	0.3083	0.2314	0.1741	0.1314	0.0994	0.0754	0.0573
35	0.7059	0.5000	0.3554	0.2534	0.1813	0.1301	0.0937	0.0676	0.0490	0.0356
40	0.6717	0.4529	0.3066	0.2083	0.1420	0.0972	0.0668	0.0460	0.0318	0.0221
45	0.6391	0.4102	0.2644	0.1712	0.1113	0.0727	0.0476	0.0313	0.0207	0.0137
50	0.6080	0.3715	0.2281	0.1407	0.0872	0.0543	0.0339	0.0213	0.0134	0.0085
55	0.5785	0.3365	0.1968	0.1157	0.0683	0.0406	0.0242	0.0145	0.0087	0.0053

续表

n	12%	14%	15%	16%	18%	20%	24%	28%	32%	36%
1	0.8929	0.8772	0.8696	0.8621	0.8475	0.8333	0.8065	0.7813	0.7576	0.7353
2	0.7972	0.7695	0.7561	0.7432	0.7182	0.6944	0.6504	0.6104	0.5739	0.5407
3	0.7118	0.6750	0.6575	0.6407	0.6086	0.5787	0.5245	0.4768	0.4348	0.3975
4	0.6355	0.5921	0.5718	0.5523	0.5158	0.4823	0.4230	0.3725	0.3294	0.2923
5	0.5674	0.5194	0.4972	0.4762	0.4371	0.4019	0.3411	0.2910	0.2495	0.2149
6	0.5066	0.4556	0.4323	0.4104	0.3704	0.3349	0.2751	0.2274	0.1890	0.1580
7	0.4523	0.3996	0.3759	0.3538	0.3139	0.2791	0.2218	0.1776	0.1432	0.1162
8	0.4039	0.3506	0.3269	0.3050	0.2660	0.2326	0.1789	0.1388	0.1085	0.0854
9	0.3606	0.3075	0.2843	0.2630	0.2255	0.1938	0.1443	0.1084	0.0822	0.0628
10	0.3220	0.2697	0.2472	0.2267	0.1911	0.1615	0.1164	0.0847	0.0623	0.0462
11	0.2875	0.2366	0.2149	0.1954	0.1619	0.1346	0.0938	0.0662	0.0472	0.0340
12	0.2567	0.2076	0.1869	0.1685	0.1373	0.1122	0.0757	0.0517	0.0357	0.0250
13	0.2292	0.1821	0.1625	0.1452	0.1163	0.0935	0.0610	0.0404	0.0271	0.0184
14	0.2046	0.1597	0.1413	0.1252	0.0985	0.0779	0.0492	0.0316	0.0205	0.0135
15	0.1827	0.1401	0.1229	0.1079	0.0835	0.0649	0.0397	0.0247	0.0155	0.0099
16	0.1631	0.1229	0.1069	0.0980	0.0709	0.0541	0.0320	0.0793	0.0118	0.0073
17	0.1456	0.1078	0.0929	0.0802	0.0600	0.0451	0.0259	0.0150	0.0089	0.0054
18	0.1300	0.0946	0.0808	0.0691	0.0508	0.0376	0.0208	0.0118	0.0068	0.0039
19	0.1161	0.0829	0.0703	0.0596	0.0431	0.0313	0.0168	0.0092	0.0051	0.0029
20	0.1037	0.0728	0.0611	0.0514	0.0365	0.0261	0.0135	0.0072	0.0039	0.0021
21	0.0926	0.0638	0.0531	0.0443	0.0309	0.0217	0.0109	0.0056	0.0029	0.0016
22	0.0826	0.0560	0.0462	0.0382	0.0262	0.0181	0.0088	0.0044	0.0022	0.0012
23	0.0738	0.0491	0.0402	0.0329	0.0222	0.0151	0.0071	0.0034	0.0017	0.0008
24	0.0659	0.0431	0.0349	0.0284	0.0188	0.0126	0.0057	0.0027	0.0013	0.0006
25	0.0588	0.0378	0.0304	0.0245	0.0160	0.0105	0.0046	0.0021	0.0010	0.0005
26	0.0525	0.0331	0.0264	0.0211	0.0135	0.0087	0.0037	0.0016	0.0007	0.0003
27	0.0469	0.0291	0.0230	0.0182	0.0115	0.0073	0.0030	0.0013	0.0006	0.0002
28	0.0419	0.0255	0.0200	0.0157	0.0097	0.0061	0.0024	0.0010	0.0004	0.0002
29	0.0374	0.0224	0.0174	0.0135	0.0082	0.0051	0.0020	0.0008	0.0003	0.0001
30	0.0334	0.0196	0.0151	0.0116	0.0070	0.0042	0.0016	0.0006	0.0002	0.0001
35	0.0189	0.0102	0.0075	0.0055	0.0030	0.0017	0.0005	0.0002	0.0001	*
40	0.0107	0.0053	0.0037	0.0026	0.0013	0.0007	0.0002	0.0001	*	*
45	0.0061	0.0027	0.0019	0.0013	0.0006	0.0003	0.0001	*	*	*
50	0.0035	0.0014	0.0009	0.0006	0.0003	0.0001	*	*	*	*
55	0.0020	0.0007	0.0005	0.0003	0.0001	*	*	*	*	*
	* <0.0001									

3. 年金终值系数（F/A. i，n）表

n	1%	2%	3%	4%	5%	6%	7%	8%	9%	10%
1	1. 0000	1. 0000	1. 0000	1. 0000	1. 0000	1. 0000	1. 0000	1. 0000	1. 0000	1. 0000
2	2. 0100	2. 0200	2. 0300	2. 0400	2. 0500	2. 0600	2. 0700	2. 0800	2. 0900	2. 1000
3	3. 0301	3. 0604	3. 0909	3. 1216	3. 1525	3. 1836	2. 2149	3. 2464	3. 2781	3. 3100
4	4. 0604	4. 1216	4. 1836	4. 2465	4. 3101	4. 3746	4. 4399	4. 5061	4. 5731	4. 6410
5	5. 1010	5. 2040	5. 3091	5. 4163	5. 5256	5. 6371	5. 7507	5. 8066	5. 9847	6. 1051
6	6. 1520	6. 3081	6. 4684	6. 6330	6. 8019	6. 9753	7. 1533	7. 3359	7. 5233	7. 7156
7	7. 2135	7. 4343	7. 6625	7. 8993	8. 1420	8. 3938	8. 6540	8. 9228	9. 2004	9. 4872
8	8. 2857	8. 5830	8. 8923	9. 2142	9. 5491	9. 8975	10. 260	10. 637	11. 028	11. 436
9	9. 368	9. 7546	10. 159	10. 583	11. 027	11. 491	11. 978	12. 488	13. 021	13. 579
10	10. 462	10. 950	11. 464	12. 006	12. 578	13. 181	13. 816	14. 487	15. 193	15. 937
11	11. 567	12. 169	12. 80	13. 48	14. 207	14. 97	15. 78	16. 64	17. 560	18. 531
12	12. 683	13. 412	14. 192	15. 026	15. 917	16. 870	17. 888	18. 977	20. 141	21. 384
13	13. 809	14. 680	15. 618	16. 627	17. 713	18. 882	20. 141	21. 495	22. 953	24. 523
14	14. 947	15. 974	17. 086	18. 292	19. 599	21. 015	22. 550	24. 21	26. 019	27. 975
15	16. 097	17. 293	18. 599	20. 024	21. 579	23. 276	25. 129	27. 152	29. 361	31. 772
16	17. 258	18. 639	20. 157	21. 825	23. 657	25. 673	27. 888	30. 324	33. 003	35. 950
17	18. 430	20. 012	21. 762	23. 695	25. 840	28. 213	30. 840	33. 750	36. 974	40. 545
18	19. 615	21. 412	23. 414	25. 645	28. 132	30. 906	33. 999	37. 450	41. 301	45. 599
19	20. 811	22. 841	25. 117	27. 671	30. 539	33. 760	37. 379	41. 446	46. 018	51. 159
20	22. 019	24. 297	26. 870	29. 778	33. 066	36. 786	40. 995	45. 752	51. 160	57. 275
21	23. 239	25. 783	28. 676	31. 969	35. 719	39. 993	44. 865	50. 423	56. 765	64. 002
22	24. 472	27. 299	30. 537	34. 248	38. 505	43. 392	49. 006	55. 457	62. 873	71. 403
23	25. 716	28. 845	32. 453	36. 618	41. 430	46. 996	53. 436	60. 883	69. 532	79. 543
24	26. 973	30. 422	34. 426	39. 083	44. 502	50. 816	58. 177	66. 765	76. 790	88. 497
25	28. 243	32. 030	36. 459	41. 646	47. 727	54. 863	63. 249	73. 106	84. 701	98. 347
26	29. 526	33. 671	38. 553	44. 312	51. 113	59. 156	68. 676	79. 954	93. 324	109. 18
27	30. 821	35. 344	40. 710	47. 084	54. 669	63. 706	74. 484	87. 351	102. 72	121. 10
28	32. 129	37. 051	42. 931	49. 968	58. 403	68. 528	80. 698	95. 339	112. 97	134. 21
29	33. 450	38. 792	45. 219	52. 966	69. 323	73. 640	87. 347	103. 97	124. 14	148. 63
30	34. 785	40. 568	47. 575	56. 085	66. 439	79. 058	94. 461	113. 28	136. 31	164. 49
40	48. 886	60. 402	75. 401	95. 026	120. 80	154. 76	199. 64	259. 06	337. 88	442. 59
50	64. 463	84. 579	112. 80	152. 67	209. 35	290. 34	406. 53	573. 77	815. 08	1163. 9
60	81. 670	114. 05	163. 05	237. 99	353. 58	533. 13	813. 52	1253. 2	1944. 8	3034. 8

续表

n	12%	14%	15%	16%	18%	20%	24%	28%	32%	36%
1	1.0000	1.0000	1.0000	1.0000	1.0000	1.0000	1.0000	1.0000	1.0000	1.0000
2	2.1200	2.1400	2.1500	2.1600	2.1800	2.2000	2.2400	2.2800	2.3200	2.3600
3	3.3744	3.4396	3.4725	3.5056	3.5724	3.6400	3.7776	3.9184	3.0624	3.2096
4	4.7793	4.9211	4.9934	5.0665	5.2154	5.3680	5.6842	6.0156	6.3624	6.7251
5	6.3528	6.6101	6.7424	6.8771	7.1542	7.4416	8.0484	8.6999	9.3983	10.146
6	8.1152	8.5355	8.7537	8.9775	9.4420	9.9299	10.980	12.136	13.406	14.799
7	10.089	10.730	11.067	11.414	12.142	12.916	14.615	16.534	18.696	21.126
8	12.300	13.233	13.727	14.240	15.327	16.499	19.123	22.163	25.678	29.732
9	14.776	16.085	16.786	17.519	19.086	20.799	24.712	29.369	34.895	41.435
10	17.549	19.337	20.304	21.321	23.521	25.959	31.643	38.593	47.062	57.352
11	20.655	23.045	24.349	25.733	28.755	32.150	40.238	50.398	63.122	78.998
12	24.133	27.271	29.002	30.850	34.931	39.581	50.895	65.510	84.320	108.44
13	28.029	32.089	34.352	36.786	42.219	48.497	64.110	84.853	112.30	148.47
14	32.393	37.581	40.505	43.672	50.818	59.196	80.496	109.61	149.24	202.93
15	37.280	43.842	47.580	51.660	60.965	72.035	100.82	141.30	198.00	276.98
16	42.753	50.980	55.717	60.925	72.939	87.44	126.01	181.87	262.36	377.69
17	48.884	59.118	65.075	71.673	87.068	105.93	157.25	233.79	347.31	514.66
18	55.750	68.394	75.836	84.141	103.74	128.12	195.99	300.25	459.45	770.94
19	63.440	78.969	88.212	98.603	123.41	154.74	244.03	385.32	607.47	954.28
20	75.052	91.025	102.44	115.38	146.63	186.69	303.60	494.21	802.86	1298.8
21	81.699	104.77	118.81	134.84	174.02	225.03	377.46	633.59	1060.8	1767.4
22	92.503	120.44	137.63	157.41	206.34	271.03	469.06	812.00	1401.2	2404.7
23	104.60	138.30	159.28	183.60	2444.49	326.24	582.63	1040.4	1850.6	3271.3
24	118.16	158.66	184.17	213.98	289.49	392.48	723.46	1332.7	2443.8	4450.0
25	133.33	181.87	212.79	249.21	342.60	471.98	898.09	1706.8	3226.8	6053.0
26	150.33	208.33	245.71	290.09	405.27	567.38	1114.6	2185.7	4260.4	8233.1
27	169.37	238.50	283.57	337.50	479.22	681.85	1383.1	2798.7	5624.8	11198.0
28	190.70	272.89	327.10	393.50	566.48	819.22	1716.1	3583.3	7425.7	15230.3
29	214.58	312.09	377.17	456.30	669.45	984.07	2129.0	4587.7	9802.9	20714.2
30	241.33	356.79	434.75	530.31	790.95	1181.9	2640.9	5873.2	12941.	28172.3
40	767.09	1342.0	1779.1	2360.8	4163.2	7343.2	22729	69377	*	*
50	2400.0	4994.5	7217.7	10436.0	21813.0	45497.0	*	*	*	*
60	7471.6	18535	29220	46058	*	*	*	*	*	*
	* >99999									

4. 年金现值系数（P/A，I，n）表

n	1%	2%	3%	4%	5%	6%	7%	8%	9%
1	0.9901	0.9804	0.9709	0.9615	0.9524	0.9434	0.9346	0.9259	0.9174
2	1.9704	1.9416	1.9135	1.8861	1.8594	1.8334	1.8080	1.7833	1.7591
3	2.9410	2.8839	2.8286	2.7751	2.7232	2.6730	2.6243	2.5771	2.5313
4	3.9020	3.8077	3.7171	3.6299	3.5460	3.4651	3.3872	3.3121	3.2397
5	4.8534	4.7135	4.5797	4.4518	4.3295	4.2124	4.1002	3.9927	3.8897
6	5.7955	5.6014	5.4172	5.2421	5.0757	4.9173	4.7665	4.6229	4.4859
7	6.7282	6.4720	6.2303	6.0021	5.7864	5.5824	5.3893	5.2064	5.0330
8	7.6517	7.3255	7.0197	6.7327	6.4632	6.2098	5.9713	5.7466	5.5348
9	8.5660	8.1622	7.7861	7.4353	7.1078	6.8017	6.5152	6.2469	5.9952
10	9.4713	8.9826	8.5302	8.1109	7.7217	7.3601	7.0236	6.7101	6.4177
11	10.3676	9.7868	9.2526	8.7605	8.3064	7.8869	7.4987	7.1390	6.8052
12	11.2551	10.5753	9.9540	9.3851	8.8633	8.3838	7.9427	7.5361	7.1607
13	12.1337	11.3484	10.6350	9.9856	9.3936	8.8527	8.3577	7.9038	7.4869
14	13.0037	12.1062	11.2961	10.5631	9.8986	9.2950	8.7455	8.2442	7.7862
15	13.8651	12.8493	11.9379	11.1184	10.3797	9.7122	9.1097	8.5595	8.0607
16	14.7179	13.5777	12.5611	11.6523	10.8378	10.1059	9.4466	8.8514	8.3126
17	15.5623	14.2919	13.1661	12.1657	11.2741	10.4773	9.7632	9.1216	8.5436
18	16.3983	14.9920	13.7535	12.6896	11.6896	10.8276	10.0591	9.3719	8.7556
19	17.2260	15.6785	14.3238	13.1339	12.0853	11.1581	10.3356	9.6036	8.9601
20	18.0456	16.3514	14.8775	13.5903	12.4622	11.4699	10.5940	9.8181	9.1285
21	18.8570	17.0112	15.4150	14.0292	12.8212	11.7641	10.8355	10.0168	9.2922
22	19.6604	17.6580	15.9369	14.4511	13.4886	12.3034	11.0612	10.2007	9.4424
23	20.4558	18.2922	16.4436	14.8568	13.4886	12.3034	11.2722	10.3711	9.5802
24	21.2434	18.9139	16.9355	15.2470	13.7986	12.5504	11.4693	10.5288	9.7066
25	22.0232	19.5235	17.4131	15.6221	14.0939	12.7834	11.6536	10.6748	9.8226
26	22.7952	20.1210	17.8768	15.9828	14.3752	13.0032	11.8258	10.8100	9.9290
27	23.5596	20.7059	18.3270	16.3296	14.6430	13.2105	11.9867	10.9352	10.0266
28	24.3164	21.2813	18.7641	16.6631	14.8981	13.4062	12.1371	11.0511	10.1161
29	25.0658	21.8444	19.1885	16.9837	15.1411	13.5907	12.2777	11.1584	10.1983
30	25.8077	22.3965	19.6004	17.2920	15.3725	13.7648	12.4090	11.2578	10.2737
35	29.4086	24.9986	21.4872	18.6646	16.3742	14.4982	12.9477	11.6546	10.5668
40	32.8347	27.3555	23.1148	19.7928	17.1591	15.0463	13.3317	11.9246	10.7574
45	36.0945	29.4902	24.5187	20.7200	17.7741	15.4558	13.6055	12.1084	10.8812
50	39.1961	31.4236	25.7298	21.4822	18.2559	15.7619	13.8007	12.2335	10.9617
55	42.1472	33.1748	26.7744	22.1086	18.6335	15.9905	13.9399	12.3186	11.0140

续表

n	10%	12%	14%	15%	16%	18%	20%	24%	28%	32%
1	0.9091	0.8929	0.8772	0.8696	0.8621	0.8475	0.8333	0.8065	0.7813	0.7576
2	1.7355	1.6901	1.6467	1.6257	1.6052	1.5656	1.5278	1.4568	1.3916	1.3315
3	2.4869	2.4018	2.3216	2.2872	2.2459	2.1743	2.1065	1.9813	1.8684	1.7663
4	3.1699	3.0373	2.9173	2.8550	2.7982	2.6901	2.5887	2.4043	2.2410	2.0957
5	3.7908	3.6048	3.4331	3.3552	3.2743	3.1272	2.9906	2.7454	2.5320	2.3452
6	4.3553	4.1114	3.8887	3.7845	3.6847	3.4976	3.3255	3.0205	2.7594	2.5342
7	4.8684	4.5638	4.2882	4.1604	4.0386	3.8115	3.6046	3.2423	2.9370	2.6775
8	5.3349	4.9676	4.6389	4.4873	4.3436	4.0776	3.8372	3.4212	3.0758	2.7860
9	5.7590	5.3282	4.9164	4.7716	4.6065	4.3030	4.0310	3.5655	3.1842	2.8681
10	6.1446	5.6502	5.2161	5.0188	4.8332	4.4941	4.1925	3.6819	3.2689	2.9304
11	6.4951	5.9377	5.4527	5.2337	5.0286	4.6560	4.3271	3.7757	3.3351	2.9776
12	6.8137	6.1944	5.6603	5.4206	5.1971	4.7932	4.4392	3.8514	3.3868	3.0133
13	7.1034	6.4235	5.8424	5.5831	5.3423	4.9095	4.5327	3.9124	3.4272	3.0404
14	7.3667	6.6282	6.0021	5.7245	5.4675	5.0081	4.6106	3.9616	3.4587	3.0609
15	7.6061	6.8109	6.1422	5.8474	5.5755	5.0916	4.6755	4.0013	3.4834	3.0764
16	7.8237	6.9740	6.2651	5.9542	5.6685	5.1624	4.7296	4.0333	3.5026	3.0882
17	8.0216	7.1196	6.3729	6.0472	5.7487	5.2223	4.7746	4.0591	3.5177	3.0971
18	8.2014	7.2497	6.4674	6.1280	5.8178	5.2732	4.8122	4.0799	3.5294	3.1039
19	8.3649	7.3658	6.5504	6.1982	5.8775	5.3162	4.8435	4.0967	3.5386	3.1090
20	8.5136	7.4694	6.6231	6.2593	5.9288	5.3527	4.8696	4.1103	3.5458	3.1129
21	8.6487	7.5620	6.6870	6.3125	5.9731	5.3837	4.8913	4.1212	3.5514	3.1158
22	8.7715	7.6446	6.7429	6.3587	6.0113	5.4099	4.9094	4.1300	3.5558	3.1180
23	8.8832	7.7184	6.7921	6.3988	6.0442	5.4321	4.9245	4.1371	3.5592	3.1197
24	8.9847	7.7843	6.8351	6.4338	6.0726	5.4509	4.9371	4.1428	3.5619	3.1210
25	9.0770	7.8431	6.8729	6.4641	6.0971	5.4669	4.9476	4.1474	3.5640	3.1220
26	9.1609	7.8957	6.9061	6.4906	6.1182	5.4804	4.9563	4.1511	3.5656	3.1227
27	9.2372	7.9426	6.9352	6.5135	6.1364	5.4919	4.9636	4.1542	3.5669	3.1233
28	9.3066	7.9844	6.9607	6.5335	6.1520	5.5016	4.9697	4.1566	3.5679	3.1237
29	9.3696	8.0218	6.9830	6.5509	6.1656	5.5098	4.9747	4.1585	3.5687	3.1240
30	9.4269	8.0552	7.0027	6.5660	6.1772	5.5168	4.9789	4.1601	3.5693	3.1242
35	9.6442	8.1755	7.0700	6.6166	6.2153	5.5386	4.9915	1.1644	3.5708	3.1248
40	9.7791	8.2438	7.1050	6.6418	6.2335	5.5482	4.9966	4.1659	3.5712	3.1250
45	9.8628	8.2825	7.1232	6.6543	6.2421	5.5523	4.9986	4.1664	3.5714	3.1250
50	9.9148	8.3045	7.1327	6.6605	6.2463	5.5541	4.9995	4.1666	3.5714	3.1250
55	9.9471	8.3170	7.1376	6.6636	6.2482	5.5549	4.9998	4.1666	3.5714	3.1250

主要参考文献

1. 全国注册资产评估师考试用书编写组：《资产评估》，经济科学出版社2008年版。

2. 全国注册资产评估师考试用书编写组：《经济法》，经济科学出版社2008年版。

3. 中国资产评估协会组编：《资产评估业务管理与实践》，经济科学出版社2005年版。

4. 刘萍、俞明轩：《注册资产评估师责任与风险防范》，中国财政经济出版社2004年版。

5. 中国资产评估协会：《中国资产评估行业规范汇编》，中国财政经济出版社2006年版。

6. 中国资产评估协会：《借鉴与参考—国外资产评估行业考察研究报告》，中国财政经济出版社2007年版。

7. 丘志力等：《珠宝首饰系统评估导论》，中国地质大学出版社2006年版。

8. 陈常龙：《新企业会计准则讲解》，清华大学出版社、北京交通大学出版社2006年版。

9. 于玉林：《现代无形资产学》，经济科学出版社2000年版。

10. 汪海粟：《资产评估（第二版）》，高等教育出版社2008年版。

11. 刘玉平：《资产评估教程（第二版）》，中国财政经济出版社2007年版。

12. 姜楠、孙燕：《资产评估》，东北财经大学出版社2007年版。

13. 李海波：《资产评估》，立信会计出版社2007年版。

14. 周友梅、胡晓明：《资产评估学基础》，上海财经大学出版社2007年版。

15. 扈晓芬、汪初牧：《资产评估》，清华大学出版社2005年版。

16. 李敏、陈龙、潘向阳：《收益法评估》，立信会计出版社2003年版。

17. 乔志敏、张文新：《资产评估学教程》，中国人民大学出版社2006年版。

18. 王少豪、刘登清：《企业价值评估案例》，中国财政经济出版社2004年版。

19. 唐建新：《资产评估》，武汉大学出版社2002年版。

20. 于鸿君：《资产评估教程（第二版）》，北京大学出版社2003年版。

21. 虞晓芬等：《资产评估》，清华大学出版社2004年版。

22. 张彩英：《资产评估理论·方法·实务》，中国财政经济出版社2008年版。

23. 朱萍、王辉：《资产评估学》，复旦大学出版社2005年版。

24. 唐建新、周娟：《资产评估教程》，清华大学出版社2005年版。

25. 乔志敏、张文新：《资产评估学教程》，中国人民大学大学出版社2006年版。

26. 丘志力、李立平、陈炳辉等：《珠宝首饰系统评估导论》，中国地质大学出版社2003年版。

27. 纪益成："收益法及其在企业价值评估中的相关问题研究"，《经济管理》，2008年版。

28. 孙福清："现行市价法在林木资产评估中的运用"，《中国资产评估》，2007年第11期。

29. 玉峰、傅莉："关于折现率的选择与计算"，《中国农业会计》2005年9月。

30. 吴良海、陈昌龙主编：《资产评估》，北方交通大学出版社2007年版。

31. 程凤朝："金融不良资产评估若干问题的思考"，《中国资产评估》，2004年第3期。

32. 丁战、战捷："关于对金融不良资产评估若干问题思考"，《技术经济与管理研究》，2007年第2期。

33. 廖远甦："我国商业银行不良贷款的因应对策"，《企业研究》，2007年第2期。

34. 曾卫胜："论珠宝评估的执业风险及其防范"，《中国珠宝》，2006年。

35. Alfred A. Ring, Real Estate – Principles and Practices, 7th Edition, Prentice Hall.

36. 刘玉平、郭春娥：《不动产·机器设备·资源资产评估实务》，中国财政经济出版社2002年版。